譯註 思政殿訓義 資治通鑑綱目 23

隋 文帝 開皇 11년 ~ 隋 煬帝 大業 9년

編著 朱熹

訓義 思政殿(朝鮮 世宗)

책임번역 吳圭根

공동번역 南賢熙 李承俊 李孝宰

전통문화연구회

飜譯委員

編　　著　朱　熹
訓　　義　思政殿(朝鮮 世宗)
企劃編輯　東洋古典飜譯編輯委員會
飜譯硏究管理　南賢熙
責任飜譯　吳圭根
共同飜譯　南賢熙 李承俊 李孝宰
潤　　文　朴勝珠
校　　訂　李孝宰 南賢熙
出版編輯　白俊哲
裝　　幀　김진디자인

圖書管理

弘報管理　李和春
普　　及　申洋先
古典情報化　安成守

思政殿訓義 資治通鑑綱目을 발간하며

본회가 東洋古典의 飜譯과 敎育, 情報化 등 古典現代化 사업을 시작한 지 어느덧 25년이 지났다. 그간 많은 어려움이 있었으나 1988년 본회가 발족한 뒤 동양고전 번역사업에 착수하여 四書三經을 註까지 懸吐完譯함으로써 東洋學과 韓國學 전공자들의 필독서가 되어 敎育界와 文化界까지 많은 영향을 주었다.

본회에서는 四書三經, 十三經 등 儒家의 핵심 경전을 번역하는 동시에 동양고전의 한 축인 歷史 고전에도 눈을 돌려 ≪通鑑節要≫, ≪國語≫, ≪戰國策≫뿐만 아니라, 동양 역사 철학의 진수가 담긴 ≪春秋左氏傳≫을 완역함으로써 東洋學과 韓國學 연구에 礎石과 架橋를 마련하였다. 이러한 성과를 바탕으로 經史一體의 모범인 ≪資治通鑑綱目≫ 완역을 기획하여 번역에 착수하였다.

'經史一體'란 經典과 歷史가 하나라는 동양의 독특한 관념인데, 이는 기록을 통해 인물과 사건을 도덕적으로 평가하는 풍토를 낳았다. 이러한 기록문화의 중시는 다른 문화권에서는 엄두도 못 낼 막대한 역사 기록을 남기게 하는 배경이 되었다. 굳이 중국 역사서를 언급할 것 없이 ≪朝鮮王朝實錄≫, ≪承政院日記≫, ≪日省錄≫ 같은 방대한 우리의 역사문헌은 이를 잘 보여준다. 이러한 우리 선조들의 역사 서술에 큰 영향을 미친 책이 바로 朱熹의 ≪資治通鑑綱目≫이다.

≪資治通鑑綱目≫은 조선시대 經筵에서 가장 많이 읽은 역사서이자 우리나라 역사 서술에 가장 큰 영향을 미쳤다는 점에서 현재 韓國學 硏究에 필수적인 동양 역사 고전이라 할 수 있다. 비록 중국의 역사서이지만, 우리 先學들이 중국의 性理學을 독자적으로 계승 발전시킨 것처럼 ≪資治通鑑綱目≫ 역시 우리의 입장에서 보다 정밀하고 종합적으로 읽고자 하였다. 그 결실이 바로 世宗朝 때 간행된 思政殿訓義本 ≪資治通鑑綱目≫이다.

동양의 대표적 역사서는 紀傳體의 ≪史記≫, 編年體의 ≪資治通鑑≫, 綱目體의 ≪資治通鑑綱目≫으로 대변된다. 北宋 때의 司馬光은 帝王이 여가에 친람하여 정치에 도움이 되게 할 목적으로 ≪資治通鑑≫을 편찬하였고, 朱熹는 ≪資治通鑑≫을 바탕으로 이를 압축적으로 정리하여 보다 읽기 쉽게 하면서 유교적 褒貶을 엄정히 내렸다는 점에서, 이 책들은 제왕의 정치교과서 역할을 하였다. 이런 ≪資治通鑑≫과 ≪資治通鑑綱目≫에 대해 조선조 문화군주였던 세종의 주도하에 연구가 진행되었으며, 그 결과물이 바로 思政殿訓義本 ≪資治通鑑≫과 ≪資治通鑑綱目≫이다.

思政殿은 景福宮의 便殿으로, 세종이 이곳에서 당대 뛰어난 문신들을 참여시켜 ≪資治通鑑≫과 ≪資治通鑑綱目≫에 대한 訓義의 편찬을 주도하였다. 訓義는 의미를 해석한다는 뜻으로, 思政殿訓義는 기존 중국에서 이루어진 ≪資治通鑑≫과 ≪資治通鑑綱目≫의 주석을 集大成하고 군주와 신하들이 읽기 쉽도록 우리만의 주석서를 만든 것이다. 중국 이외 나라에서 ≪資治通鑑≫과 ≪資治通鑑綱目≫ 전체에 주석을 단 것은 조선이 처음일 것이다.

현재까지도 ≪資治通鑑≫과 ≪資治通鑑綱目≫을 원전으로 읽기 위해서는 중국의 연구 성과에 의지하여야 했다. 비록 ≪資治通鑑≫은 중국, 일본, 한국에서 번역되었으나 주석까지 완역되지 못하였고, ≪資治通鑑綱目≫도 중국에서 본문만 번역된 상황이다. 이번 우리나라의 독자적인 주석서인 思政殿訓義本 ≪資治通鑑綱目≫의 완역을 통해 기존에 잊혔던 세종 시기의 ≪資治通鑑綱目≫에 대한 연구 성과를 알리는 동시에, 이를 동양학과 한국학 연구에 활용할 수 있는 기반을 마련하고자 한다. 아울러 이를 통해 古典現代化의 水準을 높이고 融合的이고 自生的인 학문연구가 이루어질 수 있기를 바라는 바이다.

끝으로 이번 思政殿訓義本 ≪資治通鑑綱目≫의 번역에 참여하여 헌신하시는 모든 분들께 무한한 감사를 드린다. 또한 고전현대화에 대한 政府의 지대한 關心과 支援에 감사를 드리며, 그간 직간접으로 지도편달하여 주신 학계와 교육계 및 문화계 인사 여러분께 심심한 謝意를 표하며, 앞으로도 따뜻한 관심과 엄정한 叱正을 부탁드리며 내내 평강과 행복을 기원한다.

社團法人 傳統文化研究會 理事長 李啓晃

凡 例

1. 본서는 南宋 때 朱熹가 編著하고, 朝鮮 世宗 때 思政殿에서 訓義한 ≪資治通鑑綱目≫을 번역한 것으로 ≪譯註 思政殿訓義 資治通鑑綱目≫ 제23책이다.
2. 본서의 底本은 서울대학교 규장각 소장본(奎7500, 藍書 口訣)이며, 규장각(奎7512, 朱書 口訣)과 국립중앙도서관(한古朝50-5, 墨書 口訣) 소장본을 참조하였다. 이들은 모두 木版本으로, 大字(綱)는 晉陽大君(世祖)이 써서 鑄造한 丙辰字, 中小字(目, 訓義 등)는 甲寅字로 되어 있다.

   이 밖에도 嚴文儒와 顧宏義가 校點한 ≪資治通鑑綱目≫(≪朱子全書≫ 8~11, 上海古籍出版社·安徽教育出版社, 2002), 文淵閣四庫全書 ≪御批資治通鑑綱目≫, 朝鮮 世宗 때 간행된 思政殿訓義 ≪資治通鑑≫(국립중앙도서관 일산古221-43), 標點資治通鑑小組에서 標點한 ≪資治通鑑≫(中華書局, 1992(제5판)) 등을 참고하였다.
3. 綱과 目의 원문에는 규장각(奎7500, 奎7512)과 국립중앙도서관(한古朝50-5)의 口訣本을 참조하여 懸吐하였고, 訓義는 한국에서 재래로 사용해오던 표점방식을 보완하여 文理의 이해를 돕는 수준에서 간략히 標點하였다.
4. '綱'과 '目'을 구분하기 위해 각각 번역문 앞에 【綱】과 【目】을 표기하였다. 目은 내용이 길 경우 의미 단락별로 分節하였다. 訓義는 저본에 위치하는 곳에 따라 해당 원문에 ①, ②, ③ 등으로 표기하고 綱이나 目 아래에 번역문과 원문을 배치하였다.

예	
【綱】 겨울 10월에 新義公 韓擒虎가 卒하였다. 冬十月에 新義公韓擒虎가 卒①하다	綱
① 韓擒虎는 아버지 韓雄의 爵位인 新義郡公을 물려받았다. 擒虎襲父雄爵新義郡公.	訓義
【目】 協律郎 祖孝孫이……京房의 律呂의 法을 전수받았다. 祖孝孫이……受京房律法①이러니	目
① 隋나라 제도에는 太常에 協律郎 2인이 있었다. 隋制, 太常有協律郎二人.	訓義

5. 번역문은 한글과 한자를 혼용하였으며, 맞춤법과 띄어쓰기는 한글 맞춤법과 표준어 규정을 따랐다.
6. 원문이나 번역문의 한자 중에 僻字나 讀音이 특수한 글자는 한글로 音을 달아주었다.
7. 譯註는 校勘, 人物, 制度, 官職, 역사적 사건, 인용문의 出典, 異說, 故事, 전문용어, 難解語 등에 관한 사항을 밝혔다.
8. 校勘은 원문의 誤字, 脫字, 衍文, 倒文 등을 대상으로 하였다.
9. 본서에 대한 독자의 이해를 돕고자 본서의 해설을 실었다.
10. 附錄에 실린 年表는 綱을 중심으로 ① 君王의 즉위와 사망, 年號, 改元 ② 정치, 경제, 사회, 문화의 주요 사건 ③ 주요 인물의 행적과 사망 등을 서술하되, 東洋史 학술 연표들을 참고하였다.(參考書目 年表 관련 자료 참조)
11. 본서의 校勘에 사용된 符號는 다음과 같다.
  ( )〔 〕: (저본의 誤字)〔교감한 正字〕
  〔 〕: 저본의 脫字 보충
  ( ): 저본의 衍字 표시
12. 본서에 사용한 주요 부호는 다음과 같다.
  " ": 인용
  ' ': " " 안의 재인용
  「 」: ' ' 안의 재인용
  『 』: 「 」 안의 재인용
  ( ): 원문의 讀音 및 번역문의 間註
  〔 〕: 번역문의 이해를 돕기 위한 原文의 漢字나 句節 표기, 譯註에서 인용한 원문표기
  ≪ ≫: 書名
  < >: 篇章名, 作品名, 補充譯
  【 】: 綱과 目의 표시
  ◑, ○ : 저본에 사용된 부호 遵用
13. 본서 訓義에 사용한 標點은 다음과 같다.
  . : 문장의 종결
  , : 한 문장 안에서 句나 節의 구분이 필요한 곳
  · : 대등한 명사나 구절의 병렬
  " ": 인용
  ' ': " " 안의 재인용
  「 」: ' ' 안의 재인용

目 次

譯註 思政殿訓義

資治通鑑綱目 23

思政殿訓義 資治通鑑綱目 제36권 중

-隋 文帝 開皇 11년(591)~隋 文帝 開皇 20년(600)-

辛亥年(591)

【綱】 隋나라 高祖 文皇帝(楊堅) 開皇 11년이다. 봄 2월에 吐谷渾 可汗 慕容夸呂가 죽고 아들 慕容世伏이 즉위하였다.

十一年이라 春二月에 吐谷渾可汗夸呂가 死하고 子世伏이 立[1)]하다

【目】 慕容夸呂가 陳나라가 망하였다는 소식을 듣고 크게 두려워하여 달아나서 험준한 곳에 웅거하여 지키며 사신을 보내 貢物을 바쳤는데, 얼마 지나지 않아 卒하였다.

夸呂聞陳亡하고 大懼하여 遁逃保險하여 遣使入貢이러니 尋卒하다

【綱】 劉曠을 莒州刺史로 삼았다.

以劉曠爲莒(거)州刺史①하다

① ≪隋書≫ 〈地理志〉에 의하면, 琅邪郡 沂水縣에 옛날에 南青州를 설치하였는데 北周가 莒州로 고쳤다고 하였다.
隋志, 琅邪郡沂水縣舊置南青州, 後周改爲莒州.

【目】 平鄉縣令 劉曠이 훌륭한 治績이 있어 義理를 가지고 〈백성을〉 깨우치고 타이르니 訟事를 벌인 자들이 모두 자신에게 잘못을 돌리고 돌아갔다. 獄 안이 〈텅 비어〉 풀이 가득 자라고 〈송사를 심리하는〉 政廳에는 인적이 끊겨 그물을 칠 수 있을 정도였다. 高熲이 유광을 천거했기 때문에 이러한 명이 있었다.

1) 吐谷渾可汗夸呂……立 : "吐谷渾 〈군주의 죽음에〉 대해서 '卒'이라고 쓴 지가 오래되었는데 다시 '死'라고 쓴 것은 어째서인가. 이때에 천하가 통일되어 중국에 주인이 있었기 때문에 다시 '死'라고 쓴 것이다. ≪資治通鑑綱目≫에서 안(중국)과 밖(오랑캐)을 분별함이 신중하였다.〔吐谷渾書卒久矣 復書死何 於是天下一統 中國有主矣 故復書死 綱目內外之辨 謹矣哉〕" ≪書法≫

平鄕令劉曠이 有異政하여 以義理曉諭하니 訟者皆引咎而去라 獄中에 草滿하고 庭可張羅라 高熲이 薦之라 故有是命①하다

① 平鄕縣은 讓國郡에 속한다.
平鄕縣, 屬讓國郡.

【綱】 이달 그믐에 일식이 있었다.

是月晦에 日食하다

【綱】 가을 8월에 滕穆王 楊瓚을 죽였다.

◑ 秋八月에 殺滕王瓚①하다

① 楊瓚은 隋 文帝의 同腹 아우이다.
瓚, 帝母弟也.

【目】 과거 황제(隋 文帝)가 미천하였을 때 楊瓚과 사이가 좋지 않았는데, 황제가 北周의 재상이 되자 양찬은 그가 집안의 재앙이 될까 걱정하여 은밀히 황제를 도모하려고 하였다. 양찬의 妃는 북주 高祖(宇文邕)의 누이인 順陽公主였는데, 역시 獨孤皇后와 사이가 좋지 않았다. 그래서 황제가 〈양찬에게 순양공주를〉 내쫓으라고 명하였는데 양찬이 불가하다고 하였다. 이때에 와서 양찬이 문제를 따라 栗園에 행차하였다가 鴆毒에 중독되어 갑자기 죽었다.

初에 帝微時에 與瓚不協이러니 帝爲周相에 瓚이 恐爲家禍하여 陰欲圖帝하고 其妃는 周高祖妹順陽公主也라 亦與獨孤后로 不平하니 帝命出之호되 瓚이 不可라하더니 至是에 從幸栗園이라가 遇鴆暴(폭)卒①하다

① 栗園은 長安 남쪽에 있다.
栗園, 在長安南.

壬子年(592)

【綱】 隋나라 高祖 文皇帝(楊堅) 開皇 12년이다. 가을 7월에 尙書右僕射 蘇威는

〈免職하여〉 開府儀同三司의 官號를 가지고 집으로 돌아가게 하고, 禮部尙書 盧愷는 관원 名簿에서 제명하였다.

十二年이라 **秋七月**에 **蘇威以開府就第**하고 **尙書盧愷除名**하다

【目】 國子博士 何妥가 蘇威와 정무를 논의하다가 다투어서 오랫동안 서로 화합하지 못하였는데, 소위의 아들 蘇夔가 하타와 樂律에 대해 논의하여 다시 의견이 합치되지 못하니, 논의에 참여한 다른 관원들 중에 소위 때문에 소기에게 동조한 자가 열에 여덟아홉이었다. 하타가 노하여 말하였다. "내가 講席에 앉은 지가 40여 년이나 되었는데, 도리어 어린아이에게 굴욕을 당하는구나." 이에 소위가 盧愷, 薛道衡, 王弘, 李同和 등과 함께 붕당을 만들었다고 上奏하니, 황제(隋 文帝)가 크게 노하여 소위는 免職하여 開府儀同三司의 官號를 가지고 집으로 돌아가게 하였고, 노개는 관원 명부에서 이름을 삭제하였으니, 이름이 알려진 인사 중에서 〈소위에게 연루되어〉 죄를 얻은 자가 100여 인이었다.

何妥與蘇威爭議事하여 **積不相能**이러니 **威子夔**(기)**與妥議樂**(악)하여 **復不同**하니 **議者以威故**로 **同夔者**가 **什八九**라 **妥恚**(에)**曰 吾席間函丈**이 **四十餘年**이러니 **反爲昨暮兒所屈邪**(야)①아 **遂奏威與盧愷・薛道衡・王弘・李同和等**으로 **共爲朋黨**②하니 **帝大怒**하여 **威**는 **免官爵以開府就第**하고 **盧愷**는 **除名**하니 **知名之士得罪者**가 **百餘人**이라

① '席間函丈'은 師席을 담당하였음을 말한다. 何妥가 北周 武帝(宇文邕) 때에 이미 太學博士가 되었기 때문에 이렇게 말한 것이다. ≪禮記≫ 〈曲禮〉에 "음식을 대접하는 손님이 아닌 경우에는 자리를 펼 때에 자리의 간격을 1丈 정도로 한다."라고 하였고, 注에 "강론하고 토론하는 손님을 말한다. 函은 容(수용하다)과 같다. 강론하고 토론할 때는 의당 서로 마주봐야 하니, 1장의 간격이면 손가락으로 가리켜 설명하기에 충분하다."라고 하였고, 疏에 "자리의 제도는 3尺 3寸 3分의 1寸이니 두 자리와 중간의 공간을 합하면 모두 1장이 된다."라고 하였다.
席間函丈, 謂當師席也. 妥周武帝時, 已爲太學博士, 故云然. 記曲禮曰 "若非飮食之客, 則布席, 席間函丈." 注 "謂講問之客也. 函, 猶容也. 講問, 宜相對, 容丈足以指畫(획)也." 疏曰 "席之制, 三尺三寸三分寸之一, 則兩席幷中間空地共一丈也."

② 盧愷는 盧柔의 아들이다.
愷, 柔之子也.

【目】 北周 이래로 관리를 선발할 때 淸官과 濁官[2]을 구별하는 일이 없었는데, 盧愷가 吏

2) 淸官과 濁官 : 淸官은 지위가 높고 업무가 번잡하지 않은 관직을 말하며, 濁官은 지위가 낮고 업무가

部를 겸하여 관장하면서 薛道衡 등과 함께 士流들을 살펴서 구별하였기 때문에 붕당을 만들었다는 비방에 연루되어 죄를 얻기에 이른 것이다. 얼마 지나지 않아 황상(隋 文帝)이 말하기를 "蘇威는 德行이 있는 자인데, 다른 사람 때문에 잘못을 저질렀을 뿐이다."라고 하고 조정 명부에 이름을 올려 궐 안을 출입하는 것을 회복하도록 명하였다. 소위는 법규를 만드는 것을 좋아하여 해마다 민간에서 五品이 화순하지 않은 자들을 질책하게 하였는데, 답하는 사람이 혹 말하기를 "管內에 五品 관원의 집이 없습니다."라고 하였다. 묻는 바에 제대로 답하지 않는 것이 대체로 이와 같았다. 또 여분의 식량을 기록한 장부를 만들어서 있는 자와 없는 자가 서로 돌보게 하려고 하였는데, 民部侍郎 郎茂가 번잡하고 비현실적이며 급한 일이 아니라고 하여 모두 아뢰어 그만두게 하였다.

自周以來로 選無淸濁이러니 及愷攝吏部하여 與薛道衡等으로 甄別士流라 故涉朋黨之謗하여 以至得罪①러라 未幾에 上曰 蘇威는 德行者로되 但爲人所誤耳라하고 命復通籍②하다 威가 好立條章하여 每歲에 責民間五品不遜③한대 答者或云 管內에 無五品之家라하니 其不相應領이 類如此④라 又爲餘糧簿하여 欲使有無相贍이러니 民部侍郎郎茂가 以爲煩迂不急이라하여 皆奏罷之하다

① ≪隋書≫ 〈盧愷傳〉을 살펴보면, 〈노개는〉 開皇 9년(589)에 禮部尙書에 除拜되었고, 吏部尙書를 겸임하였다. 甄은 밝히다, 살피다는 뜻이고, 別은 감별하다는 뜻이다.
按愷傳, 開皇九年, 拜禮部尙書, 攝吏部尙書. 甄, 明也, 察也. 別, 鑑別也.

② 조정 명부에 이름을 올려 궐 안을 출입할 수 있게 되면 朝會에 참여할 수 있다.
通籍殿中, 則得預朝請.

③ 五品은 五常을 말한다. 아래에서 五品이라 한 것은 五品의 官員을 말한다.
五品, 謂五常也. 下云五品, 謂五品官也.

④ '不相應領'은 묻는 바에 제대로 답하지 않는 것을 말한다.
不相應領, 謂不答所問.

【目】 郎茂가 일찍이 衛國 縣令으로 있을 때 縣民 중에 張元預 형제가 화목하지 못하니, 縣丞과 縣尉가 그들에게 엄한 형벌을 주자고 청하였다. 낭무가 말하기를 "장원예 형제가 본래 서로 미워하는데 거기다 형벌까지 받게 되면 더욱 서로를 원망하게 될 것이니 백성을 교화하는 뜻에 어긋난다."라고 하고 의리를 가지고 천천히 타이르니, 장원예 등이 각자 감동하고 뉘우쳐 머리를 조아리고 죄를 청하며 마침내 서로 화목하게 되었다.

茂가 嘗爲衛國令에 有民張元預兄弟不睦이라 丞尉가 請加嚴刑①한대 茂曰 元預兄弟本相憎

번잡한 관원을 말한다.

疾이어늘 **又坐得罪**하면 **彌益其忿**이니 **非化民之意也**라하고 **乃徐諭之以義**하니 **元預等**이 **各感悔**하여 **頓首請罪**하고 **遂相親睦**이러라

① ≪隋書≫ 〈百官志〉에 "縣에는 縣令, 縣丞, 縣尉를 둔다."라고 하였다.
隋志"縣置令·丞·尉."

【綱】 이달 그믐에 일식이 있었다.

是月晦에 **日食**하다

【綱】 8월에 制書를 내려 각 州에서 사형에 해당하는 사건을 모두 大理寺로 移管하여 대리시에서 황제의 裁決을 奏請하게 하였다.

◑ **八月**에 **制諸州死刑**을 **悉移大理奏裁**[3]하다

【目】 황제(隋 文帝)가 천하에서 律令을 집행하는 자들이 〈율령에 대한 이해가〉 대부분 뒤죽박죽이어서 죄는 같은데 판결은 달랐기 때문에 이러한 명을 내린 것이다.

帝以天下用律者가 **多踳**(준)**駁**하여 **罪同論異**라 **故有是命**①하다

① 踳은 尺允의 切[4]이니, 어긋남이다. 駁은 北各의 切이니, 뒤섞임이다. 論은 法을 의논함이다.
踳, 尺允切, 乖也. 駁, 北各切, 錯也. 論, 議法也.

【綱】 겨울 10월에 新義公 韓擒虎가 卒하였다.

冬十月에 **新義公韓擒虎**가 **卒**①하다

① 韓擒虎는 아버지 韓雄의 爵位인 新義郡公을 물려받았다.
擒虎襲父雄爵新義郡公.

---

3) 制諸州死刑 悉移大理奏裁 : "형벌을 신중하게 집행한 것을 기록하여 찬미한 것이다. 漢 景帝 5년(B.C. 153)에 詔書를 내려 의심스러운 獄事는 보고하여 裁決을 받게 하였으나, 의심스럽지 않은 옥사는 보고하여 재결을 받지 않았다. 이때에 制書를 내려 사형에 해당하는 사건을 모두 大理寺로 移管하여 재결을 주청하게 하였으니, 비로소 사람을 죽이는 것을 가볍게 여기지 않게 된 것이다. 그 후에 다시 조서를 내려 세 번 上奏한 뒤에 형을 집행하게 하였으니, 더욱 신중하게 살핀 것이다.(開皇 16년(596))〔書美恤刑也 漢景五年 詔獄疑者讞之 然非疑者不讞也 於是制死罪悉移大理奏裁 庶乎不輕殺人者 其後復詔三奏然後行刑 則益加審矣(開皇十六年)〕" ≪書法≫

4) 切 : 反切音을 표시한 것이다. '反(번)'은 뒤집는다(되치다)는 뜻으로 번역을 의미하고, '切'은 자른다는 의미이다. 앞 글자의 初聲을 따고 뒷글자의 中聲과 終聲을 따서 읽는다.

【綱】 12월에 楊素를 尙書右僕射로 삼아 高熲과 더불어 조정의 정사를 전적으로 관장하게 하고, 領軍大將軍 賀若弼은 관원 名簿에서 제명하였다.

◑ 十二月에 以楊素로 爲僕射(야)하여 與高熲으로 專掌朝政하고 領軍大將軍賀若弼除名하다

【目】 楊素는 성품이 소탈하고 언변이 뛰어나며 마음대로 일을 처리하였는데, 오직 高熲을 추앙하고 牛弘을 공경하고 薛道衡을 후하게 대하였으며, 蘇威 이하의 사람들은 멸시하였다. 그 재주와 품격이 고경보다 뛰어났으나 정성으로 사람을 대하고 나라를 깊이 생각하며 공평하고 온당하게 일을 처리하여 재상의 식견과 도량을 갖춘 점에서는 고경보다 한참 못하였다. 賀若弼은 스스로 공로와 명성이 조정 신하들의 위에 있으므로 당연히 재상이 되어야 한다고 생각하였는데, 양소가 尙書右僕射가 되자 불만이 말과 얼굴빛에 드러났다. 그로 인해 면직되자 원망이 더욱 심해졌다.

楊素性疏辨(변)하고 高下在心호되 唯頗推高熲하며 敬牛弘하며 厚接薛道衡하고 視蘇威以下는 蔑如也①러라 其才藝風調는 優於熲호되 至於推誠體國하고 處物平當하여 有宰相識度하야는 則不如熲이 遠矣②라 賀若弼이 自謂功名出朝臣之右하니 當爲宰相이러니 及素爲僕射에 不平이 形於言色이라 由是免官하니 怨望愈甚이러라

① 蔑은 없다는 뜻이니 없는 것처럼 본다는 의미이고, 또 경시하고 대수롭지 않게 여긴다는 뜻이다.
蔑, 無也, 視之如無也, 又輕易(이)也.

② 調(격조)는 徒釣의 切이다. 當(온당하다)은 丁浪의 切이다.
調, 徒釣切. 當, 丁浪切.

【目】 시일이 오래 지난 뒤에 황상(隋 文帝)이 賀若弼을 下獄하면서 "내가 高熲과 楊素를 재상으로 삼았는데, 네가 매번 거리낌 없이 말하여 헐뜯은 것은 어째서이냐?"라고 물으니, 하약필이 말하기를 "고경은 신의 오랜 친구이고 양소는 신의 처남이니 신이 그들의 사람됨을 알기에 진실로 이런 말을 했습니다."라고 답하였다. 公卿이 하약필의 죄를 사형에 처해야 한다고 아뢰니, 황상이 〈하약필에게〉 말하기를 "신하들이 법을 지켜 바꾸지 않으니, 공은 스스로 살길을 구하라."라고 하였다. 하약필이 "신이 8천 명의 군사를 거느리고 陳叔寶를 사로잡았으니, 삼가 이 공으로 살기를 바랍니다."라고 하니, 황상이 말하기를 "그 공에 대해서는 이미 분에 넘치게 큰 상을 내렸다."라고 하였다. 하약필이

말하기를 "신이 지금 다시 분에 넘치게 살기를 바랍니다."라고 하니, 황상이 며칠 동안 망설이다가 특별히 관원 명부에서 제명하게 하고 1년 남짓 지나서 그의 爵位를 회복시켜 주었다.

久之요 上이 下弼獄하여 謂之曰 我以高熲楊素로 爲宰相이어늘 汝每昌言毁之는 何也①오 弼曰 熲은 是臣之故人이요 素는 臣之舅子니 臣이 知其爲人이라 誠有此語로소이다 公卿이 奏弼罪當死라하니 上曰 臣下守法不移하니 公이 可自求活理니라 弼曰 臣將八千兵하여 擒陳叔寶하니 竊以此望活하노이다 上曰 此已格外重賞이니라 弼曰 臣이 今還格外望活하노이다 上이 低回者數日에 特令除名하고 歲餘에 復其爵位②하다

① '昌言'은 많은 사람들 앞에서 공개적으로 말하는 것이다.
昌言, 明言於廣衆.

② 低는 뜻을 굽히는 것이고, 回는 마음을 바꾸는 것이다.
低, 降意也, 回, 轉心也.

【綱】 詔令을 내려 河北과 河東의 功과 調를 면제하고 田租를 줄여주었다.[5)]

詔免河北河東功調하고 減田租하다

【目】 有司가 말하기를 "나라의 창고가 모두 가득 차서 넣어둘 곳이 없어 바깥채에 쌓아 두었습니다."라고 하니, 이에 다시 左藏院을 설치하여 거두어들였다. 황상(隋 文帝)이 詔書를 내리기를 "차라리 백성들에게 곡식을 비축할지언정 나라의 창고에 채우지 말라. 河北과 河東의 올해 田租를 3분의 1 감면하고, 軍人은 功役의 절반을 감면하며, 調는 전부 면제하라.[6)]"라고 하였다.

---

5) 功과……줄여주었다 : 田租와 功과 調는 바로 均田制의 租·庸·調에 해당하는 것으로 보인다. 균전제는 丁人에게 토지를 나누어주는 대신에 토지에 대한 세금인 田租, 丁人의 노동력에 부과하는 庸, 丁人에게 비단이나 특산품을 부과하는 調이다. 특히 調는 인두세의 특징을 갖는다. 다만 租庸調는 시대마다 기준과 운용 방식이 다르다. 여기의 功은 아래 訓義 ②로 볼 때 兵의 功役으로 보인다. 당시 군사제도는 丁兵制로 경내에 있는 丁을 兵役에 충당하여 1년 동안에 일정 기간 軍役과 功役을 지게 하였다. 이는 丁男이 곧 兵으로 군역과 力役을 지며, 이는 兵이 力役에 동원될 수 있다는 점을 의미한다. 자세한 내용은 ≪隋書≫ 〈食貨志〉 및 ≪魏書食貨志·隋書食貨志譯註≫(渡邊信一郎, 汲古書院, 2009) 참조.

6) 河北과……면제하라 : 원문은 "河北河東今年田租三分減一兵減半功調全免"이다. 朱熹의 綱의 "詔免河北河東功調 減田租"를 따른다면 "河北河東今年田租三分減一 兵減半 功調全免"으로 口讀를 떼어야 한다. 그러나 訓義 ②의 "兵受田 計畝爲功 以其所出 修器械備糗糧 今亦減其半"은 ≪資治通鑑≫의 胡三省 注에서 가져온 부분으로, 여기서 '功'은 '兵'과 관련하여 해석하였으므로 "兵減半功 調全免"으로 구

有司言 府藏皆滿하여 無所容하니 積於廊廡라하니 於是에 更闢左藏院하여 以受之①러니 上乃詔曰 寧積於人이언정 無藏府庫하라 河北河東今年田租를 三分減一하고 兵減半功하며 調全免②하라하다

① 漢나라 관직에 中藏令이 있었고, 晉나라 때에는 中黃令과 左藏令·右藏令이 있었으며, 隋나라 초기에는 右藏令과 黃藏令이 있었는데, 이때에 와서 비로소 左藏院을 설치하였다.
漢官有中藏令, 晉有中黃·左右藏令, 隋初有右藏·黃藏令, 至是始闢左藏院.

② 군인이 田地를 받으면 전지의 면적을 계산하여 功(功役)을 정하고 전지의 소출로 무기를 수리하고 식량을 마련하는데, 지금 또한 功役의 절반을 줄여준 것이다. 功은 곧 庸(功役)이다.[7]
兵受田, 計畝爲功, 以其所出, 修器械備糗糧, 今亦減其半. 功, 卽庸也.

【綱】使者를 보내 田地를 균등하게 분배하였다.

遣使均田하다

【目】이때에 천하의 戶口가 해마다 증가하고 京輔(수도와 그 부근 지역)와 三河 지역은 땅이 작고 인구는 많아서 衣食이 부족하였다. 황제(隋 文帝)가 이에 사자를 보내 사방으로 나가게 하여 천하의 田地를 균등하게 분배하니, 땅이 좁고 인구가 많은 지역은 丁 1명당 겨우 20畝의 전지를 분배받았고 노인과 아이는 이보다 더 적었다.

두를 뗄 수 있다. 이와 관련하여 中華書局 ≪資治通鑑≫과 중화서국에서 새롭게 표점한 ≪隋書≫(點校本二十四史修訂本, 2019)에는 "兵減半功 調全免"으로 표점이 되어 있다. 또한 ≪魏書食貨志·隋書食貨志譯註≫(渡邊信一郎, 汲古書院, 2009)에도 호삼성 주를 근거하여 1973년에 나온 중화서국 ≪隋書≫에서 "兵減半, 功調全免."으로 표점한 것은 잘못되었다고 하였다. 이에 따라 여기서는 朱熹의 綱에 의거하지 않고, 訓義와 중국과 일본의 최신 연구 성과를 반영하여 번역하였다. 주희의 綱에 의거하여 구두를 떼어 번역하자면 "河北과 河東의 올해 田租를 3분의 1 감면하고, 軍役은 절반을 감면하며, 功과 調는 전부 면제하라.〔河北河東今年田租 三分減一 兵減半 功調全免〕"가 된다.

7) 군인이……庸(功役)이다 : 원문의 "兵受田 計畝爲功 以其所出 修器械備糗糧 今亦減其半"은 ≪資治通鑑≫의 胡三省 注에서 가져온 것이고, "功 卽庸也"는 訓義에서 '功'을 해석한 것이다. 功의 의미에 대해 ≪魏書食貨志·隋書食貨志譯註≫(渡邊信一郎, 汲古書院, 2009)의 설을 살펴보면 다음과 같다. ≪北史≫ 〈周本紀〉 宣帝 大象 원년(579)에 "이에 山東 諸州의 병사를 징발하여 1개월의 功役을 더하여 45일 동안 노역하게 하여 낙양궁을 지었다.〔於時發山東諸州兵 增一月功爲四十五日役 起洛陽宮〕"라고 하였고, ≪隋書≫ 〈食貨志〉에 "開皇 3년(583) 정월에 隋 文帝가 新宮(大興宮)에 들어가서 처음 군인에게 명하여 21세를 成丁으로 삼고 12番(1년에 1개월 노역하는 것)을 줄여서 매년 20일을 노역하고 調로서 바치는 비단을 1필을 줄여서 2丈(반필)으로 하게 하였다.〔開皇三年正月 帝入新宮 初令軍人以二十一成丁 減十二番每歲爲二十日役 減調絹一疋爲二丈〕"라고 하였다. 이를 본다면 당시 군인이 노역에 동원된다는 것을 알 수 있다. 따라서 功은 군인들에게 부과된 功役이다. 渡邊信一郎은 丁은 兵이라 할 수 있으며 兵에게는 20일간의 力役과 防人으로서의 軍役을 지닌다고 보았다. 이는 당시 정남이 곧 병사인 丁兵制라는 점에서 해석한 것이다.

時에 天下戶口歲增하고 京輔及三河가 地少而人衆하여 衣食不給①이라 帝乃發使四出하여 均天下之田하니 其狹鄕은 每丁에 纔至二十畝요 老少는 又少焉이러라

① 京輔는 곧 三輔[8])이다. 三河는 河東, 河南, 河北을 말한다. 少는 小와 같다.
京輔, 卽三輔也. 三河, 謂河東·河南·河北也. 少, 與小同.

癸丑年(593)

【綱】 隋나라 高祖 文皇帝(楊堅) 開皇 13년이다. 봄 2월에 仁壽宮을 지었다.

十三年이라 春二月에 作仁壽宮하다

【目】 楊素에게 詔令을 내려 岐州 북쪽에 仁壽宮을 짓게 하니 양소가 上奏하여 宇文愷와 封德彝를 土木監으로 삼게 하였다. 이에 산을 깎고 골짜기를 메워 궁전을 세우니 높은 누대와 층층의 정자들이 구불구불 서로 이어졌다. 엄격하고 급하게 일을 시킨 탓에 丁夫들이 많이 죽었는데, 〈시신을 구덩이에 밀어 넣고〉 흙과 돌로 덮고는 이어 땅을 다져서 〈평지로 만드니〉 죽은 자가 만 명으로 헤아릴 정도였다.

詔楊素하여 營仁壽宮於岐州之北하니 素가 奏宇文愷·封德彝(이)爲土木監①하다 於是에 夷山堙(인)谷하여 以立宮殿하니 崇臺累榭가 宛轉相屬(촉)이라 役使嚴急하니 丁夫多死어늘 覆以土石하고 因而築之하니 死者以萬數러라

① 封德彝는 이름이 倫인데 字로 행세하였다. 封隆之의 손자이다. 土木監은 토목공사를 관장하여 궁궐을 건조하였는데, 임시로 둔 것이고 상설 관직은 아니었다.
德彝, 名倫, 以字行, 隆之之孫也. 土木監, 掌土木之事以營宮, 暫置之, 非常設之官.

【綱】 〈私家에서〉 圖讖과 緯書를 보관하는 것을 금지하였다.

禁藏讖緯[9])하다

---

8) 三輔 : 漢나라 때 수도 長安 주변의 행정구역으로 장안 및 그 동부를 京兆尹, 북부를 左馮翊, 서부를 右扶風이라 하였다. 이후로 近畿의 별칭으로 쓰였다.

9) 禁藏讖緯 : "讖緯의 학문을 금지하였다고 쓴 적은 있으나 〈讖緯書를〉 보관하는 것을 금지하였다고 쓰지는 않았으니, 여기서 보관하는 것을 금지하였다고 쓴 것은 어째서인가? 비난한 것이다. 後漢 光武帝가 천하에 圖讖을 널리 퍼뜨린 것에 대해서 비판할 수 있지만, 〈참위서를〉 보관하는 것을 금지한

【綱】 가을 7월 그믐에 일식이 있었다.

◑ 秋七月晦에 日食하다

【綱】 詔令을 내려 明堂 제도를 논의하게 하였다.

◑ 詔議明堂制度[10)]하다

【目】 황제(隋 文帝)가 禮部尙書 牛弘 등에게 명하여 明堂 제도를 논의하게 하니 宇文愷가 나무로 만든 明堂의 모형을 바쳤다. 황제가 有司에게 명하여 토지를 측량하여 명당을 세우려고 하였는데, 여러 유생들의 논의가 오랫동안 결정되지 못하니 그만두게 하였다.

帝命禮部尙書牛弘等하여 議明堂制度하니 宇文愷가 獻木樣이어늘 帝命有司하여 度(탁)地立之로되 而諸儒議久不決하니 乃罷之①하다

① ≪隋書≫ 〈禮儀志〉에 따르면 宇文愷는 ≪禮記≫ 〈月令〉의 글에 의거하여 明堂의 나무 모형을 만들었는데, 겹처마 지붕과 이중 구조의 서까래·마룻대·난간으로 된 廟堂에 5개의 방과 4개의 문이 있으며 丈·尺의 법도가 모두 준거한 바가 있었다. 隋 文帝가 훌륭하게 여겨 有司에게 명하여 安業里에 명당을 지을 구역을 정하게 하였는데, 長安 남쪽 外城 안에 있었다. 이미 의견이 달라서 중지하였는데, 大業 연간에 우문개가 다시 〈明堂議〉와 나무 모형을 올렸다. 度은 도모함이다.
隋志, 宇文愷, 依月令文, 造明堂木樣, 重檐複廟, 五房四達, 丈尺規矩, 皆有準憑. 帝異之, 命有司於安業里爲規兆, 蓋在長安南郭內也. 旣以異議罷, 至大業中, 愷復奏明堂議及木樣. 度(탁), 謀也.

【綱】 突厥의 突利可汗이 〈공주와의〉 혼인을 청하니 허락하였다.

突厥突利可汗이 請婚하니 許之하다

것은 어째서 비난한 것인가? 隋나라가 천하를 사사로이 소유하는 마음을 남겼다고 여겼기 때문에 비난한 것이다. ≪資治通鑑綱目≫이 끝날 때까지 도참에 대해 쓴 것이 다섯 번이고 〈도참을〉 금하였다고 쓴 것은 네 번인데(후한 광무제 建武中元 원년(56)에 자세히 보인다), 오직 수나라의 경우만이 비난하는 말이다.〔書禁讖緯之學有之矣 未書禁藏也 此其書禁藏 何 譏也 光武宣布圖讖則譏之 禁藏也何譏焉 以隋爲有留天下之私 故譏也 終綱目書圖讖五 而書禁者四(詳漢光武建武中元元年) 惟隋爲譏辭〕" ≪書法≫

10) 詔議明堂制度 : "논의하게 하였다고 쓴 것은 어째서인가? 결국 〈제도를〉 만들지 못했기 때문이다. ≪資治通鑑綱目≫이 끝날 때까지 明堂 제도에 대해 논의하였다고 쓴 것이 두 번인데(이해(593)와 唐 高宗 總章 2년(669)), 모두 끝내 만들지 못하였다.〔書議 何 不果立也 終綱目書議明堂制度二(是年 唐高宗 總章二年) 皆不果立者也〕" ≪書法≫

【目】 황제(隋 文帝)가 陳나라를 멸하였을 때에 陳叔寶(陳 後主)의 병풍을 突厥에 시집간 大義公主에게 하사하였는데, 공주가 자신의 조국(北周)이 〈황제에 의해〉 멸망한 것 때문에 마음이 항상 편치 못하여 병풍에 시를 써서 진나라가 망한 일을 서술하여 자신의 심정을 의탁하였다. 황제가 이를 듣고 공주를 미워하여 예우와 하사하는 것이 점점 박해졌다. 공주가 마침내 都藍可汗을 부추겨 현혹시켜서 변경에서 소요를 일으키니 황제가 장군 長孫晟을 보내 돌궐에 사신으로 가게 하여 공주가 〈情夫와〉 사통한 일을 들추어내어 〈돌궐로 하여금〉 공주를 폐위시켰다. 內史侍郎 裴矩가 도람가한을 설득하여 공주를 죽이도록 청하였는데, 이때 阿史那處羅侯의 아들 阿史那染干이 突利可汗이라고 칭하고 북방에 거주하면서 사신을 보내 혼인을 청하자, 황제가 배구를 시켜 말하기를 "대의공주를 죽인다면 혼인을 허락하겠다."라고 하였다.

帝之滅陳也에 以陳叔寶屛風으로 賜突厥大義公主어늘 公主가 以其宗國之覆으로 心常不平하여 書屛風爲詩하여 敍陳亡以自寄①하니 帝聞而惡(오)之하여 禮賜漸薄이러니 公主가 遂扇惑都藍可汗하여 頗爲邊患하니 帝遣將軍長孫晟하여 使(시)突厥하고 因發公主私事하여 廢之②하다 內史侍郎裴矩가 請說(세)都藍하여 使殺公主하니 時에 處羅侯之子染干이 號突利可汗하고 居北方하여 遣使(시)求婚이어늘 帝使矩謂之曰 能殺大義公主하면 乃許婚하리라

① 조국이 멸망하였다는 것은 北周가 망한 것을 말한다. 시는 다음과 같다. "성하고 쇠함은 아침저녁과 같고, 세상의 변화는 부평초와 같네. 영화는 실로 지키기 어려우니, 연못가 누대도 끝내는 황폐해졌네. 부귀는 지금 어디에 있는가, 부질없는 일을 병풍에 새겼네. 한잔 술도 항상 즐겁지는 않으니, 거문고 노랫소리 어찌 들리겠는가. 나는 본래 황실의 자식이거늘, 오랑캐 조정에 흘러들어왔네. 하루아침에 조국의 멸망을 보노라니, 마음이 어지러이 요동치네. 예로부터 모두 이와 같았으니, 나만 홀로 거듭 이름을 받은 것은 아니지만,[11] 오직 王昭君의 琵琶曲[12]만이, 멀리 시집온 나의 마음을 몹시도 서글프게 하네."
宗國之覆, 謂周亡也. 詩曰"盛衰等朝暮, 世道若浮萍, 榮華實難守, 池臺終自平, 富貴今安在, 空事寫丹靑, 盃酒恒無樂, 絃歌詎有聲, 余本皇家子, 漂流入虜庭, 一朝覩成敗, 懷抱忽縱橫, 古來共如此, 非我獨申名, 唯有昭君曲, 偏傷遠嫁情."

② 使(사신)는 疏吏의 切이다. 아래의 '遣使'의 使도 같다. 공주는 胡人 安遂迦와 사통하였다.
使, 疏吏切. 下遣使同. 公主私胡人安遂迦.

---

11) 나만……아니지만 : 大義公主는 北周 趙王 宇文招의 딸로 원래는 千金公主였는데, 突厥에 시집간 후 隋 文帝로부터 수 황실의 姓인 楊氏 성을 하사받고 大義公主로 改封되었다.(≪隋書≫ 〈突厥傳〉)

12) 王昭君의 琵琶曲 : 王昭君은 漢 元帝 때의 宮女로 匈奴의 呼韓邪單于에게 시집가서 王后가 되었는데, 흉노 땅으로 갈 때에 비파를 들고 변방 땅을 지나면서 다시는 고향으로 돌아오지 못할 것을 생각하고는 눈물을 흘리면서 비파를 탔다.(≪漢書≫ 〈匈奴傳〉)

【目】 突利可汗이 마침내 都藍可汗에게 공주를 참소하니 도람가한이 크게 노하여 공주를 죽이고, 다시 表文을 올려 혼인하기를 청하였다. 조정의 의론이 이를 허락하려 하였는데, 長孫晟이 말하기를 "阿史那雍虞閭(도람가한)가 변덕스럽고 신의가 없으나 다만 阿史那玷厥(達頭可汗)과 사이가 나쁘기 때문에 우리 隋나라에 의지하려는 것이니, 비록 그와 혼인 관계를 맺더라도 끝내는 배반하고 떠나갈 것입니다. 지금 만약 그가 공주에게 장가들어 황제의 위엄에 기댈 수 있게 된다면 아사나점궐과 阿史那染干이 반드시 그에게 徵發을 당하게 될 것이니 그가 세력이 강해진 다음에 다시 반란을 일으킨다면 나중에는 아마도 처리하기가 어려울 것입니다. 그리고 아사나염간은 阿史那處羅侯의 아들로 본래부터 충성스러웠고 전에 이미 혼인을 청하였으니, 그에게 혼인을 허락하고 불러서 남쪽으로 이주하도록 하는 것만 못합니다. 아사나염간은 병력이 적고 세력이 약하여 위무하여 길들이기 쉬우니, 그로 하여금 아사나옹우려와 맞서게 하여 변경을 방어할 수 있습니다."라고 하였다. 황상(隋 文帝)이 "좋다."라고 하고 다시 장손성을 보내 아사나염간을 위로하여 달래고 공주와의 혼인을 허락하였다.

突利遂譖公主於都藍하니 都藍이 因發怒殺公主하고 更表請婚하니 朝議將許之러니 長孫晟이 曰 雍虞閭가 反覆無信호되 直以與玷厥有隙이라 故欲依倚國家①하니 雖與爲婚이나 終當叛去라 今若尙主하여 承藉威靈하면 玷厥染干이 必受其徵發하리니 彊而更反하면 後恐難圖요 且染干者는 處羅侯之子로 素有誠款하고 前嘗乞婚하니 不如許之하여 招令南徙라 兵少力弱하여 易(이)以撫馴하니 使敵雍虞閭하여 以爲邊捍이라한대 上曰 善이라하고 復遣晟慰諭染干하고 許尙公主하다

① 雍虞閭는 都藍可汗의 이름이고, 玷厥은 達頭可汗의 이름이다.
雍虞閭, 都藍可汗名. 玷厥, 達頭可汗名

甲寅年(594)

【綱】 隋나라 高祖 文皇帝(楊堅) 開皇 14년이다. 여름 4월에 새 雅樂을 반포하여 시행하였다.

十四年이라 夏四月에 行新樂하다

【目】 協律郎 祖孝孫이 陳나라 陽山太守 毛爽에게서 京房[13]의 律呂의 法을 전수받았다.

牛弘이 조효손으로 하여금 雅樂을 제정하는 데 참여하게 하였는데, 律管을 배열하여 율관의 재가 날아 흩어지는 것이 달에 따라 모두 검증되었다.[14] 또 律마다 〈宮·商·角·徵·羽의〉 5音을 낳아 12律이 60음이 되고 이어 그것을 6번 반복하여 360음을 만들고 이것을 1년의 날에 나누어 대응시켜 〈宮·商·角·徵·羽·變宮·變徵의〉 7음에 배합하니, 돌아가며 서로 宮이 되는 旋宮法[15]이 이로 말미암아 분명해졌다. 우홍 등이 선궁법을 다시 사용할 것을 奏請하였는데, 황제(隋 文帝)가 여전히 何妥의 말을 기억하고 〈우홍의 말을〉 듣지 않았다.[16] 이에 우홍 등이 다시 황제의 뜻에 영합하여 前代의 金石 악기를 녹여 없애서 다른 의견을 그치게 하고, 또 武舞를 만들어서 隋나라의 공덕을 상징하게 하였다.

이때에 이르러 아악이 완성되자 詔令을 내려 이를 시행하게 하고 민간에서 만든 번잡한 聲律을 금지하였다. 萬寶常이 새로운 아악을 듣고 눈물을 뚝뚝 흘리며 말하기를 "〈음악 소리가〉 난잡하고 처량하며 애절하니 천하가 오래지 않아 멸망하겠구나."라고 하였다. 만보상이 끝내 굶어 죽었는데, 죽으려 할 때에 자기가 지은 책들을 모두 가져다가 불태우면서 "이것을 가지고 무엇을 하겠는가."라고 하였다.

協律郎祖孝孫이 從陳陽山太守毛爽하여 受京房律法①이러니 牛弘이 使孝孫으로 參定雅樂(악)한대 布管飛灰가 順月皆驗하고 又每律生五音하여 十二律爲六十音하고 因而六之하여 爲三百六十音하고 分直一歲之日하여 以配七音하니 而旋相爲宮之法이 由是著明하다 弘等이 乃奏請復用旋宮法한대

13) 京房 : 前漢 때의 사상가로, 梁나라 사람 焦延壽에게서 易學을 배웠다. 災異思想에 밝아 元帝의 총애를 받았으며, 音律을 연구하여 絃에 의한 음률측정기인 準을 발명함으로써 60律을 算定하였다.

14) 律管을……검증되었다 : 古代 中國에서는 열두 개의 律管 끝에 갈대청을 태운 재를 담아 열두 달의 기운을 예측하였다. 이를테면 어떤 달의 기운이 이르면 그 달에 해당하는 율관에 있는 재가 먼저 날아올라 그에 따라 절기를 판단한 것이다. 조효손이 배열한 열두 개의 율관에서 재가 날아 흩어지는 것이 열두 달의 변화와 정확히 맞아 떨어졌다는 말이다.(≪後漢書≫ 〈律曆志〉, ≪東萊博議≫ 〈懿氏卜妻敬仲〉 注 참조)

15) 돌아가며……旋宮法 : ≪禮記≫ 〈禮運〉에 "五聲, 六律, 十二管이 돌아가며 서로 궁이 된다.〔五聲六律十二管 還相爲宮也〕"라고 한 데서 유래한 것으로 秦漢 시대 이전의 諧音 법칙이다. 十二律을 宮, 商, 角, 徵, 羽, 變宮, 變徵의 七音에 배합해서 律마다 돌아가며 宮聲을 내게 함으로써 수많은 곡조를 이루게 하였다. 십이율은 陽聲인 六律과 陰聲인 六呂를 합하여 부르는 말로, 육률은 黃鐘·大蔟(태주)·姑洗(고선)·蕤賓(유빈)·夷則(이칙)·無射(무역)의 여섯 음이고, 육려는 大呂·夾鐘·仲呂·林鐘·南呂·應鐘의 여섯 음이다. 한 옥타브(8도 음정)를 열두 음으로 나누고 각 음 사이의 음정을 반음 곧 一律로 쳐서 저음에서부터 차례로 황종·대려·태주·협종·고선·중려·유빈·임종·이칙·남려·무역·응종의 순서로 십이율이 된다.

16) 何妥의……않았다 : 開皇 9년(589)에 何妥가 隋 文帝에게 黃鍾이 人君의 덕을 상징한다고 하면서 황종이 宮音이 되는 음률만 사용하고 나머지 음률은 사용하지 말 것을 청하여 그대로 따랐다.(본서 제36권 상 隋 文帝 開皇 9년 12월 조)

帝猶記何妥之言하여 不聽하니 於是에 弘等이 復附帝意하여 銷毁前代金石하여 以息異議하고 又作武舞하여 以象功德이러니 至是樂成에 詔行之하고 乃禁民間所造繁聲하니 萬寶常이 聞新樂하고 泫然泣曰 淫厲而哀하니 天下不久에 盡矣②로다 寶常이 竟餓死하니 且死에 悉取其書하여 燒之曰 用此何爲③리오

① 隋나라 제도에는 太常에 協律郎 2인이 있었다. ≪隋書≫ 〈地理志〉에, 南海郡 含洭縣에 梁나라 때 陽山郡을 설치하였다고 되어 있다.
隋制, 太常有協律郎二人. 隋志, 南海郡含洭縣, 梁置陽山郡.

② 泫然은 눈물을 흘리는 모양이다.
泫然, 流涕貌.

③ 萬寶常이 ≪樂譜≫ 64권을 찬술하였는데, 8音이 돌아가며 宮이 되는 법과 絃을 바꾸고 기러기발을 옮기는 데 따른 변화를 상세히 논하고, 84調 144律을 만들어 1800聲에서 끝을 맺었다. 시험 삼아 연주해보게 하니 손이 가는대로 곡조가 이루어졌다.
寶常撰樂譜六十四卷, 具論八音旋相爲宮之法, 改絃移柱之變, 爲八十四調一百四十四律, 終於千八百聲, 〔試令〕17)爲之, 應手成曲.

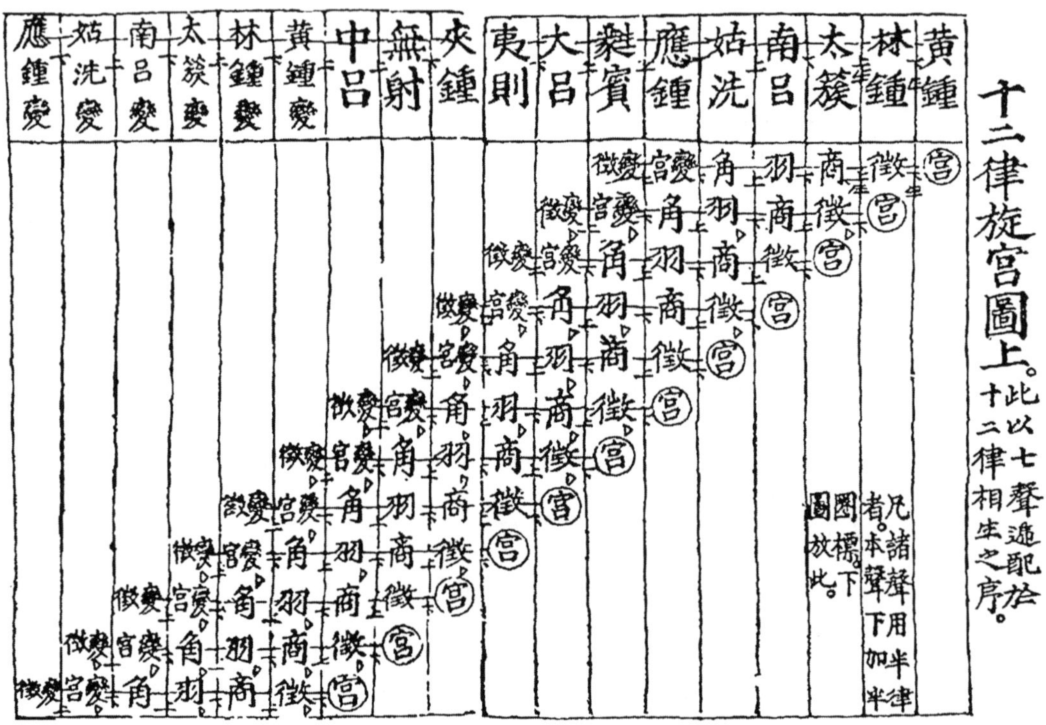

十二律旋宮圖 上

17) 〔試令〕: 저본에는 '試令'이 없으나, ≪隋書≫ 〈藝術列傳 萬寶常〉에 의거하여 보충하였다.

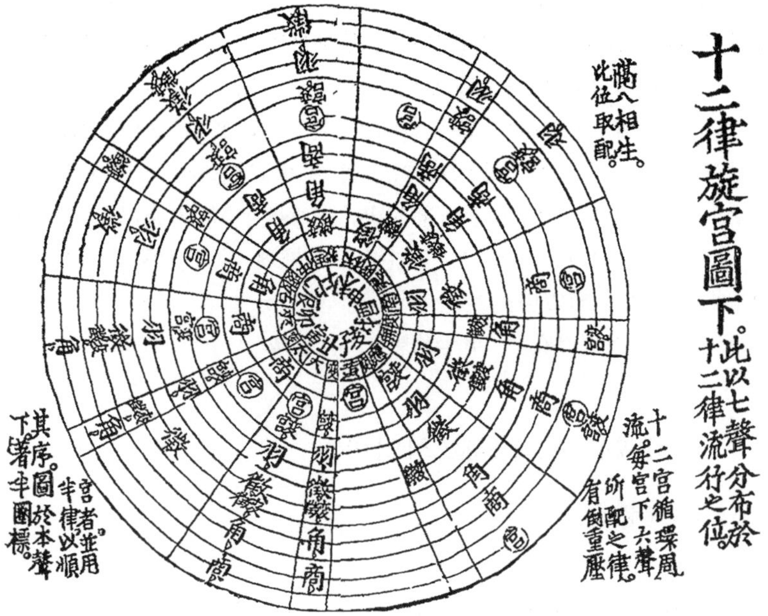

十二律旋宮圖 下

【綱】 6월에 公卿 이하의 관원에게 처음으로 職田을 지급하였다.

六月에 始給公卿以下職田하다

【目】 이보다 앞서 〈중앙의〉 臺, 省, 府, 寺 및 〈지방의〉 각 州에 모두 公廨錢을 두어 이자를 거두어서 필요한 물자를 공급하였는데, 工部尙書 蘇孝慈가 "官司에서 빚을 놓아 이자를 거두어 백성들을 괴롭히고 풍속을 무너뜨리고 있으니 모두 금지하고 田地를 지급하여 농사를 지어 〈필요한 經費를 대게〉 하소서."라고 하였다. 이에 처음으로 詔令을 내려 公卿 이하의 관원에게 모두 職田을 지급하고, 〈빚을 놓아〉 이자를 거두어 백성과 이익을 다투지 못하게 하였다.

先是에 臺省府寺(시)及諸州에 皆置公廨錢하여 收息取給이러니 工部尙書蘇孝慈가 以爲官司出擧興生하여 煩擾百姓하고 敗損風俗하니 請皆禁止하고 給田以營農①하소서하다 於是에 始詔公卿以下하여 皆給職田하고 毋得治生하여 與民爭利②하다

① ≪唐六典≫에 "工部尙書는 周나라 때의 冬官의 卿에 해당한다. 漢나라 때 五曹尙書가 있었는데 그 세 번째가 民曹尙書였다.[18] 後漢 때에는 民曹로 하여금 繕修, 工作, 鹽池, 園苑 등의 일을 아울러 주관하게 하였다. 晉, 宋, 齊, 梁, 陳 이래로 宗廟를 건설하게 되면 임시로

起部尙書를 두었다가 일이 끝나면 없앴다. 北周는 주나라 관제를 따라 大司空 卿 1인을 두었고, 隋나라 開皇 2년(582)에 처음으로 공부상서를 두었다."라고 하였다. '出擧興生'은 돈을 내어 사람에게 빌려주고 이자를 받아 이익을 남기는 것을 말한다.
唐六典"工部尙書, 周之冬官卿也. 漢五曹尙書, 其三曰民曹. 後漢以民曹兼主繕修·工作·鹽池·園苑之事. 自晉·宋·齊·梁·陳, 營宗廟, 則權置起部尙書, 事畢省(생)之. 後周依周官, 置大司空卿一人. 隋開皇二年, 始置工部尙書." 出擧興生, 謂出錢以擧人, 興利而生息.

② 職分田은 北周에서 시작되었는데 토지 면적은 품계에 따라 차등을 두었다. 隋·唐에 이르기까지 대대로 增減이 있었다.
職分田起于後周, 頃畝以品爲差, 下至隋唐, 代有增減.

【綱】 가을 7월에 蘇威를 納言으로 삼았다.

秋七月에 以蘇威爲納言하다

【綱】 直太史 劉孝孫 등에게 詔令을 내려 曆法을 제정하게 하였는데, 얼마 지나서 그를 파직하였다.

◑詔直太史劉孝孫等하여 定曆이러니 已而罷之하다

【目】 당초 張賓의 曆法이 시행되자[19] 劉孝孫과 劉焯이 모두 그 오류를 말하였는데, 장빈이 한창 총애를 받고 있었으므로 劉暉가 장빈에게 영합하니 〈황제(隋 文帝)가〉 유효손 등을 배척해서 파직하였다. 후에 장빈이 죽자 유효손이 다시 역법의 오류에 대한 일을 상주하니, 詔令을 내려 直太史로 삼고서 여러 해 동안 직임을 옮겨주지 않았다. 이에 유효손이 자신의 책을 안고 제자로 하여금 수레에 관을 싣고 궐 아래에 나아가게 하여 엎드려 곡을 하니 법을 집행하는 관리가 유효손을 구금하고서 황제에게 아뢰었다. 황제가 何妥에게 의견을 물으니 하타가 유효손의 역법이 훌륭하다고 말하자 유효손에게 張冑玄과 함께 장빈의 역법을 심사하여 바로잡게 하였는데, 오랫동안 확정하지 못하였다. 황제가 日蝕에 관한 일을 묻게 하니 楊素 등이 아뢰기를, "太史가 일식을 25차례 아뢰

---

18) 漢나라……民曹尙書였다 : 漢 成帝 때 尙書 5인을 두어 그중 1인은 僕射를 삼고, 4인은 常侍曹·二千石曹·民曹·主客曹 등 四曹로 나누어 직무를 분장하게 하였다가 나중에 三公曹를 설치하여 五曹가 되었다.(본서 제17권 晉 武帝 太康 4년(283) 참조)

19) 당초……시행되자 : 본서 제36권 상 隋 文帝 開皇 4년(584)에 보인다. 이를 '甲子元曆'이라 하는데, 張賓과 劉暉 등이 지은 것이다.

었으나 모두 증험되지 못하였는데, 장주현이 추정한 일식은 시각이 절묘하게 적중하였고, 유효손이 추정한 일식도 증험된 것이 역시 절반을 넘었습니다."라고 하였다. 이에 황제가 유효손과 장주현을 불러 들여 친히 위로하였는데, 유효손이 먼저 유휘의 목을 베고 나서야 역법을 제정할 수 있다고 청하였다. 황제가 불쾌하게 여겨 또 그를 파직하였는데, 유효손이 얼마 지나지 않아 죽었다.

初에 張賓曆旣行에 劉孝孫及劉焯이 竝言其失[①]이어늘 賓方有寵이라 劉暉가 附之하니 斥罷孝孫等이러니 後에 賓이 卒하니 孝孫이 復上其事한대 詔直太史하여 累年不調[②]라 乃抱其書하고 使弟子로 輿櫬(츤)詣闕下하여 伏哭하니 執法이 拘而奏之한대 帝가 以問何妥하니 妥言其善이어늘 使與張胄玄으로 校賓曆이러니 久之不定이라 上이 令參問日食事한대 楊素等이 奏太史奏日食二十有五호되 皆無驗而胄玄所刻이 妙中하고 孝孫도 驗亦過半[③]이라하니 於是에 上이 引孝孫胄玄等하여 親勞之한대 孝孫이 請先斬劉暉라야 乃可定曆이라하니 帝不懌하여 又罷之러니 孝孫이 尋卒하다

① 焯은 職略의 切이다.
焯, 職略切.
② 다른 관직을 맡고 있으면서 太史曹에 들어가는 것을 直太史라고 한다. 調(轉任하다)는 徒弔의 切이다.
以他官入太史曹, 爲直太史. 調, 徒弔切.
③ 刻은 時刻을 정하는 것이다. 中(적중하다)은 去聲이다.
刻, 刻定也. 中, 去聲.

【綱】 關中에 가뭄이 들어 백성들이 굶주리니 8월에 황제(隋 文帝)가 洛陽으로 갔다.

關中이 旱饑하니 八月에 帝如洛陽하다

【目】 황제가 좌우 측근들을 보내 백성들이 먹는 양식을 살펴보게 하였는데 콩가루에 겨를 섞은 것을 가져다 바쳤다. 황제가 눈물을 흘리며 신하들에게 보여주고 깊이 자책하여 그 때문에 술과 고기를 먹지 않은 지 1년이 되었다. 이때에 이르러 황제가 백성들을 거느리고 洛陽에 가서 식량을 구하였는데, 斥候兵을 신칙하여 백성들을 괴롭히고 핍박하지 못하게 하였다. 남녀 백성들이 황제를 호위하는 군사들 사이에 끼어서 섞여 있었는데, 노인을 부축하거나 아이를 데리고 있는 자를 만나면 황제가 그때마다 말고삐를

당겨 길을 양보하였고 험난한 곳에 이르러서 짐을 지고 가는 자를 보면 좌우 측근들을 시켜 도와주게 하였다.

上이 遣左右하여 視民食한대 得豆屑雜糠以獻하니 上이 流涕하여 以示群臣하고 深自咎責하며 爲之不御酒肉者 朞年이러니 至是에 帥(솔)民就食於洛陽할새 勑斥候하여 不得驅迫이라 男女參廁於仗衛之間[①]한대 遇扶老携幼者면 輒引馬避之하고 至艱險處하여 見負擔者면 令左右扶助러라

① 勑은 誡(훈계함)이다. 廁은 雜(섞임)이다.
勑, 誡也. 廁, 雜也.

【綱】 겨울 윤10월에 高仁英, 蕭琮, 陳叔寶에게 詔令을 내려 각기 그 宗廟에 대한 제사를 지내게 하고 官에서 〈제사에 필요한〉 器物을 지급하게 하였다.

冬閏十月에 詔高仁英蕭琮陳叔寶하여 修其宗祀하고 官給器物[20]하다

20) 詔高仁英蕭琮陳叔寶……官給器物 : "官에서 기물을 지급하였다고 기록한 것은 어째서인가? 隋나라를 칭찬한 것이다. 비록 칭찬한 것이기는 하나 또한 서글퍼한 것이다. ≪資治通鑑綱目≫에서 '관에서 지급하였다.'라고 썼으니, 高氏·蕭氏·陳氏 세 족속이 스스로 마련할 수 없었음을 알 수 있다. 세 족속을 차례로 서술하면서도 〈北周의〉 宇文氏는 언급하지 않았으니, 우문씨를 다 멸족시켰기 때문이 아니겠는가. ≪자치통감강목≫은 말 속에 숨어 있는 뜻이 깊다.〔書官給器物 何 予隋也 雖予之也 亦傷之也 綱目書曰官給 則三族之不能自給可知矣 歷敍三族 而不及宇文氏 非以盡滅其族乎 綱目言外之意深矣〕" ≪書法≫
"남북이 분열된 이래 여러 나라들이 병립하였다가 隋나라에 이르러 비로소 하나로 통일되었다. 지금 隋 文帝가 그 나라들의 종묘 제사가 폐해져 끊어진 것을 안타깝게 여겨 高仁英 등에게 명해서 사시의 제사를 지내게 하였으니, 또한 끊긴 대를 이어주는 뜻과 조금은 비슷하다고 할 수 있다. 그러나 聖人께서 말씀하신바 끊긴 대를 이어준다는 것은 반드시 멸망한 나라를 일으켜 세우는 것을 우선으로 하였다. 北齊, 梁나라, 陳나라 등을 참으로 다시 일으켜 세울 수 없다면 고을 하나를 봉하여 수십 리 땅에서 거두는 賦稅를 받아먹게 하였다면 관에서 器物을 지급할 필요가 없고 스스로 그 世祀를 지낼 수 있어 장구한 계책이 되었을 것이다. 이는 또한 수 문제가 미치지 못한 점이다. 비록 그렇지만 북제, 양나라, 진나라는 이미 제사를 지냈는데, 저 宇文氏는 介公(北周 靜帝)이 시해당한 이후로 끝내 아무런 소식도 들리지 않았다. 설사 수 문제가 〈멸망한 왕조의 후손을〉 王家의 빈객으로 삼는 뜻을 확장하여 우문씨의 후손을 봉해서 번성하게 하였더라도 또한 무슨 불가한 점이 있었겠는가. 世祀는 한 가지인데 북제, 양나라, 진나라에 대해서는 안타깝게 여기면서 北周에 대해서는 안타깝게 여기지 못하였으니 이 어찌 마음 씀이 이처럼 넓지 못한가. 아, 또 그는 牧野의 일에 대해서 유독 듣지 못하였는가. 周 武王이 殷나라를 이기고 商으로 돌아와서 미처 수레에서 내리기도 전에 黃帝의 후손을 薊에 봉하고 帝堯의 후손을 祝에 봉하고 帝舜의 후손을 陳에 봉하였으며, 수레에서 내린 뒤에 夏后氏의 후손을 杞에 봉하고 殷나라의 후손을 宋에 봉하였다. 주 무왕은 商을 멸한 뒤 얼마 지나지 않아 즉시 黃帝, 堯舜, 夏后氏의 후손과 더불어 은나라의 후손을 나란히 봉하였는데, 지금 수 문제는 북주에게 나라를 얻고서 도리어 그 제사를 끊어버렸으니 어째서인가. 그렇다면 ≪資治通鑑綱目≫이 高仁英, 蕭琮, 陳叔寶에게 종묘 제사를 지내도록 詔令을 내린 일은 기록하고 우문씨에 대해서는 언급하지 않았으니, 남을 시기하여 이기려 하고 은혜가 부족한 마음이 또한 書法 사이에 저절로 드러나고 있다. 탄식하지 않을 수 있겠는가.〔自南北分裂 諸國鼎峙 至隋始能一之 今隋祖念其宗祀廢絶 命高仁英等 以時修祭 亦可少彷繼絶之意矣 然聖人所謂繼絶世者

【目】詔令을 내려 北齊, 〈南朝의〉 梁나라, 陳나라의 종묘 제사가 폐지되어 끊어졌다고 하여 高仁英, 蕭琮, 陳叔寶에게 명해서 사시의 제사를 지내게 하고 제사에 필요한 器物을 담당 관원이 지급하게 하였다. 진숙보가 황제(隋 文帝)를 모시고 연회에 참석하였다가 밖으로 나가자 황제가 그를 보며 말하기를 "이 사람이 패망한 것이 어찌 술 때문이 아니겠는가. 시를 지을 공력으로 당시의 國事를 안정시킬 생각을 하지 않았는가. 賀若弼이 京口를 지났을 때 陳나라 사람들이 密啓를 올려 위급함을 고하였는데 진숙보는 술을 마시면서 끝내 이를 살펴보지 않았다. 高熲이 〈陳나라 도성에〉 도착한 날에 그 밀계를 침상 아래에서 발견하였는데 여전히 개봉되어 있지 않았으니 참으로 가소로운 일이다."라고 하였다.

詔以齊梁陳宗祀廢絶이라하여 命高仁英蕭琮陳叔寶以時修祭하고 所須器物을 有司給之하다 叔寶가 侍宴出이어늘 帝目之曰 此敗豈不由酒리오 以作詩之功으로 何如思安時事[①]오 當賀若弼이 度京口하여 彼人密啓告急호대 叔寶飮酒하여 遂不之省하고 高熲(경)至日에 見啓在牀下호대 猶未開封하니 誠可笑也로다

① 어찌 시를 짓는 노력과 시간으로 당시의 國事를 다스려 안정시키려 생각하지 않았는가.
何不以作詩功夫, 思量治安當時之事務.

【綱】齊州刺史 盧賁이 죄가 있어 관원 명부에서 이름이 삭제되었다.

齊州刺史盧賁이 有罪除名[①]하다

① ≪隋書≫ 〈地理志〉에, 齊郡은 옛날에 齊州라고 하였는데 治所는 歷城에 있다고 하였다.
隋志, 齊郡舊曰齊州, 治歷城.

【目】盧賁이 백성이 굶주릴 때 곡식을 내다 팔지 못하게 한 죄를 지어 관원 명부에서 이름이 삭제되니, 황태자(楊勇)가 그를 위해 말하기를 "노분은 황제 폐하께서 창업하는 데 보좌한 공이 있으니 버려서는 안 됩니다."라고 하였다. 황제가 말하기를 "劉昉, 鄭譯, 盧

必以興滅國爲先 如齊梁陳等國 固不可使之復興 若封以一邑 俾食數十里之賦 則不必官給器物 自可修其世祀爲悠久計 此又隋文之所未及者 雖然 齊梁陳旣祀矣 彼宇文氏自介公殞踣之後 竟無所聞 使隋文能廣作賓王家之意封殖其後 亦何不可之有 夫世祀一也 能念齊梁陳 而不能念周 是何處心不弘如此 嗚呼 且彼獨不聞牧野之事乎 武王克殷反商 未及下車 而封黃帝之後於薊 封帝堯之後於祝 封帝舜之後於陳 下車而封夏后氏之後於杞 殷之後於宋 夫武王翦商未幾 卽與黃帝堯舜夏后氏竝封其後 今隋主得國於周 乃反殄絶其祀何哉 然則綱目書詔高仁英蕭琮陳叔寶修其宗祀 而不及宇文氏 其忌克少恩之意 又自見於書法之間矣 可勝嘆哉〕" ≪發明≫

賁, 柳裘, 皇甫績 등이 없었으면 내가 이 자리까지 오지 못했을 것이다. 그러나 이 사람들은 모두 반복무상한 자들이다. 北周 宣帝 때에 무뢰배로서 총애를 받았고 선제의 병이 위중해지자 이 무리들이 거짓을 꾸며 나에게 顧命을 맡기더니 내가 政事를 행하려 하자 또 이를 어지럽히려고 하였으니, 그들 스스로 믿기 어렵게 만든 것이지 내가 그들을 버린 것이 아니다. 사람들이 이를 보고 내가 功臣들을 박대한다고 하는데 이는 그렇지 않다."라고 하였다. 노분은 결국 폐출되어 집에서 죽었다.

賁坐民饑閉糶(조)하여 除名[①]하니 皇太子爲言호대 賁有佐命功하니 不可棄라한대 帝曰 微劉昉鄭譯盧賁柳裘皇甫績等이면 則我不至此[②]나 然此等이 皆反覆子也라 當周宣帝時하여 以無賴得幸하고 及帝大漸하여 此輩行詐顧命於我러니 我將爲政에 又欲亂之하니 自爲難信이요 非我棄之라 衆人이 見此하고 謂我薄於功臣이라호대 斯不然矣라 賁遂廢하여 卒於家하다

① 糶는 他弔의 切이니, 곡식을 내다 파는 것이다.
糶, 他弔切, 出穀也.
② 微는 無의 뜻이다.
微, 無也.

【目】 胡氏(胡寅)가 다음과 같이 평하였다.
"옳고 그름을 분별하는 마음은 사람들이 모두 가지고 있다. 隋 文帝가 참으로 음험하고 잔인하지만 본래부터 타고난 마음은 없어지지 않았다. 큰 이익을 이루려고 도모하여 권모술수로 서로 경쟁할 때에는 소매를 걷어붙이고 바지를 걷어 올리고서 앞 다투어 따르는 자를 능력 있다고 하고, 원하는 바를 이미 얻고 나서 옳고 그름을 돌이켜 생각할 때에는 처신을 깨끗이 하고 도리를 생각하여 위태로운 일에 관여하지 않는 자를 옳다고 하였다. 이것이 蘇威가 특별한 은혜를 입고 鄭譯과 盧賁은 폐출되어 죽고 劉昉은 極刑에 처해진 까닭이니, 또한 변덕스럽고 경박하여 평범한 것을 싫어하고 새로운 것을 행하는 자들에게 깊은 경계가 될 만하다.

胡氏曰 是非之心은 人皆有之라 隋文固險黠忮(힐기)忍이나 而其本心則未嘗泯亡하니 方其圖集大利하여 以權數相傾하여는 則攘臂褰(건)裳하여 爭先相附者爲能하고 及夫所欲既得하여 而反思可否하여는 則潔身顧義하여 不預危事者爲是하니 此蘇威所以蒙殊常之顧而譯賁廢死하고 劉昉極刑也니 亦可爲傾覆(복)輕薄하여 厭常爲新者之深監矣로다

【綱】 散騎侍郎 王劭가 ≪皇隋靈感志≫을 올렸다.

散騎侍郎王劭가 **上皇隋靈感志**[21)]하다

【目】 황제(隋 文帝)는 禨祥(길흉의 조짐을 점치고 복을 비는 일)의 術數를 좋아하였다. 王劭가 전후로 表文을 올려 황제가 天命을 받은 상서로운 조짐이 매우 많다고 말하고 또 歌謠와 讖緯를 찾고 佛書를 모아서 완곡하게 거짓으로 꾸며 ≪皇隋靈感志≫ 30권을 찬술하여 上奏하니, 황상이 천하에 반포하게 하였다. 왕소가 각 州의 朝集使를 모아놓고 손을 씻고 香을 피우고 눈을 감고서 그 책을 읽었는데 소리를 굽히고 꺾는 것이 노래를 부르는 것과 비슷하였다. 열흘이 지나서 마치니 황제가 더욱 기뻐하여 후하게 상을 내려주었다.

帝好禨祥小數①라 **劭前後上表**하여 **言上受命符瑞甚衆**하고 **又採歌謠讖緯**하고 **捃摭**(척)**佛書**하여 **曲加誣飾**하여 **撰皇隋靈感志三十卷**하여 **奏之**하니 **上**이 **令宣示天下**②하다 **劭集諸州朝集使**하여 **盥**(관)**手焚香**하고 **閉目而讀之**호대 **曲折其聲**이 **有如歌詠**이라 **涉旬而罷**하니 **帝益喜**하여 **賞賜優洽**하니라

---

21) 散騎侍郎王劭 上皇隋靈感志 : "〈後漢의〉 世祖(光武帝)가 圖讖을 선포한 것에 대해서는 기록하여 비판하였는데, 여기에서 隋 文帝가 천하에 〈도참을〉 반포한 것에 대해서는 기록하지 않은 것은 어째서인가. ≪資治通鑑綱目≫은 어진 자에게 모든 것을 완전하게 갖추기를 요구한다. 수 문제는 배우지 못하였으니 어찌 심하게 비난할 것이 있겠는가. 다만 王劭는 아첨하는 말을 아뢰면서 부끄러움이 없었으니 ≪자치통감강목≫이 매우 미워하는 바이다. 〈수 문제가 도참을〉 반포한 일을 기록하지 않은 것은 왕소에게 전적으로 죄를 묻기 위함이다.〔世祖宣布圖讖 則書譏之 於是上令宣示天下則不書 何也 綱目責備賢者 隋文不學 何足深譏 獨王劭獻佞無恥 綱目所甚惡也 不書宣示 所以專罪劭也〕" ≪書法≫

"작년(593) 봄에 비로소 讖緯를 금지했는데 지금은 도리어 천하에 符瑞를 반포하였으니 이 어찌 이처럼 앞뒤가 모순되는가. 隋나라가 나라를 얻은 것은 애초 백성에게 공덕이 미친 바가 없었고 단지 〈隋 文帝의〉 용모가 기이하기 때문이었다. 이미 천하를 얻고 나서는 천하를 사사로이 여겨 자기의 소유로 삼고자 하였는데, 인심이 복종하지 않을 것을 염려하였다. 그러므로 전날에 참위를 금한 것은 바로 천하 사람들이 수나라의 국운의 長短을 알게 될까 걱정한 것이고, 지금 符瑞를 반포한 것은 천하 사람들로 하여금 자신이 천자가 되어야 하는 것은 사람의 힘으로 이룰 수 있는 것이 아님을 알게 하려는 것이다. 행위는 다르지만 천하를 사사로이 여긴 뜻은 동일하다. 그 실상은 모두 당시 사람들의 분에 넘치는 바람을 끊어버려서 자기 자손들이 천만년 동안 천하를 잃지 않도록 하는 계책을 삼으려 하였을 뿐이다. 군자는 드러난 것을 유추하여 은미한 것에 이른다. 그러므로 앞에서는 讖緯를 금한 것을 쓰고 뒤에서는 영험한 일을 기록한 것을 쓴 것이다. 그렇게 한 뒤에야 수 문제의 마음이 사실 그대로 기록하는 가운데 모두 드러나게 되었다. 아! 수 문제가 이 세상을 기만한 것이 이와 같으니, 〈나라를〉 두 번도 전하지 못하고 끝내 멸망하리라고 누가 생각했겠는가.〔去年之春 方禁讖緯 今乃宣示符瑞於天下 是何先後矛盾如此 蓋隋之得國 初無功德及民 徒以相表奇異而已 旣得天下 欲私之以爲己有 而猶慮人心之不服也 故前日之禁讖緯 正恐天下之人 知我國祚之修短 而今日之宣符瑞 則欲使天下之人 知己之當爲天子 有非人力所能致者 所爲雖殊 而所以私天下之意則一 其實皆欲杜絶當時非望之心 爲吾子孫千萬世不失之計耳 君子推見至隱 故於前書其禁讖緯 於後書其志靈感 然後隋文之心術 擧不逃於直筆之間矣 嗚呼 隋文之聾瞽斯世者如此 孰謂不再傳而遂滅乎〕" ≪發明≫

① 晉灼이 말하기를, "禨는 音이 珠璣의 璣이다."라고 하였다. 顧野王이 말하기를, "禨祥은 길흉의 조짐이 먼저 드러난 것이다."라고 하였다. 服虔이 말하기를, "복을 구하는 것이다."라고 하였다.
晉灼曰 "禨音珠璣之璣." 顧野王曰 "禨祥, 吉凶之先見(현)也." 服虔曰 "求福也."

② 악기 곡조에 맞추어 부르는 것을 歌라 하고, 노래만 하는 것을 謠라 한다. 捃(취하다)은 居運의 切이고, 摭은 音이 隻이니, 모두 모으는 것이다.
合曲曰歌, 徒歌曰謠. 捃, 居運切, 摭, 音隻(척), 皆拾也.

乙卯年(595)

【綱】 隋나라 高祖 文皇帝(楊堅) 開皇 15년이다. 봄 정월에 황제가 동쪽으로 巡狩하여 泰山에서 하늘에 제사를 지냈다.

十五年이라 春正月에 帝東巡하여 祀天于泰山하다

【目】 이해에 가뭄이 들어 허물을 사죄한 것이니 그 儀禮는 南郊에서 하늘에 지내는 제사와 같다.

以歲旱謝愆咎也니 禮如南郊라

【綱】 2월에 천하의 兵器를 거두어들였다.

二月에 收天下兵器하다

【綱】 3월에 宮으로 돌아왔다.

◑三月에 還宮하다

【綱】 仁壽宮이 완성되었다. 封德彝를 內史舍人으로 삼았다.

◑仁壽宮成하다 以封德彝爲內史舍人[22]하다

22) 仁壽宮成 以封德彝爲內史舍人 : "대개 위에 사건을 쓰고 아래에 관직을 쓰는 것은 그 일에 대해 〈상으로〉 관직을 준 것이다. 여기서 楊素가 〈封德彝를〉 인재로 천거한 것은 쓰지 않고 宮이 완성된 것을 쓴 것은 그 뜻을 질책한 것이다. 양소가 봉덕이를 천거하고 文帝가 발탁한 것은 궁이 완성되었

【目】 仁壽宮이 완성되니 황제(隋 文帝)가 인수궁에 거둥하였다. 당시 날씨가 더워서 役夫 중에 죽은 자들의 시신이 길에 널려 있었는데 楊素가 모두 불태워 없애니 황제가 불쾌하게 여겼다. 인수궁에 이르러 그 규모와 양식이 웅장하고 화려한 것을 보고 황제가 크게 노하여 말하기를, "양소가 나로 하여금 천하 사람들에게 원한을 맺게 하였다."라고 하였다. 양소가 이를 듣고 譴責을 받을까 염려하였는데, 封德彝가 말하기를 "公은 걱정하지 마십시오. 황후께서 오시기를 기다리면 반드시 은혜로운 詔書를 내리실 것입니다."라고 하였다. 다음 날 황제가 과연 양소를 불러 양소가 들어가 알현하니, 황후가 위로하여 말하기를 "공이 우리 부부가 늙어서 스스로 즐길 만한 것이 없음을 알고 이 궁을 성대하게 꾸몄으니 어찌 忠孝가 아니겠는가."라고 말하고 매우 후하게 상을 내렸다. 양소가 자신의 지위가 높고 재주가 있는 것을 믿고서 남을 업신여기고 모욕하는 일이 많았는데, 유독 봉덕이에 대해서는 재능을 인정하고 존중하여 그를 불러서 함께 논의하고 황제에게 여러 번 천거하니, 〈황제가〉 봉덕이를 발탁하여 內史舍人으로 삼았다.

仁壽宮成하니 幸之하다 時天暑라 役夫死者가 相次於道어늘 楊素悉焚除之하니 帝不悅이러니 及至하여 見制度壯麗하고 大怒曰 楊素爲我結怨天下라하니 素聞之하고 慮獲譴이어늘 封德彝曰 公은 勿憂하라 俟皇后至하면 必有恩詔라하더니 明日에 帝果召素入對하니 后勞之曰 公知吾夫婦老하여 無以自娛하고 盛飾此宮하니 豈非忠孝리오하고 賜賚(뢰)厚甚이러라 素負貴恃才하여 多所凌侮호대 唯賞重德彝하여 引與論議하고 屢薦於帝하니 擢爲內史舍人하다

【綱】 여름 6월에 底柱山을 굴착하였다.

夏六月에 鑿底柱①하다

기 때문일 뿐이다. 이 때문에 위에서는 仁壽宮이 완성되었다고 쓰고 아래에서는 封德彝를 內史舍人으로 삼았다고 썼으니 궁을 완성한 공에 대해 상을 준 것임을 알 수 있고(이해(595)), 위에서는 廣運潭이 완성되었다고 쓰고 아래에서는 韋堅에게 左散騎常侍를 더해주었다고 썼으니 광운담을 완성한 공에 대해 상을 준 것임을 알 수 있다.(唐 玄宗 天寶 元年(742))〔凡上書事 下書官 官其事也 於是楊素薦才不書 書宮成 誅意也 素之薦 帝之擢 以宮成而已矣 是故上書仁壽宮成 下書以封德彝爲內史舍人 則知其爲賞宮成之功(是年) 上書廣運潭成 下書加韋堅左散騎常侍 則知其爲賞潭成之功(唐玄宗天寶元年)〕" ≪書法≫

"封德彝가 小人인 것은 그 晩年의 절조를 기다리지 않아도 여기에서 이미 볼 수 있다. 위에서 인수궁이 완성되었다고 쓰고 아래에서 봉덕이를 內史舍人으로 삼았다고 썼으니, 이 궁이 비록 봉덕이가 만든 것은 아니지만 이 궁을 완성하게 한 것은 봉덕이이다. 이 때문에 書法이 이와 같은 것이다. 그러므로 '봉덕이가 소인인 것은 그 晩年의 절조를 기다리지 않아도 여기에서 이미 볼 수 있다.'고 한 것이다.〔德彝之爲小人 蓋不待於其晩節 而於此已見之矣 上書仁壽宮成 下書以德彝爲內史舍人 則此宮雖非德彝所造 而所以成此宮者德彝也 是以書法如此 故曰德彝之爲小人 不待於其晩節 而於此已見之矣〕" ≪發明≫

① 底柱山은 陜縣 북쪽 大河(黃河) 가운데에 있다. 옛날에 禹임금이 洪水를 다스릴 때에 산을 무너뜨려 황하를 통하게 하니 河水의 물줄기가 갈라져서 산을 감싸고 흘러갔는데, 산이 강물 가운데에 보이는 것이 마치 기둥 같았다. 그러므로 底柱라고 하였다.
底柱山在陜縣北大河中, 昔禹治洪水, 破山以通河, 河水分流, 包山而過, 山見水中若柱然, 故曰底柱.

底柱山

【綱】 相州에서 바친 綾文布를 朝堂에서 불태웠다.

◑ **焚相州所貢綾文布於朝堂**[23]하다

【綱】 가을 7월에 納言 蘇威가 면직되었다가, 얼마 지나지 않아 그 자리에 복귀하였다.

◑ **秋七月**에 **納言蘇威免**이라가 **尋復其位**하다

【目】 蘇威가 황제(隋 文帝)를 따라 제사 지낼 때 불경한 죄를 범하여 면직되었다가, 얼마 지나지 않아 복직하였다. 황제가 여러 신하들에게 이르기를, "세상 사람들이 소위가 거짓으로 청렴한 체하여 집안에 금과 옥을 쌓아두고 있다고 말하는데, 이는 허황된 말이다. 그러나 그 성품이 모질고 사나워서 시대의 요구에 부합하지 않고 명예를 구하는 것이 너무 심하여 자기를 따르면 기뻐하고 어기면 반드시 화를 내니 이것이 그의 큰 결점일 뿐이다."라고 하였다.

---

23) 焚相州所貢綾文布於朝堂 : "≪資治通鑑綱目≫에서 공물 진상을 금지한 것을 기록한 것이 14번이고,(漢 文帝 3년(B.C. 177)에 상세하게 보인다.) 진상하였는데 물리친 것을 기록한 것이 4번인데, 공물을 불태운 조치보다 더 과감한 것은 없었다.〔綱目書禁罷貢獻十四(詳漢文帝三年) 書獻而却者四 莫勇於焚之之擧矣〕" ≪書法≫

威坐從祠不敬하여 免이라가 俄而復位하다 帝謂群臣曰 世人이 言蘇威詐淸하여 家累金玉이라하니 此는 妄言也라 然其性狠戾(한려)하여 不切世要하고 求名太甚하여 從己則說(열)하고 違之必怒하니 此其大病耳니라

【綱】 겨울 10월에 韋世康을 荊州總管으로 삼았다.

冬十月에 以韋世康爲荊州總管하다

【目】 韋世康은 온화하고 조용하며 겸손하고 너그러워서 吏部尙書로 10여 년간 있는 동안에 세상에서 그를 청렴하고 공평하다고 칭찬하였다. 항상 그칠 줄 알고 만족할 줄 아는 마음을 간직하여 자제들에게 이르기를 "녹봉이 어찌 꼭 많아야 하겠는가. 한도가 차면 물러나야 하며, 나이가 늙기를 기다리지 말고 병이 있으면 바로 사직해야 한다."라고 하고는 이에 사직을 간곡히 청하였으나 〈황제(隋 文帝)가〉 허락하지 않고 荊州를 鎭守하게 하였다. 당시 천하에 오직 4개의 總管을 두었으니 幷州, 揚州, 益州, 荊州인데, 晉王 楊廣, 秦王 楊俊, 蜀王 楊秀 및 위세강으로 하여금 맡게 하였다.

世康이 和靜謙恕하여 爲吏部尙書十餘年에 時稱廉平①이라 常有止足之志②하여 謂子弟曰 祿豈須多리오 防滿則退요 年不待暮하고 有疾便辭라하고 因懇乞骸骨호되 不許하고 使鎭荊州라 時天下에 唯有四總管하니 幷揚益荊이라 以晉秦蜀三王及世康으로 爲之하다

① ≪資治通鑑≫에는 韋世康이 韋洸의 아우로 되어 있다. ≪隋書≫ 〈韋世康傳〉을 살펴보건대, 위세광은 위황의 형이다.
通鑑, 世康, 洸之弟也. 按隋書世康傳, 世康, 洸之兄.
② 老子가 "만족할 줄을 알면 치욕을 당하지 않고, 그칠 줄을 알면 위태롭지 않다."라고 하였다.
老子 "知足不辱, 知止不殆."

【綱】 12월에 勅令을 내려 변경의 군량 1升 이상을 훔친 자를 모두 斬刑에 처하게 하였다.

十二月에 勅盜邊糧升以上을 皆斬[24]하다

---

24) 勅盜邊糧升以上 皆斬 : "이를 써서 가혹한 법령을 비난한 것이다. 이보다 앞서 1錢 이상을 훔친 자는 모두 棄市에 처하도록 법으로 정한 것을 쓰지 않은 것은 곧바로 폐지했기 때문인데, 이 법에 대해서는 썼으니 변경의 군량을 훔친 자를 참형에 처하는 법은 끝내 시행된 것이다. 隋나라 법이

【綱】 文武 관원에게 詔書를 내려 4차례 考課를 거쳐야 후임자와 교대하여 관직을 옮기게 하였다.

◑ **詔文武官**하여 **以四考受代**[①]하다

① 陶唐氏(堯임금)와 有虞氏(舜임금) 시대에는 3년에 한 번 考課를 하였는데, 후세에는 1년에 한 번 고과를 하였다.
唐虞以三年爲一考, 後世以一年爲一考.

【綱】 汴州刺史 令狐熙에게 비단 300필을 내렸다.

◑ **賜汴州刺史令狐熙帛三百匹**하다

【目】 令狐熙가 考課 성적이 천하에서 가장 뛰어나니 그에게 비단을 내리고 천하에 널리 알렸다.

熙考績爲天下之最하니 賜帛하고 頒告天下[①]하다

① 令狐熙는 令狐整의 아들이다.
熙, 整之子也.

이처럼 엄하였으니, 五代 後唐에 이르러서 도둑질한 자는 훔친 물건을 계산하지 않고 모두 극형에 처한다는 詔書를 내렸다고 쓴 것과 後漢에 이르러서 도적은 훔친 물건의 많고 적음을 묻지 않고 모두 사형에 처한다는 制書를 내렸다고 쓴 것이 오히려 무엇이 괴이하겠는가.〔書譏峻法也 先是 法盜一錢以上皆棄市 不書 尋罷也 書此則邊糧之法竟行矣 隋法之嚴如此 及五季唐 書詔盜不計贓 竝行極法 漢書制盜賊毋問多少皆死 尙何怪哉〕" ≪書法≫

"〈漢 高祖의 約法三章에는〉 사람을 죽인 자는 사형에 처하고, 사람을 다치게 하거나 도둑질한 자는 그에 상응하는 처벌을 한다고 하였다. 도둑질은 본래 한 가지가 아니므로 그 사이의 輕重과 高下를 그가 지은 죄에 따르는 경우는 있을 수 있지만 1升의 양식을 훔쳤다고 하여 사람을 斬刑에 처한다는 것은 들어보지 못하였다. 北周 武帝가 비단 1疋 이상을 훔치거나 토지 1頃 이상을 은닉한 자는 모두 사형에 처하게 한 것도 군자들이 오히려 심하게 비난하였는데, 하물며 또 여기에도 못 미치는 자의 경우야 더 말할 나위가 있겠는가. 살리기를 좋아하는 帝王의 덕은 이와 같지는 않을 것이다. ≪資治通鑑綱目≫에 〈'변경의 군량 1升 이상을 훔친 자를 모두 斬刑에 처하게 하였다.'고〉 史冊에 크게 썼으니, 隋나라의 엄혹한 형법이 멸망한 秦나라보다 덜하지 않은 것이다. 두 나라 모두 帝位를 한 번 전하고 멸망한 것이 당연하다.〔殺人者死 傷人及盜抵罪 盜固非一端 其間輕重高下隨其所犯則有之矣 未聞以升糧而斬人者也 周武帝以盜疋帛隱頃地以上皆死 君子猶深譏之 況又不及此者乎 帝王好生之德 似不如此 綱目大書于冊 則隋氏之嚴刑酷法 不減於亡秦矣 宜其皆一傳而滅也〕" ≪發明≫

丙辰年(596)

【綱】 隋나라 高祖 文皇帝(楊堅) 開皇 16년이다. 여름 6월에 처음으로 工人과 商人은 벼슬길에 나아가지 못하도록 制書를 내렸다.

十六年이라 **夏六月**에 **初制工商不得仕進**하다

◑ 가을 8월에 詔書를 내려 사형에 해당하는 죄는 세 번 아뢴 다음에 형을 집행하게 하였다.

秋八月에 **詔死罪三奏然後**에 **行刑**[25)]하다

◑ 光化公主를 吐谷渾에게 시집보냈다.

以光化公主로 **妻吐谷渾**[26)]하다

丁巳年(597)

【綱】 隋나라 高祖 文皇帝(楊堅) 開皇 17년이다. 봄 2월에 太平公 史萬歲를 보내 南寧의 羌族을 토벌하여 평정하였다.

十七年이라 **春二月**에 **遣太平公史萬歲**하여 **討南寧羌平之**[①]하다

---

25) 詔死罪三奏然後 行刑 : "'詔書를 내려 사형에 해당하는 죄는 세 번 아뢴 다음에 형을 집행하게 하였다.'라고 썼으니 법을 적용하는 데 있어 가볍지 않았다고 말할 수 있을 것이다. 그러나 〈隋 文帝는〉 한번 분노한 순간에 殿庭에서 사람을 죽이기를 마치 죽이지 못하게 될까 염려하듯 하였으니, 어찌 세 번이나 아뢰기를 기다렸겠는가. 보는 자가 스스로 살필 수 있을 것이다.〔書詔死罪三奏然後行刑 可謂不輕於用法矣 然一怒之頃 殺人於殿庭 如恐不及 則奏亦何待至三 觀者自可察矣〕" ≪發明≫

26) 以光化公主 妻吐谷渾 : 〈중국 안에 이민족이 세운 국가인 北燕의〉 馮跋이 처음 딸을 柔然에 시집보낸 뒤로 〈중국 밖의 이민족에게 공주를 시집보낸 것이〉 여러 번 있었으나 쓰지 않았으니 생략한 것이다. 오직 北魏가 공주를 突厥의 작은 오랑캐에게 시집보낸 것만 썼으니, 여기서 이 일을 쓴 것은 어째서인가? 비난한 것이다. 〈隋나라는〉 당당한 중국으로 천하의 군주가 되어서 공주를 이민족에게 시집보냈으니, 이를 치욕으로 여긴 것이다. 그러므로 이로부터 唐나라에 이르기까지 공주가 외국으로 시집간 것을 모두 기록하였다.〔自馮跋始 以女妻柔然者屢矣 不書 略之也 惟魏以公主嫁突厥小夷則書之 此其書 何 譏也 堂堂中國 爲天下君 而以公主妻非類 以是爲辱也 故自是至唐公主外嫁悉書之〕" ≪書法≫

① 史萬歲는 太平縣公의 爵位를 물려받았다. ≪隋書≫ 〈地理志〉에 태평현은 絳郡에 속한다고 되어 있다. 南寧의 땅은 漢나라 때는 牂柯郡에 속하였고, 蜀漢 때는 南中郡에 속하였고, 晉나라 때는 寧州에 속하였으며, 梁나라 때는 南寧州가 되었다. 그 후에 爨氏에게 점거되었는데, 스스로 이르기를 '〈나는〉 본래 安邑 사람으로 7대조가 晉나라 南寧太守를 지냈고 중국이 어지러워지자 드디어 蠻中의 왕이 되었다.'고 하였다. ≪晉書≫ 〈地理志〉를 살펴보면 南寧郡은 존재하지 않았다. 西爨은 蠻族이지 羌族이 아니다. ≪資治通鑑≫은 ≪隋書≫ 本紀에 의거하여 글을 만든 것이다.

史萬歲襲爵太平縣公. 隋志, 太平縣屬絳郡. 南寧之地, 漢屬牂(장)柯, 蜀漢屬南中, 晉屬寧州, 梁爲南寧州. 其後爲爨(찬)氏所據, 自云'本安邑人, (比)〔七〕[27]世祖晉南寧太守, 中國亂, 遂王蠻中.' 考之晉志, 未始有南寧郡. 西爨, 蠻也, 非羌也. 通鑑因隋紀成文.

【目】 당초 〈北周의〉 梁睿가 王謙에게 승리하였을 때에 西南의 夷族과 獠族이 모두 歸附하였는데, 南寧州의 추장인 爨震만은 복종하지 않았다. 양예가 上疏하여 蜀을 평정한 군사들을 가지고 찬진을 공략하여 평정할 것을 청하였는데, 〈당시 북주의 승상이었던〉 隋 文帝가 허락하지 않았다. 이때에 와서 史萬歲를 行軍摠管으로 삼아 군사를 거느리고 공격하게 하였는데, 〈사만세가〉 蜻蛉川으로부터 들어가서 諸葛亮의 紀功碑를 지나 西洱河[28]를 건너서 渠濫川으로 들어가 천여 리를 행군하여 30여 부락을 격파하고 남녀 2만여 명을 노획하였다. 여러 오랑캐들이 크게 놀라서 사신을 보내 항복을 청하면서 지름이 한 치쯤 되는 영롱한 구슬을 바치고, 이에 비석을 새겨 隋나라의 공덕을 칭송하였다. 사만세가 그 추장 爨翫을 데리고 入朝할 것을 청하였는데, 찬완이 사만세에게 뇌물을 주니 사만세가 그를 놓아주었다.

初에 梁睿之克王謙也에 夷獠皆附호되 唯南寧州酋帥爨震不服①이라 睿上疏하여 乞因平蜀之衆하여 略定之하니 帝未之許러니 至是하여 乃以史萬歲로 爲行軍總管하여 帥(솔)衆擊之한대 入自蜻蛉川하여 過諸葛亮紀功碑하고 度西洱河入渠濫川行千餘里하여 破其三十餘部하고 虜獲男女二萬餘口②하니 諸夷大懼하여 遣使請降하고 獻明珠徑寸이어늘 於是에 勒石頌隋德이라 萬歲請將其酋長爨翫(완)入朝러니 翫賂萬歲하니 萬歲捨之③하다

① 爨은 姓이고, 震은 그 이름이다.

爨, 姓也. 震, 其名也.

② 蜻蛉은 音이 靑靈이다. 蜻蛉川은 漢나라 때 蜻蛉縣 지역이다. ≪新唐書≫ 〈南蠻傳〉에 "南詔

27) (比)〔七〕: 저본에는 '比'로 되어 있으나, ≪資治通鑑≫ 胡三省 註에 의거하여 '七'로 바로잡았다.
28) 西洱河 : 雲南省 남부에 있는 강으로 洱海라고도 한다.

王 鳳迦異가 柘東城을 쌓았는데 諸葛亮의 石刻이 예전 그대로 남아 있다."라고 하였다. 洱는 音이 耳이다. 蘇軾이 말하기를 "南詔에 西珥河가 있으니 바로 牂柯江이다. 강의 형태가 마치 달이 햇무리를 감싸고 있는 것과 비슷하기 때문에 西珥河라고 이름하였다."라고 하였다.
蜻蛉, 音青靈. 蜻蛉川, 漢蜻蛉縣之地. 唐史 "南詔王鳳迦異築柘(자)東城, 有諸葛亮石刻故在." 洱, 音耳. 蘇軾曰 "南詔有西(洱)〔珥〕[29]河, 卽牂柯江也. 河形如月抱(洱)〔珥〕, 故名之爲西(洱)〔珥〕河."

③ 將은 攜(이끌다)와 領(거느리다)의 뜻이다.
將, 攜也, 領也.

【綱】 桂州에서 반란이 일어나자 군사를 보내 토벌하여 평정하고 令狐熙를 總管으로 삼았다.

桂州亂이어늘 **遣軍討平之**하고 **以令狐熙**로 **爲總管**하다

【目】 桂州 俚族의 우두머리인 李光仕가 난을 일으키자 周法尙을 보내 토벌하여 참수하였는데, 황상(隋 文帝)이 嶺南의 夷族과 越族이 자주 반란을 일으킨다고 하여 令狐熙를 桂州總管으로 삼아 형편에 따라 적절하게 일을 처리할 수 있게 하고 황제의 명을 빌려 〈刺史 이하의〉 관직을 제수하도록 허락하였다. 영호희가 부락에 이르러 은덕과 신의를 크게 베푸니 溪洞[30]의 추장들이 번갈아 서로 이르기를 "전에는 총관들이 모두 군대의 위세로 위협하였는데 지금은 親書를 보내 타이르니 우리들이 어겨서야 되겠는가."라고 하고, 이에 서로 이끌고서 歸附하였다. 이전에는 州와 縣이 고분고분하게 따르지 않아서 刺史와 縣令들이 대부분 〈현지에 부임하지 못하고〉 總管府에 임시로 治所를 두어 다스렸는데, 영호희가 모두 각 州·縣으로 보내고 城邑을 짓고 학교를 개설하니 漢族과 夷族이 감화되었다.

桂州俚帥李光仕作亂이어늘 **遣周法尙討斬之**러니 **上以夷越數**(삭)**反**이라하여 **以令狐熙**로 **爲桂州總管**하여 **許以便宜從事**하고 **承制補授**라 **熙至部**에 **大弘恩信**하니 **其溪洞渠帥**가 **更**(경)**相謂曰 前時總管**이 **皆以兵威相脅**이러니 **今者**에 **乃以手敎相諭**하니 **我輩其可違乎**아 **於是**에 **相帥**(솔)**歸附**하다 **先是**에 **州縣**이 **生梗**하여 **長吏多寄治於總管府**①러니 **熙悉遣之**하고 **爲建城邑開學校**하니 **華夷感化焉**이러라

---

29) (洱)〔珥〕: 저본에는 '洱'로 되어 있으나, ≪東坡全集≫에 의거하여 '珥'로 바로잡았다. 아래도 같다.
30) 溪洞 : 苗族·侗族·壯族의 일부와 그들의 집단 거주 지역을 이르는 말이다.

① 生은 길들여지지 않음을 말하고, 梗은 가로막혀 通하지 않음을 말하니 '梗化(완악하여 교화를 따르지 않음)'의 梗과 같다.
生謂不馴熟, 梗謂梗塞(색)不通, 猶梗化之梗.

【綱】 3월에 詔書를 내려 각 관사에서 屬官의 죄를 論定할 때에 〈형률로는 가볍지만 정상이 엄중할 경우〉 律文 외에 사정을 참작하여 杖刑을 집행하도록 허락하였다.

三月에 詔諸司論屬官罪에 聽律外決杖[31)]하다

【目】 황제(隋 文帝)가 도처의 屬官들이 그 상관을 공경하고 두려워하지 않아서 일이 제대로 거행되기 어렵다고 여겼기 때문에 이러한 詔書를 내린 것이다. 이에 상하가 서로

---

31) 詔諸司論屬官罪 聽律外決杖 : "律外라고 쓴 것은 비난한 것이다. 唐代에 主簿와 縣尉가 刑杖을 맞는 것을 면하지 못한 것은 이로부터 시작되었다.〔書律外 譏也 唐世簿尉 不免箠楚 則自此始矣〕" ≪書法≫
"옛날에 鄭昌이 漢 宣帝에게 상소하여 아뢰기를 '律令이 한번 정해지면 어리석은 백성들은 〈죄를〉 피할 바를 알게 되고 간사한 관리들은 농간을 부릴 수 없습니다.'라고 하였다. 그러므로 법(律文)은 명확한데 〈관리들이 백성에게〉 律文을 적용할 때 마음대로 단서를 끌어다 붙여 해석하니, 옛 사람이 〈그 율문의 기준을〉 象魏에 내걸고 나라 안에 선포한 것이 모두 이러한 것이다. 백성들도 이와 같은데, 하물며 屬官이야 더 말할 나위가 있겠는가. 이른바 속관이라는 것은 바로 ≪書經≫ 〈周書 冏命〉에서 말한 '그대의 屬僚를 신중히 선발하라.'라고 하고, ≪周禮≫에서 "六典의 大事는 그 官長을 따른다."라고 한 것이다. 품계는 비록 높고 낮음이 있으나 요컨대 어깨를 나란히 하고 군주를 섬기니, 杖을 치는 것도 이미 불가한데 하물며 율문 외에 사정을 참작하여 처결하겠는가. 그리고 이른바 율문 외라는 것이 또한 杖을 모두 몇 번이나 치라는 것인지 모르겠다. 율문이 30대에 그친다면 율문 외에서 나온 것은 더하여 100대에 이르러도 可하고 더하여 1,000대에 이르러도 또한 가할 것이다. 율문에 명확한 조문이 있는 것은 바로 그 제한을 가하기 위해서인데, 지금 이미 율문 외에 사정을 참작하도록 허락한다면 마음대로 시행하는 것이니 더 이상 율문에 구애되지 않을 것이다. 隋 文帝의 이러한 의도는 오직 법이 엄하지 않을까 염려하였기 때문에 그 뜻을 분명하게 보여서 그들로 하여금 스스로 엄혹하게 법을 적용하게 해서 아랫사람들을 다스리는 자신의 엄중함에 걸맞게 하려는 것이었을 뿐이다. 先王의 충후한 뜻은 이와 같지는 않을 듯하니, 이것이 어찌 官에는 일정한 형률이 있고 나라에는 일정한 법이 있는 이치이겠는가. ≪資治通鑑綱目≫이 이를 기록함에 '屬官의 죄를 논정할 때에 율문 외에 사정을 참작하여 杖刑을 집행하도록 허락하였다.'라고 하였으니, 수 문제의 가혹한 악덕에 대해서는 진실로 말을 하지 않아도 알 수 있으나 당시의 속관들은 여전히 부끄러움을 모르고서 그 자리에 편안히 있을 수 있었단 말인가.〔昔鄭昌上疏宣帝有曰 律令一定 愚民知所避 姦吏無所弄 故法有畫一 律戒貳端 古人所以垂之象魏 布之邦國者 皆是物也 民且若此 況屬官乎 夫所謂屬官者 乃周書之所謂愼簡乃僚 而六典之大事 則從其長者也 品秩雖有崇卑 要爲比肩事主 杖之已爲不可 矧又律外決之乎 且所謂律外者 抑不知爲杖凡幾何哉 若律止三十 則出於律外者 增之至百可也 又增至於千亦可也 蓋律有明文 正所以爲之限制 今旣聽於律外 則任情而行 不復以律爲拘矣 隋文此意 惟恐法之不嚴 故明示其旨 使之自爲嚴酷 以稱吾馭下之急耳 先王忠厚之意 殆不若是 是豈官有常刑 國有常憲之理哉 綱目書此 其曰論屬官罪 聽律外決杖 則隋文操切之惡 固自不言可知 而當時之爲屬官 尙可不知愧恥而安於其位乎〕" ≪發明≫

속관을 몰아붙여 번갈아 매질을 하여 잔인하고 흉포한 것을 능력이 있다고 여기고 법을 지키는 것을 나약하다고 여겼다. 또 도적이 매우 많다고 하여 1錢 이상을 훔친 자를 모두 棄市에 처하도록 명하였는데, 세 사람이 함께 오이 하나를 훔쳤다가 일이 발각되어 즉시 사형에 처해졌다. 이에 나그네들이 모두 아침에 늦게 일어나고 〈날이 저물기 전에〉 일찍 잠자리에 들었으며 천하 사람들이 두려워하였다. 몇 사람이 일을 집행하는 관원을 겁박하고 그들에게 이르기를 "우리가 어찌 재물을 탐하는 사람이겠는가. 단지 억울한 사람을 위해서 왔을 뿐이니, 너희는 우리를 위해 황제에게 예로부터 법을 제정함에 1錢을 훔쳤다고 사형에 처하는 경우는 없었다고 아뢰어라. 너희들이 우리의 말을 황제에게 아뢰지 않는다면 우리가 다시 왔을 때 너희들은 살아남는 자가 없을 것이다."라고 하였다. 황제가 듣고서 비로소 이 법의 시행을 정지하였다.

帝以所在屬官이 不敬憚其上하여 事難克擧라 故有是詔하다 於是에 上下相驅하여 迭行捶楚하여 以殘暴爲幹能하고 守法爲懦(나)弱하다 又以盜賊繁多라하여 命盜一錢以上을 皆棄市어늘 或三人이 共盜一瓜라가 事發卽死하니 於是에 行旅皆晏起早宿하고 天下懍(늠)懍①이라 有數人이 劫執事而謂之曰② 吾豈求財者邪아 但爲枉人來耳라 而爲我奏至尊③호대 自古立法에 (夫)〔未〕32)有盜一錢而死也라하라 而不以聞이면 吾更來에 而屬이 無類矣라 帝聞하고 乃爲停之하다

① 아침에 늦게 일어나고 일찍 잠자리에 든 것은 우연히 죄를 범할까 두려워한 것이다.
晏起早宿, 恐邂逅觸罪也.

② 劫은 持(협박하다)이니, 위엄으로 몰아붙이고 세력으로 겁박하는 것을 말한다. 執事는 그 일을 주관하는 사람을 말한다.
劫, 持也, 謂威驅勢劫也. 執事謂主執其事者.

③ 而는 爾汝(너희)라는 말과 같다. 아래의 '而不'과 '而屬'의 〈而도〉 모두 같다.
而, 猶言爾汝也. 下而不·而屬竝同.

【目】 또 한번은 화가 난 나머지 6월에 사람을 杖殺하려고 하자 大理少卿 趙綽이 굳게 諫爭하였다.33) 황제(隋 文帝)가 말하기를 "6월이 비록 만물을 生長시키는 때라고는 하나 이 시기에는 반드시 천둥과 번개도 있으니 내가 하늘을 본받아 형을 집행하는데 무슨 안 될 것이 있겠는가."라고 하고 결국 〈그 사람을〉 죽였다. 大理寺 掌固인 來曠이 고하기를 조작이 죄수들을 함부로 사면했다고 하였는데, 조사해보니 그러한 사실이 없자 황제가

32) (夫)〔未〕: 저본에는 '夫'로 되어 있으나, 규장각본(奎7512)에 의거하여 '未'로 바로잡았다.
33) 6월에……諫爭하였다 : 季夏인 6월은 천지가 만물을 성장시키는 때이므로 사형을 집행해서는 안 된다고 반대한 것이다.(≪資治通鑑≫ 〈隋紀〉)

노하여 내광을 斬刑에 처하라고 명하였다. 조작이 〈내광을 죽여서는 안 된다고〉 또 굳게 간쟁하니 황제가 옷자락을 휘날리며 便殿 안으로 들어갔다. 조작이 다른 일을 아뢰겠다고 핑계를 대고 다시 들어가 再拜하고 아뢰기를 "신에게 죽을죄가 세 가지가 있으니 〈屬官인〉 掌固를 제어하지 못하여 刑法을 저촉하게 하였으니 이것이 하나이고, 죄수가 사형에 해당하지 않는데도 죽기를 각오하고 간쟁하지 못하였으니 이것이 둘이고, 본래 다른 일이 없었는데 거짓을 말하고 편전에 들어오기를 청하였으니 이것이 셋입니다."라고 하니 황제의 노여움이 풀렸다. 마침 獨孤皇后가 자리에 앉아 있다가 조작에게 상으로 술과 금 술잔 2개를 내리라고 명하였다. 내광이 그로 인해 죽음을 면하였다.

又嘗乘怒하여 欲以六月에 杖殺人하니 大理少卿趙綽이 固爭한대 帝曰 六月이 雖曰生長이나 此時에 必有雷霆하니 我則(칙)天而行에 有何不可리오하고 遂殺之하다 掌固來曠이 告綽濫免徒囚①라호대 推驗無實하니 帝怒하여 命斬之어늘 綽又固爭하니 帝拂衣入閤이라 綽이 託奏他事하고 復入再拜曰 臣有死罪三하니 不能制馭掌固하여 使觸天刑이 一也요 囚不合死로되 不能死爭이 二也요 本無他事로되 妄言求入이 三也니이다하니 帝意解러라 會에 獨孤后在坐라가 命賜綽酒及二金盃하니 曠이 因免死하다

① 掌固는 官名이다. 大理寺의 屬官이니, 바로 漢나라 때의 掌故이다. 唐나라 때는 省·臺·寺·監에 모두 掌固가 있었으니, 隋나라 제도를 따른 것이다. 來曠은 성명이다.
掌固, 官名, 大理寺(시)屬官, 蓋卽漢之掌故. 唐省·臺·寺·監, 皆有掌固, 因隋制也. 來曠, 姓名.

【目】 蕭摩訶의 아들 蕭世略이 강남 지역에서 난을 일으켜서 소마가가 連坐되어야 했는데, 〈황제(隋 文帝)가 소마가를 사면하려고 하자〉 趙綽이 〈불가하다고〉 굳게 간언하였다. 황제가 조작에게 물러가라고 명하였는데, 조작이 "신이 아뢴 獄案이 아직 결정되지 않았으니 감히 물러갈 수 없습니다."라고 하였다. 황제가 이에 〈조작에게 자신을 위해 소마가를 특별히 사면해달라고 말하고〉 소마가를 풀어주게 하였다.

刑部侍郎 辛亶이 한번은 붉은색 속옷을 입었는데, 황제가 邪術로 남을 저주하는 것이라고 여겨서 신단을 斬首하게 하였다. 조작이 말하기를 "법으로 볼 때 사형에 해당하지 않으니 신은 감히 詔勅을 받들 수 없습니다."라고 하였다. 황제가 매우 노하여 조작을 끌어내어 참수하라고 명하자, 조작이 "차라리 신을 죽일지언정 신단을 죽일 수는 없습니다."라고 하고 朝堂에 이르러 옷을 벗고 刑場으로 나아갔다. 황제가 다시 사람을 시켜 묻자, 조작이 "법을 집행함에 한결같은 마음으로 하였으니, 감히 죽는 것을 두려워하지 않

습니다."라고 대답하자 황제가 그제야 풀어주었다. 황제가 조작을 성실하고 정직하다고 여겨서 전후로 상을 내린 것이 헤아릴 수 없이 많았다. 大理卿 薛胄와 더불어 모두 공평하고 관대하다고 명성을 떨쳤으나 설주는 情狀을 참작하였고 조작은 법대로 하였다.

蕭摩訶子世略이 在江南作亂하여 摩訶當從坐①러니 綽이 (同)〔固〕[34]諫한대 上이 命綽退호대 綽曰 臣이 奏獄未決하니 不敢退로소이다 帝乃釋之하다 刑部侍郎辛亶이 嘗衣緋褌(비곤)②이어늘 帝以爲厭蠱(엽고)라하여 斬之③한대 綽曰 法不當死니 臣不敢奉詔로소이다 帝怒甚하여 命引綽斬之하니 綽曰 寧殺臣이언정 不可殺亶이라하고 至朝堂하여 解衣就刑하니 上이 復使人問之한대 對曰 執法一心이니 不敢惜死로소이다 帝乃釋之하다 帝以綽誠直이라하여 前後賞賜가 萬計요 與大理卿薛胄(주)로 俱名平恕나 然胄는 原情하고 而綽은 守法이라

① 坐는 죄에 연좌되는 것이다.
坐, 坐罪也.
② 衣(입다)는 於旣의 切이다. 褌은 音이 昆이니, 속옷이다.
衣, 於旣切. 褌, 音昆, 褻衣也.
③ 厭(내리다)은 一恊의 切과 於琰의 切이다.
厭, 一恊・於琰二切.

【目】 황제(隋 文帝)가 만년에 법을 사용하는 것이 더욱 준엄해져서 정월 초하루 朝會 때 의관과 劒이 단정하지 않은 자를 御史가 論劾하지 않았다고 하여 어사를 죽이고, 諫議大夫 毛思祖가 諫言하자 또 그를 죽였다. 황제가 이미 기뻐하고 노여워하는 것이 일정하지 않았으므로 더 이상 법률에 의거하여 기준을 삼지 않았다. 〈황제가〉 楊素를 신임하니 양소가 또 마음대로 일을 처리하고 공평하지 않아서 鴻臚少卿 陳延과 틈이 생겼다. 양소가 한번은 蕃國 사신이 묵는 客館을 지나가는데, 뜰 안에 말똥이 있고 또 노복들이 毛氈 위에서 摴蒱[35] 놀음을 하고 있자 황제에게 보고하였다. 황제가 크게 노하여 主客令과 저포 놀음을 한 자들을 모두 杖을 쳐서 죽이게 하고, 진연에게 매질을 하여 초주검이 되었다.

帝晩節에 用法益峻하여 元會에 衣劒有不齊者를 御史不劾이라하여 殺之하고 諫議大夫毛思祖諫이어늘 又殺之①하다 帝旣喜怒不恒이라 不復依準科律하고 信任楊素하니 素復任情不平하여 與鴻

34) (同)〔固〕: 저본에는 '同'으로 되어 있으나, 규장각본(奎7512, 朱書 口訣)에 의거하여 '固'로 바로잡았다.
35) 摴蒱 : 도박의 일종으로 漢代부터 있었고 晉代에 크게 유행하였다. 주사위 모양의 패를 던져 승부를 겨루는 것으로, 윷놀이와 비슷하나 자세한 방법은 전하지 않는다.

臚(려)少卿陳延有隙이러니 嘗經蕃客館이어늘 庭中에 有馬屎하고 又衆僕이 於氈上에 樗蒲(저포)어늘 以白帝한대 帝大怒하여 主客令及樗蒲者를 皆杖殺之하고 捶(추)延幾死②러라

① 隋나라 門下省에 諫議大夫 7인을 두었다.
隋門下省, 置諫議大夫七人.

② ≪隋書≫ 〈百官志〉에 鴻臚寺가 典客令을 통할한다고 되어 있으니, 〈전객령이〉 바로 主客이다.
隋志, 鴻臚寺統典客令, 卽主客也.

【目】 황제(隋 文帝)가 親衛大都督 屈突通을 보내 隴西로 가서 여러 牧場을 조사하여 확인하게 하였는데, 은닉한 말 2만여 필을 적발하였다. 황제가 크게 노하여 太僕卿 이하 천오백 명을 斬하려고 하니, 굴돌통이 간언하기를 "사람의 목숨은 지극히 중한데 폐하께서는 어찌하여 畜産 때문에 천여 명을 죽이려 하십니까. 신은 감히 죽기를 각오하고 살려주시기를 청합니다." 황제가 눈을 부릅뜨고 꾸짖자, 굴돌통이 다시 머리를 조아리며 말하기를 "신 한 몸은 죽음을 달게 받겠거니와 폐하께 천여 명의 목숨을 살려주기를 청합니다."라고 하였다. 황제가 감동하여 깨달아 모두 사형을 감하여 논죄하고 굴돌통을 발탁하여 右武候將軍으로 삼았다.

屈突通

帝遣親衛大都督屈突通하여 往隴西하여 檢覆群牧이러니 得隱匿馬二萬餘匹①이라 帝大怒하여 將斬太僕卿以下千五百人②하니 通이 諫曰 人命至重이어늘 陛下奈何以畜産之故로 殺千餘人이니잇가 臣敢以死請하노이다 帝瞋目叱之한대 通이 又頓首曰 臣一身分死어니와 就陛下匄(개)千餘人命③하노이다 帝感悟하여 皆減死論하고 擢通爲右武候將軍④하다

① 隋나라는 左親衛·右親衛, 左勳衛·右勳衛, 左翊衛·右翊衛를 두었고 〈각기〉 大都督·帥都督·都督 등의 관직이 있었다. 屈突은 오랑캐의 複姓이고, 通은 그 이름이다.
隋氏置左右親衛·左右勳衛·左右翊衛, 有大都督·帥都督·都督等官. 屈突, 虜複姓, 通, 其名.

② 太僕卿이 牧畜의 정사를 담당하기 때문에 그를 誅伐하려 한 것이다.
太僕卿, 掌牧畜之政, 故欲誅之.

③ 分(헤아리다)은 扶問의 切이다. '分死'는 반드시 죽음을 당할 것을 스스로 헤아린 것이다.
分, 扶問切. 分死, 自分必死也.

④ ≪隋書≫ 〈百官志〉에 "左武候와 右武候는 車駕가 나갈 때 先鋒과 後衛가 되어 밤낮으로 순찰하며 간특하고 불법적인 행위를 하는 이들을 체포하고 烽燧臺와 도로, 물과 풀이 있는 곳을 살피는 일을 담당한다. 巡狩하거나 정벌·사냥을 할 때에는 軍營의 단속을 담당한다." 라고 하였다.
隋志 "左右武候, 掌車駕出, 先驅後殿, 晝夜巡察, 執捕姦非, 烽候道路, 水草所置. 巡狩師田, 則掌其營禁也."

【綱】上柱國 劉昶의 아들 劉居士가 죄를 지어 처형되었다.

上柱國劉昶(창)**子居士**가 **有罪伏誅**[36]하다

【目】劉昶이 황제(隋 文帝)와 오랜 교분이 있어서 황제가 그를 매우 친하게 대하였다. 그 아들 劉居士가 豪俠하여 법도를 준수하지 않고 자주 죄를 지었으나 〈유창과의 친분 때문에〉 황제가 매번 용서해주었다. 유거사가 점점 교만하고 방자해져서 公卿大臣의 자제 중에 씩씩하고 건장한 자를 잡아다가 수레바퀴를 그 목에 묶어 몽둥이로 때리고 끝까지 굴복하지 않는 자가 있으면 壯士라고 하면서 풀어주고 더불어 사귀었다. 그의 黨與 300명이 사람들을 침범하여 재물을 빼앗는 일이 많이 발생하니, 어떤 이가 유거사가 반역을 도모한다고 고하였는데 황제가 노하여 유거사를 斬刑에 처하였다.

昶이 **與帝有舊**라 **帝甚親之**러니 **其子居士任俠**하여 **不遵法度**하고 **數**(삭)**有罪**하니 **帝每原之**①러니 **居士轉驕恣**하여 **取公卿子弟雄健者**하여 **以車輪**으로 **括其頸而棒之**②하고 **能不屈者**면 **爲壯士**라하여 **釋而與交**러라 **黨與三百人**이라 **多所侵奪**하니 **或告居士謀爲不軌**라한대 **帝怒斬之**하다

① 原은 놓아주는 것이다.

---

36) 上柱國劉昶子居士 有罪伏誅 : "죄를 지었을 때 아무개의 아들이라고 쓰지 않았는데, 劉昶의 아들이라고 쓴 것은 어째서인가? 제대로 가르치지 못한 것을 죄준 것이다. 特筆로 썼으니 경계를 보인 뜻이 깊다.〔罪未有書某子者 書昶子 何 罪失教也 特筆書之 垂戒之意深矣〕" ≪書法≫
"다만 '劉居士가 죄를 지어 처형되었다.'라고 하지 않고 굳이 '上柱國 劉昶의 아들'이라고 말한 것은, 아비는 사랑이 지나쳐서 그 아들을 방임하고, 아들은 악을 행하여 그 아비에게 누를 끼쳤기 때문에 양쪽 다 폄하한 것이다.〔不直曰劉居士有罪伏誅 而必曰柱國劉昶子者 父過愛而縱其子 子爲惡而累其父 是以交貶之也〕" ≪發明≫

原, 免也.

② 括은 묶는 것이다.

括, 結也.

【綱】 여름 4월에 새 曆法을 반포하였다.

夏四月에 **頒新曆**하다

【目】 楊素와 牛弘 등이 다시 張胄玄의 曆術을 추천하니, 황제(隋 文帝)가 양소로 하여금 術數人들과 더불어 61개 조목을 논의하게 하였다. 모두 옛 역법으로 오랫동안 해석하기 어려운 것들이었는데, 劉暉와 장주현으로 하여금 변별하여 해석하게 하였다. 유휘는 하나도 대답하지 못하고 장주현은 54개를 해석하니, 〈장주현을〉 太史令에 제수하여 새 曆術을 제정하는 데 참여하도록 하였다. 이때에 와서 장주현의 역법이 완성되자 반포하였고 유휘 등은 관원 명부에서 삭제하였다.

楊素·牛弘等이 **復薦張胄玄曆術**하니 **帝令素與術數人**으로 **立議六十一事**하니 **皆舊法久難通者**[①]라 **令劉暉與胄玄**으로 **辨析之**한대 **暉一無所答**하고 **胄玄通者五十四**하니 **拜太史令**하여 **令參定新術**이러니 **至是曆成頒之**하고 **暉等**은 **除名**하다

① '與術數人'은 ≪隋書≫ 〈張胄玄傳〉에는 '與術士數人(術士 몇 사람과 더불어)'으로 되어 있다.

與術數人, 胄玄傳作與術士數人.

【綱】 가을 7월에 桂州에서 반란이 일어났는데, 장군 虞慶則을 보내서 토벌하여 평정하였다.

秋七月에 **桂州亂**이어늘 **遣將軍虞慶則**(칙)하여 **討平之**하다

【目】 桂州 사람 李世賢이 반란을 일으켰는데 황상(隋 文帝)이 토벌을 논의하니 장수 몇 사람이 토벌하러 가기를 청하였다. 황제가 虞慶則을 돌아보고 말하기를 "〈그대는〉 직위는 재상이고 封爵은 上公인데 국가에 역적이 있는데도 끝내 토벌하러 가려는 뜻이 없는 것은 어째서인가?" 하니, 우경칙이 두려워서 가기를 청하여 마침내 토벌하여 평정하였다.

桂州人李世賢이 **反**이어늘 **上**이 **議討之**하니 **諸將數人**이 **請行**이라 **帝顧慶則曰 位居宰相**하고 **爵乃上公**이어늘 **國家有賊**호대 **遂無行意**는 **何也**[①]오 **慶則**이 **恐懼請行**하여 **卒討平之**하다

① 開皇 연간 초에 虞慶則이 일찍이 尙書右僕射가 되었으니 재상의 직위이며, 上柱國에 제수되고 魯國公에 봉해졌으니 上公이다.
開皇初, 慶則嘗爲尙書右僕射, 宰相之職也, 授上(林)〔柱〕[37]國, 封魯國公, 上公也.

【綱】 幷州總管인 秦王 楊俊이 죄를 지어 면직되었다.

幷州總管秦王俊이 有罪免[38]하다

【目】 楊俊이 어려서는 어질고 너그러우며 불교를 좋아하였는데 幷州總管이 되어서는 사치하고 첩을 좋아하자 그 妃가 음식에 독을 타서 올려 〈그것을 먹고〉 병이 들었다. 〈황제(隋 文帝)가 양준을〉 불러서 돌아오게 하여 면직시키고 그 비를 폐하여 賜死하였다. 楊素가 간언하기를 "秦王(楊俊)의 잘못이 이 정도에 이르지는 않았으니, 폐하께서는 자세히 살피소서."라고 하니, 황제가 말하기를 "공의 생각과 같다면 어찌 천자의 자식에 관한 법률을 별도로 제정하지 않았는가. 周公도 오히려 管叔과 蔡叔을 주벌하였는데,[39] 하물며 나는 주공에 미치지 못하니 어찌 감히 법을 어길 수 있겠는가."라고 하고 끝내 허락하지 않았다.

俊이 幼仁恕喜佛教러니 及爲幷州總管하여 奢侈好內①하니 其妃進毒得疾이어늘 徵還免官하고 廢妃賜死하니 楊素諫曰 秦王之過가 不至此하니 願陛下는 詳之하소서 帝曰 若如公意면 何不別制天子兒律고 周公이 尙誅管蔡어든 況我不及周公하니 安敢虧法乎아하고 卒不許하다

37) (林)〔柱〕: 저본에는 '林'으로 되어 있으나, ≪資治通鑑≫에 의거하여 '柱'로 바로잡았다.
38) 幷州總管秦王俊 有罪免 : "楊俊에 대해 이미 죄를 지어 면직되었다고 썼으니 진실로 더 말할 것이 없는데, 隋 文帝는 周公이 管叔과 蔡叔을 주벌한 일을 함부로 끌어다가 비교하였다. 주공이 禮樂을 제정하고 태평의 정치를 이룩해서 周 王室의 덕이 草木에까지 仁을 베풀고 곤충에까지 은택을 미치게 하여 형벌을 폐지하고 사용하지 않도록 한 것은 문제가 모두 법으로 삼지 않고 유독 그 부득이했던 한 가지 일만을 취하여 구실로 삼았으니, 옳은 일이겠는가. 그리고 따뜻한 봄기운은 만물을 낳고 차가운 가을 기운은 만물을 죽이니 造化할 적에 어느 한쪽을 버릴 수 없으나, 살리려는 뜻은 항상 존재하여 그치지 않는다. 지금 살리는 것은 본받지 않고 오직 그 죽이는 것만 본받고, 또 이어서 사람들에게 고하기를 '이는 하늘의 뜻이다.'라고 한다면 이는 하늘이 오직 죽이는 것만을 일삼을 뿐이 된다. 수 문제의 立論이 불행히도 이와 닮았으니, 내가 이 때문에 이를 언급하여 후세의 君子들에게 고하는 것이다.〔俊旣書有罪免 固無可言者 隋主妄援周公誅管蔡之事爲比 夫周公制禮作樂 治致太平 至使周家之德 仁及草木 澤被昆蟲 刑措不用者 帝皆不以爲法 而獨取其不得已之一節以爲口實可乎 且春生秋殺 造化不能偏廢 然生意常存而不息 今不體其生 而惟體其殺 又從而告諸人曰 此天意也 是天惟以殺爲事耳 隋文立論 不幸類是 臣故因而及之 以告後之君子〕" ≪發明≫
39) 周公도……주벌하였는데 : 管叔과 蔡叔은 周 武王과 周公의 아우이다. 무왕이 죽은 뒤 주공이 무왕의 아들인 成王을 도와 攝政을 행하자 주공을 모해하는 유언비어를 퍼뜨리고 武庚과 함께 반란을 일으켰다가 주공에 의해 진압되어 관숙은 처형되고 채숙은 유배되었다.(≪史記≫ 〈管蔡世家〉)

① 內는 妾이다.
內, 妾也.

【綱】 安義公主를 突厥의 突利可汗에게 시집보냈다.

以安義公主로 妻突厥突利可汗[40]하다

【目】 突厥의 突利可汗이 공주를 맞이하러 오니 황제(隋 文帝)가 그를 太常寺에 묵게 하면서 〈혼인의 절차인〉 六禮[41]를 가르쳐 익히게 하고 종실의 딸인 安義公主를 아내로 삼게 하였다. 황제가 그와 都藍可汗의 사이를 갈라놓고자 하여 특별히 그 禮를 후하게 하였고, 長孫晟을 시켜서 돌리가한을 설득하여 무리를 거느리고 남쪽으로 옮겨서 度斤의 옛 鎭에 살게 하고 후한 상을 내렸다. 도람가한이 〈이 소식을 듣고〉 노하여 말하기를 "나는 大可汗인데 도리어 染干(돌리가한의 이름)만 못하단 말인가." 하였다. 이에 〈수나라에 대한〉 朝貢을 마침내 끊고 변경 지역을 자주 약탈하였는데, 돌리가한이 도람가한의 動靜을 탐지하고 매번 사신을 보내 보고하니, 이로 인해 변경 지역이 항상 먼저 대비할 수 있었다.

突厥突利可汗이 來逆女하니 帝舍之太常하여 教習六禮하고 妻以宗女安義公主①하다 帝欲離間都藍故로 特厚其禮하고 令長孫晟으로 說(세)之하여 使帥(솔)衆南徙하여 居度斤舊鎭하고 錫賚(뢰)優厚②라 都藍怒曰 我는 大可汗也라 反不如染干乎아 於是에 朝貢遂絶하고 亟(기)掠邊鄙③러니 突利伺知動靜하고 輒遣奏聞하니 由是로 邊鄙每先有備러라

① '舍之太常'은 太常寺에 묵게 하였다는 말이다. 六禮는 納采·問名·納吉·納徵·請期·親迎이다.
舍之太常, 謂舍館之於太常寺(시). 六禮, 納采·問名·納吉·納徵·請(問)〔期〕[42]·親迎.

40) 以安義公主 妻突厥突利可汗 : "종실의 딸인데 공주라고 쓴 것은 어째서인가?(漢 武帝 元封 6년(B.C. 105)에 종실의 딸을 공주로 삼은 것에 의거할 때) 隋나라가 부끄러움이 없는 것이다. 수나라 때에는 여자를 蠻夷에게 시집보내는 것이 상례였으므로 ≪資治通鑑綱目≫에서 이를 避諱하여 〈종실의 딸이라고 할〉 필요가 없다고 여겼다. 그렇기 때문에 그들이 칭한 대로 칭하여 安義는 종실의 딸인데 공주라고 쓰고 義成은 종실의 딸인데 공주라고 쓴 것이다.〔宗女也 書公主 何(據漢武帝元封六年 以宗室女爲公主) 隋無恥也 隋世以女嫁蠻夷爲故常 綱目以是爲不足爲之諱也 故因其所稱而稱焉 安義以宗女書公主 義成以宗女書公主〕" ≪書法≫

41) 六禮 : 일반적으로는 冠禮·昏禮·喪禮·祭禮·鄕禮·相見禮를 말하나, 여기에서는 혼인의 절차인 納采·問名·納吉·納徵·請期·親迎을 말한다.

42) (問)〔期〕 : 저본에는 '問'으로 되어 있으나, 규장각본(奎7512, 朱書 口訣)에 의거하여 '期'로 바로잡았다.

② '度斤舊鎭'은 대개 都斤山에 있는 突厥의 沙鉢略可汗이 옛날에 거주하던 곳이다.
度斤舊鎭, 蓋卽都斤山突厥沙鉢略舊所居也.
③ 亟(자주)는 去吏의 切이다.
亟, 去吏切.

【綱】 겨울에 欽州刺史 甯長眞이 와서 조회하였다.

冬에 欽州刺史甯(영)長眞이 來朝[43]하다

【目】 과거에 散騎侍郎 何稠가 使命을 받들고 嶺南에 갔었는데, 돌아올 때에 欽州刺史 甯猛力이 그를 따라가 入朝하기를 청하였다. 하조가 그의 병이 위독하다고 하여 돌려보냈다가 그대로 죽으니, 황제(隋 文帝)가 기뻐하지 않았다. 하조가 말하기를 "영맹력이 신과 약속하기를 '설령 내가 죽더라도 아들을 보내 入侍하도록 하겠습니다.'라고 하였습니다."라고 하였다. 영맹력이 임종할 때에 과연 그 아들 甯長眞에게 당부하여 장례를 마치는 대로 출발하도록 하였다. 이때에 와서 영장진이 아비의 뒤를 이어 刺史가 되어 아비의 유언대로 입조하니 황제가 크게 기뻐하여 말하기를 "하조가 蠻夷들에게 신뢰를 쌓은 것이 마침내 이러한 경지에 이르렀다."라고 하였다.

初에 散騎侍郎何稠가 使嶺南①이러니 及還에 欽州刺史寧猛力이 請隨入朝어늘 稠以其疾篤이라하여 遣還而卒하니 帝不懌이어늘 稠曰 猛力이 與臣約하니 假令身死라도 當遣子入侍矣리이다 猛力이 臨終에 果誡其子長眞하여 葬畢登路러니 至是에 長眞이 嗣爲刺史하여 如言入朝하니 帝大悅하여 曰 何稠著信蠻夷가 乃至於此라하더라

① 何稠는 何妥의 형의 아들이다.
稠, 妥之兄子也.

【綱】 12월에 魯公 虞慶則을 죽였다.

十二月에 殺魯公虞慶則(칙)[44]하다

---

43) 欽州刺史甯長眞 來朝 : "甯長眞은 누구인가? 蠻族의 추장이다. 이때 何稠가 蠻夷에게 신뢰를 쌓았기 때문에 이를 써서 기록한 것이다. 隋代가 끝날 때까지 來朝한 것을 쓴 것이 여섯 번인데 蔡王 楊智積 이외에는 모두 만이였으니, 수대의 번성함이 극에 달한 것이다.〔甯長眞 何 蠻酋也 於是何稠信著蠻夷 故書志之 終隋世書來朝者六 自蔡王智積之外 皆蠻夷也 隋世之盛極矣〕" ≪書法≫

44) 殺魯公虞慶則(칙) : "여기에서 어떤 사람이 虞慶則이 모반했다고 고발했는지는 도리어 쓰지 않고

【目】 虞慶則이 桂州를 토벌할 때에 처남 趙什住를 長史로 삼았는데, 조십주가 우경칙의 애첩과 사통하였으므로 일이 누설될까 염려하여 우경칙이 가고 싶어 하지 않는다고 말을 퍼뜨렸다. 황제(隋 文帝)가 이를 듣고서 禮遇와 償賜를 매우 박하게 하였다. 우경칙이 돌아오다가 臨桂嶺에 이르러 말하기를 "이곳은 참으로 험준하고 견고하며 거기다 식량을 넉넉히 비축해두고 있으니, 능력 있는 사람이 지킨다면 공격해도 함락할 수 없을 것이다."라고 하였다. 조십주가 〈京師로〉 들어가 일을 아뢰고 이어 우경칙이 반역을 꾀하고 있다고 고하니, 조사하여 우경칙을 律文에 따라 처형하고 조십주를 柱國에 제수하였다.

慶則之討桂州也에 以婦弟趙什住爲長史하니 什住通於慶則愛妾이라 恐事泄하여 乃宣言慶則이 不欲行이라하니 帝聞之하고 禮賜甚薄이러라 慶則還至臨桂嶺曰 此誠險固요 加以足糧하니 若守得其人하면 攻不可拔①이라 什住入奏事하고 因告慶則謀反하니 按驗坐死하고 拜什住爲柱國하다

① 臨桂嶺은 潭州에 있다.
臨桂嶺, 在潭州.

【綱】 高句麗王 高湯(平原王)이 卒하였다.

高麗王湯이 卒하다

【目】 高湯이 陳나라가 멸망하였다는 소식을 듣고 크게 두려워하여 군대를 조련하고 곡식을 비축하여 방어할 대책을 세웠는데, 이해에 황제(隋 文帝)가 고탕에게 璽書(옥새를 찍은 황제의 친서)를 내려 책망하니 때마침 병이 들어 죽었다. 아들 高元(嬰陽王)이 왕위를 계승하자 황제가 사신을 보내 고원에게 〈上開府儀同三司를〉 제수하고 遼東王으로 삼았다.

〈우경칙을〉 죽인 것만 썼으니, ≪資治通鑑綱目≫이 이로써 이 獄事에 대해 판단을 내린 것이다.〔於是人告慶則反不書 書殺 綱目有以斷斯獄矣〕" ≪書法≫

"위에서 虞慶則이 桂州를 토벌하여 평정했다고 썼는데, 공에 대해 상을 내리는 典禮를 거행하였다는 말은 없고 도리어 곧바로 죽여 버렸으니 어째서인가? 만약 조사하여 율문에 따라 처형하였다고 말하려면 마땅히 죄를 지어 誅殺하였다〔罪誅〕고 써야 한다. 그런데 지금 오히려 죽였다〔殺〕고 하였으니, 대개 남의 誣告를 따른 데 지나지 않을 뿐이다. 大臣도 이처럼 억울한 일을 당하였으니, 일반 백성은 어떠하였을지 이를 통해 알 수 있다. 功이 있는 자도 이처럼 죄를 입었으니 잘못을 저지른 자는 어떠하였을지 또한 알 수 있다. 죽였다〔殺〕고 쓰면서 〈우경칙의〉 爵位를 쓴 것은 〈隋文帝를〉 비난한 것이고 또한 미워한 것이다.〔上書慶則討平桂州 未聞擧賞功之典 而乃隨卽殺之 何哉 若以按驗坐死言之 則當書罪誅 今而曰殺 蓋不過因人誣告耳 夫大臣受枉若此 則細民從可知矣 有功者坐罪若此 則過誤者又可知矣 書殺書爵 所以譏之 亦所以惡(오)之也〕" ≪發明≫

湯이 聞陳亡하고 大懼하여 治兵積穀하여 爲拒守之策이러니 是歲에 帝賜湯璽書하여 責之하니 會病卒이라 子元이 嗣어늘 帝使使拜元하여 爲遼東王하다

【綱】 吐谷渾이 그 可汗 慕容世伏을 시해하였다.

吐谷渾이 弑其可汗世伏[45)]하다

【目】 吐谷渾이 크게 어지러워져서 나라 사람들이 慕容世伏을 죽이고 그 아우 慕容伏允을 세워 군주로 삼고서 〈隋나라에〉 사신을 보내 〈모용세복을 폐하고 모용복윤을 세운 일을〉 아뢰고 사죄하였다. 또 관습대로 수나라 공주를 아내로 맞기를 청하였는데, 그대로 따르니 이때부터 朝貢이 해마다 이르렀다.

吐谷渾이 大亂하여 國人殺世伏하고 立其弟伏允爲主하고 遣使陳謝하고 且請依俗尙主어늘 從之하니 自是로 朝貢歲至하다

戊午年(598)

【綱】 隋나라 高祖 文皇帝(楊堅) 開皇 18년이다. 봄 2월에 高句麗가 遼西를 침략하였는데, 漢王 楊諒을 보내 군사를 거느리고 토벌하게 하였다.

十八年이라 春二月에 高麗寇遼西어늘 遣漢王諒하여 將兵討之[46)]하다

【目】 高句麗王 高元(嬰陽王)이 靺鞨 사람 만여 명을 거느리고 遼西를 침략하니 營州總管 韋沖이 공격하여 패주시켰다. 황제(隋 文帝)가 크게 노하여 漢王 楊諒과 王世積으로 하여금 水軍과 陸軍 30만 명을 거느리고서 고구려를 정벌하게 하고 高熲을 양량의 長史로 삼았다.

---

45) 吐谷渾 弑其可汗世伏 : "蠻夷에 대해서는 '殺'이라고 쓰는데 土谷渾에 대해서 '弑'라고 쓴 것은 어째서인가? 순수한 夷狄이 아니기 때문이다. ≪資治通鑑綱目≫에서 이적에 대해 '弑'라고 쓴 것이 여섯 번인데(南朝 齊나라 丁丑年(497)에 자세히 보인다.), 모두 變例이다.〔蠻夷書殺 吐谷渾書弑 何 非純夷也 綱目夷狄書弑六(詳齊丁丑年) 皆變例也〕" ≪書法≫

46) 高麗寇遼西……將兵討之 : "隋나라가 高句麗를 정벌한 것이 여기에서 시작되었다.〔隋伐高麗始此〕" ≪書法≫

高麗王元이 帥(솔)靺鞨萬餘人하여 寇遼西하니 營州總管韋沖이 擊走之①라 帝大怒하여 以漢王諒王世積으로 將水陸三十萬하여 伐高麗하고 以高熲으로 爲諒長史하다

① 靺鞨은 音이 末曷이다. ≪隋書≫ 〈東夷傳〉에 "말갈은 고구려 북쪽에 있는데 모두 일곱 종족이 있다. 첫 번째는 粟末部라고 부르는데 고구려와 접하고 있다. 두 번째는 伯咄部라고 하는데 속말부 북쪽에 있다. 세 번째는 安車骨部라고 하는데 백돌부 동북쪽에 있다. 네 번째는 拂涅部라고 하는데 백돌부 동쪽에 있다. 다섯 번째는 號室部라고 하는데 불날부 동쪽에 있다. 여섯 번째는 黑水部라고 하는데 안거골부 서북쪽에 있다. 일곱 번째는 白山部라고 하는데 속말부 동남쪽에 있다. 흑수부가 특히 강건하였으니, 이들이 바로 옛날의 肅愼氏이다."라고 하였다. 遼西郡은 柳城에 治所를 두었는데, 隋나라가 營州總管府를 설치하였다.
靺鞨, 音末曷. 隋書"靺鞨在高麗之北, 凡有七種, 其一號粟末部, 與高麗接. 其二曰伯咄部, 在粟末之北. 其三曰安車骨部, 在伯咄東北. 其四曰拂涅部, 在伯咄東. 其五曰號室部, 在拂涅東. 其六曰黑水部, 在安車骨西北. 其七曰白山部, 在粟末東南, 而黑水部尤爲勁健, 卽古之肅愼氏也." 遼西郡治柳城, 隋置營州總管府.

【綱】 여름 5월에 猫鬼나 蠱毒을 기르고 厭魅[47]와 野道(요사스러운 方術)를 행하는 것을 금지하였다.

夏五月에 禁畜猫鬼蠱(고)毒厭魅(엽매)野道者①[48]하다

① 猫鬼는 妖邪스러운 귀신이다. ≪隋書≫ 〈地理志〉에 "江南의 여러 郡에서 왕왕 蠱蟲을 기르는데 宜春郡이 특히 심하였다. 그 방법은 5월 5일에 크게는 뱀부터 작게는 이에 이르기까지 온갖 종류의 벌레들을 모아서 그릇 안에 함께 넣어두고 서로 잡아먹게 하여 살아남은 한 가지 벌레를 남겨두는데, 뱀인 경우에는 蛇蠱라고 하고 이인 경우에는 蝨蠱라고 한다. 그것을 이용하여 사람을 죽이는데 음식을 통해 사람의 뱃속으로 들어가서 그 五臟을 먹어치우고 사람이 죽으면 죽은 사람의 가산을 蠱主(蠱蟲을 기르는 주인)의 집으로 옮겼다. 3년 안에 蠱蟲이 다른 사람을 죽이지 않으면 고충을 기르는 자가 스스로 그 해악을 입게 된다. 〈蠱蟲은〉 누대에 걸쳐 자손에게 전해주어 끊이지 않으며, 또 여자가 시집갈 때 따라가는 경우도 있다."라고 하였다. 野道는 左道와 같다.

---

47) 厭魅 : 귀신에게 빌어 남을 해치는 주술의 일종이다.
48) 禁畜猫鬼蠱(고)毒厭魅(엽매)野道者 : "漢나라 때 巫蠱가 일어난 이후로 左道의 설이 세상에 유행하였으니, 猫鬼와 野道로 말하면 그보다 더 수준이 낮은 것일 뿐이다. 隋 文帝가 이를 금지하였으니 금지한 것은 참으로 옳다. 그러나 王道를 밝히고 풍속을 순박하고 한결같게 하였다면 금지하지 않아도 저절로 사라졌을 것이다. 사실 그대로 史冊에 기록하니 그 義理가 저절로 드러난다.〔自誣蠱起於漢而後 左道之說行於世 至於猫鬼野道 又其下者耳 隋文禁之 禁之誠是也 然使王道昭明 風俗淳一 則雖不待禁而自止矣 直書於冊 其義自見(현)〕" ≪發明≫

猫鬼, 妖邪之鬼也. 隋書志 "江南諸郡, 往往畜蠱, 而宜春偏甚. 其法以五月五日聚百種蟲, 大者至蛇, 小者至蝨(슬), 合置器中, 令自相啖, 餘一種存者留之, 蛇則曰蛇蠱, 蝨則曰蝨蠱, 行以殺人, 因食入人腹內, 食其五藏, 死則其產移入蠱主之家. 三年不殺他人, 則畜者自鍾其弊. 累世子孫相傳不絶, 亦有隨女子嫁者." 野道, 猶左道也.

【目】 獨孤皇后의 아우인 延州刺史 獨孤陁에게 여종이 있었는데 〈여종이〉 猫鬼를 섬겨 묘귀로 하여금 사람을 죽이게 할 수 있었다. 때마침 독고황후가 楊素의 妻 鄭氏와 함께 병에 걸렸는데, 의원들이 모두 말하기를 "묘귀로 인한 병입니다."라고 하였다. 황상(隋文帝)이 독고타의 소행이라 생각하여 高熲 등으로 하여금 합동으로 신문하게 하여 그 실상을 자세히 파악하고 詔命을 내려 독고타 부부를 모두 賜死하게 하였다. 황후가 그를 위해 청하기를 "독고타가 만약 정치를 좀먹고 백성을 해친 자라면 소첩이 감히 말하지 않겠지만, 지금 소첩의 몸이 병이 난 것 때문에 죄를 짓게 되었으니 감히 그 목숨을 살려주기를 청합니다."라고 하고, 독고타의 동생 獨孤整 또한 궐에 나아가 애걸하니, 이에 독고타의 사형을 면제해주고 "지금부터 이러한 죄를 범하는 자가 있으면 사방 변경으로 귀양을 보내라."라고 詔書를 내렸다.

獨孤后之弟延州刺史陁(타)**有婢**한대 **事猫鬼**하여 **能使之殺人**①이러니 **會**에 **后與楊素妻鄭氏**로 **俱有疾**이라 **醫皆曰 猫鬼疾也**라하니 **上意**陁**所爲**하여 **令高**熲**等**으로 **雜治之**하여 **具得其實**②하고 **詔夫婦皆賜死**한대 **后爲之請曰**③ 陁**若蠹**(두)**政害民者**면 **妾不敢言**이어니와 **今爲妾身**하니 **敢請其命**④이라하고 陁**弟整**이 **亦詣闕求哀**하니 **於是**에 **免**陁**死**하고 **詔自今有犯者**면 **投四裔**라하다

① ≪隋書≫ 〈地理志〉에 延安郡은 北魏 때 東夏州를 설치하였고 西魏 때 延州로 고쳤다고 하였다. 여종은 徐阿尼이다.
隋志, 延安郡, 後魏置東夏州, 西魏改延州. 婢卽徐阿尼.

② ≪隋書≫ 〈獨孤陀傳〉에 "隋 文帝가 독고타는 독고황후의 이복동생이고 독고타의 아내는 楊素의 이복누이이니, 이 때문에 독고타의 소행일 것이라고 생각해서 은밀히 그 형 獨孤穆으로 하여금 형제간의 정으로 타이르게 하였다. 문제가 또 좌우를 물리치고 넌지시 독고타에게 물었으나 독고타는 그런 일이 없다고 말하였다. 문제가 불쾌하게 여겨 독고타를 遷州刺史로 좌천시키니, 원망하는 말을 하였다.

문제가 左僕射 高熲, 納言 蘇威, 大理正 皇甫孝緒, 大理丞 楊遠 등으로 하여금 합동으로 신문하게 하니, 독고타의 여종 徐阿尼가 다음과 같이 말하였다. 〈자신은〉 본래 독고타의 어머니 집에서 왔는데, 항상 猫鬼를 섬겨 매번 子日 밤마다 제사를 지냈다. 子라 한 것은 쥐이다. 그 묘귀가 매번 사람을 죽이면 죽은 사람 집안의 재물을 묘귀를 기르는 사람의 집으로 은밀히 옮겼다. 독고타가 한번은 집안에서 술을 찾았는데, 그 아내가 '술을 살 돈이 없

습니다.'라고 하자 독고타가 이에 서아니에게 말하기를 '묘귀를 越公(楊素) 집안으로 보내서 내가 돈을 넉넉하게 가질 수 있도록 하라.'라고 하였다. 서아니가 바로 주술을 걸자 며칠 있다가 묘귀가 양소의 집으로 향하였다. 開皇 11년(591)에 문제가 처음으로 幷州에서 돌아오자 독고타가 서아니에게 이르기를 '묘귀를 황후의 처소로 보내서 나에게 많은 재물을 내리게 하라.'라고 하여 서아니가 다시 주술을 걸자 〈묘귀가〉 마침내 궁중으로 들어갔다는 것이다.

대리승 양원이 이에 門下省의 外省에서 서아니에게 묘귀를 부르도록 하자, 서아니가 이에 밤중에 향기로운 죽 한 사발을 놓고 숟가락으로 두드리며 묘귀를 부르기를 '猫女는 여기로 오라. 궁중에 머무르지 말라.'라고 하였다. 한참 지나자 서아니의 낯빛이 완전히 파랗게 질려 마치 어디론가 끌려가는 듯하더니 '묘귀가 이미 이르렀습니다.'라고 하였다."고 하였다. 이로 인해 그 일에 대해 실정을 자세하게 파악할 수 있었다.

隋書陀傳 "上以陀后之異母弟, 陀妻楊素之異母妹. 由是意陁所爲, 陰令其兄穆以情喩之. 上又避左右諷陀, 陀言無有, 上不悅, 左轉遷州刺史, 出怨言. 上令左僕射高熲・納言蘇威・大理正皇甫孝緖・大理丞楊遠等雜治之. 陀婢徐阿尼言, 本從陀母家來, 常事猫鬼, 每以子日夜祀之, 言子者鼠也. 〔其猫鬼每殺人者, 所死家財物潛移於畜猫鬼家.〕[49] 陀嘗從家中索酒, 其妻曰 '無錢可酤', 陀因謂阿尼曰 '可令猫鬼向越公家, 使我足錢也.' 阿尼便呪之, 居數日, 猫鬼向素家, 十一年, 上初從幷州還, 陀謂阿尼曰 '可令猫鬼向皇后所, 使多賜吾物.' 阿尼復呪之, 遂入宮中. 大理丞楊遠乃於門下外省遣阿尼呼猫鬼, 阿尼於是夜中置香粥一盆, 以匙(시)扣而呼之曰 '猫女可來, 無住宮中.' 久之, 阿尼色正靑, 若被牽曳者, 云'猫鬼已至.'" 由是其事具得實.

③ 爲(위하다)는 去聲이다. 아래도 같다.
爲, 去聲. 下同.

④ ≪資治通鑑≫에는 '今'자 아래에 '坐'자가 있다.
通鑑今字下有坐字.

【綱】 가을 9월에 漢王 楊諒의 군대를 해산하였다.

秋九月에 **罷漢王諒兵**하다

【目】 楊諒의 군대가 臨渝關을 나갈 적에 홍수를 만나 군량 운송이 이어지지 않아 軍中이 기근과 질병에 시달렸고, 總管 周羅睺는 東萊로부터 배를 타고 바다를 건너 〈고구려〉 平壤城으로 향하다가 역시 풍랑을 만나 배들이 대부분 표류하고 침몰하였다. 9월에 수나라 군대가 〈고구려에서〉 철수하여 돌아가니 죽은 자가 열에 여덟아홉이었다. 고구려

---

49) 〔其猫鬼每殺人者 所死家財物潛移於畜猫鬼家〕: 저본에는 '其猫鬼每殺人者 所死家財物潛移於畜猫鬼家'가 없으나, ≪隋書≫ 〈獨孤陀傳〉에 의거하여 보충하였다.

왕 高元(嬰陽王) 또한 사신을 보내 사죄하니 이에 군대를 해산하였다.

諒軍이 出臨渝關에 値水潦하여 餽運不繼하여 軍中饑疫①하고 總管周羅睺가 自東萊로 泛海하여 趣平壤城이라가 亦遭風하여 船多飄沒②이라 九月에 師還하니 死者什八九라 高麗王元이 亦遣使謝罪하니 於是에 罷兵하다

① 臨渝關은 柳城 서쪽 480리 지점에 있는데, 이른바 盧龍[50]의 험지이다.
臨渝關, 在柳城西四百八十里, 所謂盧龍之險地.

② ≪隋書≫ 〈東夷傳〉에 "平壤城은 동서로 6리이고 산을 따라 이리저리 굽어 있으며 남쪽으로 浿水를 마주하고 있다."라고 하였다. 杜佑가 "평양성은 옛 朝鮮國(古朝鮮)의 王儉城이다."라고 하였다.
隋書"平壤城, 東西六里, 隨山屈曲, 南臨浿水." 杜佑曰"平壤城, 則故朝鮮國王險城也."

【綱】 겨울 12월에 行宮 12곳을 설치하였다.

冬十二月에 置行宮十二所[51]하다

【目】 京師로부터 仁壽宮에 이르는 길에 〈설치한 것이다.〉

自京師至仁壽宮之道也라

【綱】 南寧의 夷族 爨翫이 반란을 일으키자, 太平公 史萬歲가 〈찬완을 풀어준〉 죄로 관원 명부에서 제명되었다.

南寧夷爨翫(찬완)이 反하니 太平公史萬歲以罪除名하다

【目】 爨翫이 다시 반란을 일으키니 蜀王 楊秀가 上奏하여 "史萬歲가 뇌물을 받고 도적을 풀어주어 변방의 우환이 생기게 만들었다."고 하였다. 隋 文帝가 노하여 사만세를 斬하라고 명하니, 高熲과 元旻 등이 굳이 청하기를 "사만세는 웅대한 지략이 남들보다 뛰어나서 將士들이 그를 위해 기꺼이 힘을 다하니, 옛날의 名將이라 하더라도 그보다 나을 수는 없습니다."라고 하였다. 문제의 마음이 조금 풀려서 이에 관원 명부에서 제명하였다.

---

50) 盧龍 : 河北省 遷西縣 서쪽 喜峰口 일대에 있던 요새이다.

51) 置行宮十二所 : "行宮에 대해 쓴 것이 여기에서 시작된다. ≪資治通鑑綱目≫이 끝날 때까지 행궁을 설치한 일을 쓴 것이 두 번인데(이해(598)와 唐 玄宗 開元 26년(738)), 모두 사치하고 탐욕스러운 군주였다.〔書行宮始此 終綱目書置行宮二(是年 唐玄宗開元二十六年) 皆奢欲之主也〕" ≪書法≫

釁覿復反하니 蜀王秀가 奏史萬歲受賂縱賊하여 致生邊患이라한대 帝怒하여 命斬之하니 高熲及元旻等이 固請曰 萬歲雄略過人하여 將士樂爲致力하니 雖古名將이라도 未能過也니이다 上意少解하여 於是除名하다

己未年(599)

【綱】 隋나라 高祖 文皇帝(楊堅) 開皇 19년이다. 봄 2월에 楊素 등을 보내서 길을 나누어 돌궐의 都藍可汗을 토벌하게 하였는데, 隋나라 군대가 도착하기 전에 도람가한이 突利可汗을 공격하여 패배시켰다. 여름 4월에 돌리가한이 수나라로 도망쳐왔다. 諸軍이 드디어 도람가한 및 達頭部를 격파하였다.

十九年春이라 二月에 遣楊素等하여 分道伐突厥都藍可汗이러니 未至에 都藍이 擊突利可汗하여 敗之하니 夏四月에 突利來奔이라 諸軍이 遂破都藍及達頭部하다

【目】 돌궐의 突利可汗이 上奏하여 都藍可汗이 大同城을 공격하려 한다고 하니, 황제(隋文帝)가 詔書를 내려 漢王 楊諒을 元帥로 삼아 高熲은 朔州道로부터 나가고 楊素는 靈州道로부터 나가고 燕榮은 幽州道로부터 나가서 도람가한을 공격하되 모두 양량의 지휘를 받도록 하였는데 양량이 끝내 가지 않았다. 도람가한이 이 소식을 듣고 達頭可汗과 더불어 동맹을 맺고 군사를 합쳐서 불시에 돌리가한을 습격하여 크게 패배시키고 드디어 蔚州로 들어갔다. 돌리가한의 부락이 흩어져 도망하니 〈돌리가한이〉 밤에 長孫晟과 함께 5騎를 거느리고 남쪽으로 달아나다가 아침이 되자 수백 騎를 수습하여 그 부하들과 함께 阿史那玷厥(達頭可汗)에게 달아날 것을 모의하였다.

突厥突利可汗이 奏都藍可汗이 欲攻大同城①이라하니 詔以漢王諒爲元帥하여 高熲出朔州道하고 楊素出靈州道하고 燕榮出幽州道하여 以擊都藍호되 皆取諒節度나 然諒竟不行이라 都藍聞之하고 與達頭可汗으로 結盟合兵하여 掩襲突利하여 大敗之하고 遂入蔚州②라 突利部落散亡하니 夜與長孫晟으로 以五騎南走라가 比旦收得數百騎하여 與其下謀奔玷厥③이라

① ≪新唐書≫ 〈地理志〉에, 夏州 북쪽에서 烏水를 건너 530여 리를 가다가 橫水를 지나 또 119리를 가면 安樂戍에 이르는데, 안락수는 황하 서쪽 빈 땅에 있고 동쪽 빈 땅에는 옛 大同城이 있다고 되어 있다.

唐志, 自夏州北度烏水, 行五百三十餘里, 過橫水, 又行百一十九里, 至安樂戍, 戍在河西壖, 東壖有古大同城.

② ≪隋書≫ 〈地理志〉에, 雁門郡 靈丘縣에 北周가 蔚州를 설치하였다고 되어 있다.
隋志, 雁門郡靈丘縣, 後周置蔚州.

③ 比는 及(미치다)이다.
比, 及也.

【目】 長孫晟이 이를 알고서 은밀히 사자를 보내 伏遠鎭으로 들어가서 급히 봉화를 올리게 하였는데, 突利可汗이 4개의 봉화가 모두 올라온 것을 보고 물으니, 장손성이 거짓으로 말하기를 "隋나라 법에 賊이 적으면 2개의 봉화를 올리고, 많이 오면 3개의 봉화를 올리며, 대군이 몰려오면 4개의 봉화를 올리게 되어 있으니, 적이 많고 또 가까이 다가온 것을 복원진의 군사들이 본 것입니다."라고 하였다. 돌리가한이 크게 두려워하여 城에 들어가 의탁하니 장손성이 그 達官 執室을 남겨두어 그 무리를 거느리게 하고 자신은 돌리가한을 데리고 역마를 타고 달려서 入朝하였다. 4월에 長安에 이르니 황제(隋 文帝)가 크게 기뻐하여 돌리가한을 후하게 대우하고 장손성을 左勳衛 驃騎將軍으로 삼아 符節을 지니고 돌궐을 보호하게 하였다. 高熲이 柱國 趙仲卿으로 하여금 군사 3천을 거느리고 선봉이 되게 하여 돌궐과 전투를 벌여 크게 격파하였다.

晟知之하고 密遣使者하여 入伏遠鎭하여 令速擧烽한대 突利見四烽俱發하고 以問하니 晟紿(태)之曰 隋法에 賊少면 擧二烽하고 來多면 擧三烽하고 大逼이면 擧四烽하니 彼見賊多而近耳라 突利大懼投城하니 晟留其達官執室하여 領其衆[①]하고 自將突利하여 馳驛入朝하다 四月에 至長安하니 帝大喜하여 厚待之하고 以晟爲左勳衛驃騎將軍하여 持節護突厥하고 高熲이 使柱國趙仲卿으로 將兵三千爲前鋒하여 與突厥戰하여 大破之하다

① 達官은 突厥 大臣의 호칭이고, 執室은 그 이름이다.
達官, 突厥大臣之稱也. 執室, 其名.

【目】 돌궐이 다시 대거 이르니 趙仲卿이 方陣을 만들어 사방으로 대항하여 싸우기를 5일간 하였다. 마침 高熲의 대군이 이르러 함께 공격하자 돌궐이 패하여 달아났는데, 도망치는 돌궐군을 7백여 리를 추격하다가 돌아왔다. 楊素의 군사가 達頭可汗의 군사와 마주쳤는데, 이에 앞서 여러 장수들이 돌궐과 교전할 때에 돌궐 기병이 빠르게 내달려 돌격할 것을 염려하여 모두 戎車와 보병·기병을 서로 섞어서 대오를 편성하고 鹿角을 설치

하여 방진을 만들고 기병을 그 안에 배치하였다. 양소가 말하기를 "이는 스스로를 지키는 방법이니 승리를 거두기에는 부족하다."라고 하고, 이에 다시 기병으로 진을 만들었다. 달두가한이 기뻐하여 "하늘이 나에게 승리를 내려주는구나."라고 하고, 말에서 내려 하늘을 우러러보며 절을 한 다음 기병 10만을 거느리고 곧바로 전진하였다. 周羅睺가 "적의 진영이 아직 정돈되지 않았으니 청컨대 공격하겠습니다."라고 하고 먼저 정예 기병을 거느리고 적을 맞아 싸우자 양소가 대군을 이끌고 그 뒤를 이어 〈공격하니〉 돌궐이 크게 패하였다. 죽거나 다친 자를 이루 다 헤아릴 수 없었다.

鹿角木

突厥이 復大擧而至하니 仲卿이 爲方陳하여 四面拒戰을 五日이러니 會高熲大兵이 至하여 合擊之하니 突厥敗走어늘 追奔七百餘里而還하다 楊素軍이 與達頭遇어늘 先是에 諸將이 與突厥戰에 慮其騎兵奔突하여 皆以戎車步騎相參하고 設鹿角爲方陳하고 騎在其內①러니 素曰 此自固之道라 未足以取勝也라하고 於是에 更爲騎陳하니 達頭喜曰 天賜我也라하고 下馬仰天而拜하고 帥(솔)騎兵十萬하여 直前하니 周羅睺曰 賊陳이 未整하니 請擊之라하고 先帥(솔)精騎逆戰하니 素以大兵繼之한대 突厥大敗하니 殺傷不可勝計러라

① 鹿角을 설치하여 方陣을 만들었다는 것은, 나무를 베어 그 큰 뿌리는 보존하고 가지는 모두 사슴뿔처럼 그 끝을 뾰족하게 깎아 陣地 앞에 묻어서 오랑캐 말이 돌격해오는 것을 막고 그 안에 방진을 만들었다는 것이다.
設鹿角爲方陣者, 斬木存其大本, 凡枝皆剡其端, 如鹿角然, 埋之陣前, 以禦胡馬衝突, 內爲方陣.

【綱】 6월에 宜陽公 王世積을 죽였다.

六月에 殺宜陽公王世積하다

【目】 王世積이 涼州總管이 되었을 때, 그가 가까이 신임하던 皇甫孝諧가 죄를 지어 관리가 체포하려 하자 황보효해가 도망하여 왕세적에게 찾아갔는데 왕세적이 받아주지 않았다. 황보효해가 이 일로 인하여 왕세적이 모반하였다고 조정에 보고하여 왕세적이 일찍이 道人으로 하여금 자신의 관상을 보게 하고 惡言(반역하는 말)을 하였다고 고하니, 왕세적은 죄에 걸려 죽었고 황보효해는 上大將軍으로 삼았다.

世積爲涼州總管에 其親信皇甫孝諧有罪어늘 吏捕之한대 亡抵世積호되 不納하니 孝諧因上變하여 告世積嘗令道人으로 相其貌하고 有惡言이라하니 世積坐誅하고 以孝諧爲上大將軍하다

【綱】 가을 8월에 左僕射 高熲을 관원 명부에서 除名하였다.

秋八月에 除左僕射高熲名하다

【目】 獨孤皇后의 성품이 질투와 시기가 많으니 후궁들이 감히 황제(隋 文帝)를 가까이 모시지 못하였다. 尉遲迥의 손녀가 籍沒되어 궁중으로 들어가 총애를 받았는데,[52] 황후가 은밀히 그녀를 죽이자 황제가 크게 노하여 혼자서 말을 타고 산골짜기로 20여 리를 들어갔다. 高熲과 楊素 등이 뒤쫓아가서 말고삐를 잡고 간곡히 간하자 황제가 그러한 사실을 고해주니, 고경이 말하기를 "폐하께서는 어찌 일개 아녀자 때문에 천하를 가볍게 여기십니까."라고 하였다. 황제의 마음이 풀려서 궁으로 돌아오니, 황후가 눈물을 흘리며 절을 올려 사죄하였다. 고경과 양소 등이 황제와 황후를 화해시키고 이어 술자리를 베풀고 한껏 즐겼다. 이에 앞서 황후는 고경이 자신의 부친의 문객이었기 때문에 매우 신임하고 예우하였는데, 이때에 이르러 고경이 자신을 가리켜 일개 아녀자라고 하였다는 말을 듣고 드디어 그에게 앙심을 품게 되었다.

獨孤后姓妬忌하니 後宮莫敢進御하고 尉遲迥(울지형)女孫이 沒宮中得幸이러니 后陰殺之한대 帝大怒하여 單騎入山谷間二十餘里하니 高熲楊素等이 追及하여 扣馬苦諫한대 帝告之故하니 熲曰 陛下豈以一婦人而輕天下리오 帝意解하여 還宮하니 后流涕拜謝라 熲素等이 和解之하고 因置酒極歡하다 先是에 后以熲父客이라 甚親禮之①러니 至是에 聞熲謂己爲一婦人하고 遂銜之러라

① 高熲의 부친 高賓은 〈獨孤皇后의 부친인〉 獨孤信의 부하였다. 독고신이 주살당하고 나서 독

52) 尉遲迥의……받았는데 : 尉遲迥은 北周의 相州總管으로 당시 북주의 승상이었던 楊堅(隋 文帝)이 황위를 찬탈하려 한다고 여겨 토벌군을 일으켰다가 전투에 패하여 스스로 목숨을 끊었다.(≪資治通鑑≫ 陳 宣帝 太建 12년)

고황후는 고빈이 부친의 옛 부하라고 하여 그 집에 자주 왕래하였다.
熲父賓爲獨孤信參佐, 信被誅, 后以賓父之故吏, 數(삭)往來其家.

【目】 이때 太子 楊勇이 총애를 잃자 황제(隋 文帝)가 은밀히 태자를 廢立할 뜻을 가지고 조용히 高熲에게 말하기를 "어떤 신령이 晉王(楊廣)의 妃에게 진왕이 반드시 천하를 가지게 될 것이라고 말하였다고 하니, 어찌해야 하겠는가?"라고 하니, 고경이 말하기를 "長幼有序이니 어찌 〈태자를〉 폐할 수 있겠습니까."라고 하였다. 獨孤皇后가 고경의 뜻을 바꾸게 할 수 없음을 알고서 은밀히 그를 제거하고자 하였다. 때마침 황제가 東宮의 衛士들을 뽑아서 황궁으로 들여보내도록 하였는데, 고경이 아뢰기를 "만약 강한 자들을 다 뽑는다면 동궁의 宿衛가 너무 약해질까 걱정됩니다."라고 하니 황제가 불쾌한 낯빛을 드러내며 말하기를 "〈태자는 동궁에서 덕행을 닦는데〉 태자의 좌우에 어찌 壯士가 필요하겠는가. 내가 前代의 일들을 잘 알고 있으니 공은 과거의 풍습을 그대로 따를 필요가 없다."라고 하였다. 고경의 아들 高表仁이 태자의 딸과 혼인하였으므로 황제가 이 말로 그를 막은 것이다.

時에 太子勇失愛하니 帝潛有廢立之志하여 從容謂熲曰 有神告晉王妃하여 言王必有天下라하니 若之何오 熲曰 長幼有序하니 其可廢乎아 后知熲不可奪하고 陰欲去之러니 會에 帝令選東宮衛士入上臺한대 熲奏曰 若盡取彊者면 恐東宮宿衛太劣이라하니 帝作色曰 太子左右에 何須壯士리오 我熟見前代하니 公不須仍踵舊風이니라 熲子表仁이 娶太子女故로 帝以此言으로 防之하다

【目】 高熲의 부인이 죽자 獨孤皇后가 그에게 後妻를 맞이하게 해주도록 〈황제(隋 文帝)에게〉 청하였다. 황제가 그에게 고하자 고경이 눈물을 흘리며 사양하고 말하기를 "신은 이제 이미 늙었습니다. 退聽하면 한가롭게 지내면서 佛經만 읽을 뿐입니다. 後室을 들이는 것은 바라는 바가 아닙니다."라고 하니, 황제가 이에 그만두었다. 얼마 후에 고경의 애첩이 아들을 낳자 황제가 소식을 듣고서 기뻐하였는데, 황후가 불쾌해하며 말하기를 "폐하께서는 아직도 다시 고경을 믿으십니까? 처음에 폐하께서 고경을 위하여 후실을 맞이하게 하고자 하였는데 고경이 면전에서 거짓말을 하더니, 지금 그 거짓이 이미 드러났습니다."라고 하니, 황제가 이로 인해 고경을 멀리하였다.

고구려를 정벌하는 전쟁을 할 때에 고경이 굳게 간하여 말렸으나 따르지 않았는데, 아무런 공도 없이 군대가 돌아오자 황후가 황제에게 말하기를 "고경이 처음에 가려고

하지 않았는데 폐하께서 억지로 보내셨으니, 소첩은 그가 공을 세우지 못할 것을 본래 알고 있었습니다."라고 하였다. 또 황제가 漢王 楊諒이 나이가 어리다고 하여 군대에 관한 일을 고경에게 전적으로 위임하였는데, 〈고경이〉 양량이 하는 말을 대부분 채용하지 않았기에 〈양량이〉 매우 불만을 가졌다. 〈양량이〉 돌아와서 눈물을 흘리며 황후에게 말하기를 "제가 요행히 고경에게 죽임을 당하는 것을 면하였습니다."라고 하였다. 황제가 이 말을 듣고 더욱 불만을 가졌다.

頴夫人卒에 后請爲之娶한대 帝告之하니 頴이 流涕謝曰 臣今已老라 退朝에 唯齋居讀佛經而已오 納室은 非所願也라하니 帝乃止하다 旣而愛妾生男하니 帝聞之喜러니 后不悅曰 陛下尙復信高頴邪(야)아 始陛下欲爲頴娶而頴面欺러니 今其詐已見(현)矣로소이다 帝由是로 疎頴이러라 伐遼之役에 頴이 固諫不從이러니 及師無功에 后言於帝曰 頴이 初不欲行이어늘 陛下强遣之하시니 妾固知其無功矣라하고 又帝以漢王諒年少라하여 專委軍事於頴하니 諒所言을 多不用이라 甚銜之하여 及還에 泣言於后曰 兒幸免爲高頴所殺이로소이다 帝聞之彌不平이러라

【目】〈高頴이〉 돌궐을 공격할 때에 진격하여 사막으로 들어가려고 도모하여 조정에 사신을 보내 군사를 청하였는데, 近臣들이 이로 인하여 고경이 반란을 일으키려 한다고 말하였다. 황제(隋 文帝)가 고경에게 대답을 하지 않았는데, 고경이 이미 돌궐을 격파하고 돌아왔다. 王世積을 주벌할 때에 이르러 죄인을 심문할 때에 宮禁 안의 일이 언급되었는데 고경에게서 들었다고 하니 〈황제가〉 크게 놀랐다. 有司가 또 고경이 왕세적과 왕래하였다고 아뢰었다. 賀若弼, 宇文弼, 薛冑, 斛律孝卿, 柳述 등이 고경에게 죄가 없음을 밝혔는데, 황제가 더욱 노하여 그들을 모두 刑吏에게 넘겼다. 이때부터 조정 신하들 가운데 감히 말을 하는 자가 없었으니, 고경이 마침내 죄를 입어 〈上柱國과 左僕射에서〉 면직되고 齊公의 신분으로 집으로 돌아갔다. 황제가 侍臣에게 이르기를 "내가 고경에 대해 자식들보다 다 더 우대하였는데, 그가 벼슬에서 물러난 뒤로는 그를 까맣게 잊었다. 신하는 자신의 〈공로를〉 믿고 군주에게 강요해서는 안 된다."라고 하였다.

及擊突厥하여 進圖入磧하고 遣使請兵①하니 近臣이 緣此言頴欲反이라하여늘 帝未之答이러니 頴已破突厥而還矣라 及王世積誅하여 推覈之際에 有宮禁中事러니 云於頴得之라한대 大驚하고 有司又奏頴與世積交通이라하다 賀若弼, 宇文弼(필), 薛冑, 斛律孝卿, 柳述等이 明頴無罪한대 上愈怒하여 皆以屬(촉)吏라 自是로 朝臣莫敢言②하니 頴遂坐免하고 以齊公就第하다 帝謂侍臣曰 我於高頴에 勝於兒子러니 自其解落으로 嗔然忘之하니 臣不可以身要君也③로다

① 磧은 큰 사막이니, 곧 이른바 大漠이다.
磧, 大磧也, 卽所謂大漠.
② 屬(맡기다)은 之欲의 切이다.
屬, 之欲切.
③ '解落'은 관직에서 해임되어 벼슬이 떨어진 것을 말한다. 瞑은 莫定의 切이니, 눈을 감는 것이다. 要는 一遙의 切이니, 강요하는 것이다.
解落, 謂解官落職也. 瞑, 莫定切, 閉目也. 要, 一遙切, 挾也.

【目】 얼마 후에 高熲의 國令이 말하기를 "고경의 아들 高表仁이 고경에게 말하기를 '司馬仲達이 병을 핑계 대고 朝會에 참석하지 않아서 마침내 천하를 가지게 되었으니, 공께서 지금 이런 일을 당한 것이 장래의 복이 아닐 줄 어찌 알겠습니까.'라고 하였습니다."라고 하였다. 이에 황제(隋 文帝)가 크게 노하여 고경을 가두고 신문할 때에 담당 관원이 고경을 斬할 것을 청하니, 황제가 말하기를 "지난해에 虞慶則을 죽이고 금년에 王世積을 참하였으니, 다시 고경을 주살한다면 천하 사람들이 나를 어떻게 생각하겠는가."라고 하고, 이에 〈고경을〉 관원 명부에서 除名하여 庶民으로 삼았다. 고경이 처음 僕射가 되었을 때 그 어머니가 훈계하기를 "너는 부귀가 이미 극에 달했으니 다만 한 번 목을 베일 일만 남았을 뿐이다. 너는 근신해야 한다."라고 하였다. 고경이 이로 인해 항상 禍變을 걱정하였는데, 이때에 이르러 기뻐하고 원망하는 기색이 없었다. 이에 앞서 國子祭酒 元善이 황제에게 말하기를 "楊素는 식견이 보잘것없고 蘇威는 나약하고 겁이 많으니, 社稷을 맡길 만한 사람은 고경뿐입니다."라고 하였다. 황제가 처음에는 원선의 말을 옳다고 여겼는데, 고경이 죄를 얻게 되어서 황제가 원선을 깊이 책망하니 원선이 근심하고 두려워하다가 죽었다.

頃之요 熲國令이 言[①]熲子表仁이 謂熲曰 司馬仲達이 託疾不朝하여 遂有天下하니 公今遇此가 焉知非福[②]이리오 於是에 帝大怒하여 囚熲鞫之할새 有司請斬之한대 帝曰 去年에 殺虞慶則(칙)하고 今玆斬王世積하니 如更誅熲이면 天下其謂我何오 於是에 除名爲民하다 熲이 初爲僕射(야)에 其母誡之曰 汝富貴已極하니 但有一斫頭耳라 爾其愼之하라 熲이 由是로 常恐禍變이러니 至是에 歡然無恨色이러라 先是에 國子祭酒元善이 言於帝曰 楊素麤(추)疎하고 蘇威懦怯하니 可付社稷은 唯高熲耳니이다 帝初然之러니 及熲得罪에 帝深責之하니 善憂懼而卒하다

① 隋나라 제도에 王國과 公國에 모두 令과 尉가 있었다. 당시 高熲이 齊國公에 봉해졌으므로 國令을 두었다.

隋制, 王國公國, 皆有令有尉. 時熲封齊公, 故置國令.

② 司馬懿는 字가 仲達이다. 이 일은 蜀漢 後主 延熙 12년(249)에 보인다.
司馬懿, 字仲達, 事見(현)漢後主延熙十二年.

【綱】 9월에 牛弘을 吏部尙書로 삼았다.

九月에 以牛弘爲吏部尙書[53)]하다

【目】 牛弘이 관리를 선발할 때에 德行을 우선으로 하고 文才를 뒤로 돌려 나중으로 하여 살피는 데 힘쓰니, 비록 지체되어 늦어지더라도 선발하여 임용한 사람들이 대부분 직임에 걸맞았다. 吏部侍郎 高孝基가 인재를 잘 식별하고 機智가 있으며 청렴하고 신중하여 견줄 사람이 없었으나 너무 호쾌하고 걸출하며 행적이 경박한 듯 보이니, 당시 재상들이 대부분 이 때문에 그를 의심하였다. 그러나 우홍만은 진심으로 대하여 그에게 일을 맡기니 〈그를 통해〉 많은 인재를 얻었다.

弘이 選擧에 先德行而後文才하여 務在審愼하니 雖致停緩而所進用이 多稱職이라 侍郎高孝基가 鑑賞機晤하고 淸愼絶倫①이나 然爽(상)俊有餘하고 迹似輕薄하니 時宰多以此疑之②호되 弘獨推心任委하니 得人爲多러라

① 晤는 音이 誤이니, 밝다는 뜻이다.
晤, 音誤, 明也.

② 爽은 밝다는 뜻이니, 시원하고 상쾌하다는 뜻이다.
爽, 明也, 淸快也.

【綱】 겨울 10월에 돌궐의 突利可汗을 啓民可汗으로 삼고 義成公主를 아내로 삼아 朔州에서 살게 하였다.

冬十月에 以突厥突利로 爲啓民可汗하고 妻以義成公主하여 處之朔州[54)]하다

53) 以牛弘爲吏部尙書 : "牛弘에 대해 쓴 것은 어째서인가? 그 직임을 잘 수행하였기 때문이다. 隋代에 吏部尙書로 삼았다고 〈《資治通鑑綱目》에서〉 쓴 것은 우홍 한 사람뿐이다.〔書牛弘 何 善其職也 隋世書以爲吏部尙書 一人而已矣〕" 《書法》

54) 以突厥突利……處之朔州 : "앞에 光化公主가 吐谷渾에게 시집갔다고 쓰고 또 安義公主가 돌궐에게 시집갔다고 썼는데, 여기에서 다시 義成公主가 啓民可汗에게 시집갔다고 썼으니 5년에 3번이나 〈중국의 공주가 夷狄에게 시집간 일을〉 쓴 것이다. 중국의 치욕이 隋나라 때보다 심했던 적은 있지 않았다.〔前書光化公主嫁吐谷渾矣 又書安義公主嫁突厥矣 於此復書義成公主嫁啓民 五年三書 中國之辱

【目】啓民可汗에게 귀부한 돌궐족이 남녀 1만여 명이었는데 황제(隋 文帝)가 長孫晟에게 명하여 朔州에 大利城을 쌓고서 이들을 그곳에서 살게 하였다. 당시에 安義公主가 이미 죽었는데 다시 종실의 딸인 義成公主를 아내로 삼게 하였다. 장손성이 上奏하여 그들을 五原 지방으로 이주시켜서 黃河를 견고한 장벽으로 삼게 하고, 夏州와 勝州 사이의 동서로 황하에 이르고 남북으로 400리에 달하는 지역에 가로로 水路를 파고 그 안에 살게 하여 牧畜을 할 수 있게 하도록 청하니, 황제가 그대로 따랐다. 또 趙仲卿의 屯兵 2만 명으로 하여금 啓民可汗을 위하여 達頭可汗를 막게 하였다.

突厥歸啓民者男女萬餘어늘 帝命長孫晟하여 於朔州에 築大利城하여 以處之하다 時에 安義公主已卒이어늘 復以宗女義成公主로 妻之러니 晟이 奏請徙五原하여 以河爲固①하고 於夏・勝之間東西至河南北四百里에 掘爲橫塹하고 令處其內하여 使得畜牧②하니 帝從之하고 又令趙仲卿屯兵二萬으로 爲啓民防達頭③하다

①〈五原은〉 鹽州 五原 땅이다.
鹽州五原之地.

②《隋書》〈地理志〉에, 朔方郡은 北魏 때에 夏州를 설치하였고, 楡林郡은 開皇 12년(592)에 勝州를 설치하였다고 되어 있다.
隋志, 朔方郡, 後魏置夏州, 楡林郡, 開皇二十年置勝州.

③爲(위하다)는 去聲이다.
爲, 去聲.

【綱】12월에 돌궐이 都藍可汗 阿史那雍虞閭를 시해하였다.

十二月에 突厥이 弑其都藍可汗雍虞閭[55)]하다

未有甚於隋世者也]"《書法》

55) 突厥 弑其都藍可汗雍虞閭 : "돌궐에 대해서 弑라고 쓴 적이 없는데, 여기서 弑라고 쓴 것은 어째서인가? 都藍을 존중한 것이다. 어찌하여 존중하였는가? 처음에 도람의 아버지 沙鉢略이 병들었을 때 아들이 어렸기 때문에 處羅를 〈可汗으로〉 세우라고 유언하였다. 사발략이 죽고 나서 도람이 처라를 맞이하였는데 처라가 사양하였다. 도람이 말하기를 '숙부는 어린 손아랫사람에게 도리어 굽힐 수 있겠습니까? 아버지의 명은 폐할 수 없습니다.'라고 하였다. 대여섯 차례 되풀이하다가 결국 처라가 즉위하였는데, 처라가 또 죽으니 도람이 비로소 즉위하였다. 이와 같으니, 이민족이라고 해서 천시할 수 없다. 그러므로 그가 살해당했을 때에 특별히 弑라고 쓴 것이다. 이는 《資治通鑑綱目》의 變例이다.〔突厥未有書弑者 此其書弑 何 進都藍也 曷爲進之 初都藍父沙鉢略病 以子弱 遺令立處羅 旣死 都藍迎處羅 處羅辭 都藍曰 叔可反屈於卑幼乎 父命不可廢也 五六反 卒立之 處羅又死 都藍乃立 若此 不可以異類鄙之矣 故於其見殺也 特書弑 此綱目之變例也〕"《書法》

【目】 황제(隋 文帝)가 楊素, 韓僧壽, 史萬歲, 姚辯을 보내 길을 나누어 都藍可汗을 공격하게 하였는데, 미처 關塞를 나가기도 전에 도람가한이 부하에게 살해되고 達頭可汗이 자립하여 步迦可汗이 되어 그 나라가 큰 혼란에 빠졌다. 長孫晟이 말하기를 "지금 관군이 국경에 이르자 오랑캐 군주가 시해되었으니 이 기회를 이용하여 불러서 위무하면 모두 항복시킬 수 있습니다. 阿史那染干(啓民可汗)의 부하를 보내서 길을 나누어 불러서 위로하소서."라고 하였는데, 황제가 그대로 따르니 항복하는 자가 매우 많았다.

帝遣楊素·韓僧壽·史萬歲·姚辯하여 分道擊都藍한대 未出塞①에 都藍이 爲部下所殺하고 達頭自立爲步迦可汗하여 其國大亂이라 長孫晟曰 今官軍臨境에 虜主被弑하니 乘此招撫면 可以盡降이라 請遣染干部下하여 分道招慰라하여늘 帝從之하니 降者甚衆이러라

① 韓僧壽는 韓擒虎의 아우이다.
僧壽, 擒虎之弟也.

庚申年(600)

【綱】 隋나라 高祖 文皇帝(楊堅) 開皇 20년이다. 봄 2월에 賀若弼이 사건에 연좌되어 하옥되었는데, 사면하여 내보냈다.

二十年이라 春二月에 賀若弼이 坐事下獄이러니 赦出之[56]하다

【目】 賀若弼이 사건에 연루되어 하옥되자 황제(隋 文帝)가 책망하여 말하기를 "공은 지나치게 강한 것이 세 가지가 있으니, 질투심이 지나치게 강하고, 스스로 옳다고 여겨 남을 비난하는 마음이 지나치게 강하고, 윗사람을 무시하는 마음이 지나치게 강하다."라고 하고 얼마 지나서 풀어주었다. 다른 날에 황제가 侍臣에게 말하기를 "하약필이 陳나라를 정벌하려 할 때에 高熲에게 말하기를 '높이 나는 새가 다 없어지면 좋은 활이 창고에 처박히는 일이 일어나지 않겠소?'[57]라고 하였고, 하약필이 후에 또 고경에게 말하기

56) 賀若弼……赦出之 : "'사면하여 내보냈다'라고 쓴 것은 어째서인가? 죄가 있는 자를 놓아준 것을 비난한 것이다. ≪資治通鑑綱目≫에서 '사면하여 내보냈다'라고 쓴 것이 다섯 번인데(相國 蕭何, 周紆, 虞詡, 楊彪), 앞에 '아무개를 하옥했다.'라고 쓰고 〈뒤에 '사면하여 내보냈다'라고 쓴 것은〉 모두 죄가 없는 사람을 풀어주었다는 말이다. 오직 賀若弼만 앞에 '아무개가 일에 연좌되어 하옥되었다'라고 썼으니 비난한 것이다.〔書赦出之 何 譏失有罪也 綱目書赦出之五(相國何 周紆 虞詡 楊彪) 上書下某獄皆釋無罪之辭也 惟賀若弼上書某坐事下獄爲譏〕" ≪書法≫

를 '황태자가 나에게 다 말하지 않는 것이 없소. 공은 어찌 끝내 나의 조력을 받지 못할 것이라고 미리 단정하오? 어찌 속내를 털어놓지 않소?'라고 하였다. 하약필이 속으로 廣陵을 鎭守하려고 도모하고 또 荊州를 도모하였으니, 모두 난을 일으킬 수 있는 곳이다."라고 하였다.

弼이 復坐事下獄하니 帝數之曰 公有三太猛하니 嫉妬心이 太猛이요 自是非人心이 太猛이요 無上心이 太猛이라하고 旣而釋之하다 他日에 帝謂侍臣曰 弼이 將伐陳에 謂高熲曰 不作高鳥盡良弓藏邪(야)아 後에 又語熲曰 皇太子가 於己에 無所不盡하니 公이 終久何必不得弼力이리오 何脉脉邪①아 意圖鎭廣陵하고 又圖荊州하니 皆作亂之地也라

① 公은 高熲을 말한다. 必은 미리 짐작한다는 뜻이니, 공은 어찌하여 끝내 나의 조력을 받지 못하리라고 미리 단정하는가라는 말이다. '脉脉'은 할 말이 있으나 털어놓지 않는다는 뜻이다. 일설에 "脉脉은 기쁘지 않은 모습이다."라고 하였다. 陳濟(明)의 ≪綱目集覽正誤≫에 말하기를 "脉은 어떤 本에는 眽으로 되어 있으니, ≪說文解字≫ 徐氏 注에 '눈으로 대충 살펴보는 것이다.'라고 하였다. 지금 사람들의 말에 차가운 눈빛으로 서로 본다는 표현과 같으니, 서로 친하지 않다는 뜻이다."라고 하였다.
公, 謂熲也. 必, 逆料之義, 謂公如何必度(탁)得終久不得我之力. 脉脉, 有言不得吐之意. 一說"脉脉, 不悅貌." 陳濟曰 "脉本作眽, 說文徐氏注 '目略視之也.' 蓋猶今人語冷眼相看, 不相親之意."

【綱】 여름 4월에 突厥의 達頭可汗이 변경을 침범하자 晉王 楊廣 등에게 詔令을 내려 격퇴시켰다.

夏四月에 突厥達頭可汗이 犯塞어늘 詔晉王廣等하여 擊却之하다

【目】 突厥의 達頭可汗이 변경을 침범하자 晉王 楊廣 및 楊素와 漢王 楊諒 및 史萬歲에게 詔令을 내려 길을 나누어 공격하게 하였다. 長孫晟이 강의 상류에서 독약을 풀자 돌궐의 사람과 가축이 많이 죽고 크게 놀라 밤중에 달아났는데 장손성이 추격하여 1천여 명의 목을 베었다. 사만세가 要塞를 나가서 오랑캐와 마주쳤는데 달두가한이 사신을 보내 隋나라 장수가 누구인지 물었다. 척후 기병이 사만세라고 보고하자 달두가한이 두려워

57) 높이……않겠소 : 淮陰侯 韓信이 漢 高祖를 도와 項羽를 평정한 뒤에 반란을 도모한다는 참소를 받아 붙잡혀 왔을 때 "교활한 토끼가 죽고 나면 훌륭한 사냥개가 삶아지고, 높이 나는 새가 다 없어지면 좋은 활이 창고에 처박히고, 적국이 멸망하고 나면 지모가 뛰어난 신하가 죽게 된다.〔狡兎死良狗烹 高鳥盡良弓藏 敵國破謀臣亡〕"라고 하였다.(≪史記≫ 〈淮陰侯列傳〉)

서 군사를 이끌고 물러났는데, 사만세가 말을 달려 100여 리를 추격하여 맹렬히 공격해서 크게 격파하고 도망치는 적을 뒤쫓아 사막 안으로 수백 리를 들어갔다가 돌아왔다.

突厥達頭可汗犯塞어늘 詔晉王廣及楊素와 漢王諒及史萬歲하여 分道擊之러니 長孫晟이 毒水上流하니 突厥人畜이 多死하고 大驚夜遁[①]이어늘 晟追之하여 斬首千餘級하다 萬歲出塞하여 與虜遇러니 達頭遣使問隋將誰오 候騎報史萬歲也라하니 達頭懼而引去어늘 萬歲馳追百餘里하여 縱擊大破之하고 逐北(배)入磧數百里而還하다

① '毒水上流'는 毒藥을 강물의 상류에 푸는 것이다.
毒水上流, 置毒藥於水之上流也.

史萬歲單騎賭勝

【綱】 6월에 秦王 楊俊이 卒하니 封國을 없앴다.

六月에 秦王俊이 卒하니 國除[58]하다

58) 秦王俊……國除 : "封國을 없앰에 그 이유를 쓰지 않은 적이 없으니(燕王 劉建, 長沙王 吳芮, 睢陽侯 張昌 등에 의거할 때), 이유를 쓰지 않은 것은 이유가 없기 때문이다. 秦王이 첩을 좋아해서 崔妃가 그에게 독을 먹여 병이 들게 하였으니 진실로 잘못이 있다. 사자를 보내 사정을 아뢰고 사죄하였는데, 隋 文帝가 준엄하게 책망하여 끝내 부끄럽고 두려워서 죽게 만들고, 최비의 아들은 본디 어미의 죄 때문에 廢하고, 楊俊에게 서자가 있었는데 역시 폐하고 세우지 않았으니, 문제의 박정함이 심하다. 봉국을 없앴다고 사실 그대로 쓴 것은 문제의 처사를 심하게 여긴 것이다.〔國除未有不書故者(據燕王建 長沙王芮 睢陽張昌等) 不書故 無故也 秦王好內 崔妃毒之致疾 信有過矣 遣使陳謝 帝峻責之 遂使慙怖而卒 崔妃之子 固以母罪廢之 俊有庶子 亦廢不立 帝之寡恩甚矣 直書國除 甚帝也〕" ≪書法≫

【目】楊俊이 오랫동안 병을 앓아 자리에서 일어나지 못하여 〈황제(隋 文帝)에게〉 사자를 보내 表文을 받들고 가서 사정을 아뢰고 사죄하게 하였다. 황제가 그 사자에게 이르기를 "내가 힘을 다하여 대업을 창건하고 제도를 만들어 규범을 후세에 전하게 하였는데, 너는 내 아들이 되어서 이를 망치려고 하니, 너를 어떻게 책망해야 할지 모르겠다."라고 하였다. 양준이 부끄럽고 두려운 나머지 병세가 끝내 위독해져서 6월에 세상을 떠났다. 황제가 곡을 하는데 몇 번 소리를 내다가 말았고, 양준이 만든 사치스럽고 화려한 물건들을 모두 불태우라고 명하였다. 양준의 屬僚들이 비석을 세우기를 청하였는데, 황제가 말하기를 "명예를 구하고자 한다면 한 권의 史書면 충분하다. 비석을 만들어 무엇에 쓰겠는가. 만약 자손이 집안을 보전하지 못하면 헛되이 남에게 주어서 물건이나 눌러두는 돌이 되게 할 뿐이다."라고 하였다. 양준의 아들 楊浩는 崔妃의 所生이고, 庶子는 楊湛이다. 여러 신하들이 황제의 뜻에 영합하여 "〈秦王의〉 두 아들은 어미가 모두 죄가 있으니 封國을 계승하기에 합당하지 않습니다."라고 아뢰니, 황제가 그대로 따르고 秦國의 관원을 喪主로 삼았다.

俊이 久疾未能起하고 遣使奉表陳謝하니 帝謂其使者曰 我戮力創業하고 作訓垂範이어늘 汝爲吾子而欲敗之하니 不知何以責汝오 俊이 慚怖疾遂篤하여 六月에 卒하니 上이 哭之數聲而已요 俊所爲侈麗之物을 悉命焚之하다 僚佐請立碑①한대 上曰 欲求名인댄 一卷史書足矣라 何用碑爲리오 若子孫이 不能保家하면 徒與人作鎭石耳②리라 俊子浩는 崔妃所生이요 庶子曰湛이러니 群臣希旨하여 奏二子母皆有罪하니 不合承嗣라한대 帝從之하고 以秦國官으로 爲喪主하다

① 비석은 장사 지낼 때 설치하는 것이니 신하와 자식이 군주와 아비의 공적을 追述하여 그 위에 쓴다.
碑者, 葬時所設, 臣子追述君父之功, 以書其上.

② 鎭은 之人의 切이니, 누른다는 뜻이다.
鎭, 之人切, 壓也.

【綱】겨울 10월에 태자 楊勇을 폐하여 庶人으로 삼았다.

冬十月에 廢太子勇하여 爲庶人[59]하다

59) 廢太子勇 爲庶人 : "隋 文帝는 刑律로 천하를 다스렸기 때문에 ≪資治通鑑綱目≫에 기록된 것을 보면 法律, 禁錮, 殺戮, 貶斥 등의 일이 많고, 충직하고 순후하고 관대하고 어질고 어루만지고 보살피고 가르치고 길러내는 정치는 털끝만큼도 없다. 아들 다섯 명이 모두 獨孤皇后의 소생이니 본디 嫡庶의 구분은 없다. 그러나 이 일이 있기 3년 전에 秦王 楊俊이 이미 죄를 지어 면직되었다가 이

【目】 처음에 황제(隋 文帝)가 太子 楊勇으로 하여금 政事에 참여하여 결정하게 하니, 때때로 낡은 것을 없애기도 하고 새로운 것을 만들기도 하였는데 황제가 모두 받아들였다. 양용은 성품이 너그럽고 후덕하며 솔직하고 자기 감정대로 행동하여 假飾이 없었다. 황제는 성품이 절약하고 검소하였는데 양용이 한번은 蜀 지방 사람이 만든 갑옷에 화려한 장식을 더하자 황제가 보고서 기분이 좋지 않아 그에게 이렇게 훈계하였다. "예로부터 帝王이 사치를 좋아하고서 능히 오랫동안 자리를 지킨 자가 없었다. 너는 마땅히 검약을 우선으로 삼아야 宗廟를 받들어 모실 수 있을 것이다. 나는 예전에 입던 의복을 각각 한 벌씩 남겨두고서 때때로 다시 꺼내 보면서 스스로를 경계한다. 지금 너에게 내가 예전에 차던 칼 한 자루와 아울러 채소 절임 한 그릇을 내리니, 네가 옛날에 上士였을 때 늘 먹던 것이다. 만약 예전의 일을 기억한다면 응당 내 마음을 알 것이다." 후에 冬至가 되어서 백관들이 모두 양용에게 가자 양용이 風樂을 베풀고 賀禮를 받았는데, 황제가 〈이러한 사실을 알고〉 기분이 좋지 않아서 詔令을 내려 이를 정지시켰다. 이때부터 태자에 대한 은총이 쇠하기 시작하여 점차 시기하고 의심하는 마음이 생겼다.

初에 帝使太子勇으로 參決政事하니 時有損益이라 帝皆納之라 勇이 性寬厚하고 率意任情하여 無矯飾之行이러라 帝性節儉이어늘 勇이 嘗飾蜀鎧(개)①하니 帝見而不悅하여 戒之曰 自古帝王이 未有好奢侈而能久長者하니 汝當以儉約爲先이라야 乃能奉承宗廟리라 吾昔日衣服을 各留一物하여 時復觀之하여 以自警戒러니 今賜汝以我舊所帶刀一枚와 幷菹(저)醬一合②하니 汝昔作上士時常所食也③라 若存記前事하면 應知我心이라하더라 後遇冬至에 百官이 皆詣勇하니 勇이 張樂(악)受賀어늘 帝不悅하여 下詔停之하니 自是恩寵始衰하여 漸生猜阻러라

때에 와서 죽고 封國은 폐지되어 부자지간에 은혜를 중시하는 뜻이 조금도 없었으니, 수 문제가 한 짓을 참으로 상상할 수 있다. 太子란 나라를 계승할 군주의 후계자이니 큰 죄악이 있지 않으면 가벼이 바꾸기가 쉽지 않다. 그런데 지금 독고황후의 말에 현혹되어 그 죄를 억지로 만들어 갑작스레 폐하였으니, 태자도 변명하지 못하고 조정 대신도 감히 말하지 못하고 오직 억지로 끌어다 붙여 모함하는 자만 뜻을 이루었을 뿐이다. 수 문제가 법을 집행하는 폐단이 한결같이 이 지경에 이르렀다. 옛날에 秦始皇이 법으로 천하에 해독을 끼쳐 〈태자인〉 扶蘇가 비명횡사를 당하고 〈둘째 아들인〉 胡亥(秦 二世皇帝)에게 한번 나라를 전하고서 秦나라가 결국 멸망했는데, 수나라의 잘못이 또한 대체로 그와 비슷하다. ≪자치통감강목≫에서 '태자 楊勇을 폐하였다'라고 쓰고 그 죄는 말하지 않았으니, 양용이 廢黜된 것이 죄가 없음을 알 수 있다. 무릇 나라에 태자보다 중요한 것이 없는데도 오히려 죄 없이 폐출되었으니 하물며 다른 사람이야 말할 필요가 있겠는가. 아! 〔隋帝以刑名治天下 故見於綱目所書者 法律禁錮殺戮貶斥之事爲多 而忠厚寬仁撫摩敎養之政 一毫無有也 五子皆出於獨孤 固無嫡庶之分 然前此三年 秦王俊旣以罪免 至是卒而國除 略無父子主恩之意 帝之所爲 固可想矣 若夫太子 國儲副君 非有大惡 未易輕動 今乃惑於獨孤之說 曲成其罪 率然廢之 太子不能辯 朝紳不敢言 獨有附會誣罔者乃得志耳 隋文持法之弊 一至於此 昔秦政以法毒天下 而扶蘇不得其死 一傳胡亥 國遂以亡 隋氏之失 亦大類此 綱目書廢太子勇 而不言其罪 則勇之見廢 無罪可知 夫國莫重於太子 且以無罪廢之 況他人乎 吁〕" ≪發明≫

① 蜀鎧는 蜀人이 만든 것이다. 蜀人이 솜씨가 뛰어나 그들이 만든 갑옷은 이미 정교하고 화려하였는데, 楊勇이 거기다 또 장식을 한 것이다.
蜀鎧, 蜀人所作也. 蜀人工巧, 所作鎧甲已精麗, 而勇又文飾之.

② 절인 채소가 菹이다. 醬은 醢이다. 肉醬과 豉醬(된장)을 모두 醢라고 하며, 또 채소 절임을 醬이라고도 한다.
淹菜爲菹. 醬, 醢(해)也. 肉醬・豉(시)醬, 皆謂之醢, 又菜菹謂之醬.

③ 〈옛날에 上士였을 때라는 것은〉 楊勇이 北周에서 벼슬할 때를 말한다.
謂勇仕周時.

【目】 楊勇이 총애하는 姬妾이 많았는데 昭訓 雲氏를 특히 총애하였다. 太子妃인 元氏가 총애를 받지 못하여 병에 걸려 薨逝하자, 獨孤皇后가 거기에 다른 원인이 있을 것이라고 생각하여 양용을 깊이 책망하였다. 그런데도 소훈 운씨가 이때부터 드디어 東宮의 일을 주관하여 長寧王 楊儼, 平原王 楊裕, 安成王 楊筠을 낳았고, 여러 희첩들의 자식도 여러 명이었다. 황후가 더욱 불만스럽게 생각하여 사람을 보내 양용의 허물을 은밀히 살펴서 찾아내게 하였다. 晉王 楊廣이 이를 알고서 더욱 스스로를 거짓으로 꾸며 후궁이 자식을 낳으면 모두 기르지 않으니 황후가 이로 인해 양광이 어질다고 자주 칭찬하였다. 대신 중에 실권이 있는 자들에 대해 양광이 모두 마음을 기울여 교제하였다. 황제(隋 文帝)와 황후가 매번 측근들을 보내 양광의 처소에 가게 하면 양광이 반드시 蕭妃와 함께 두터이 예우하니 왕래하는 자들이 모두 그가 어질고 효성스럽다고 칭찬하였다. 황제가 황후와 함께 한번은 양광의 집에 거둥하였는데, 양광이 美姬들을 모두 별실에 숨기고 늙고 추한 자들만 남겨두어 무늬 없는 비단 옷을 입히고서 좌우에서 시중들게 하였다. 또 실내에 설치한 휘장은 合絲로 짠 흰 비단으로 바꾸어 사용하였고 樂器의 弦을 일부러 끊어버리고 먼지를 털어내지 못하게 하니, 황제가 이를 보고 기뻐하여 이로 인해 양광을 다른 아들과는 달리 특별히 사랑하였다. 한번은 은밀히 來和를 시켜 여러 아들들을 두루 살펴보게 하였는데, 〈내화가 다 살펴보고 나서〉 대답하기를 "晉王은 이루 말할 수 없이 귀하게 될 相입니다."라고 하였다.

勇多內寵호되 昭訓雲氏尤幸①이러니 其妃元氏無寵하여 遇疾而薨하니 獨孤后 意其有他하여 深以責勇이나 然昭訓이 自是遂專內政하고 生長寧王儼及平原王裕安成王筠하며 諸姬子 又數人이라 后彌不平하여 遣人伺求勇過러니 晉王廣이 知之하고 彌自矯飾하여 後庭有子에 皆不育하니 后由是로 數稱廣賢이러라 大臣用事者를 廣皆傾心與交②라 帝及后 每遣左右至廣所하면 廣이 必

與蕭妃로 厚禮之하니 往來者無不稱其仁孝[3]러라 帝與后로 嘗幸其第하니 廣이 悉屛匿美姬於別室하고 唯留老醜者하여 衣以縵綵하고 給事左右하며 屛帳을 改用縑素하고 故絶樂器之弦하여 不令拂去塵埃(애)[4]하니 帝見之喜라 由是로 愛之特異諸子하고 嘗密令來和로 遍視諸子한대 對曰 晉王이 貴不可言[5]이라하더라

① 昭訓은 昭儀와 같은 〈後宮의 爵號의〉 종류이다.
昭訓, 猶昭儀之類.
② 〈대신 중에 실권이 있는 자는〉 楊素 등을 말한다.
謂楊素等.
③ 蕭妃는 梁 明帝 蕭巋의 딸이다.
蕭妃, 梁明帝巋(규)之女也.
④ 衣(입히다)는 於旣의 切이다. 縵은 莫半의 切이니, 무늬가 없는 비단이다.
衣, 於旣切. 縵, 莫半切, 繒無文者也.
⑤ 來和는 관상을 잘 보는 자이다.
來和, 善相者.

【目】 楊廣이 용모가 아름답고 명민하고 정중하며 학문을 좋아하고 문장에 능하며 조정 관원들을 공경히 대하니 이로 인해 명성이 매우 자자하였다. 揚州로부터 서울에 들어와 朝見하고 鎭으로 돌아가려 할 때에, 入宮하여 황후에게 하직 인사를 하고 바닥에 엎드려 눈물을 흘리며 말하기를 "臣이 성품과 식견이 어리석고 비천하여 무슨 죄를 지었기에 東宮(楊勇)에게 미움을 받아 〈태자께서〉 항상 크게 노여움을 품고 저를 해치려고 하는지 모르겠습니다."라고 하였다. 황후가 노하여 말하기를 "睍地伐(太子 楊勇)은 점점 참을 수가 없구나. 내가 그를 위해 元氏의 딸을 아내로 맞게 하였는데도 끝내 부부의 禮로 대우하지 않고 오로지 阿雲(昭訓 雲氏)만 총애하여 이처럼 개돼지 같은 자식들을 낳게

楊廣(隋 煬帝)

하였으며, 이전 며느리가 중독되어 요절하였으나 나 또한 철저하게 조사하여 처리하지 못했는데, 무슨 까닭으로 다시 너에게 이러한 뜻을 드러내는가? 내가 살아 있는데도 오히려 이러하니 내가 죽은 뒤에는 당연히 너를 魚肉으로 만들겠구나. 동궁에게 결국 正妃 소생의 적자가 없으니 황제께서 天壽를 누리고 돌아가신 뒤에 〈태자가 즉위하여〉 너희들 형제들이 아운의 자식 앞에 가서 再拜하고 문안을 드릴 것을 생각할 때마다 이 얼마나 괴로운 일이냐."라고 하였다. 양광이 또 절하고 오열하여 그칠 줄을 모르니 황후도 슬픔을 스스로 가누지 못하였다. 이때부터 황후가 楊勇을 폐하고 양광을 세우려고 마음을 정하였다.

廣이 美姿儀하고 敏慧嚴重하며 好學能文하고 敬接朝士하니 由是로 聲名籍(자)甚①이라 自揚州入朝하고 將還鎭에 入宮辭后하고 伏地流涕曰 臣이 性識愚下하니 不知何罪로 失愛東宮하여 恒蓄盛怒하여 欲加鴆毒이라하니 后忿然曰 睍(현)地伐이 漸不可耐(내)②라 我爲之娶元氏女호되 竟不以夫婦禮로 待之하고 專寵阿雲하여 使有如許豚犬③하며 前新婦遇毒而夭호되 我亦不能窮治어든 何故로 復於汝에 發如此意오 我在尙爾하니 我死後엔 當魚肉汝乎인저 每思東宮竟無正嫡하니 至尊千秋萬歲之後에 遣汝等兄弟하여 向阿雲兒前하여 再拜問訊에 此是幾許苦痛邪아 廣이 又拜嗚咽不能止라 后亦悲不自勝이라 自是로 后決意欲廢勇立廣矣라

① 명성이 매우 성대하게 자자한 것을 말한다.
言聲名狼籍(자)甚盛.
② 睍은 胡典의 切이다. 睍地伐은 楊勇의 어릴 때 이름이다. 耐는 忍(참다)이다.
睍(현), 胡典切. 睍地伐, 勇小字. 耐, 忍也.
③ 曹操가 말하기를 "袁本初(袁紹)와 劉景升(劉表)의 자식 같은 이들은 개돼지일 뿐이다."라고 하였다. 이후로 드디어 이 말로 자식을 비방하였다.
曹操曰 "如袁本初・劉景升兒, 豚犬耳." 後遂以詆其子.

【目】 總管司馬인 張衡이 楊廣을 위해 태자 자리를 빼앗을 계획을 꾸몄는데, 양광이 安州總管 宇文述에게 계책을 물으니 우문술이 이렇게 말하였다.

"황태자는 총애를 잃은 지 이미 오래되었고 아름다운 덕행이 들리지 않는데, 대왕께서는 어질고 효성스러움으로 이름이 알려졌고 재능이 세상을 뒤덮으며 여러 번 군사를 거느리고 빈번하게 큰 공을 세웠으니, 황제(隋 文帝)와 황후께서 모두 애정을 쏟는 분이며 온 천하의 기대가 실로 대왕께 돌아가고 있습니다. 그러나 태자를 廢立하는 것은 중대사이니 쉽게 도모할 수 없습니다. 능히 주상의 뜻을 바꿀 수 있는 자는 오직 楊素뿐

이고 양소가 더불어 도모하는 자는 오직 그의 동생 楊約인데, 제가 본디 양약을 알고 있습니다. 청컨대 京師에 朝見하러 가서 양약과 더불어 도모하겠습니다."

그러자 양광이 크게 기뻐하여 많은 금은보화를 우문술에게 보내고 경사로 들어가도록 도왔다. 양약이 당시 大理少卿이었는데 우문술이 양약에게 함께 술을 마시며 博戱를 할 것을 청하여 일부러 져주고 가지고 간 금은보화를 모두 그에게 주고서 이어 설득하기를 "이는 晉王(양광)께서 내리신 것입니다. 저로 하여금 公과 더불어 즐기게 하였을 뿐입니다."라고 하였다. 양약이 놀라서 그 까닭을 물으니, 우문술이 이어 양광의 뜻을 말하고 또 그에게 이렇게 설득하였다.

隋故司徒宇文公墓誌(宇文述의 墓誌銘)

"공의 형제는 功名이 세상을 뒤덮어 要職에 올라 실권을 장악한 지가 여러 해가 되었으니, 조정 신료 가운데 足下의 집안에 굴욕을 당한 자를 이루 다 헤아릴 수 있겠습니까. 또 태자가 하고자 하는 바를 행하지 못한 일로 執政大臣에게 매번 이를 갈았으니, 주상께서 하루아침에 신하들을 버리고 세상을 떠나신다면 공은 또한 어떻게 비호를 받겠습니까. 지금 태자가 황후에게 총애를 잃었고 주상께서는 본래 태자를 폐출하려는 마음이 있으니, 진왕을 태자로 세우도록 청하는 것은 공의 형의 입에 달려 있을 뿐입니다. 진실로 이때를 이용하여 큰 공을 세울 수 있다면 진왕께서 반드시 골수에 영원히 새길 것이니, 이는 累卵의 위험을 제거하고 태산과 같은 안정을 이루는 길입니다."

司馬張衡이 爲廣畫(획)奪宗之策한대 廣이 問計於安州總管宇文述하니 述曰 皇太子失愛已久하고 令德不聞이어늘 大王은 仁孝著稱하고 才能蓋世하고 數(삭)經將領하여 頻有大功하니 主上內宮이 咸所鍾愛요 四海之望이 實歸大王①이나 然廢立은 大事니 未易謀也라 能移主上意者는 唯楊素耳요 素所與謀者는 唯其弟約이니 述이 雅知約이라 請朝京師하여 與約圖之라한대 廣이 大悅하여 多齎金寶하여 資述入關이라 約이 時爲大理少卿이어늘 述이 請約與飮博하여 陽不勝하고 以

所齎金寶로 盡輸之하여 因說之曰 此는 晉王之賜라 令述與公으로 爲歡樂耳니라 約이 驚問故한대 述이 因道廣意하고 且說之曰 公兄弟功名蓋世하여 當塗用事有年矣라 朝臣爲足下家所屈辱者可勝數哉아 又儲后以所欲不行으로 每切齒於執政②하니 主上이 一旦棄群臣이면 公亦何以取庇哉리오 今太子失愛於皇后하고 主上素有廢黜之心하니 請立晉王은 在賢兄之口耳라 誠能因此時建大功이면 王必永銘骨髓리니 斯則去累卵之危하고 成泰山之安矣라

① 數은 音이 朔이다. 將(거느리다)은 卽亮의 切이다. 빈번하게 큰 공을 세웠다는 것은 남쪽으로 陳나라를 평정하고 북쪽으로 돌궐을 정벌한 것을 말한다. 內宮은 곧 中宮이니 國諱를 피하느라 그렇게 말한 것이다.[60] 鍾은 聚(모이다)이다.
數, 音朔. 將, 卽亮切. 頻有大功, 謂南平陳, 北伐突厥也. 內宮, 卽中宮, 避國諱故云然. 鍾, 聚也.

② 后는 君이다. 儲后는 儲君이라는 말과 같다.
后, 君也. 儲后, 猶言儲君也.

【目】 楊約이 옳게 여겨서 楊素에게 아뢰니 양소가 듣고서 크게 기뻐하였다. 이후 며칠이 지나서 〈양소가〉 궐에 들어가 〈황후를〉 모시고 연회에 참석하였을 때 晉王이 효성스럽고 형제간에 우애하며 공손하고 검소한 것이 황제(隋 文帝)를 닮은 데가 있다고 넌지시 칭찬하니, 황후가 눈물을 흘리며 말하기를 "공의 말이 옳다. 阿𡡉(楊廣)가 〈부모에 대한〉 효심과 애정이 크니 睍地伐(太子 楊勇)이 항상 몰래 그를 죽이고자 한다."라고 하였다. 양소가 이에 태자가 그릇이 못됨을 극력 아뢰니 황후가 드디어 양소에게 금을 주어 황제를 도와 태자를 廢立하게 하였다. 양용이 그들의 음모를 알고서 근심하고 두려워하였으나 계책을 낼 길이 없어서 사람을 시켜 여러 가지 주술을 행하게 하였다. 황제가 또 양소를 시켜 양용이 하는 일을 살피게 하였는데, 양소가 東宮에 갔다가 돌아와서 말하기를 "양용이 원망을 하고 있으니 뜻밖의 변란이 일어날까 걱정됩니다."라고 하니 황제가 태자를 더욱 의심하게 되었다. 황후가 또 사람을 보내 동궁을 몰래 살피게 하여 사소한 일까지 모두 아뢰게 하고 이어 거짓을 꾸며 덧붙여서 그 죄상을 만드니, 황제가 드디어 양용을 멀리하고 꺼려서 동궁에서 宿衛하는 관원의 名簿를 전부 각 衛府(12衛府)에 속하게 하고 그중에 용맹하고 건장한 자가 있으면 모두 쫓아내었다

楊廣이 또 段達로 하여금 동궁의 寵臣인 姬威에게 은밀히 뇌물을 주고서 태자의 동정

60) 國諱를……것이다 : 隋나라에서는 隋 文帝의 아버지인 楊忠의 '忠'자와 발음이 비슷한 '中'을 避諱하여 모두 '內'자로 바꾸어 썼다.

을 정탐하여 몰래 양소에게 보고하게 하니, 이에 안팎에서 떠들썩하게 〈태자를〉 비방하여 〈태자의〉 과실이 날마다 보고되었다. 단달이 이를 이용하여 희위를 협박해서 태자를 고발하게 하였다.

約然之하여 以白素한대 素聞之하고 大喜러라 後數日에 入侍宴할새 微稱晉王孝悌恭儉이 有類至尊하니 后泣曰 公言是也라 阿麼大孝愛하니 睍(현)地伐이 常欲潛殺之①니라 素因盛言太子不才한대 后遂遺素金하여 使贊帝廢立하니 勇頗知之하고 憂懼호되 計無所出하여 使人造諸厭勝이러라 帝가 又使素로 觀勇所爲한대 素至東宮還하여 言勇怨望하니 恐有他變이라하니 帝益疑之하고 后又遣人伺覘(점)東宮하여 纖介事皆聞奏하고 因加誣飾하여 以成其罪하니 帝遂疎忌勇하여 東宮宿衛名籍을 悉令屬諸衛府하고 有勇健者면 咸屛去之러라 廣이 又令段達로 私賂東宮幸臣姬威하여 令伺太子動靜하여 密告楊素하니 於是에 內外諠(훤)謗하여 過失日聞이라 段達이 因脅威告之러라

① 麼는 莫婆의 切이다. 阿麼는 楊廣의 兒名이다.
麼, 莫婆切. 阿麼, 廣小字.

【目】 9월에 詔令을 내려 太子左庶子 唐令則 등 여러 명을 붙잡아 담당 관원에게 넘겨서 신문하게 하고, 楊素에게 명하여 東宮의 상황을 진술하여 近臣들에게 고하게 하였다. 隋 文帝가 말하기를 "이 아이는 황위를 계승할 책임을 감당해낼 수 없게 된 지 오래되었다. 황후가 항상 나에게 그를 폐할 것을 권하였으나 내가 벼슬하기 전에 낳은 자식이고 지위도 長子이니 점차 개선하기를 바라서 지금까지 드러내지 않고 참아온 것이다. 그의 아내가 막 죽었을 때에 나는 독살된 것으로 의심하고 일찍이 그를 꾸짖었는데, 楊勇이 원망하여 말하기를 '내 반드시 元孝矩를 죽일 것입니다.'라고 하였으니, 이는 나를 해치고 싶었지만 〈그럴 수 없어서〉 분노를 다른 사람에게 옮긴 것일 뿐이다. 長寧王(楊勇의 아들 楊儼)이 막 태어났을 때 朕이 황후와 더불어 품에 안아 길렀는데, 양용이 스스로 거리를 두어 연이어 사람을 보내와서 아이를 달라고 요구하였다. 게다가 雲定興의 딸(昭訓 雲氏)은 〈운정흥이〉 밖에서 사통하여 낳았으니, 이를 생각하면 〈소훈 운씨의 소생도〉 어찌 꼭 그의 친자식이겠는가. 만약 그 핏줄이 아니면 이는 곧 宗祏를 어지럽히는 것이니, 나는 끝내 만백성을 不肖한 자식에게 맡기지 못하겠다. 나는 항상 강한 적을 방비하듯이 양용이 해를 끼칠까 두려워하였다. 지금 그를 폐하여 천하를 안정시키고자 하노라."라고 하였다. 左衛大將軍 元旻이 간언하기를 "〈태자를〉 폐하는 것은 중대한 일입니다. 詔書를 만약 시행하고 나면 나중에 후회해도 소용없을 것입니다. 참소하는 말

은 끝이 없으니 폐하께서 잘 살피소서."라고 하였다.

九月에 詔執左庶子唐令則(칙)等數人하여 付所司訊鞫①하고 命楊素陳東宮事狀하여 以告近臣하니 帝曰 此兒不堪承嗣久矣라 皇后恒勸我廢之호되 我以布衣時所生이요 地復居長하니 望其漸改하여 隱忍至今②이라 其婦初亡에 我疑其遇毒하고 嘗責之하니 勇이 懟曰 會殺元孝矩라하니 此欲害我而遷怒耳③니라 長寧初生에 朕이 與皇后로 共抱養之하니 自懷彼此하여 連遣來索이라 且雲定興女는 在外私合而生하니 想此컨대 何必是其體胤이리오 儻其非類면 便亂宗祏(석)이니 我終不以萬姓으로 付不肖子라 我恒畏其加害를 如防大敵이라 今欲廢之하여 以安天下라하다 左衛大將軍元旻이 諫曰 廢立은 大事라 詔旨若行이면 後悔無及이요 讒言罔極하니 惟陛下察之④하소서

① 隋나라 제도에 左庶子는 門下坊[61]을 관장하였다.
隋制, 左庶子領門下坊.
② 地는 位라는 말과 같다.
地, 猶言位也.
③ 元孝矩는 楊勇의 妃의 아버지이다. 이름은 矩이니 字로 세상에 알려졌다. 天賜[62]의 손자이다.
孝矩, 勇妃父也, 名矩, 以字行, 天賜之孫也.
④ 極은 已(그치다)와 같다.
極, 猶已也.

【目】 황제(隋 文帝)가 응답하지 않고 姬威에게 명하여 태자의 죄악을 모두 아뢰게 하였다. 희위가 대답하기를 "일찍이 巫女를 시켜 길흉을 점치게 하고서 신에게 이르기를 '皇上의 忌日이 〈開皇〉 18년에 있을 것이니, 그 기한이 촉박하다.'라고 하였습니다."라고 하였다. 황제가 눈물을 흘리며 말하기를 "누군들 부모에게서 태어나지 않았겠느냐마는 끝내 이 지경에 이르렀구나."라고 하였다. 이에 楊勇 및 그의 자식들과 黨與를 拘禁하게 하니, 楊素가 죄를 덮어씌워 獄案을 완성하였다. 며칠이 지나서 담당 관원이 上奏하기를 "元旻이 일찍이 뜻을 굽혀 양용을 섬기니, 〈황상께서〉 仁壽宮에 계실 때 양용이 서신을 원민에게 주었는데 '남이 보지 못하게 하라.'라고 겉봉에 썼습니다."라고 하니, 황제가 이에 원민을 체포하게 하였다.

희위가 또 말하기를 "황상께서 인수궁에 계시니 태자가 항상 말 천 필을 먹이면서 말

---

61) 門下坊 : 東宮에 속한 관서로 北齊 때 처음 설치되었다. 업무와 역할이 朝廷의 門下省에 비견된다.
62) 天賜 : 北魏 拓跋天賜를 가리킨다. 북위 景穆帝 拓跋皇의 아들이다. 북위 종실은 성이 拓跋氏이나, 북위 孝文帝 때 元氏로 고쳤다.

하기를 '〈인수궁으로〉 신속하게 가서 성문을 지키면 〈황상께서〉 자연히 굶어 죽을 것이다.'라고 하였습니다."라고 하였다. 양소가 희위의 말을 가지고 양용을 詰責하니, 양용이 不服하고 말하기를 "삼가 들으니 公의 집에는 말이 수만 필이나 있다고 하는데, 내가 외람되이 태자의 자리에 있으면서 말 천 필을 기른 것이 도리어 반역을 꾀한 것입니까?"라고 하였다. 양소가 또 동궁의 服飾과 器物 중에서 아름다운 장식을 덧붙인 듯한 것들을 꺼내서 모두 殿庭에 진열해놓고 문무백관들에게 보여주어 태자의 죄로 삼았다. 황제와 황후가 번갈아 사람을 보내 양용을 문책하였는데, 양용은 승복하지 않았다.

帝不應하고 命姬威하여 悉陳太子罪惡하니 威對曰 嘗令師姥(모)로 卜吉凶하고 語臣云 至尊이 忌在十八年하니 此期促矣①라한대 帝泫然曰 誰非父母生이리오마는 乃至於此로다 於是에 禁勇及諸子黨與하니 楊素鍛鍊以成其獄하고 居數日에 有司奏元旻이 嘗曲事勇하니 在仁壽宮에 勇이 以書與之호대 題云 勿令人見이라하니 帝乃執旻하고 威又言 至尊在仁壽宮하니 太子常飼馬千匹云 徑往守城門하면 自然餓死라 素以威言으로 詰勇한대 勇不服曰 竊聞公家馬數萬匹이라하니 勇忝備太子하여 馬千匹이 乃是反乎아 素又發東宮服翫(완)似加琱飾者하여 悉陳之於庭하고 以示文武하여 爲太子之罪②하니 帝及后迭遣使하여 責問勇이어늘 勇不服이러라

① '師姥'는 巫嫗(늙은 무녀)이다. 姥는 莫補의 切이니, 늙은 여자를 일컫는 말이다.
師姥, 巫嫗也. 姥, 莫補切, 女老稱.

② 琱는 音이 彫이니 다듬고 꾸밈이다.
琱, 音彫, 琱琢(탁).

【目】 10월에 사람을 시켜 楊勇을 부르니 양용이 놀라서 말하기를 "설마 나를 죽이지는 않겠지?"라고 하였다. 황제(隋 文帝)가 戎服을 입고 군사들을 배치하고서 武德殿에 나아가 百官과 여러 종친들을 소집하고 양용 및 그의 자식들을 데려다가 殿庭에 늘어서게 하고서 詔書를 선포하여 양용과 그의 아들딸을 폐하여 모두 庶人으로 삼았다. 양용이 두 번 절하고 눈물을 흘리며 舞蹈의 禮[63]를 행하고서 떠나니, 좌우에 있는 신하들이 모두들 불쌍히 여겨 아무 말도 하지 못하였다. 〈양용의 아들〉 長寧王 楊儼이 表文을 올려 〈궐에 남아서〉 宿衛하게 해줄 것을 청하였는데 말투가 애절하여 황제가 보고서 가엾게 여겼다. 楊素가 나아가서 아뢰기를 "삼가 성상의 마음이 독사에게 손을 물린 〈장사가 손목을 자르는 심정과〉 같기를 바라니, 다시 溫情을 남겨서는 안 됩니다."라고 하니, 드

63) 舞蹈의 禮 : 신하가 朝廷에서 군주를 알현할 때 행하는 儀禮로, 손을 휘두르고 발을 구르는 형태를 취한다.

디어 조서를 내려 元旻, 唐令則, 鄒文騰 등을 차등을 두어 誅戮하고 양용을 內史省으로 移送하고 양소에게 物 3천 段[64)]을 상으로 주었다. 文林郎 楊孝政이 上書하여 諫言하기를 "황태자는 소인들이 그르쳤으니, 의당 가르쳐서 깨닫게 해야지 廢黜해서는 안 됩니다."라고 하였는데, 황제가 노하여 그의 가슴을 매질하였다.

十月에 使人召勇한대 勇이 驚曰 得無殺我邪(야)아 帝戎服陳兵하고 御武德殿①하여 集百官諸親하고 引勇及諸子하여 列於殿庭하고 宣詔廢勇及其男女하여 竝爲庶人②하니 勇再拜泣下하고 舞蹈而去하니 左右莫不閔默③이러라 長寧王儼이 上表乞宿衛어늘 辭情哀切하니 帝覽之閔然이러니 楊素進曰 伏願聖心同於螫(석)手하니 不宜復留意④니이다 遂詔元旻・唐令則(칙)・鄒文騰等誅戮有差하고 移勇於內史省하고 賞楊素物三千段⑤하다 文林郎楊孝政이 上書諫曰 皇太子爲小人所誤하니 宜加訓誨요 不宜廢黜이라한대 帝怒하여 撻其胸하다

① 武德殿은 延恩殿 서쪽에 있었다.
武德殿, 在延恩殿西.
② '諸親'은 宗籍에 오른 宗親이다.
諸親, 謂屬籍宗親也.
③ 불쌍히 여겨 감히 말하지 못한 것이다.
哀之而不敢言.
④ 독사가 손을 물면 壯士는 손목을 자른다.
蝮蛇螫手, 壯士斷腕
⑤ 楊勇을 鞫問한 공에 대해 상을 내린 것이다.
賞鞫勇之功也.

【目】 당초 雲 昭訓의 아비 雲定興이 절제 없이 東宮을 드나들며 기이한 복장과 특이한 器物을 여러 차례 바쳐서 태자의 환심을 사려고 하니, 左庶子 裵政이 누차 간언하였는데 楊勇이 듣지 않았다. 배정이 운정흥에게 말하기를 "공이 하는 행동은 법도에 맞지 않습니다. 게다가 元妃가 갑자기 薨逝하시니 사람들이 분분하게 떠들고 있습니다. 이는 태자에게 좋은 명성이 되지 않습니다. 공은 의당 스스로 물러나십시오. 그렇지 않으면 장차 禍가 미칠 것입니다."라고 하였다. 운정흥이 양용에게 이를 고하니 양용이 배정을

64) 物 3천 段 : ≪唐六典≫ 〈尙書禮部〉에 의하면, 무릇 物 10段을 하사하는 경우에는 비율을 약정하여 지급하는데, 絹 3匹, 布 3端, 綿 4屯이다. 貲布・紵布・罽布가 각 1端이다. 봄여름에는 絲로 綿을 대신한다. 雜綵 10段인 경우는 絲布 2匹, 紬 2匹, 綾 2匹, 縵 4匹이다. 蕃客에게 錦綵를 하사하는 경우에는 10段의 비율이 錦 1張, 綾 2匹, 縵 3匹, 綿 4屯이다.

멀리하여 밖으로 내쳤다.

唐令則이 양용과 흉허물 없이 친하게 지내어 〈양용이〉 항상 그에게 명하여 琴瑟의 가락에 맞추어 노래 부르는 것을 內人들에게 가르치게 하였다. 右庶子 劉行本이 그를 질책하기를 "庶子는 마땅히 태자를 正道로 보필해야 하거늘, 閨房에서 환심을 사는 경우가 어디에 있습니까."라고 하니, 당영칙이 매우 부끄러워하였으나 고치지 못하였다. 劉臻, 明克讓, 陸爽이 모두 文學으로 양용과 친하게 되었는데, 유행본은 그들이 태자를 잘 보살피고 돌보지 못하는 것에 화가 나서 매번 그 세 사람에게 "경들은 그저 책을 읽을 줄만 알지 행할 줄은 모른다."라고 하였다. 夏侯福이 일찍이 閤門 안에서 양용과 장난을 치다가 크게 웃어서 그 소리가 밖에까지 들리자 유행본이 하후복을 법을 집행하는 관원에게 넘겨서 죄를 다스리게 하였다. 며칠이 지나서 양용이 하후복을 위해 청을 하니 그제야 풀어주었다.

初에 雲昭訓父定興이 出入東宮無節하고 數進其奇服異器하여 以求悅媚하니 左庶子裴政이 屢諫호되 勇不聽이라 政謂定興曰 公所爲不合法度하고 又元妃暴薨하니 道路籍籍라 此於太子에 非令名也니 公宜自引退라 不然이면 將及禍하리라 定興이 以告勇하니 勇이 疎政하여 出之하다 唐令則이 爲勇所昵(닐)狎하여 每令以弦歌敎內人하니 右庶子劉行本이 責之曰① 庶子當輔太子以正道니 何有取媚於房帷之間哉아 令則甚慙而不能改하고 劉臻·明克讓·陸爽이 竝以文學으로 爲勇所親이러니 行本이 怒其不能調護하여 每謂三人曰 卿等은 正解讀書耳②라 夏侯福이 嘗於閤內與勇戲에 大笑하여 聲聞於外하니 行本이 付執法者治之러니 數日에 勇이 爲之請하니 乃釋之하다

① 隋나라 제도에 右庶子는 典書坊[65]을 관할하였다.
隋制, 右庶子領典書坊.

② 解는 이해하다는 뜻이다. 〈'正解讀書'는〉 책을 읽을 줄만 알 뿐 그 배운 바를 실행하지 못한다는 말이다.
解, 曉也. 言但能讀書而不能行其所學.

【目】 楊勇이 일찍이 좋은 말을 구하여 劉行本에게 그 말을 타게 하고서 〈그 모습을〉 구경하려고 하였는데, 유행본이 정색하며 말하기를 "皇上(隋 文帝)께서는 신으로 하여금 殿下를 보필하여 이끌게 한 것이지 전하의 놀이 상대가 되게 한 것이 아닙니다."라고 하니, 양용이 부끄러워하며 그만두었다. 양용이 廢黜될 때에 이르러서 〈左庶子 裴政과 右

65) 典書坊 : 皇太子를 侍從하고 보좌하는 일을 맡아보던 官署로, 唐나라 때에 右春坊으로 개칭하였다.

庶子 유행본〉 두 사람은 이미 죽었으니, 황제가 탄식하여 말하기를 "만약 배정과 유행본이 있었다면 양용이 이 지경까지 되지는 않았을 것이다."라고 하였다. 양용이 일찍이 연회를 베풀 때에 東宮의 관원인 唐令則이 스스로 비파를 타면서 '婌媚娘'을 노래하니, 洗馬 李綱이 일어나서 양용에게 아뢰기를 "당영칙은 太子庶子의 신분으로 직분상 태자를 보살피고 돌보는 일을 해야 하는데, 많은 사람이 모여 있는 곳에서 스스로를 광대에 견주며 음탕한 음악을 바쳐 태자의 눈과 귀를 더럽혔습니다. 이 일이 만약 황상께 보고되면 어찌 태자 전하께 누가 되지 않겠습니까. 신이 청컨대 속히 그의 죄를 다스리소서."라고 하였다. 그러자 양용이 말하기를 "나는 즐기고자 할 뿐이니 그대는 쓸데없는 일을 하지 마라."라고 하니, 이강이 결국 서둘러 종종걸음으로 물러나갔다.

이때에 이르러 황제가 동궁의 官屬들을 불러서 준엄하게 질책하였는데 모두 두려워하여 감히 대답하는 자가 없었다. 이강이 홀로 말하기를 "태자를 廢立하는 것은 중대한 일인데 지금 문무 대신들이 모두 그것이 옳지 않음을 알면서도 감히 말을 꺼내는 자가 없으니, 신이 어찌 감히 죽음을 두려워하여 폐하를 위해 한번 분명하게 말하지 않을 수 있겠습니까. 태자는 천성이 본래 중간 정도의 자질을 지닌 사람이라 함께 선을 행할 수도 있고 함께 악을 행할 수도 있습니다. 만일 폐하께서 바른 사람을 골라서 태자를 보필하게 하였다면 帝業을 계승하여 지키게 할 수 있었을 것입니다. 그런데 지금 도리어 당영칙을 左庶子로 삼고 鄒文騰을 家令으로 삼으셨는데, 이 두 사람은 오직 琴瑟의 가락에 맞추어 노래 부르고 매와 개를 풀어 사냥하는 것으로 태자를 즐겁게 할 줄만 아니, 어찌 이 지경에 이르지 않을 수 있겠습니까. 이는 바로 폐하의 허물이지 태자의 죄가 아닙니다."라고 하고, 이어 땅에 엎드려 눈물을 흘리며 오열하였다.

勇이 嘗得良馬하여 欲令行本으로 乘而觀之하니 行本이 正色曰 至尊이 令臣輔導殿下요 非弄臣也라 勇이 慙而止[①]하다 及勇敗에 二人已卒하니 帝歎曰 向使裴政劉行本在면 勇不至此라하다 勇嘗宴에 宮臣唐令則(칙)이 自彈琵琶하여 歌婌媚娘[②]하니 洗馬李綱이 起白勇曰[③] 令則이 身爲宮卿하여 職當調護어늘 乃於廣坐에 自比倡優하여 進淫聲穢視聽하니 事若上聞이면 豈不爲殿下之累邪아 臣請速治其罪[④]하노이다 勇曰 我欲爲樂耳니 君勿多事하라 綱이 遂趨出이러니 至是에 帝召東宮官屬하여 切責之한대 皆惶懼無敢對者라 綱이 獨曰 廢立은 大事어늘 今文武大臣이 皆知其不可而莫敢發言하니 臣이 何敢畏死하여 不一爲陛下別白言之乎아 太子性本中人이니 可與爲善이며 可與爲惡이라 曏使陛下擇正人輔之하면 足以嗣守鴻基어늘 今乃以唐令則爲左庶子하고 鄒文騰爲家令하니 二人이 唯知以弦歌鷹犬으로 娛悅太子라 安得不至於是邪(야)아 此乃陛下之

過요 非太子之罪也라하고 因伏地流涕嗚咽(열)이라

① 弄은 놀다는 뜻이니, 〈'弄臣'은〉 군주가 오로지 가까이 두어 놀이 상대로 삼고 大體와 관계됨이 없는 것을 말한다.
弄, 戱也, 謂專狎褻(설), 無關大體.
② 娬媚娘은 악곡 이름이다. 娬는 音이 無이다. ≪字通≫에는 嫵로 되어 있다.
娬媚娘, 曲名也. 娬音無, 字通作嫵.
③ 隋나라 제도에 門下坊 司經局[66]에 洗馬 4인을 두었다.
隋制, 門下坊司經局, 置洗馬四人.
④ 左庶子·右庶子를 宮卿이라고 부른다. 漢 高祖가 四皓[67]에게 이르기를 "번거롭겠지만 공들은 끝까지 태자를 잘 보살피고 돌보라."라고 하였다. 그렇기 때문에 동궁의 관원은 직분상 태자를 보살피고 돌보는 일을 해야 한다고 말한 것이다.
左右庶子謂之宮卿. 漢高帝謂四皓曰 "煩公卒調護太子." 故言東宮官職當調護.

【目】 황제(隋 文帝) 서글퍼하다가 한참이 지나서 말하기를 "李綱이 나를 책망한 것이 이치에 어긋난 것은 아니다. 그러나 내가 너를 택하여 東宮의 屬官으로 삼았는데 楊勇이 너를 가까이하여 신임하지 않았으니, 비록 다시 바른 사람을 얻는다고 하더라도 무슨 도움이 되겠는가."라고 하였다. 〈이강이〉 대답하기를 "태자가 신을 가까이하여 신임하지 않은 까닭은 참으로 간신들이 태자의 곁에 있었기 때문입니다. 폐하께서 唐令則과 鄒文騰을 斬하고 다시 어진 인재들을 선발하여 태자를 보필하게 하였다면 신이 끝내 태자에게 버림받았을지 어찌 알겠습니까. 예로부터 국가에서 嫡長子를 폐출하고 위태로워지지 않은 경우가 거의 없으니, 폐하께서는 깊이 유의하셔서 후회를 남기지 마소서."라고 하였다. 황제가 불쾌해하며 朝會를 파하니 좌우 신하들이 모두 몹시 두려워하였는데, 마침 尙書右丞이 비어 있어서 담당 관리가 人選을 청하자 황제가 이강을 가리키며 "이자가 훌륭한 右丞감이다."라고 하고 즉시 그를 등용하였다.

帝慘然良久曰 李綱責我非爲無理나 然我擇汝爲宮臣而勇不親任하니 雖更得正人이라도 何益哉리오 對曰 臣之所以不被親任者는 良由姦臣在側故也라 陛下但斬令則文騰하고 更選賢才하여 以輔太子하면 安知臣之終見疎棄也리오 自古國家廢立冢嫡하고 鮮不傾危하니 願陛下는

66) 門下坊 司經局 : 隋나라 때 官署 이름이다. 門下坊은 東宮에 속한 관서로 업무와 역할이 門下省에 비견되며 司經·宮門·內直·典膳·藥藏·齋帥 등 6局을 관할한다. 司經局은 經籍·圖書에 관한 일을 주관하였다.
67) 四皓 : 秦나라 말에 商山에 은거하였던 네 사람의 老人인 東園公, 綺里季, 夏黃公, 甪里先生(녹리선생)을 가리킨다. 네 사람이 모두 수염과 눈썹이 하얗기 때문에 붙여진 이름이다.

深留聖意하여 無貽後悔하소서 帝不悅罷朝하니 左右皆爲之股栗이러니 會尙書右丞이 缺이라 有司請人한대 帝指綱曰 此가 佳右丞也라하고 卽用之하다

【綱】 太平公 史萬歲를 죽였다.

殺太平公史萬歲하다

【目】 史萬歲가 돌궐을 정벌하고 돌아오자 楊素가 그를 시기해서 그 공에 대한 포상을 중지하도록 황제(隋 文帝)에게 아뢰었다. 마침 태자를 폐출할 때에 사만세가 막 장수와 병사들과 더불어 朝堂에서 억울함을 호소하고 있었는데, 황제가 "사만세는 어디에 있는가?"라고 묻자 양소가 "東宮을 알현하고 있습니다."라고 말하였다. 황제가 사실이라고 여겨서 사만세를 부르자, 사만세가 황제를 뵙고서 "장수와 병사들이 공을 세웠는데도 조정에 억압받고 있습니다."라고 하였는데 격앙된 말투였다. 황제가 크게 노하여 좌우 측근들을 시켜 그를 때려죽이게 하고 나서 〈후회하여 형을 중지시키려고〉 사람을 보냈으나 미치지 못하였다. 천하 사람들이 함께 원통해하며 안타까워하였다.

萬歲伐突厥還에 楊素忌之하여 奏寢其功이러니 會廢太子에 萬歲方與將士로 在朝堂稱冤하니 帝問萬歲何在오 素曰 謁東宮矣라 帝以爲然하여 召之하니 旣見帝하여 言將士有功호되 爲朝廷所抑이라한대 詞氣憤厲하니 帝大怒하여 令左右摽(박)殺之①하고 旣而追之호되 不及하니 天下共冤惜之하더라

① 摽은 弼角의 切과 匹角의 切이니 擊(치다)의 뜻이다.
摽, 弼角·匹角二切, 擊也.

【綱】 11월에 晉王 楊廣을 세워 황태자로 삼으니 이날 천하에 지진이 났다.

十一月에 立晉王廣하여 爲皇太子하니 是日에 天下地震[68]하다

68) 立晉王廣……天下地震 : "지진에 관한 표현에는 3가지가 있는데, '어떤 고을에 지진이 났다.'고 하는 것은 한 지방에 대한 표현이고, '지진이 났다"고 포괄적으로 쓰는 것은 한 지방에 대한 표현이 아니며, '천하에 지진이 났다"는 것은 지진이 나지 않은 지방이 없다는 표현이다. 그렇다면 '이날'이라고 쓴 것은 어째서인가? 〈감응의〉 신속함을 〈나타낸 것이다.〉 ≪資治通鑑綱目≫에서 천지의 異變에 대해 '이날'이라고 쓴 것이 3번 있으니, '漢 哀帝가 丁傅를 등용하자 이날 日蝕이 있었다.'라고 썼고 '桓帝가 微行을 나가자 이날 큰 바람이 불어 나무가 뽑히고 낮에도 캄캄하였다.'라고 썼으며 '隋 文帝가 楊廣을 태자로 세우자 이날 천하에 지진이 났다.'라고 썼다. ≪자치통감강목≫에서 모두 '이날'을 揭示하여 쓴 것은 감응의 신속함을 드러낸 것이다. 천하에 지진이 난 것은 ≪자치통감강목≫이 끝날 때까지 한 차례 썼을 뿐이다.〔地震之辭有三 某郡地震者 一方之辭也 槪書地震者 非一

【目】楊廣이 章服의 등급을 낮추고 東宮의 속관이 〈자신에게〉 신하를 칭하지 않도록 할 것을 청하니 허락하였다. 宇文述을 左衛率로 삼고 郭衍을 左監門率로 삼으니, 곽연 또한 嫡統을 빼앗는 모의에 참여하였다. 황제(隋 文帝)가 옛 태자 楊勇을 동궁에 가두고 양광에게 맡겨 관장하게 하였는데, 양용이 황제를 뵙고 억울함을 풀게 해달라고 자주 청하였으나 양광이 막아서 황제에게 보고되지 않았다.

당초에 황제가 陳나라를 이겼을 때 천하 사람들이 모두 앞으로는 태평하리라고 생각하였는데, 監察御史 房彦謙이 사사로이 친한 사람에게 말하기를 "주상은 시기하고 각박하고 까다롭고 혹독하며, 태자는 비굴하고 나약하며, 여러 왕들은 권력을 마음대로 휘두르니, 천하가 비록 안정되었으나 나는 지금 위태롭고 혼란해질까 걱정입니다."라고 하였다. 그의 아들 房玄齡 또한 방언겸에게 은밀히 말하기를 "주상이 본래 功德이 없으면서 속임수로 천하를 취하였고, 여러 아들들은 모두 교만하고 사치스러우며 不仁하니, 반드시 자기들끼리 서로 죽일 것입니다. 지금은 비록 태평하지만 수나라가 망하는 것이

方之辭也 天下地震者 無一方不震之辭也 然則書是日 何 捷也 綱目於天地之變書是日者三 漢哀帝用丁傅而是日日食 桓帝微行而是日大風拔樹晝昏 隋文立廣而是日天下地震 綱目皆揭是日書之 所以著感應之捷也 天下地震 終綱目一書而已矣〕" ≪書法≫

"≪資治通鑑綱目≫에서 지진이 났다고 쓴 것은 많으나 천하에 지진이 났다고 쓴 것이 있다는 말은 듣지 못하였다. 대체로 지진은 반드시 장소가 있으니 '어떤 지역', '어떤 州'라고 쓴 것이 그것이다. 혹 지진이 일어난 곳이 한 군데가 아니면 지진이 났다고 포괄적으로 쓰고 그 장소는 말하지 않는 경우도 있으나, '천하'라고 쓴 것은 들어본 적이 없다. 前代의 史書(≪隋書≫)에는 '戊子日에 楊廣을 세워 태자로 삼았다. 천하에 지진이 났다.'라고 기재하였는데, ≪자치통감강목≫에 와서 문장을 바꾸어 앞에 戊子日이라고 쓰지 않고 뒤에 '이날'이라고 썼으니, '이날'이라고 말하면 그 이치가 더욱 분명해진다. 이는 지진이 발생한 이유가 양광을 태자로 세운 날과 관계됨을 깊이 드러내어 후세의 의혹을 불러일으켜서 그 까닭을 궁구하게 하고자 하였을 뿐이다. 무릇 태자는 종묘를 받들고 祭器를 주관하여 장차 천하를 안정시킬 사람인데 지금 도리어 태자의 자리에 오르는 날에 四海와 九州의 광대한 천하를 통틀어 같은 날에 지진이 일어났다. 異變이 이와 같으니 그가 나라를 망하게 할 것이 틀림없었다. 그러나 이때 이미 태자의 廢立이 끝났으니 또한 장차 어찌하여야 하는가? 또한 죄가 있는지 조사하고 잘잘못을 밝혀야 하지 않았겠는가. 그리하여 조금이라도 의심스러운 부분이 있으면 속히 깨달아서 빨리 적절하게 처리했더라면, 아마도 천지의 이변에 조금이라도 응답하여 나라가 멸망하는 재앙에서 벗어나는 것이 가능하였을 것이다. 어찌하여 隋 文帝는 이를 목도하고서도 조금도 주의를 기울이지 않았는가. 그리하여 끝내 말년에 자신의 몸도 스스로 보존하지 못하는 지경에 이르렀으니, 하늘 또한 어찌할 도리가 없는 것이다. 하늘이 군주에게 경고한 것이 이처럼 명확했던 적이 없었는데도 수 문제는 깨닫지 못하였으니, 슬프도다.〔綱目書地震多矣 未聞有書天下地震者 夫震必有方 則書曰某地某州是也 或所震不一 則汎書地震而不言其所 亦有之矣 曾未聞以天下書也 前史載戊子立廣爲太子 天下地震 至綱目變文 上不書戊子 而下書是日 言是日則其理益明 蓋深表地震之由 繫於立廣之日 所以起後世之疑 欲使之推原其故耳 夫太子承祧主器 將以鎭安海宇 今乃於正位之日 擧四海九州之大 同日地震 變異若此 其爲傾覆必矣 然是時旣已廢立 則亦將若之何 毋亦考問罪否 推究得失 少有疑似 則躍然知悟 速爲之所 庶幾少答天地之變 而免於覆亡之禍可也 夫何帝之覩此 漫不加省 遂至末年身不自保 則天亦末如之何矣 天之警告人主 未有若是之明著者 而帝不之寤 哀哉〕" ≪發明≫

머지않았습니다."라고 하였으니, 방언겸은 房法壽의 玄孫이었다. 高孝基가 사람을 잘 알아보기로 이름이 났는데 방현령을 보고 탄식하며 말하기를 "제가 사람의 관상을 많이 보았지만 이같은 젊은이는 본 적이 없습니다. 훗날 반드시 큰 그릇이 될 것인데 大成하는 것을 보지 못하는 것이 안타까울 뿐입니다."라고 하였다. 杜果의 형의 손자인 杜如晦를 보고는 "그대는 임기응변의 재주가 있으니 반드시 棟梁의 중임을 맡을 것이다."라고 하고, 그 두 사람에게 자손을 부탁하였다.

廣이 請降章服하고 宮官不稱臣하니 許之하고 以宇文述爲左衛率하고 郭衍爲左監門率하니 亦預奪宗之謀也①러라 帝囚故太子勇於東宮하고 付廣掌之하니 勇이 頻請見上申冤이나 而廣遏之하여 不得聞②하다 初에 帝之克陳也에 天下皆以爲將太平이라호되 監察御史房彦謙이 私謂所親曰 主上忌刻而苛酷하고 太子卑弱하며 諸王擅權하니 天下雖安이나 方憂危亂③이라 其子玄齡이 亦密言於彦謙曰 主上이 本無功德하고 以詐取天下요 諸子皆驕奢不仁하니 必自相誅夷라 今雖承平이나 其亡을 可翹(교)足待라하니 彦謙은 法壽之玄孫也러라 高孝基가 名知人이라 見玄齡歎曰 僕이 閱人多矣로되 未見如此郎者하니 異日에 必爲偉器로되 恨不見其大成耳라하고 見杜果之兄孫如晦하고 謂曰 君有應變之才하니 必任棟梁之重이라하고 俱以子孫託之하다

① ≪隋書≫ 〈百官志〉에, 東宮에 左監門率과 右監門率을 두어 여러 門의 경비를 담당하게 하였다고 되어 있다.
隋志, 東宮置左右監門率, 掌諸門禁.

② 申은 풀다는 뜻이고 밝히다는 뜻이다.
申, 伸也, 明也.

③ 여러 왕이 권력을 마음대로 휘두른다는 것은 秦王 楊俊, 晉王 楊廣, 蜀王 楊秀 세 왕이 각 방면을 나누어 차지하였던 것을 말한다.
諸王擅權, 言秦・晉・蜀三王分據方面也.

【綱】 佛像, 天尊像, 神像을 훼손하는 것을 금지하였다.

禁毁佛天尊及神像①[69]하다

① 道經에 이르기를, "元始天尊이라는 것이 있으니 太元에 앞서 생겨나서 자연의 氣를 품부받았다. 담박하고 공허하며 안정되고 심원하여 그 궁극을 알 수 없다. 천지가 무너지고 억겁

69) 禁毁佛天尊及神像 : "이른바 像이라는 것은 그림을 그리거나 본을 떠서 빚은 것이 아니면 조각한 것이다. 사람을 형상화였다고 해서 그조차 훼손하는 것을 금지하였는데 도리어 사람에 대해서는 가벼이 죽였으니 그 하는 짓이 또한 어질지 못하다. 그러므로 이를 써서 비난한 것이다. 〔所謂像者 非繪畫摹塑 則雕刻耳 以其像人 猶禁毁之 乃於人而輕殺焉 則其所爲亦不類矣 故書以譏之〕" ≪發明≫

의 시간이 끝내 다하더라도 天尊의 體는 항상 존재하여 소멸하지 않는다."라고 하였다. 神은 嶽鎭과 海瀆의 神을 말한다.
道經云"有元始天尊者, 生於太元之先, 稟自然之氣. 沖虛凝遠, 莫知其極. 天地淪壞, 劫數終盡, 而天尊之體, 常存不滅." 神, 謂嶽鎭海瀆神.

【目】 황제(隋 文帝)가 만년에 불교와 도교, 귀신을 깊이 믿었다. 그러므로 이러한 詔令을 내린 것이다.

帝晩年에 深信佛道鬼神이라 故有是詔라

【綱】 同州刺史 蔡王 楊智積을 徵召하여 入朝하게 하였다.

徵同州刺史蔡王智積하여 入朝①하다

① ≪隋書≫ 〈地理志〉에, 馮翊郡은 北魏 때에 華州를 설치하였고 西魏 때에 同州로 이름을 고쳤다고 되어 있다.
隋志, 馮翊(익)郡後魏置華州, 西魏改曰同州.

【目】 楊智積은 황제(隋 文帝)의 조카이다. 성품이 단정하고 신중하여 사사로이 청탁하러 찾아오는 이가 없었고 씀씀이가 간소하니 황제가 매우 사랑하였다. 양지적에게 아들 다섯이 있었는데 ≪論語≫와 ≪孝經≫만 가르치고 빈객들과 교제하지 못하도록 하였다. 어떤 이가 그 이유를 묻자, 양지적이 말하기를 "경은 나를 아는 자가 아니다."라고 하였다. 그 뜻은 아들들이 재능이 있어서 화를 부를까 염려한 것이다.

智積은 帝之弟子也①라 性修謹하여 門無私謁하고 自奉簡素하니 帝甚憐之라 智積有五男호되 止教讀論語孝經하고 不令交通賓客하니 或問其故한대 智積曰 卿은 非知我者라하니 其意는 恐諸子有才能하여 以致禍也러라

① 隋 文帝의 동생은 이름이 楊整이다.
帝弟名整.

【綱】 王伽를 雍縣 縣令으로 삼았다.

王伽爲雍令70)하다

【目】 齊州行參軍 王伽가 流刑에 처해진 죄수 李參 등 70여 인을 압송하여 京師로 가는데, 滎陽에 이르러 말하기를 "그대들은 스스로 국법을 어겼으니 포승줄에 몸이 묶인 것은 본디 당연한 일이지만, 호송하는 군사들까지 거듭 수고롭게 하는 것은 어찌 마음에 부끄럽지 않겠는가."라고 하였다. 이참 등이 사죄하니, 왕가가 이에 죄수들의 목에 씌운 칼과 발에 채운 쇠사슬을 모두 벗겨주고 호송하던 군사들을 정지시키고서 〈죄수들과〉 더불어 약속하기를 "너희들은 某日에 경사에 도착해야 한다. 만일 기일에 맞게 도착하지 못하면 나는 응당 너희들을 위해 사형을 당할 것이다."라고 하고 마침내 그들을 놓아주고 떠났다. 유형에 처해진 죄수들이 감격하고 기뻐하여 기일에 맞게 도착하고 한 사람도 이탈하거나 배반하지 않으니, 황제(隋 文帝)가 그 소식을 듣고서 놀랍고 기이하게 여겨 〈왕가를〉 불러서 보고 더불어 이야기를 나누고서 한참동안 칭찬하였다. 이에 유형에 처해진 죄수들을 모두 불러서 연회를 베푼 다음 사면하고서 이어 詔書를 내리기를 "만일 관리들이 모두 왕가와 같고 백성들이 모두 이참과 같다면 형벌이 필요 없게 될 날이 어찌 멀겠는가."라고 하고, 이에 왕가를 발탁하여 雍縣 縣令으로 삼았다.

齊州行參軍王伽 送流囚李參等七十餘人하여 詣京師①한대 行至滎陽하여 謂曰 卿輩는 自犯國刑하니 身嬰縲紲(누설)은 固其職也로되 重勞援卒이 豈不愧心②이리오 參等辭謝어늘 伽乃悉脫其枷鎖하고 停援卒與約曰 某日에 當至京師하라 如至前却이면 吾當爲汝受死라하고 遂捨之而去③하니 流人이 感悅하여 如期而至하고 一無離叛하니 帝聞而驚異하여 召見與語하고 稱善久之러라 於是에 悉召流人하여 宴而赦之하고 因下詔曰 使官盡王伽요 民皆李參이면 刑厝(조)其何遠哉리오하고 乃擢伽爲雍令④하다

① 齊郡이 齊州이다. 伽는 求迦의 切이다.
齊郡, 齊州. 伽, 求迦切.

② 滎陽縣은 鄭州에 속해 있다. '援卒'은 죄인을 호송하는 군사이다.
滎陽縣屬鄭州. 援卒, 援送之卒.

③ '前却'은 〈약속한 날짜보다〉 일찍 오거나 늦게 와서 期日에 맞게 하지 못하는 것을 말한다.
前却, 謂或前或却, 不能如期

④ 雍縣은 岐州의 治所이다.
雍縣, 岐州治所.

---

70) 王伽爲雍令 : "令을 쓰지 않고 〈곧바로〉 王伽라고 쓴 것은 그의 어짊을 기록한 것이다. 이때부터 唐나라에 이르기까지 縣令이나 縣長으로 삼았다고 쓴 것은 흔히 貶黜된 경우가 많다. ≪資治通鑑綱目≫이 끝날 때까지 현령으로 삼았다고 쓴 것이 12번인데(秦나라 丙午年(B.C. 255)에 자세히 보인다.) 폄출된 경우가 10번이고 왕가와 徐愉만 승진한 경우이다.〔令不書 書王伽 錄賢也 自是至唐 書以爲令長者 往往多貶黜者矣 終綱目書以爲令十二(詳秦丙午年) 貶黜者十 唯王伽徐愉爲升焉〕" ≪書法≫

思政殿訓義 資治通鑑綱目 제36권 하

-隋 文帝 仁壽 원년(601)~隋 煬帝 大業 3년(607)-

辛酉年(601)

【綱】隋나라 高祖 文皇帝(楊堅) 仁壽 원년이다. 봄 정월에 〈인수로〉 年號를 바꾸었다.

仁壽元年이라 春正月에 改元[1)]하다

【目】예전에 太史令 袁充이 표문을 올려 말하기를 "京房[2)]이 말하기를 '크게 평온한 시대에는 해가 上道를 운행하고, 평온한 시대에는 해가 次道를 운행하며, 霸道의 시대에는 해가 下道를 운행한다.'[3)]라고 하였습니다. 대개 해가 北極과의 거리가 가까우면 그림자

---

1) 改元 : "처음 나라를 세운 것이 아니면 '改元'을 쓰지 않는데, 여기서는 어찌하여 썼는가. 비판한 것이다. 이때에 袁充이 아뢰기를 '開皇 이래로 冬至의 그림자가 점차 짧아져 개황 17년(597)에 이르러 예전보다 3촌 7푼이 짧아졌습니다.'라고 하였는데, 그 말에 '京房이 말하기를 「크게 평온한 시대에는 해가 上道를 운행한다.」라고 하였습니다.'라고 하였다. 이에 仁壽로 연호를 고쳤다. 그런데 그 시절을 상고해보면 일식과 지진이 일어나고 變異가 번갈아 나타났으니, 크게 평온하지 않은 것이 분명하다. 아마도 이해에 처음 새로운 曆을 사용하여 동지에 오차가 생겼기 때문일 것이다. ≪資治通鑑綱目≫에서 특별히 '改元'이라고 썼으니, 上下가 서로 속인 것을 비판한 것이다. 이 때문에 漢나라 〈章帝가〉 아첨한 자의 말에 미혹되어 章和로 연호를 고쳤는데 〈≪자치통감강목≫에서〉 '改元'이라 썼고(章帝 章和 원년(87)), 北魏 〈太武帝가〉 寇謙之의 말에 미혹되어 太平眞君으로 연호를 고쳤는데 '改元'이라 썼고(宋 文帝 元嘉 17년(440)), 隋나라 〈文帝가〉 원충의 말을 믿어 仁壽로 연호를 고쳤는데 '改元'이라 썼으니(이해(601)), 모두 비판한 것이다.〔非始建國 不書改元 此何以書 譏也 於是袁充奏言 開皇以來 冬至之景漸短 至十七年 短於其舊三寸七分 其說曰 京房有言 太平日行上道 於是改元仁壽 然考其時 日食地震 變異迭見 其不爲太平 明矣 豈是年始用新曆 冬至有差故歟 綱目特書改元 譏相蒙也 是故漢惑諂者之言而改章和 則書改元(章帝章和元年) 魏惑謙之之言而改太平眞君 則書改元(宋文帝元嘉十七年) 隋信袁充之言而改仁壽 則書改元(是年) 皆譏也〕" ≪書法≫

"'改元'을 쓴 것이 드문데 여기서 쓴 것은 袁充이 해가 길어졌다고 천자를 기망한 말을 드러낸 것이다.〔改元罕有書 而此書之者 著其日長誣罔之說也〕" ≪發明≫

2) 京房 : B.C. 77~B.C. 37. 前漢의 사상가로 今文易學인 京氏易學의 창시자이다. 焦延壽에게서 易學을 배웠다. 경방의 역학은 '通變'으로 ≪易≫을 풀이하고 災異를 위주로 강론하였는데, 그의 易法은 64괘 가운데 60괘를 1년 365일과 4분의 1에 적용시켜 易占을 행하는 방식이었다. 정밀한 예언을 위하여 律管候氣法을 자신의 역법과 결합시키고자 절대적 音律論으로 내려온 12律을 60율로 확대하였다. 저서에는 ≪京氏易傳≫ 3권이 있다.

가 짧아지고 해가 길어지고, 해가 북극과의 거리가 멀면 그림자가 길어지고 해가 짧아집니다. 이제 隋나라가 개국한 이후로 낮이 갈수록 길어져서, 開皇 원년(581) 冬至의 그림자 길이가 1장 2자 7치 2푼이었습니다. 그로부터 점차 짧아져 개황 17년(597)에 이르러 〈동지의 그림자 길이가〉 예전보다 3치 7푼이 짧아졌습니다." 하니, 上(隋 文帝)이 조정에 나와서 백관들에게 말하기를 "해가 길어진 경사는 하늘이 도우신 것이다. 지금 마땅히 연호를 고쳐야 하니, 해가 길어진 뜻을 취하여 연호를 삼도록 하라." 하였다. 이로 인하여 百工들의 작업량을 모두 늘리도록 명하니, 役丁과 工匠들이 괴로워하였다.

初太史令袁充表曰① 京房이 有言호되 太平에 日行上道하고 升平에 行次道하고 霸代에 行下道라하니 蓋日去極近則景(영)短而日長하고 去極遠則景(영)長而日短하니 今自隋興으로 晝日漸長하여 開皇元年에 冬至之景(영)이 長一丈二尺七寸二分이러니 自爾漸短하여 至十七年하여는 短於舊三寸七分矣니이다 上이 臨朝謂百官曰 日長之慶은 天之祐也라 今當改元이니 宜取此意하여 以爲號라하고 仍命百工作役을 竝加程課하니 丁匠苦之하니라

① 袁充은 袁君正의 아들이다.
充, 君正之子也.

【綱】 蘇威를 僕射로 삼았다.

以蘇威爲僕射하다

【綱】 2월 초하루에 일식이 있었다.

◑ 二月朔에 **日食**하다

---

3) 京房이……운행한다 : 원문의 '京房有言'이 ≪隋書≫ 〈天文志 上〉과 ≪資治通鑑≫에는 '京房別對曰'로 되어 있는데, '京房別對'는 京房의 ≪別對≫라는 책이다. 여기 目에서 인용한 袁充의 말은 축약되어 있는데, ≪수서≫ 〈천문지 상〉과 ≪자치통감≫에 보다 상세하다. 〈천문지〉에 "해가 北極과의 거리가 가까우면 그림자가 짧아지고 해가 길어지고, 해가 북극과의 거리가 멀면 그림자가 길어지고 해가 짧아집니다. 해가 內道를 운행하면 북극과의 거리가 가깝고 해가 外道를 운행하면 북극과의 거리가 멉니다.〔日去極近則景短而日長 去極遠則景長而日短 行內道則去極近 行外道則去極遠〕"라고 하였다. 또 ≪수서≫ 〈禮儀志1〉에는 "開皇 이래로 해가 북극에 가까워져서 上道를 운행하니 해시계의 그림자의 도수(해가 떠 있는 시간)가 늘어납니다.〔自開皇以來 日近北極 行於上道 晷度延長〕"라고 하였다. 이를 통해 〈천문지〉의 '內道'와 〈예의지〉의 '上道'는 '북극에 가까운 해의 궤도'라고 할 수 있다. 본서 원문의 '太平日行上道'의 '上道' 역시 문맥상 해가 길어진 것을 가리키므로, 원충은 경방이 말한 '上道'를 '북극에 가까운 해의 궤도'로 본 듯하다. 그렇다면 '霸代行下道'의 '下道'는 '북극에서 먼 해의 궤도'를 뜻한다. ≪新譯資治通鑑≫(張大可 等 注釋, 三民書局, 2017)에는 '上道'를 '黃道의 北', '次道'를 황도, '下道'를 '황도의 南'으로 풀었다.

【綱】 여름 5월에 突厥 사람 9만 명이 와서 항복하였다.

◑ 夏五月에 突厥九萬口來降하다

【綱】 6월에 16명의 使者를 파견하여 〈각지를〉 순행하여 풍속을 살피게 하였다.

◑ 六月에 遣十六使하여 巡省風俗하다

【綱】 太學과 州縣의 학교를 없애고 國子學을 태학으로 고쳤다.

◑ 廢太學及州縣學하고 改國子爲太學[4]하다

【目】 詔命을 내리기를 "〈천하에〉 학교와 생도들이 많으나 〈학업이〉 정밀하지 않으니, 國子學의 학생 70명만 뽑아서 남겨두고 太學과 四門學 및 州縣의 학교를 모두 없애도록 하라."라고 하였다. 劉炫이 표문을 올려서 간절히 간하였으나 〈황제(隋 文帝)가〉 듣지 않았다. 얼마 후 국자학을 태학으로 고쳤다.

詔以學校生徒多而不精하니 唯簡留國子學生(土)〔七〕[5]十人하고 太學四門及州縣學은 竝廢①라하니 劉炫이 上表切諫호되 不聽하고 尋改國子爲太學하다

① 漢나라 때에 太學을 설치하였고 晉나라 武帝 때에 國子學을 세웠는데, 뒤에 국자학과 태학에 각기 博士를 두어 生徒를 가르치게 하였다. 北魏 太和 20년(496)에 〈수도인 洛陽의〉 四

---

4) 廢太學及州縣學 改國子爲太學 : "얼마 후 國子學을 太學으로 고쳤는데, '廢(없앴다)'라고 쓴 것은 어째서인가. 서글퍼한 것이다. 晉나라가 일찍이 太學의 생도를 해산하여 돌려보냈을 적에(晉 穆帝 永和 8년(352)) 군대를 일으키기 때문이라 하였고, 北齊가 일찍이 國子學을 없앴을 적에(임술년(482)) 國喪 때문이라 하였다. 그런데 隋나라가 한창 강성한 때에 아무런 이유 없이 이런 일이 있었으니, 識者들이 수나라가 오래 가지 못할 줄을 알았던 것이다.〔尋改國子爲太學矣 則其書廢 何 傷之也 晉嘗罷遣太學生徒(穆帝永和八年) 曰軍興故也 齊嘗罷國子學(壬戌年) 曰國哀故也 隋方盛時 無故有此 識者有以知其不永也〕" ≪書法≫

"漢 宣帝는 刑名(형벌)으로 아랫사람을 다스렸기 때문에 儒生을 등용하라는 〈태자(漢 元帝)의〉 요청에 대해 정색을 하였다. 그렇지만 학교를 없애지는 않았다. 隋 文帝는 법조문에 정밀한 것을 스스로 자랑하고 儒學을 보기를 마치 자신을 더럽힐 듯이 여겨 마침내 학교를 전부 없앤 뒤에야 그만두었으니, 거의 焚書坑儒와 다를 바가 없다. 이에 곧바로 冊에 썼으니, 오래도록 오명을 남기기에 충분하다.〔漢宣帝以刑名繩下 故作色於用儒之請 然未至於廢學校也 隋文以文法自矜 其視儒學若將浼焉 遂至盡廢而後已 殆與焚書坑儒 相去無幾 直書于冊 足以遺臭千古矣〕" ≪發明≫

5) (土)〔七〕 : 저본에는 '土'로 되어 있으나, ≪資治通鑑綱目≫(≪朱子全書≫ 10 上海古籍出版社)에 의거하여 '七'로 바로잡았다.

門에 學敎를 설치하고 四門博士를 세웠다. 한나라 이래로 郡에 文學을 두었는데, 隋나라는 郡·縣에 모두 博士를 두었다.
漢置太學, 晉武帝立國子學, 後國子·太學各置博士以授生徒. 後魏太和二十年, 於四門置學, 立四門博士. 自漢以來, 郡有文學, 隋郡縣皆置博士.

【綱】 겨울 11월에 南郊에서 제사를 지냈다.

冬十一月에 祀南郊[6]하다

【目】 예전에 황제(隋 文帝)가 北周의 선양을 받을 적에 民心이 복종하지 않을까 염려하였다. 이 때문에 여러 번 〈하늘에서〉 상서로운 징조를 내렸다고 하여 이를 과시하니, 상서로운 징조를 위조해 올린 사람이 매우 많았다. 이때에 이르러 南郊의 제사에 〈하늘에 올리는〉 板文(木版 위에 새긴 祭文)에 〈상서로운 징조들을〉 자세히 서술하여 하늘에 감사드렸다.

初에 帝受周禪할새 恐民心未服이라 故多稱符瑞以耀之하니 其僞造而獻者를 不可勝計라 至是郊祀板文에 備述以報謝云이러라

【綱】 衛文昇을 遂州摠管으로 삼았다.

以衛文昇爲遂州摠管①하다

① ≪隋書≫ 〈地理志〉에, 遂寧郡에 北周 때 遂州를 설치하였다고 되어 있다.
隋志, 遂寧郡, 後周置遂州.

【目】 山獠[7]가 난을 일으키자 資州刺史 衛文昇이 처음 임지에 부임하였을 때에 單騎로

6) 祀南郊 : "일정한 제사는 쓰지 않았는데, 여기서 쓴 것은 어째서인가. 비판한 것이다. 郊祀인데 어째서 비판하였는가. 祥瑞의 응험에 감사드린 것을 비판한 것이다. 隋 文帝가 지혜와 힘으로 천하를 차지하였기 때문에 상서로운 징조를 빌려 민심을 통일하기를 좋아하였으니, ≪靈感志≫를 반포한 것은 사람을 속인 것이고 郊祀를 지낼 때 상서의 응험에 감사드린 것은 하늘을 속인 것이다.〔常祀不書 書此 何 譏也 郊也何譏 譏謝瑞應也 隋文以智力取天下 故樂假符瑞以一衆心 頒靈感志 欺人也 郊謝瑞應 欺天也〕" ≪書法≫
≪靈感志≫는 隋나라 王劭의 ≪皇隋靈感誌≫를 가리킨다. 왕소는 박학다식하고 길흉의 조짐을 잘 읽어 수 문제의 총애를 받았다. 圖讖書와 불경을 가지고 이 책을 지었다. 자세한 내용은 ≪隋書≫ 권69 〈王劭列傳〉에 보인다.
7) 山獠 : 산악 지역에 사는 獠族을 가리킨다. 獠族은 僚族이라고도 하는데, 중국 남방 지역에 살던 민족이다.

산료의 군영에 가서 이해관계를 가지고 설득하였는데, 그 수령이 감동하고 기뻐하여 군대를 해산하고 떠나가니, 전후로 歸附한 사람이 10여만 명이었다. 황제(隋 文帝)가 크게 기뻐하였으므로 위문승을 수주총관으로 삼는다는 이러한 명령이 있었다.

山獠作亂이어늘 **資州刺史衛文昇**이 **初到官**에 **單騎造其營**하여 **說**(세)**以利害**①한대 **渠帥感悅**하여 **解兵而去**하니 **前後歸附者十餘萬口**라 **帝大悅**하여 **故有是命**하니라

① ≪隋書≫ 〈地理志〉에, 洛州 資陽郡에 西魏 때 資州를 설치하였고 盤石을 治所로 삼았다고 되어 있다. 衛文昇은 이름이 玄이니, 字(文昇)로 행세하였다.
隋志, 洛州資陽郡, 西魏置資州, 治盤石. 文昇名玄, 以字行.

【綱】 馮盎을 漢陽太守로 삼았다.

以馮盎爲漢陽太守하다

【目】 潮州와 成州 등 다섯 州의 獠族이 반란을 일으키자, 高州의 추장인 馮盎이 京師에 달려가 이들을 토벌해줄 것을 요청하였다. 황제(隋 文帝)가 楊素와 풍앙에게 명하여 賊의 형세를 논하게 하였는데, 양소가 감탄하며 말하기를 "蠻夷 중에 이와 같은 사람이 있으리라고는 생각하지 못하였다!"라고 하였다. 즉시 풍앙을 보내어 江南과 嶺南의 군사를 징발하여 이들을 공격하게 하였다. 반란이 평정되자 풍앙에게 漢陽太守를 제수하였다.

潮·成等五州獠反①이어늘 **高州酋長馮盎**이 **馳詣京師**하여 **請討之**한대 **帝勅楊素與盎論賊形勢**하니 **素歎曰 不意蠻夷中有如是人**이로다 **卽遣盎發江·嶺兵擊之**하다 **事平**에 **除盎漢陽太守**②하다

① ≪隋書≫ 〈地理志〉에, 義安郡에 梁나라 때 東揚州를 설치하였고 뒤에 瀛州로 고쳤으며, 〈隋나라가〉 陳나라를 평정하고 潮州를 설치하였다. 蒼梧郡에 양나라 때에 成州를 설치하였고 수나라가 뒤에 封州로 고쳤다고 되어 있다.
隋志, 義安郡, 梁置東(楊)〔揚〕[8)]州, 後改曰瀛州, 平陳置潮州. 蒼梧郡, 梁置成州, 隋後改封州.
② 江·嶺은 江南과 嶺南을 가리킨다.
江·嶺, 謂江南·嶺南也.

---

8) (楊)〔揚〕: 저본에는 '楊'으로 되어 있으나, ≪資治通鑑≫ 胡三省 註와 ≪隋書≫ 〈地理志〉에 의거하여 '揚'으로 바로잡았다.

壬戌年(602)

【綱】 隋나라 高祖 文皇帝(楊堅) 仁壽 2년이다. 봄 3월에 突厥이 침입하자 楊素가 격파하여 패주시켰다.

二年이라 春三月에 突厥이 入寇어늘 楊素擊破走之[9]하다

【目】 돌궐의 思力俟斤[10] 등이 남쪽으로 가서 황하를 건너서 啓民可汗의 사람과 가축을 크게 약탈하고 떠났는데, 行軍元帥 楊素가 여러 군대를 거느리고 추격하여 60여 리를 이동하면서 싸워서 그들을 대파하고 〈약탈해간〉 사람과 가축을 모두 얻어서 계민가한에게 돌려보냈다. 이로부터 돌궐이 멀리 달아나서 사막(고비사막)의 남쪽에서 다시는 노략질하는 일이 없었다.

突厥思力俟斤等이 南渡河하여 大掠啓民人畜而去①어늘 行軍元帥楊素 帥(솔)諸軍追擊하여 轉戰六十餘里하여 大破之하고 悉得人畜하여 以歸啓民하니 自是突厥이 遠遁하여 磧南無復寇抄러라

① 思力은 이름이다. 俟斤은 돌궐 大臣의 칭호이고 또한 部族 추장의 칭호이다. 俟는 渠之의 切이다.
思力, 名也. 俟斤, 突厥大臣之稱, 亦部酋長之稱也. 俟, 渠之切.

【綱】 가을 7월에 韋雲起를 通事舍人으로 삼았다.

秋七月에 以韋雲起爲通事舍人하다

【目】 兵部尙書 柳述이 蘭陵公主[11]에게 장가들어 황제(隋 文帝)의 총애를 믿고 기세를 부

---

9) 突厥入寇 楊素擊破走之 : "이때에 突厥이 황하를 건너 啓民可汗의 사람과 가축을 약탈하여 떠났는데, '침입하였다〔入寇〕'라고 쓴 것은 어째서인가? 계민가한을 〈중국의〉 안으로 여긴 것이다. 계민가한이 〈중국의〉 북쪽 변방을 종신토록 담당하였으니, 이에 계민가한을 안으로 여길 수 있는 것이다.〔於是突厥渡河 掠啓民人畜而去 其書入寇(河)〔何〕 內啓民也 啓民終身北藩 斯可以內之矣〕" ≪書法≫
≪御批資治通鑑綱目≫에는 '其書入寇河'로 되어 있으나, 문맥과 기존 ≪書法≫의 용례에 의거하여 '其書入寇何'로 바로잡았다.

10) 思力俟斤 : ≪隋書≫ 〈突厥傳〉에 보면 '阿勿思力俟斤'으로 되어 있다. 俟斤은 고대 투르크어인 '이르킨(irkin)'의 音譯으로 씨족장 정도의 지위에 해당한다.(≪隋書 外國傳 譯註≫, 동북아역사재단, 2009) 訓義의 반절음으로 보면 俟斤을 '기근'으로 읽어야 하나 역사학계에서는 보통 '사근'으로 읽으므로 이를 따랐다.

리니 楊素 이하의 사람들이 모두 그에게 몸을 낮추었다. 황제(隋 文帝)가 符璽直長 韋雲起에게 궁궐 밖에 불편한 일을 물었는데, 당시 유술이 황제의 곁에서 모시고 있었다. 위운기가 말하기를 "유술은 교만 방자하고 큰일을 처리해본 적이 없습니다. 군사의 기밀(병부상서의 일)은 중요한 일입니다. 그가 감당할 수 있는 바가 아닙니다. 신은 '폐하께서 어진 사람을 택하여 관리로 임명하지 않고 오로지 자기가 좋아하는 사람만을 임명한다.'는 여론이 있을까 염려됩니다. 이것이 또한 가장 불편한 일입니다."라고 하니, 황제가 매우 옳다고 여겨서 유술을 돌아보고 말하였다. "위운기의 말은 너의 잘못을 고치는 藥石이 되니 그를 師友로 삼도록 하라." 때마침 중앙과 지방의 관리들에게 조서를 내려서 각자 알고 있는 어진 사람을 천거하도록 하였는데, 유술이 위운기를 천거하니 通事舍人에 제수하였다.

兵部尙書柳述이 尙蘭陵公主하여 怙寵使氣하니 自楊素之屬이 皆下之①라 帝問符璽直長韋雲起以外間不便事②하되 述時侍側이어늘 雲起曰 柳述驕豪하고 未嘗經事하니 兵機要重이라 非其所堪이니 臣恐物議以爲陛下官不擇賢하고 專私所愛라 斯亦不便之大者니이다 帝甚然之하여 顧謂述曰 雲起之言이 汝藥石也니 可師友之니라 會詔內外官하여 各擧所知한대 述擧雲起하니 除通事舍人하다

① 柳述은 柳慶의 손자이다. 蘭陵公主는 隋 文帝의 다섯째 딸이다.
述, 慶之孫也. 蘭陵公主, 帝第五女也.

② 符璽局은 門下省에 속하니 直長이 4명이다.
符璽局, 屬門下省, 直長四人.

【綱】 蜀王 楊秀를 불러 京師로 돌아오게 하였다.

徵蜀王秀還京師하다

【目】 益州摠管 蜀王 楊秀는 용모가 훤칠하며 담력이 있고 무예를 좋아하니, 황제(隋 文帝)가 매번 獨孤皇后에게 다음과 같이 말하였다. "양수는 반드시 안 좋게 죽을 것이다. 내가 살아 있을 때에는 걱정할 것이 없지만 〈내가 죽고〉 그의 형제가 〈帝位에 오를〉 경우 반드시 반란을 일으킬 것이다."

---

11) 蘭陵公主 : 字는 阿五이고, 隋 文帝가 매우 총애하였다. 처음에 王奉孝에게 시집갔다가 왕봉효가 죽자 柳述에게 개가하였다.(≪隋書≫ 권80 〈蘭陵公主列傳〉)

大將軍 劉噲(유쾌)가 西爨[12]을 토벌할 때에 황제(隋 文帝)가 楊武通에게 명하여 군사를 거느리고 뒤이어 진군하도록 하였다. 이때에 양수가 자신이 총애하는 사람인 萬智光을 양무통의 行軍司馬로 삼으니, 이에 황제가 양수를 견책하고 이어서 신하들에게 말하였다. "나의 법도를 무너뜨릴 자는 나의 자손일 것이다. 비유하면 사나운 호랑이는 다른 동물이 해칠 수 없지만 도리어 자기 털 속에 있는 해충에 의해 갉아 먹히는 것과 같다."

益州摠管蜀王秀容貌瓌偉하고 有膽氣 好武藝하니 帝每謂獨孤后曰 秀必以惡終하리니 我在에 當無慮어니와 至兄弟하여는 必反矣리라 大將軍劉噲之討西爨也에 帝令楊武通將兵繼進①할새 秀以嬖人萬智光으로 爲武通行軍司馬하니 帝譴責之하고 因謂群臣曰 壞我法者는 子孫也라 譬如猛虎物不能害호되 反爲毛間蟲所損食耳라하더라

① 이는 필시 〈西爨의 수령〉 爨翫이 다시 반란했을 때의 일이다.
此必爨翫再反時.

【目】長史 元巖이 죽은 뒤로 楊秀가 점차 분수에 넘치게 사치하여 수레와 말, 복식이 황제(隋 文帝)에 버금갔다. 〈太子 楊勇이 참소로 폐위되고〉 晉王 楊廣이 태자가 되자[13] 양수는 마음이 매우 편치 않았다. 그러자 태자는 양수가 후환이 될까 염려하여 몰래 楊素에게 그의 죄를 찾아서 헐뜯게 하였다. 이에 황제(隋 文帝)가 마침내 양수를 불렀는데, 양수가 주저하고 병을 핑계로 가지 않고자 하였다.

이에 司馬 源師가 간언하니, 양수가 정색을 하고 말하기를 "이것은 우리 집안의 일인데, 卿과 무슨 관계가 있는가?" 하였다. 원사가 눈물을 흘리며 대답하기를 "제가 외람되이 蜀王府의 幕僚로 참여하였으니, 감히 충성을 다하지 않겠습니까. 칙서로 왕을 재촉하여 부른 지 이미 오랜 시간이 지났는데, 왕께서 도리어 질질 끌면서 가지 않으시니, 聖上께서 벼락과 같이 노여워하는 조서를 내리고 한 명의 사신을 보내신다면 왕께서 어찌 스스로 해명하실 수 있겠습니까. 숙고하시기 바랍니다." 하였다.

---

12) 西爨 : 爨은 본래 蜀漢 시기 南中 즉 지금의 雲南과 貴州 일대 大姓의 하나였는데, 東晉 시기 爨氏가 대대로 남중에서 할거하면서, '爨'은 姓氏에서 점차 民族 범칭으로 변하여 '爨蠻'이라고 부르게 되었다. 隋唐 시기 찬만은 東爨·西爨으로 분리되었다. 동찬의 거주 지역은 지금의 雲南省 昭通, 瀘西, 尋甸, 嵩明, 建水 및 貴州省 威寧 일대를 가리키는데, 주체 민족은 '烏蠻'이라고 하고, 西爨의 거주 지역은 지금 운남성 曲靖, 馬龍, 昆明, 晉寧, 澄江, 安寧, 祿豐 일대를 가리키는데, 그 민족은 '白蠻'이라고 한다. 이들은 지금의 彝族과 白族 등의 선조라고 한다.(≪新唐書 外國傳 譯註≫, 동북아역사재단, 2009)

13) 太子……되자 : 원문은 '及晉王廣爲太子'이나 ≪資治通鑑≫에는 '及太子勇以讒廢 晉王廣爲太子(太子 楊勇이 참소로 폐위되고 晉王 楊廣이 태자가 되자)'로 되어 있다. 이에 의거하여 번역하였다.

自長史元巖卒로 秀漸奢僭하여 車馬被服이 擬於乘輿①러니 及晉王廣爲太子에 秀意甚不平이어늘 太子恐其爲患하여 陰令楊素求其罪而譖之하니 帝遂徵秀한대 秀猶豫하여 欲謝病不行이어늘 司馬源師諫②하니 秀作色曰 此自我家事니 何預卿也리오 師垂涕對曰 師忝參府幕하니 敢不盡心가 勅追已淹時月이어늘 王乃遷延未去③하니 聖上發雷霆之詔하고 降一介之使하시면 王何以自明이리오 願熟計之하라

① ≪隋書≫ 〈元巖傳〉을 살펴보면, 開皇 13년(593)에 元巖이 세상을 떠났다고 하였고, 이후 仁壽 4년(604)에 隋 文帝가 仁壽宮에서 병으로 누워 있을 적에 또 黃門侍郎 원암과 楊素, 柳述이 함께 병간호를 하였다고 하였다. 〈廢太子勇傳〉과 〈柳述傳〉을 참조하여 살펴보면 모두 그러하니, 이와 같다면 원암이 두 사람 있는 것이다.
按隋書元巖傳, 開皇十三年, 巖卒. 是後仁壽四年, 帝臥疾仁壽宮, 又有黃門侍郎元巖與楊素・柳述同侍疾. 參考廢太子勇傳・柳述傳皆然. 如此, 則有兩元巖.

② 源師는 바로 北齊 源文宗의 아들이다.
源師, 卽北齊源文宗之子.

③ 淹은 지체함이다.
淹, 留也.

【目】 조정에서는 楊秀가 변란을 일으킬까 염려하여 獨孤楷를 益州總管으로 삼아 驛馬를 타고 달려가서 양수를 대신하게 하였다. 독고해가 익주에 도착하여 오랫동안 넌지시 설득한 뒤에야 양수가 길을 나섰다. 독고해는 양수가 길에 오른 뒤에 후회하는 기색이 있음을 알고 이에 군사를 무장시켜 대비하였다. 양수가 40여 리쯤 갔을 때에 돌아가서 독고해를 습격하려고 하다가 〈그 진영을〉 정탐하여 대비가 있음을 알고는 이에 중지하였다.

朝廷恐秀生變하여 以獨孤楷爲益州總管하여 馳傳代之하니 楷至하여 諷諭久之에 乃就路하다 楷察秀有悔色하고 因勒兵爲備러니 秀行四十餘里에 將還襲楷라가 覘知有備하고 乃止하다

【綱】 8월에 皇后 獨孤氏가 崩하였다.

八月에 皇后獨孤氏崩[14)]하다

---

14) 皇后獨孤氏崩 : "宋나라 이래로 皇后의 崩御와 葬禮를 모두 쓰지 않았으니, 〈正統의〉 황후가 아니어서 생략한 것인데 이때 이후로 다시 썼다. 唐 德宗에 이르러 한 번 '황후가 崩하였다.〔皇后崩〕'고 쓰고 姓氏와 葬禮를 쓰지 않았으니 이로부터 '황후가 崩하였다.'고 쓴 것이 없다.〔自宋以來 后崩葬不悉書 非皇后 略之也 於是而後復書 至唐德宗一書皇后崩而不書氏 不書葬 自是無書皇后崩者矣〕" ≪書法≫
≪資治通鑑綱目≫에서는 晉나라(東晉)가 망한 뒤 南朝의 宋나라부터 陳나라까지는 無統으로 보았고, 이후 隋나라가 천하를 통일한 開皇 8년(588)부터 正統으로 보았다.

【目】 황후가 세상을 떠나자 태자(楊廣)가 황제(隋 文帝)와 궁인들을 대면할 적에는 숨이 끊어질 듯이 애통해하여 마치 喪事의 슬픔을 견디지 못하는 것처럼 하였다. 그러나 자신의 방에 있을 때에는 마시고 먹고 말하고 웃는 것이 평소와 같았다. 또 아침마다 두 줌의 쌀[15]을 올리게 하고 몰래 살진 고기와 포, 식해를 취하여 대통 속에 넣고 밀랍으로 입구를 막고 보자기[16]로 싸서 들여오게 하였다.

后崩에 **太子對帝及宮人**엔 **哀慟絶氣**하여 **若不勝喪者**①로되 **其處私室**엔 **飮食言笑如平常**하고 **又每朝**에 **令進二溢米而私取肥肉脯(酢)〔鮓〕**[17]하여 **置竹筩中**하여 **以蠟閉口**하고 **衣襆裹而納之**②러라

① 勝(견디다)은 음이 升이다.
勝, 音升.

② 고기를 말린 것을 脯라 한다. 鮓(식해)는 側下의 切이니, 魚肉을 삭혀서 鮓를 만든다. 襆은 房玉의 切로 보자기〔帊〕이니, 의복과 물품을 싸는 도구이다.
乾肉爲脯. (酢)〔鮓〕, 側下切, 釀魚肉爲(酢)〔鮓〕. 襆, 房玉切, 帊也, 所以包裹衣物.

【綱】 겨울 10월에 楊達을 納言으로 삼았다.

冬十月에 **以楊達爲納言**①하다

① 楊達은 楊雄의 동생이다.
達, 雄之弟也.

【綱】 윤10월에 詔命을 내려 五禮(吉禮·凶禮·軍禮·賓禮·嘉禮)를 수정하게 하였다.

閏月에 **詔修定五禮**하다

【目】 楊素와 蘇威에게 詔命을 내려서 牛弘 등과 함께 五禮를 수정하게 하였다.

詔楊素蘇威하여 **與牛弘等修之**하다

---

15) 두 줌의 쌀 : 원문은 '二溢米'이다. 溢에 대해 ≪小學集註≫ 〈嘉言〉에 보면, ≪集解≫에는 "溢은 한 되의 24분의 1을 이른다.〔溢謂二十四分升之一也〕"라고 하였고, ≪增註≫에는 "한 손으로 쥐는 것이다.〔溢 一手所握也〕"라고 하였다. 이를 참고하여 번역하였다.

16) 보자기 : 원문은 衣襆이다. ≪小學集註≫ 〈嘉言〉에 보면 "'衣襆'은 바로 오늘날의 보자기이다.〔衣襆卽今之袱也〕"라 하였다.

17) (酢)〔鮓〕 : 저본에는 '酢'로 되어 있으나, ≪資治通鑑≫, ≪資治通鑑綱目≫(≪朱子全書≫ 10 上海古籍出版社), ≪御批資治通鑑綱目≫, ≪小學集註≫ 등에 의거하여 '鮓'로 바로잡았다. 아래도 같다.

【綱】 獻皇后[18])를 장례하였다.

葬獻皇后하다

【目】 황제(隋 文帝)가 上儀同三司 蕭吉에게 명하여 황후를 위하여 葬地를 택하도록 하였는데, 吉地를 얻고서 말하기를 "햇수로는 2천 년〔二千〕이고 대수로는 200世〔二百〕를 누릴 것입니다."라고 하니, 황제가 말하기를 "길흉은 사람에게 달린 것이지, 땅에 달린 것이 아니다." 하였다. 그러나 결국 소길의 말을 따랐다. 소길이 물러나와 族人[19])에게 다음과 같이 말하였다.

"황태자(楊廣)가 宇文 左率(宇文述)을 보내 나에게 매우 사례하고 말하기를 '그대가 전에 내가 태자가 될 것이라고 말했는데, 결국 그 말이 맞았다. 지금 산릉을 정할 적에 내가 일찍 즉위하도록 한다면 그대에게 富貴로 보답할 것이다.'라고 하였는데, 내가 대답하기를 '4년 후에 태자께서는 천하를 다스리게 될 것입니다.'라고 하였다. 그러나 지금의 태자가 즉위하면 隋나라는 반드시 망할 것이다. 내가 앞서 황제를 속여 '二千(이천 년)'을 누릴 것이라고 한 것은 바로 '三十'(30년)이고, '二百(200세)'를 누릴 것이라고 한 것은 바로 두 세대를 전하는 것이다.[20]) 너는 기억해두어라."

帝令上儀同三司蕭吉하여 爲皇后擇葬地한대 得吉處하여 云 卜年二千이요 卜世二百①이리이다 帝曰 吉凶由人이요 不在於地니라 然竟從吉言이라 吉退告人曰 皇太子遣宇文左率하여 深謝余云② 公前稱我當爲太子러니 竟有其驗하니 今卜山陵에 令我早立이면 當以富貴相報라하여늘 吾語之曰 後四載에 太子御天下하리라 然太子得政이면 隋必亡矣리니 吾前紿云二千者는 三十也요 二百者는 二傳也니 汝其識(지)之③하라

① 蕭吉은 梁 武帝의 형 蕭懿의 손자이다.
吉, 梁武帝兄懿之孫也.
② 宇文述은 당시 左衛率[21])이다.
宇文述時爲左衛率.

---

18) 獻皇后 : 隋 文帝의 황후인 獨孤氏로, 諡號는 文獻皇后이다.
19) 族人 : 원문은 '人'이다. ≪資治通鑑≫과 ≪隋書≫ 권78 〈蕭吉列傳〉에는 '族人 蕭平仲'으로 되어 있다.
20) 내가 앞서……것이다 : 원문은 "吾前紿云二千者 三十也 二百者 二傳也"인데, ≪資治通鑑≫에 "吾前紿云卜年二千者 三十字也 卜世二百者 取世二傳也(내가 앞서 황제를 속여서 '햇수로는 2천 년을 누린다.'라고 한 것은 〈二千은〉 '三十'字이고 '대수로는 200世를 누린다.'라고 한 것은 세대가 두 번 전해짐을 취한 것이다.)"로 되어 있다.
21) 左衛率 : 태자를 侍衛하는 무관직으로 太子左衛率라고도 한다. 西晉 泰始 5년(269)에 太子衛率이 左衛率와 右衛率로 나뉘었다. 南朝와 北朝에서도 설치되었으며, 隋나라에서도 그대로 설치되었다.

③ 識(기억하다)는 음이 志이다.
識, 音志.

【綱】 12월 蜀王 楊秀를 폐하여 庶人으로 삼고, 治書侍御史 柳彧을 관원 명부에서 제명하여 懷袁鎭에 유배하였다.

十二月에 廢蜀王秀爲庶人하고 除治書侍御史柳彧名하여 配懷袁鎭[22]하다

【目】 蜀王 楊秀가 장안에 도착하였는데, 황제(隋 文帝)가 그와 말하지 않고 사자를 시켜서 매우 꾸짖자, 양수가 사죄하고 태자와 여러 왕들이 눈물을 흘리며 뜰에서 사과하였다. 황제가 말하기를 "예전에 秦王(楊俊)이 재물을 낭비하자 내가 부모의 도리로 훈계하였는데, 지금 양수는 백성에게 해를 끼쳤으니 마땅히 군주의 도리로 다스려야 한다." 하고, 이에 法吏에게 넘겼다. 開府[23]인 慶整이 간하기를 "庶人 楊勇은 폐위되었고 秦王은 세상을 떠나서 폐하께서 현재 남아 있는 자식들이 많지 않으시니, 어찌 이렇게까지 하십니까. 촉왕의 성품이 매우 강직한데, 지금 엄중한 처벌을 받으면 스스로 목숨을 보전하지 않을까 염려됩니다." 하니, 황제가 크게 노하여 경정의 혀를 자르게 하고, 이어서 여러 신하들에게 말하기를 "저잣거리에서 양수의 목을 베어서 백성에게 사과해야 할 것이다." 라 하고, 이에 양소 등에게 명하여 양수의 죄를 조사하여 다스리게 하였다.

蜀王秀 至長安이어늘 帝不與語하고 使使(시)切讓之한대 秀謝罪하고 太子諸王이 流涕庭謝러니 帝曰 頃者秦王이 糜費財物이어늘 我以父道訓之러니 今秀蠹害生民하니 當以君道繩之라하고 於是에 付執法者하니 開府慶整이 諫曰① 庶人勇旣廢하고 秦王已薨하여 陛下見(현)子無多하니 何至如是②니잇고 蜀王性甚耿介어늘 今被重責이면 恐不自全일가하노이다 帝大怒하여 欲斷其舌하고 因謂群臣曰 當斬秀於市하여 以謝百姓호리라하고 乃令楊素等推治之라

---

22) 廢蜀王秀爲庶人……配懷袁鎭 : "楊秀는 사치하고 참람하여 죄가 있는데, 죄가 없는 것으로 쓴 것은 어째서인가. 해당 죄가 아닌 것으로 廢하였기 때문이다. 이때에 楊廣과 楊素가 양수를 무고하여 황상이 믿고서 양수를 폐하였다. 그러므로 柳彧 또한 죄가 없는 例로 쓴 것이다.〔秀奢僭有罪矣 其以無罪書 何 廢不以其罪也 於是廣素誣秀 上信廢之 故彧亦以無罪例書之矣〕" ≪書法≫ 朱子의 〈綱目凡例〉에 왕을 폐위했을 때 죄가 없는 경우 "某人을 폐위하였다.〔廢某人〕"라고 쓴다 하였는데, 여기서 '廢蜀王秀'라고 썼으므로 양수를 죄가 없는 것처럼 쓴 것이다.

23) 開府 : ≪資治通鑑≫에는 '開府儀同三司'로 되어 있다. 開府儀同三司는 隋나라 때에 勳官의 명칭으로 사용하였다. 三國時代 魏나라에 처음 설치되었다. 三司는 곧 三公으로, 漢나라 때에는 太尉, 司徒, 司空을 三司라고 하였는바, 본래 三司는 아니지만 儀制를 그와 동등하게 하는 것을 이르며, 開府는 府를 설치하여 屬僚를 둘 수 있는 것을 말한다.

① 慶은 姓이다.
慶, 姓也.
② 見(현재)는 賢遍의 切이다.
見, 賢遍切.

【目】 태자(楊廣)가 몰래 偶人(인형)을 만들어 손을 묶고 가슴에 못을 박고 칼과 쇠사슬, 차꼬와 수갑을 채우고 〈偶人에〉 황제(隋 文帝)와 漢王(楊諒)의 성명을 써서 몰래 그것을 華山 아래에 묻어 놓고서 楊素에게 그것을 파내게 하였고,[24] 또 "楊秀가 함부로 圖讖을 기술하였다."고 하였고, 아울러 檄文을 만들어서 양수의 문집 속에 넣어두고서 이를 아뢰니, 황제가 말하기를 "천하에 어찌 이런 일이 있단 말인가." 하고, 이에 양수를 폐하여 庶人으로 삼고 內侍省에 유폐하였다.

太子陰作偶人하여 縛手釘心하고 枷鎖杻械하여 書帝及漢王姓名하여 密埋之華山下하여 楊素發之①하고 又云 秀妄述圖讖이라하고 幷作檄文하여 置秀集中以聞②[25]하니 帝曰 天下에 寧有是邪아 乃廢秀爲庶人하여 幽之內侍省하다

① 偶는 대상이니, 偶人은 흙과 나무로 사람을 만들되 사람의 형상을 대상으로 본뜬 것이다. 釘(못)은 丁定의 切이다. 杻(차꼬)은 勅九의 切이니, '杻械'는 차꼬와 수갑이다. 華는 去聲이다.
偶, 對也. 偶人, 以土木爲人, 對象於人形也. 釘, 丁定切. 杻, 勅九切. 杻械, 桎梏也. 華, 去聲.
② 集은 文集이다.
集, 文集也.

【目】 楊素가 일찍이 작은 죄로 인해 〈황제(隋 文帝)가〉 칙령을 내려 南臺(御史臺)에 보내

---

24) 태자(楊廣)가……하였고 : 태자 楊廣이 楊秀를 모함하고자 楊素에게 이를 파내게 한 것이다. ≪隋書≫ 권45 〈楊秀列傳〉에 "太子陰作偶人 書上及漢王姓字 縛手釘心 令人埋之華山下 令楊素發之(태자가 몰래 偶人을 만들어 그 위에 황상과 漢王의 성명을 쓰고 손을 묶고 가슴에 못을 박은 다음 사람을 시켜 華山 아래 묻게 하고서 楊素에게 그것을 파내게 하였다.)"로 되어 있다. 이를 참조하여 번역하였다.
25) 又云……置秀集中以聞 : 저본의 懸吐는 "又云 秀妄述圖讖하고 幷作檄文이라하여 置秀集中以聞"으로 되어 있어서 '云'을 '幷作檄文'까지 걸었다. 이 문장은 ≪資治通鑑≫의 "又云 秀妄述圖讖 稱京師妖異 造蜀地徵祥 幷作檄文 云指期問罪 置秀集中 俱以聞奏(〈태자는〉 또 "양수가 함부로 圖讖을 기술하여 京師에 괴이한 일이 있다 칭하고 蜀 땅에 상서로운 징조가 있다고 날조하였다."고 하였고, 아울러 '정한 기일에 〈불충한 무리들의〉 죄를 묻겠다'고 운운한 격문을 만들어 양수의 文集 속에 넣어두고서 이를 전부 황제에게 아뢰었다.)"를 축약한 것이다. 이에 '云'은 '秀妄述圖讖'까지만 걸어서 번역하였다. 圖讖과 檄文의 내용은 ≪隋書≫ 권45 〈楊秀列傳〉에 보다 자세하다.

고, 治書侍御史 柳彧에게 명하여 治罪하게 하였는데, 유욱이 案席에 기대어 앉고 양소를 뜰에 세우고서 일의 상황을 조사하여 심문하니, 양소가 이로 말미암아 앙심을 품었다. 楊秀가 일찍이 유욱에게 李文博이 지은 ≪治道集≫을 구하니 유욱이 주자 양수가 유욱에게 노비 열 명을 주었는데, 양수가 죄를 받게 되자 양소는 유욱이 內臣(조정의 신하)으로서 諸侯(양수)와 서로 왕래하였다고 상주하였다. 이에 유욱을 관원 명부에서 제명하여 평민으로 삼고 懷遠鎭에 定配하여 수자리 서게 하였다.

素嘗以少譴으로 **勑送南臺**①하고 **命治書侍御史柳彧治之**한대 **彧據案坐**하고 **立素於庭**하여 **辨詰事狀**하니 **素由是銜之**러라 **秀嘗從彧求李文博所撰治道集**하니 **彧與之**어늘 **秀遺彧奴婢十口**②러니 **及秀得罪**하여 **素奏彧以內臣交通諸侯**라하여 **除名爲民**하여 **配戍懷遠鎭**③하다

① 南臺는 御史臺이다. 國都를 세울 적에 앞(남쪽)에는 朝廷을 두고 뒤(북쪽)에 시장을 두니[26] 臺와 省이 모두 남쪽에 있다. 그러므로 尙書省을 '南省'이라 하고, 御史臺를 '南臺'라 한 것이다.
南臺者, 御史臺也. 立國面朝後市, 臺省皆在南, 故尙書省曰南省, 御史臺曰南臺.

② 李文博은 博陵 사람이니, 隋나라에 벼슬하였으나 調用되지 못하였다. 성품이 바르고 강직하며 배우기를 좋아하고 게을리하지 않았고, 敎義와 名理[27]에 대해서 특별히 마음에 두었으며, 글을 읽다가 治亂·得失과 忠臣·烈士에 이르러서는 반복하여 읊조리며 음미하지 않은 적이 없었다. 議論에 뛰어나고 또한 글을 잘 지어서 ≪治道集≫ 10권을 저술하였는데, 세상에 크게 유행하였다. 治(다스리다)는 直吏의 切이다.
文博, 博陵人, 仕隋不調. 性貞介鯁直, 好學不倦, 至於敎義名理, 特所留心, 讀書至治亂得失, 忠臣烈士, 未嘗不反覆吟翫. 長於議論, 亦善屬文, 著治道集十卷, 大行於世. 治, 直吏切.

③ ≪新唐書≫ 〈地理志〉에, 營州에 懷遠城이 있다고 되어 있다.
新唐志, (管)〔營〕州有懷遠城.[28]

---

26) 앞(남쪽)에는……두니 : ≪周禮≫ 〈考工記 匠人〉에 "〈국도의〉 왼쪽에는 宗廟를 배치하고 오른쪽에는 社稷을 배치하고, 앞에는 朝廷을 배치하고 뒤에는 시장을 배치하였다.〔左祖右社 面朝後市〕"라고 하였다.

27) 敎義와 名理 : 二十四史全譯 ≪隋書≫와 ≪北史≫의 〈李文博列傳〉에 '敎義'를 禮敎의 의미, '名理'를 사물의 名과 理의 시비와 同異를 분석하는 것으로 해석하였다.

28) (管)〔營〕州有懷遠城 : 저본에는 '管'으로 되어 있으나, ≪資治通鑑≫ 胡三省 註에 의거하여 '營'으로 바로잡았다. 참고로 ≪新唐書≫ 권39 〈地理志3〉 營州 조의 註에 "또 汝羅·懷遠·巫閭·襄平의 4개 守捉城이 있다.〔又有汝羅懷遠巫閭襄平四守捉城〕"라고 하였다. 唐나라 초기에는 변경을 지키던 군대의 규모에 따라 큰 것을 '軍'이라 칭하고 작은 것을 '守捉'·'城'·'鎭'이라 하고, 이를 총괄하는 것을 '道'라 하였다. 守捉城은 변경에 주둔한 규모가 작은 군대를 칭한 것으로 보인다. 訓義 ③의 '懷遠城'은 守捉城으로 보인다.

【目】 얼마 후 貝州長史인 裴肅이 使者를 보내어 글을 올려 말하기를 "高熲은 하늘이 낳은 훌륭한 재주와 佐命功臣 중 功이 가장 큼으로 인해 여러 사람들에게 질시를 받아 버려지게 되었습니다.[29] 바라건대 폐하께서는 그의 큰 공로를 기억하시고 그의 작은 허물은 잊으소서. 또 두 庶人(楊勇・楊秀)이 죄를 얻은 지 이미 오래되었으니, 어찌 잘못을 뉘우치는 마음이 없겠습니까. 바라건대 폐하께서는 君父의 자애로운 마음을 넓히시고 父子간의 情理를 생각하시어 각기 작은 나라를 책봉하여 그들의 행실을 살펴보소서. 만일 개과천선한다면 封地를 점차 늘려주시고, 만약 잘못을 고치지 않는다면 그때 가서 貶黜하고 削奪하여도 늦지 않습니다." 하였다. 글을 아뢰자 황제(隋 文帝)가 楊素에게 말하기를 "배숙이 우리 집안일을 걱정하니 이 또한 지극한 정성이다." 하고, 이에 배숙을 불러서 조정에 들어오도록 하였다.

태자(楊廣)가 그 소식을 듣고 左庶子 張衡에게 말하기를 "양용을 새 사람이 되게 하여 무엇을 하려는 것인가?" 하니, 장형이 말하기를 "배숙의 생각을 살펴보건대, 〈양용으로 하여금〉 吳太伯과 漢나라 東海王[30]처럼 하게 하고자 하는 것입니다."라고 하였다. 배숙이 京師에 도착하자 황제가 직접 만나 타이르고 돌려보냈다.

久之에 貝州長史裴肅이 遣使上書曰① 高熲이 以天挺良才元勳佐命으로 爲衆所疾하여 以至廢棄②하니 願陛下는 錄其大功하시고 忘其小過하소서 又二庶人이 得罪已久하니 寧無革心③이리오 願陛下는 弘君父之慈하시고 顧天性之義하사 各封小國하여 觀其所爲하여 若能遷善이어든 漸更增益하고 如或不悛이어든 貶削非晚이니이다 書奏에 帝謂楊素曰 裴肅이 憂我家事하니 此亦至誠也로다 於是에 徵肅入朝하니 太子聞之하고 謂左庶子張衡曰 使勇自新하여 欲何爲也오 衡曰 觀肅之意하니 欲令如吳太伯漢東海王耳러이다 肅至에 帝面諭而罷之④하다

---

29) 高熲은……되었습니다 : 이 일은 隋 文帝 開皇 19년(599) 8월에 보인다. 당시 太子 楊勇을 폐위하고 楊廣을 태자로 세울 적에 이를 반대했다가 양광을 편애했던 獨孤皇后에게 미움을 받아 관직에서 물러났다.

30) 吳太伯……東海王 : 吳太伯은 周나라 太王의 장자로, 태왕이 막내아들 季歷에게 왕위를 물려주려 함을 알고는 아우 仲雍과 함께 荊蠻으로 도망가서 斷髮文身하여 스스로 후사가 될 수 없음을 보였다. 太伯은 '泰伯'으로도 표기한다. ≪論語≫ 〈泰伯〉에 "泰伯은 지극한 덕이 있다고 이를 만하다. 세 번이나 천하를 사양하였으나, 백성들이 칭송할 수 없었다.〔泰伯 其可謂至德也已矣 三以天下讓 民無得而稱焉〕"라고 보이며, ≪史記≫ 〈吳太伯世家〉에도 이 내용이 보인다. 東海王은 後漢 光武帝의 장자인 劉彊을 가리킨다. 유강은 郭皇后의 소생으로 일찍이 太子가 되었는데, 어려서부터 성품이 겸손하였다. 뒤에 곽황후가 폐위되자 더욱 몸 둘 바를 모르다가 끝내는 태자의 자리를 고사하고 蕃國에 봉해지기를 간절히 청하여 마침내 동해왕에 봉해졌다. 그가 특히 겸손하고 禮를 잘 지켰기 때문에 천자의 애틋한 사랑을 입었다.(≪後漢書≫ 권42 〈東海恭王彊傳〉) 이는 모두 군주 자리를 아우에게 사양한 사람을 뜻한다.

① ≪隋書≫ 〈地理志〉에, 淸河郡에 北周 때 貝州를 설치하였다고 되어 있다. 裴肅은 裴俠의 아들이다.
隋志, 淸河郡, 後周置貝州. 肅, 俠之子也.
② 挺은 낳음이다.
挺, 生也.
③ 두 庶人은 楊勇과 楊秀를 이른다.
二庶人, 謂勇·秀.
④ 〈'面諭而罷之'는〉 隋 文帝가 裴肅을 대면하여 楊勇을 다시 거둘 수 없다는 뜻으로 타이르고 돌려보낸 것이다.
面諭以勇不可復收之意而罷遣之.

【綱】 楊素에게 詔命을 내려 3일이나 5일에 한 번 尙書省에 나와 큰일을 의논하게 하였다.

詔楊素三五日에 **一入省**하여 **論大事**하다

【目】 楊素의 형제와 諸父들이 나란히 尙書와 列卿(九卿)이 되었고 그들의 아들들은 柱國과 刺史의 지위에 이르렀다. 집안의 자산을 널리 경영하여 家僮이 수천 명이고 妓妾도 천 명이나 되었다. 저택은 화려하고 사치하여 그 규모가 궁전에 비견될 정도였다. 태자(楊勇)와 蜀王(楊秀)을 폐하고 난 뒤에 〈양소 집안의〉 위세와 권력이 더욱 강성해져서 〈조정의 신하 가운데〉 그들을 거스른 사람은 주살되었고 그들에게 빌붙은 사람은 발탁되었다. 이에 조정의 사람들이 풀이 바람에 쏠리듯 순종하여 두려워하고 빌붙지 않음이 없었고 감히 양소에게 맞설 수 있는 사람은 오직 柳彧과 尙書右丞 李綱, 大理卿 梁毗뿐이었다.

素兄弟諸父 竝爲尙書列卿하고 **諸子位至柱國刺史**라 **廣營資産**하여 **家僮數千**이요 **妓妾亦千數**요 **第宅華侈**하여 **制擬宮禁**이러라 **旣廢太子及蜀王**에 **威權愈盛**하여 **違忤者誅夷**하고 **附會者進擢**이라 **朝廷靡然**하여 **莫不畏附**요 **敢與抗者**[31]는 **獨柳彧及尙書右丞李綱·大理卿梁毗而已**라

【目】 당초에 梁毗가 西寧州刺史가 된 것이 〈모두〉 11년이었다. 蠻夷의 추장들은 모두 금을 많이 가진 사람을 豪傑이라고 여겨서 번갈아 서로 공격하고 빼앗아, 조금도 편안한 해가 없자 양비가 이를 걱정하였다. 뒤에 여러 추장들이 서로 이끌고 와서 양비에게 금

31) 敢與抗者 : ≪資治通鑑≫에는 "敢與素抗而不橈者(감히 양소에게 맞서고 굽히지 않는 자)"로 되어 있다.

을 바치니, 이것을 기회로 양비가 자리 옆에 금을 두고 그것을 마주하고 통곡하면서 그들에게 말하기를 "이 물건은 굶주려도 먹을 수 없고 추워도 입을 수 없는데, 너희들이 이것 때문에 서로 죽인 것을 이루 헤아릴 수 없다. 그런데 이제 이것을 가지고 왔으니 나를 죽이려고 하는 것이냐." 하고, 하나도 받아들이지 않으니, 이에 蠻夷 사람들이 감격하고 깨달아서 마침내 서로 공격하지 않았다. 황제(隋 文帝)가 이를 듣고 좋게 여겨 양비를 불러서 大理卿으로 삼으니 법을 집행한 것이 공평하고 합당하였다.

양비는 楊素가 멋대로 권력을 휘두르는 것을 보고 나라의 우환이 될까 염려하여 封事를 올려 다음과 같이 말하였다. "신은 듣건대 '신하는 형벌과 상을 내릴 수 없으니 〈만일 신하가 형벌과 상을 내리면〉 네 집안에 해를 끼치고 네 나라에 재앙을 끼친다.'[32]라고 하였으니, 지금 양소가 총애와 知遇를 받은 것이 더욱 무겁고 권세가 날로 융성해져 그가 가까이하는 사람들은 모두 충직한 이가 아니고 그가 천거하는 사람들은 모두 친척들입니다. 그리하여 〈刺史와 縣令이 된〉 그들의 자제들이 널리 포진하여 여러 州를 아우르고 여러 縣에 걸친 지역을 차지하고 있습니다. 천하에 아무 일이 없으면 〈그들이〉 혹 반역의 도모하는 데 그치겠지만 천하에 근심이 있으면 반드시 禍亂의 시초가 될 것입니다. 폐하께서 만약 양소를 阿衡[33]으로 삼으신다면 신은 그의 마음이 반드시 〈충신인〉 伊尹과 같지는 않을까 염려됩니다. 삼가 바라건대 古今의 일을 거울로 삼아 살피시고 상량하여 조처하셔서 王業을 영원히 견고하게 하신다면 천하가 매우 다행일 것입니다."

始毗爲西寧州刺史十一年①하니 蠻夷酋長이 皆以金多者로 爲豪雋하여 遞相攻奪하여 略無寧歲어늘 毗患之②라 後因諸酋長이 相帥(솔)以金遺毗하니 毗置金坐側하고 對之慟哭而謂之曰 此物은 飢不可食이요 寒不可衣로되 汝等以此相滅을 不可勝數라 今將此來하니 欲殺我邪아하고 一無所納하니 於是에 蠻夷感悟하여 遂不相攻擊이어늘 帝聞而善之하여 徵爲大理卿하니 處法平允이러라 毗見素專權하고 恐爲國患하여 乃上封事曰 臣은 聞臣無有作威作福하니 其害于而家하고 凶于而國이라하니 今楊素幸遇愈重하고 權勢日隆하여 所私皆非忠讜이요 所進咸是親戚이라 子弟布列하여

32) 신하는……끼친다 : ≪書經≫ 〈周書 洪範〉에 "오로지 임금이라야 포상을 내리며, 오로지 임금이라야 형벌을 내리며, 오로지 임금이라야 진귀한 음식을 먹을 수 있으니, 신하는 포상을 내리거나 형벌을 내리거나 진귀한 음식을 먹을 수 없다. 신하로서 포상을 내리거나 형벌을 내리거나 진귀한 음식을 먹으면 네 집안에 해악을 끼치며 네 나라에 재앙을 끼쳐, 벼슬이 있는 사람들은 공평치 않고 부정한 처신을 하게 되고 일반 백성은 분수에 넘치는 짓을 하고 잘못을 할 것이다.〔惟辟作福 惟辟作威 惟辟玉食 臣無有作福作威玉食 臣之有作福作威玉食 其害于而家 凶于而國 人用側頗僻 民用僭忒〕"라고 하였다.

33) 阿衡 : 殷代의 師保를 맡은 관직으로 伊尹이 이 관직에 임명되었다. 후대에는 재상을 가리키는 말로 쓰였다.

兼州連縣하니 天下無事엔 容息異圖어니와 四海有虞면 必爲禍始리이다 陛下若以素爲阿衡인댄 臣恐其心未必伊尹也일가하노니 伏願揆鑑古今하고 量爲處置하사 俾鴻基永固하면 率土幸甚하리이다

① ≪隋書≫ 〈地理志〉에, 越巂郡에 北周 때에 嚴州를 설치하였고, 開皇 6년(586)에 西寧州로 고쳤고, 개황 18년(598)에 다시 巂州로 고쳤다고 되어 있다. 梁毗가 西寧刺史가 된 것은 대개 개황 18년 이전일 것이다.
隋志, 越巂郡, 後周置嚴州, 開皇六年, 改曰西寧州, 十八年又改曰巂州. 毗刺西寧, 蓋十八年以前也.

② 遞는 번갈아이다.
遞, 更(경)也.

【目】 글을 아뢰자 황제(隋 文帝)가 크게 노하여 梁毗를 붙잡아 감옥에 가두고 친히 심문하였는데, 양비가 극언하기를 "楊素는 총애를 독차지하고 권력을 농단하여 무도하게 사람을 죽였습니다. 또 太子(楊勇)와 蜀王(楊秀)이 죄를 받고 폐위된 날에 백관들은 모두 놀라고 두려워하였는데, 양소만은 눈썹을 치켜 올리고 팔을 쳐들어서 기뻐하는 기색이 얼굴에 드러났으니, 국가에 일이 생긴 것을 이롭게 여겨서 자신의 다행으로 삼은 것입니다." 하니, 황제가 이에 그를 석방하였다.

그 후에 황제 또한 점차 양소를 멀리하고 꺼려서 칙령을 내리기를 "僕射(양소)는 나라의 宰輔이다. 친히 작은 사무를 처리해서는 안 되니, 3일이나 5일에 한 번 尙書省에 나와 큰일을 의논하라." 하니, 겉으로는 우대하고 존숭함을 보인 것이지만 실제로는 그의 권력을 빼앗는 것이었다. 양소가 이로 말미암아 다시는 상서성의 일을 처결하지 못하였고, 〈양소의 동생인〉 楊約을 내보내어 伊州刺史로 삼았다. 이에 吏部尙書 柳述이 더욱 실권을 잡아 기밀 사무에 참여하여 관장하니, 양소가 그를 매우 미워하였다.

書奏에 帝大怒하여 收毗繫獄하고 親詰之한대 毗極言素擅寵弄權하여 殺戮無道하고 又太子及蜀王罪廢之日에 百僚無不震悚호되 惟素揚眉奮肘하여 喜見(현)容色하니 利國家有事하여 以爲身幸이라한대 帝乃釋之러니 其後에 帝亦寖疎忌素하여 乃下勅曰 僕射는 國之宰輔라 不可躬親細務니 三五日에 一向省하여 評論大事하라하니 外示優崇이나 實奪之權也라 素由是不復通判省事하고 出楊約爲伊州刺史①하니 於是에 吏部尙書柳述益用事하여 參掌機密이라 素深惡(오)之러라

① ≪隋書≫ 〈地理志〉에, 河南郡 陸渾縣에 東魏 때 伊川郡과 北荊州를 설치하였고, 北周 때 和州로 고쳤고, 開皇 초에 伊州로 고쳤다고 되어 있다.
隋志, 河南郡陸渾縣, 東魏置伊川郡及北荊州, 後周改曰和州, 開皇初, 又改曰伊州.

【目】 太子(楊廣)가 賀若弼에게 묻기를 "楊素·韓擒虎·史萬歲를 모두 훌륭한 장수라고 칭하니, 그 우열은 어떠한가?"라 하니, 하약필이 말하기를 "양소는 용맹한 장수이지 지모가 있는 장수는 아니고, 한금호는 잘 싸우는 장수이지 많은 군사를 지휘할 만한 장수는 아니고, 사만세는 기병을 이끄는 장수이지 大將이 될 만한 장수는 아닙니다."라고 하였다. 태자가 말하기를 "그렇다면 대장이 될 만한 자는 누구인가?"라 하니, 하약필이 절하고 말하기를 "오직 전하께서 선택할 바입니다."라고 하였는데, 하약필의 뜻은 〈내심 대장으로〉 자부한 것이다.

太子嘗問於賀若弼曰 楊素·韓擒虎·史萬歲皆稱良將하니 其優劣何如오 弼曰 楊素는 猛將이요 非謀將이며 韓擒虎는 鬪將이요 非領將이며 史萬歲는 騎將이요 非大將이니이다 太子曰 然則大將은 誰也오 弼拜曰 唯殿下所擇이라하니 弼意自許也러라

【綱】 交州에 사는 俚族의 우두머리가 난을 일으키자 摠管 劉方을 보내서 토벌하여 항복시켰다.

交州俚帥作亂이어늘 遣摠管劉方하여 討降之하다

【目】 交州에 사는 俚族의 우두머리인 李佛子가 난을 일으키자, 楊素가 瓜州刺史인 劉方이 장수로서의 지략을 가지고 있다고 하여 천거하였는데, 황제(隋 文帝)가 詔書를 내려서 유방을 交州道行軍摠管으로 삼아 27개의 병영을 통솔하여 나아가도록 하였다. 유방은 군령이 엄숙하여 군율을 범하는 자가 있으면 반드시 목을 베었다. 그러나 병사들을 사랑하여 병이 든 병사가 있으면 직접 가서 위로하고 돌보니, 병사들 또한 이로 인해 감격하였다. 都隆嶺을 넘을 적에 賊과 조우하여 격파하였고, 진군하여 이불자의 군영에 도달하여 이해관계를 가지고 타이르자 이불자가 두려워하여 항복을 받아달라고 청하였다.

交州俚帥李佛子作亂이어늘 楊素薦瓜州刺史劉方有將帥之略①이라한대 詔以爲交州道行軍摠管하여 統二十七營而進하니 方軍令嚴肅하여 有犯必斬이라 然仁愛士卒하여 有疾病者어든 親臨撫養하니 士卒亦以此懷之러라 踰嶺[34]遇賊하여 擊破之하고 進軍臨營[35]하여 論以禍福하니 佛子懼하여 請降하다

34) 嶺 : ≪資治通鑑≫에는 '嶺'이 '都隆嶺'으로 되어 있다.
35) 營 : ≪資治通鑑≫에는 '營'이 '佛子營'으로 되어 있다.

① 敦煌郡에 瓜州를 설치하였다.
敦煌郡置瓜州.

癸亥年(603)

【綱】 隋나라 高祖 文皇帝(楊堅) 仁壽 3년이다. 가을 8월에 幽州摠管 燕榮이 죄가 있어 주살되었다.

三年이라 秋八月에 幽州摠管燕榮有罪誅[36]하다

【目】 燕榮은 성품이 엄혹하여 좌우에 있는 사람을 채찍질하였는데 걸핏하면 천여 대에

---

36) 幽州摠管燕榮有罪誅 : "孔子가 말하기를 '천하에 道가 있으면 出仕하고 도가 없으면 은둔한다.'라고 하였으니, 대저 이른바 '도가 없다'는 것이 어찌 다만 전쟁과 禍亂이 있는 시대뿐이겠는가. 무릇 군주의 治道가 혹독하고, 법이 엄밀하고, 풍속이 부박한 것이 모두 이러한 경우이다. 隋 文帝의 시대에 조정에 있는 신하가 속된 刀筆吏가 아니면 갑옷을 두른 武夫여서 왕왕 서로 질투하고 헐뜯었는데, 하물며 그 군주가 바야흐로 법률로 천하를 다스려서 관대하게 선비를 대우할 뜻이 조금도 없음에 있어서이겠는가. 대개 일찍이 조서를 내려 각 관사에서 屬官의 죄를 논할 때 형률 밖에서 杖을 결정하는 것을 허락하였다. 지금 燕榮은 幽州總管이 되고 元弘嗣는 그 長史가 되었는데, 〈원홍사가〉 날마다 매를 맞았고 심지어 그를 감옥에 가두고 그 양식을 끊기까지 하였으니, 반드시 그를 死地에 몰아넣고 난 뒤에 그만두고자 한 것이다. 대저 長史는 속관들의 우두머리로 응당 禮貌를 갖추어 더욱 공경해야 할 자이니, 진실로 혹 잘못이 있다면 의당 조정에 아뢰어 그를 내치는 것이 옳다. 어찌 비천한 졸병이나 하인처럼 대우하여 매질할 수 있겠는가. 수 문제가 이에 비로소 〈원홍사가〉 杖 10대 이상 맞을 경우 모두 아뢰도록 하라고 경계하였는데, 연영이 잔학함을 부린 것이 너무 심한 지경에 이르렀으므로 수 문제가 또 따라서 그를 주벌하였다. 대저 杖 1대도 오히려 안 되는데, 하물며 10대에 이르렀음에야 더 말할 나위가 있겠는가. 수나라가 사대부를 대우한 것이 이와 같으니, 士君子 중에 진실로 廉恥의 마음이 있어서 조금 스스로 아낄 줄 아는 자라면 어찌 하루라도 그 지위를 편안하게 여기겠는가. 《資治通鑑綱目》에서 곧바로 연영을 죄로써 주벌하였다고 쓰고 分注(目)에서 그 실제를 상세히 기재하였으니, 후세의 군자 중에 수나라 시대에 현달한 선비를 알기를 원하는 자는 여기에서 살펴볼 수 있을 것이다.〔孔子曰 天下有道則見 無道則隱 夫所謂無道者 豈直兵戈禍亂之世而已 凡其君道操切 禁網嚴密 風俗澆浮者 皆是也 隋文之世 在廷之臣 非刀筆俗吏 則介胄武夫 往往互相傾軋 況其君方以法律御天下 略無一毫寬大待士之意 蓋嘗詔諸司論屬官罪 聽律外決杖矣 今燕榮總管幽州 元弘嗣爲其長史 日受鞭笞 甚至付之囹圄 絶其糧廩 必欲置之死地而後已 夫長史爲屬官之長 所當禮貌而加敬者 苟或有過 則宜奏之于朝 黜之可也 烏可待以卒伍厮役之賤而笞箠之哉 隋文於此 方且戒以杖十以上 皆須奏聞 及其肆虐已甚 又從而誅之 夫杖一且猶不可 況至十乎 隋之所以待士大夫者如此 士君子苟有廉恥之心 稍知自愛者 烏可一日安於其位哉 綱目直書榮以罪誅 而以分注備載其實 後之君子 欲知隋世宦達之士者於此可以觀矣〕" 《發明》 위의 공자의 말은 《論語》 〈泰伯〉에 보인다. 또 '蓋嘗詔諸司論屬官罪 聽律外決杖矣'는 《資治通鑑》 開皇 17년(597) 3월 조에 "여러 관청에서 屬官의 죄를 논할 때 형률로는 가볍지만 상황이 엄중할 경우 형률 밖에서 상황을 짐작하여 杖을 결정하는 것을 허락한다.〔諸司論屬官罪 有律輕情重者 聽於律外斟酌決杖〕"라고 하였다.

이르렀다. 元弘嗣가 幽州長史가 되자 〈연영을〉 두려워하여 굳게 사양하였다. 황제(隋 文帝)가 이에 연영에게 칙령을 내려서 말하기를 "원홍사가 杖 10대 이상 맞을 경우 모두 아뢰도록 하라." 하니, 연영이 노하여 원홍사를 파견하여 창고에 곡식을 수납하는 일을 감독하게 하였는데, 곡식을 키질하여 까불러서 겨나 쭉정이가 하나라도 나오면 곧바로 그에게 벌을 주었다. 장을 칠 때마다 비록 열 대를 채우지는 않았지만 하루 안에 서너 차례 장을 치기도 하였다. 얼마 후 마침내 〈원홍사를〉 체포하여 감옥에 넣고 그 양식을 끊어버리자 원홍사의 아내가 대궐에 가서 억울함을 말하였다. 황제가 사신을 파견하여 조사하고서 연영을 불러 京師로 돌아오게 하여 賜死하고, 원홍사로 연영을 대신하여 〈幽州를 다스리게 하니,〉 혹독함이 더욱 심하였다.

榮이 **性嚴酷**하여 **鞭撻左右**호되 **動至千數**라 **元弘嗣當爲幽州長史**에 **懼**하여 **固辭**①어늘 **帝乃勅榮曰 弘嗣杖十已上**을 **皆須奏聞**하라 **榮**이 **怒**하여 **遣弘嗣**하여 **監納倉粟**호되 **颺得一糠一粃**면 **輒罰之**②하니 **每笞**에 **雖不滿十**이나 **然一日之中**에 **或至三數**러니 **久之**에 **遂收付獄**하여 **絶其糧**이어늘 **其妻詣闕稱冤**한대 **帝遣使案驗**하여 **徵還賜死**하고 **以弘嗣代榮**하니 **酷又甚之**러라

① 開皇 3년(583)에 別駕・治中을 고쳐서 長史・司馬라 하였다.
開皇三年, 改別駕・治中, 爲長史・司馬.

② 颺은 餘章의 切과 餘亮의 切이니, 키질하여 까부름이다. 粃는 補履의 切이니, 곡식의 알이 차지 않은 것이다.
颺, 餘章・餘亮二切, 簸颺也. 粃, 補履切, 不成粟也.

【綱】 9월에 常平官을 설치하였다.

九月에 **置常平官**①하다

① 開皇 초에 義倉을 설치하였는데,[37] 이제 常平官을 두어서 의창을 관장하게 한 것이다.
開皇初, 置義倉, 今置常平官掌之.

【綱】 龍門의 王通이 계책을 올렸으나 〈황제(隋 文帝)가〉 답하지 않았다.

◑ **龍門王通**이 **獻策不報**①[38]하다

---

37) 開皇……설치하였는데 : 본서 제36권 상 開皇 5년(585) 5월 조에 隋나라에서 義倉을 설치한 내용이 보인다. 度支尙書 長孫平이 민간에서 매년 가을에 집집마다 곡식과 보리 1石 이하를 내게 하되 빈부에 따라 차등을 두어서 이것을 해당 社 안에 비축해두고 社司에게 맡겨 조사하여 흉년에 대비하게 하고 그 명칭을 義倉이라 할 것을 건의하였다.

① ≪隋書≫ 〈地理志〉에, 龍門縣은 河東郡에 속한다고 되어 있다.
隋志, 龍門縣屬河東郡.

【目】 王通이 대궐에 나아가 〈太平十二策〉을 올렸는데, 황제(隋 文帝)가 쓰지 못하니 그만두고 돌아갔다. 왕통이 마침내 河水와 汾水 사이에서 가르치니, 먼 곳으로부터 찾아오는 제자들이 매우 많았다. 조정에서 여러 번 불렀으나 왕통이 나가서 벼슬하지 않았다. 楊素가 그를 매우 소중히 여겨 그에게 벼슬하기를 권하자, 왕통이 말하기를 "나에게 先祖께서 물려주신 낡은 집이 있으니 이것이면 충분히 비바람을 막을 수 있고, 얼마 안 되는 척박한 농지가 있으니 이것이면 충분히 입에 풀칠을 할 수 있으며, 책을 읽고 道를 담론하면 충분히 스스로 즐거울 수 있으니, 바라건대 明公께서 몸을 바르게 하여 천하를 다스려서 四時가 조화롭고 해마다 풍년이 든다면 내가 은혜를 입음이 많을 것이니, 벼슬하기를 원하지 않습니다." 하였다.

혹자가 양소에게 왕통을 참소하기를 "저 사람이 公을 깔보는데 공은 어째서 그를 공경합니까?" 하였다. 양소가 이것을 왕통에게 묻자, 왕통이 말하기를 "만일 공을 깔볼 만해서 〈내가 깔봤다면〉 내가 잘한 것이요, 공을 깔볼 만하지 않은데 〈내가 깔봤다면〉 내

---

38) 龍門王通 獻策不報 : "'策'에 '獻'을 쓴 경우가 없었는데, '獻策不報(계책을 올렸으나 답하지 않았다.)'라고 썼으니, 〈隋 文帝와 王通〉 둘 다 비난한 것이다. ≪資治通鑑綱目≫이 끝날 때까지 글을 올린 것에 대해 '답하지 않았다〔不報〕'라고 쓴 것이 두 번이다.(漢 成帝 永始 3년(B.C. 14) 梅福과 이해(603) 王通이다.)〔策未有書獻者 書獻策不報 交譏之也 終綱目獻書書不報者二(漢成帝永始三年梅福 是年王通)〕" ≪書法≫ 梅福의 경우는 본서 제7권 상에 "옛 南昌尉 梅福이 上書하였으나 답하지 않았다.〔故南昌尉梅福上書不報〕"라고 하였다.

"수 문제가 형법으로 천하를 다스려서 太學을 폐지하고 儒道를 물리쳤는데 왕통이 儒術을 가지고 설득하였으니, 침을 뱉고 떠나고 뒤돌아보지 않는 것이 마땅하다. 그런데 先儒들이 왕통을 隱君子로 여겼으니, 가령 그가 河水와 汾水 사이에서 제자를 가르치고 글을 짓고 道를 강론하면서 몸을 마쳤다면 또한 어찌 안 될 것이 있겠는가. 그러나 반드시 〈피리를 좋아하는〉 齊王의 궁문 앞에서 비파를 타서 벼슬을 구하는 사람처럼 하다가 내쫓김을 자초하였으니, 이것이 어찌 자리 위에 보배를 준비해놓고 초빙해주기를 기다리는 군자라 하겠는가. 이에 곧바로 '계책을 올렸으나 답하지 않았다.'라 썼으니, 왕통과 같은 자는 또한 매우 부끄러워할 만하다. 애석하다.〔隋文以刑法治天下 廢太學 黜儒道 而王通以儒術說之 宜其唾去不顧也 先儒謂通爲隱君子 使其敎授河汾 著書講道以沒其身 亦何不可之有 而必欲鼓瑟於齊王之門 自取絀辱 是豈席珍待聘之君子哉 直書獻策不報 若王通者 蓋亦可愧之甚矣 惜哉〕" ≪發明≫ '제왕의 궁문 앞에서 비파를 탔다'는 것은 ≪古文眞寶≫ 韓愈의 〈答陳商書〉에 보인다. 제왕이 피리를 좋아하였는데, 齊나라에 벼슬을 구하는 자가 비파를 가지고 제왕의 궁문 앞에서서 3년을 기다렸으나 등용되지 못하였으니, 이는 한유의 시대 사람들이 進士試에 응시하여 祿俸을 구하고 이 세상에 도를 행하려 하면서 세상 사람들이 좋아하지 않는 문장만을 짓는 것이 이와 같다고 말한 것이다. 또 '자리 위에 보배를 준비해놓고 초빙해주기를 기다리는 군자'란 ≪禮記≫ 〈儒行〉에 나오는 말로 스스로 才德을 갖추어 천하에 쓰이기를 기다린다는 뜻이다.

가 잘못한 것입니다. 잘잘못이 모두 나에게 있으니, 公이 무슨 상관이 있겠습니까?" 하니, 양소가 그를 처음처럼 대하였다.

通이 詣闕하여 獻太平十二策한대 帝不能用하니 罷歸어늘 通이 遂教授於河汾之間하니 弟子自遠至者甚衆이러라 累徵不起러니 楊素甚重之하여 勸之仕한대 通曰 通有先人之弊廬하니 足以庇風雨요 薄田이 足以供饘(전)粥이요 讀書談道면 足以自樂①이니 願明公은 正身以治天下하여 使時和年豐하면 通也受賜多矣니 不願仕也하노라 或譖通於素曰 彼實慢公이어늘 公何敬焉고 素以問通한대 通曰 使公可慢인댄 則僕得矣요 不可慢인댄 則僕失矣라 得失在僕하니 公何預焉이리오 素待之如初러라

① 饘은 饘과 통용하여 쓰니, 된 죽을 饘이라 하고 묽은 죽을 粥이라 한다.
饘, 通作饘, 厚曰饘, 希曰粥.

【目】 弟子인 賈瓊이 비방을 그치게 하는 방법을 묻자, 왕통이 대답하기를 "따지지 말라." 하였다. 원망을 그치게 하는 방법을 묻자, 왕통이 대답하기를 "다투지 말라." 하였다. 왕통이 일찍이 말하기를 "사면령을 시행함이 없는 나라는 형벌이 반드시 공평하고, 세금을 무겁게 거두는 나라는 재력이 반드시 줄어든다." 하였고, 또 말하기를 "비방을 듣고 노여워하는 것은 참소를 부르는 미끼이고 칭찬을 듣고 기뻐하는 것은 아첨을 부르는 미끼이니, 이 두 종류의 미끼를 끊고 제거하면 참소와 아첨이 멀어진다." 하였다.

文中子(王通)

大業 말년에 집에서 세상을 떠나니, 門人들이 文中子라 시호하였다.

弟子賈瓊問息謗한대 通曰 無辨이니라 問止怨한대 曰 不爭이니라 通嘗稱無赦之國은 其刑必平이요 重斂之國은 其財必削이라하고 又曰 聞謗而怒者는 讒之囮也요 見譽而喜者는 佞之媒也①니 絶囮去媒면 讒佞이 遠矣라하더라 大業末에 卒於家하니 門人諡曰文中子라하다

① 囮는 余周의 切과 五戈의 切이니, 鳥媒(후림새)이다. 새를 잡는 사람이 살아 있는 새를 매어 두어 다른 새를 오게 하는데, 이를 囮라 한다.
囮, 余周・五戈二切, 鳥媒也. 率鳥者繫生鳥以來之, 名曰囮.

【目】 胡氏(胡寅)가 다음과 같이 평하였다.

"隋나라 文帝가 23년 동안 재위하였으니, 그렇다면 그의 현명함과 현명하지 못함을 진실로 명철한 선비가 헤아려 자신의 道를 행하거나 숨길 수 있다. 만일 王通이 이를 알지 못했거나 혹은 알면서도 문제에게 말했다면 이는 모두 지혜롭다고 할 수 없다. 또 왕통이 참으로 천하를 태평하게 할 수 있는 계책이 있었다 해도 군주가 찾아오기를 기다리지 않고, 궁궐에 나아가 스스로 계책을 바쳐서 自處함이 신중하지 못하였음을 염려하지 않았으니, 또한 어찌 군주의 德을 높이고 道를 즐기는 마음을 길러서 큰일을 이룩하는 功을 바랄 수 있겠는가."

胡氏曰 隋文在位二十有三年이니 其賢其否를 固哲士所量以行藏其道者라 使王通而不知어나 或知之而猶與之言인댄 皆不足以爲智矣요 且通誠有太平之策이라도 不待君之求之而登門自獻하여 不懼自處之不重하니 亦豈所以養其君尊德樂道之心而望之以大有爲之功哉리오

【綱】 突厥의 啓民可汗이 자기 나라로 돌아갔다.

突厥啓民可汗이 歸國하다

【目】 돌궐 步迦可汗의 部落이 크게 혼란해져서 鐵勒과 僕骨 등 10여 부락이 모두 배반하여 啓民可汗에게 항복하니,[39] 보가가한이 서쪽으로 吐谷渾에게 달아났다. 長孫晟이 계민가한을 보내어 磧口에 있게 하니, 계민가한이 이에 보가가한의 무리를 전부 소유하였다.

突厥步迦可汗所部大亂하여 鐵勒僕骨等十餘部皆叛降於啓民①하니 步迦가 西奔吐谷渾이어늘 長孫晟이 送啓民置磧口하니 啓民이 於是에 盡有步迦之衆하다

① 鐵勒은 바로 敕勒이니,[40] 15部가 있다. 僕骨은 15부 중 하나이니, 骨이 어떤 본에는 固로 되어 있다.
鐵勒, 卽敕勒, 有十五部. 僕骨, 其一也, 骨或作固.

39) 돌궐……항복하니 : 步迦可汗은 阿史那玷厥이니, 원래는 西突厥의 가한으로 達頭可汗이라 불렸으나 東突厥의 大可汗인 都藍可汗이 죽자 동쪽으로 진출하여 돌궐의 대가한이 되어 보가가한으로 칭호를 바꾸었다. 당시 小可汗인 啓民可汗(阿史那染干)은 隋나라에 귀부하여 황하 河套 지역에 거주하면서 보가가한에게 대항하였다. 鐵勒과 僕骨은 突厥과 같은 투르크계 유목민족으로 당시 몽골 초원 지역에 살고 있었다. 僕骨은 僕固라고도 하는 투르크어 '뵈귀(Bogu)'의 음역으로 추정된다. (≪隋書 外國傳 譯註≫, 동북아역사재단, 2009)

40) 鐵勒은……敕勒이니 : 鐵勒과 敕勒은 모두 '투르크'의 음역으로, 특히 철륵은 역사학에서는 隋唐時代에 突厥을 제외하고 그의 지배하에 있었던 투르크계 유목민을 지칭하는 총칭으로 쓰였다.(≪舊唐書 外國傳 譯註≫, 동북아역사재단, 2009)

甲子年(604)

【綱】隋나라 高祖 文皇帝(楊堅) 仁壽 4년이다. 봄 정월에 황제(隋 文帝)가 仁壽宮에 갔다.

四年이라 **春正月**에 **帝如仁壽宮**하다

【綱】가을 7월에 太子 楊廣이 大寶殿에서 황제(隋 文帝)를 시해하고 스스로 즉위하여 마침내 전 태자 楊勇을 죽이고 尙書 柳述·侍郎 元巖을 嶺南에 유배 보냈다.

◑**秋七月**에 **太子廣**이 **弑帝于大寶殿而自立**①하여 **遂殺故太子勇**하고 **流尙書柳述·侍郎元巖于嶺南**[41)]하다

---

41) 太子廣……侍郎元巖于嶺南 : "賀善의 贊에 말하였다. '隋 文帝 初에 ≪資治通鑑綱目≫에서 한 번 그의 관직을 썼으나 공로가 있는 것을 듣지 못하였다. 北周 宣帝가 죽자 곧바로 「스스로 大丞相 假黃鉞이 되어 東宮에 머물렀다.」고 쓴 것은 신하 노릇 하지 않음을 보인 것이다. 이에 尉遲迥에 대해서는 楊堅을 토벌하였다고 썼고, 尉遲勤·司馬消難·王謙에 대해서는 모두 '擧兵(군대를 일으켰다)'이라고 썼다. 얼마 뒤에 「양견이 죽였다.」고 4번 썼고, 「스스로를 相國이라 하고 爵位를 올려 隋王이라 하였으며, 九錫을 더하였다.」고 1번 쓰고서 「황제를 칭하였다」는 것으로 뒤를 이었다. 황제를 칭한 뒤에 「〈北周主 宇文闡을〉 폐위하였다〔廢〕」라고 쓰고 「〈介公 우문천을〉 시해하였다〔弑〕」라고 쓰고 그가 宇文氏를 멸족시키는 데에 이르러서는 「모두〔盡〕」라고 썼으니, 이는 또한 蕭齊(南朝 齊나라) 이래로 없었던 것이다. 그러므로 突厥에 대해서 두 번이나 「〈隋나라를〉 정벌하였다.〔伐〕」고 쓸 수 있었던 것이다. 이로부터 장성을 축조한 것을 2번 썼고, 죄 없는 자를 죽인 것을 7번 썼으며, 1升 이상의 양식을 훔친 자를 참수한 것을 썼고, 〈여러 관청에서 屬官의 죄를 줄 때〉 형률 밖에서 杖을 치는 것을 허락하였다고 썼고, 太學을 없앴다고 썼으니, 이는 모두 비판한 것이다. 그러나 〈다른 나라의〉 배반한 신하를 받아들이지 않은 것을 3번 쓴 것과 租와 調를 감한 것과 〈여러 州의〉 사형을 심리하게 한 것과 남아 있는 서적을 찾게 한 것과 義倉을 설치한 것과 封禪을 허락하지 않은 것은 ≪자치통감강목≫에서 또한 그 사실을 〈써서〉 없애지 않았다.'〔賀善贊曰 隋文之初 綱目一書其官 不聞有功也 周宣帝殂 卽書自爲大丞相 假黃鉞 居東宮 不臣見矣 於是尉遲迥書討堅 而尉遲勤司馬消難王謙皆以擧兵書 旣而四書堅殺 一書自爲相國進爵隋王加九錫 而以稱皇帝繼之矣 稱帝之後 書廢書弑 至其滅宇文氏之族書盡 則又蕭齊以來所未有也 故突厥得以再書伐 自是再書築長城 七書殺無罪 書盜升糧斬 書聽律外杖 書廢太學 皆譏也 然三書弗納叛人 與夫減租調 審死刑 求遺書 置義倉 不許封禪 綱目亦不沒其實焉〕" ≪書法≫ '수 문제 초에 ≪자치통감강목≫에서 한 번 그의 관직을 썼으나 공로가 있는 것을 듣지 못하였다.'라고 한 것은 본서 제35권 하 太建 10년(578) 7월 조에 "北周가 楊堅(수 문제)을 上柱國大司馬로 삼았다.〔周以楊堅爲上柱國大司馬〕"라고만 쓰고 상주국 대사마에 임명된 이유를 쓰지 않았다. '양견이 죽였다〔堅殺〕'고 4번 썼다는 것은 승상 양견이 宇文賢, 宇文招와 宇文盛, 宇文純, 宇文達과 宇文逌를 죽인 것을 가리킨 것으로 모두 제35권 하 大象 2년(580)에 보인다.

① 황제는 향년이 64세였다.
帝, 壽六十四.

【目】 4월에 황제의 병환이 낫지 않고 7월에 병환이 심하여 누워서 백료들과 작별할 적에 손을 맞잡고 흐느껴 울었다. 나흘 뒤에 大寶殿에서 붕어하였다.

高祖(隋 文帝)는 성품이 엄격하고 신중하여 명령하면 행해지고 금지하면 그쳤으며, 정사에 부지런하였고, 비록 재물을 주는 것에 인색하였으나 공이 있는 자에게 상을 하사하는 것만은 곧 아까워하는 바가 없었으며, 백성을 사랑하고 길러서 농사와 養蠶을 권장하고 감독하며 徭役과 세금을 경감하였다. 자기 몸을 봉양함에 검소하여 수레와 日常用品 중 낡고 해진 것을 그때마다 수선하거나 기워 쓰게 하였고, 宴享이 아니면 〈먹는 것이〉 한 가지 고기반찬에 불과하였으며, 후궁들은 모두 세탁한 옷을 입게 하였다. 이에 천하가 교화되어서 丈夫들이 모두 명주와 삼베로 지은 옷을 입고, 장신구와 띠〈의

"弑逆은 천하의 大惡이니 하늘과 땅이 용납하지 않는 것이다. 더구나 태자에게는 부자간의 친함이 있고 군신간의 높음이 있으니, 경솔하게 惡名을 가하여 태자(楊廣)를 萬世의 죄인으로 만들 수 있겠는가. 煬帝의 일은 分注(目)와 《資治通鑑》을 살펴보면 단지 '조정의 안팎에 異論들이 많이 있었다.'라고 하였고, 《北史》·《隋史》를 살펴보면 또한 그 일을 기재하지 않았다. 유독 宣華夫人 陳氏 列傳에 기술된 바가 《자치통감》과 대략 같다. 그러나 모두 감히 명분을 바로잡고 죄를 결정하지 못하였다. 지금 《資治通鑑綱目》에서 곧바로 楊廣이 아버지와 군주를 시해한 일을 크게 써서 이를 들어 命名하였으니, 어찌 또한 따로 증거가 있겠는가. 처음에 일찍이 의심하였으나 아직 확실한 점을 얻지 못하였다. 이윽고 살펴보다가 大業 8년(612)에 이르러 張衡을 죽인 날에 장형이 죽음에 임박하여 큰 소리로 말하기를 '내가 남(양광)을 위해 모종의 일을 저질렀으니 오래 살기를 바라겠는가.' 하니, 형의 집행을 감독하는 사람이 귀를 막고 빨리 그를 죽이게 하였다고 하였다. 아! 양광이 〈文帝를〉 시역한 죄가 이에 이르러 비로소 그 바름을 얻은 것이다. 양광이 장형에게 명하여 寢殿에 들어가 문제의 병시중을 들게 하고 후궁들을 모두 내보내어 별실로 가게 하였는데 얼마 후 문제가 죽었으니, 이는 장형이 弑害를 저지를 때에 알 수 있던 사람이 곁에 한 사람도 없었던 것이다. 장형이 형을 받을 때에 임박해서야 비로소 크게 말하여 그 간악함을 드러내었으니, 이는 하늘이 賊黨(장형)으로 하여금 양광의 大逆罪를 바로잡게 한 것이다. 《자치통감강목》에서 명분을 바로잡고 죄를 정하여 直筆로 이를 썼으니, 진실로 許나라 世子 止가 약을 미리 맛보지 않아서 〈임금을 시해했다는〉 이러한 惡名을 받은 것과 다르다. 아! 양광이 시역한 죄가 밝혀졌다면 義兵을 일으켜 사람마다 그를 주벌할 수 있어서 천지 사이에 용납될 곳이 없었을 것이다.〔弑逆 天下之大惡 覆載之所不容 況太子有父之親有君之尊 其可輕加惡名 使之爲萬世之罪人哉 煬帝之事 按之分注 參之通鑑 止謂中外頗有異論 及考以北史隋史 亦皆不載其事 獨宣華夫人陳氏傳所述與通鑑略同 然皆不敢正名定罪 今綱目乃大書楊廣弑父與君之事 揭而名之 豈亦別有據耶 始嘗疑之 未得其的 既而推考 至大業八年 殺張衡之日 衡臨死大言曰 我爲人作何等事而望久活 監刑者塞耳 促令殺之 嗚呼 楊廣弑逆之獄 至是始得其正矣 當廣令張衡入殿侍疾之時 盡遣後宮 出就別室 俄而上崩 是衡之爲逆 蓋無一人在旁得知之者 迨其臨刑之際 始大言而發其姦 此則天使賊黨 正楊廣大逆之誅耳 綱目正名定罪 直筆書之 固非若許世子止之不嘗藥而受此惡名者也 嗚呼 楊廣弑逆之罪既明 則義兵可擧 人人得而誅之 無所容於天地之間矣〕" 《發明》 許나라 世子 止에 대한 고사는 《春秋左氏傳》 昭公 19년 조에 보인다.

장식이〉 구리와 철과 뼈와 뿔에 불과하고, 〈옷과 장신구, 띠에는〉 비단과 금・옥으로 꾸민 것이 없었다.[42] 〈고조가〉 禪讓을 받았던 초기에는 民戶가 채 400만 호가 못 되었는데, 말년에는 890만 호가 넘었다. 그러나 〈고조의 성품이〉 시기하고 까다롭게 살피며 아첨하는 말을 믿고 받아들여서 功臣과 故舊 중에 처음부터 끝까지 보전한 자가 없었고 심지어 子弟들까지도 모두 원수와 적처럼 여겼다.

四月에 帝不豫하고 七月에 疾甚하여 臥與百僚辭訣에 握手歔欷하고 越四日에 崩於大寶殿①하다 高祖性嚴重하여 令行禁止하고 勤於政事하고 雖嗇於財나 至於賞賜有功하여는 卽無所愛②요 愛養百姓하여 勸課農桑하며 輕徭薄賦라 自奉儉素하여 乘輿御物故弊者를 隨令補用하고 非享宴이면 不過一肉이요 後宮이 皆服澣濯之衣하니 天下化之하여 丈夫率衣絹布하고 裝帶不過銅鐵骨角이요 無綾綺金玉之飾焉③이라 受禪之初에 民戶不滿四百萬이러니 末年에 踰八百九十萬이라 然猜忌苛察하고 信受讒言하여 功臣故舊無始終保全者하고 乃至子弟히 皆如仇敵이라

① 大寶殿은 仁壽宮 안에 있는 寢殿이다.
大寶殿, 在仁壽宮中寢殿也.
② 嗇은 아낌이다.
嗇, 愛惜也.
③ '澣濯'은 세탁함이다. '率衣'의 衣(입다)는 於旣의 切이다.
澣濯, 洗滌也. 率衣之衣, 於旣切.

【目】 예전에 文獻皇后(獨孤皇后)가 세상을 떠나고 난 뒤에 황제(隋 文帝)가 陳나라 高宗(陳頊)의 딸을 宣華夫人으로 삼고서 총애하였다. 〈황제가〉 병이 깊어지자 僕射 楊素와 兵部尙書 柳述, 黃門侍郎 元巖이 모두 閤門에 들어와서 병시중을 들었고, 태자(楊廣)를 불러 궁전[43] 안에 들어와 거처하게 하였다. 태자는 황제가 죽을 경우 모름지기 미리 방비해야 한다고 생각하여 직접 글을 써서 밀봉하여 楊素에게 보내 물었다. 양소가 일의 상황을 조목조목 기록하여 회답하였는데, 宮人이 잘못하여 편지를 황제의 처소에 보내니, 황제가 보고 크게 노하였다.

陳夫人(선화부인)이 아침에 옷을 갈아입는 곳으로 갔다가 태자에게 겁탈당할 뻔하였는데 완강하게 저항하여 겁탈을 면하였다. 〈부인이 황제의 처소로 돌아오니〉 황상이 진

42) 丈夫들이……없었다 : 원문은 '丈夫率衣絹布 裝帶不過銅鐵骨角 無綾綺金玉之飾焉'이나, ≪資治通鑑≫에는 '丈夫率衣絹布 不服綾綺 裝帶不過銅鐵骨角 無金玉之飾'으로 되어 있다. 이를 보면 '無綾綺金玉之飾焉'의 '綾綺'는 '衣'에 관련되고 '金玉'은 '裝帶'에 관련된 것으로 보인다.
43) 궁전 안 : 원문은 '殿中'인데, ≪資治通鑑≫에는 '大寶殿'으로 되어 있다.

宣華夫人

부인의 안색이 평소와 다름을 괴이하게 여겨 까닭을 묻자, 진부인이 눈물을 흘리면서 "太子가 무례한 짓을 하였습니다." 하니, 황상이 노하여 침상을 치면서 말하기를 "짐승 같은 놈에게 어찌 국가의 大事를 맡기겠는가. 獨孤后가 나를 그르쳤다." 라 하였다. 이에 유술과 원암을 불러놓고 말하기를 "내 아들을 부르라."라고 하니, 유술 등이 태자를 부르려고 하였는데, 황상이 말하기를 "楊勇을 부르라." 하니, 유술과 원암이 합문을 나가 勅書를 작성하였다. 양소가 이 소식을 듣고 태자에게 아뢰고, 詔命을 사칭하여 유술과 원암을 체포해서 獄에 가두고, 동궁의 軍籍에서 〈군사를〉 소집하여 上臺(황궁)를 宿衛하게 하고,[44] 궁문의 출입을 금지시키되 모두 宇文述·郭衍에게 지휘를 받게 하였다. 右庶子 張衡에게 명령하여 寢殿에 들어가 황제의 병시중을 들게 하고, 後宮을 모두 내보내어 밖으로 나가 別室로 가게 하였는데, 얼마 후 황상이 붕어하였다. 이 때문에 조정의 안팎에 異論이 많이 있었다.

初에 文獻皇后旣崩에 帝以陳高宗女爲宣華夫人하여 有寵이러니 及寢疾에 僕射楊素·兵部尙書柳述·黃門侍郎元巖이 皆入閤侍疾①하고 召太子入居殿中이러니 太子慮帝有不諱면 須預防擬라하여 手自爲書하여 封出問素②한대 素條錄事狀하여 以報할새 宮人이 誤送帝所하니 帝覽而大恚러라 陳夫人이 旦出更(경)衣라가 爲太子所逼하여 拒之得免③하니 上이 怪其神色有異하여 問故한대 夫人이 泫然曰 太子無禮러이다 上恚하여 抵牀曰 畜生에 何足付大事리오 獨孤誤我④로이다 乃呼柳述·元

44) 동궁의……하고 : 원문은 '追東宮兵帖上臺宿衛'이다. 이에 대한 句讀와 해석은 몇 가지로 나뉜다. 우선 '帖'에 대한 주석이 두 가지가 있는데, 하나는 訓義 ⑤처럼 '兵帖 軍籍也(兵帖은 軍籍이다.)'로 보는 것이고, 둘째는 《資治通鑑》 胡三省 註의 '帖 裨也'로 보는 견해이다. 또 '帖 裨也'의 '裨'를 '裨將'으로 해석하는 경우와 '보충함'으로 해석하는 경우가 있다. 上臺를 '臺에 오르다'로 해석한 경우가 있으나 '上臺'를 수 문제가 있는 황궁으로 해석하였다. 우선 '兵帖 軍籍也'으로 보면 "東宮의 兵帖에서 병사를 소집하여 上臺를 숙위하게 하였다.〔追東宮兵帖 上臺宿衛〕"가 된다. '帖 裨也'로 보면 "동궁의 병사를 소집하여 上臺의 숙위에 보충하게 하였다.〔追東宮兵 帖上臺宿衛〕" 또는 "동궁의 병사와 裨將을 소집하여 上臺를 숙위하게 하였다.〔追東宮兵帖 上臺宿衛〕"가 된다. 본서에서는 훈의에 따라 '兵帖 軍籍也'로 번역하였다. 또 다른 견해로 帖을 명령서로 보고 "동궁의 병사를 불러 臺에 올라가 숙위하며 闕門의 출입을 금지하도록 명령하였다.〔追東宮兵 帖上臺宿衛 門禁出入〕"라고 해석하여, 帖을 '門禁出入'까지 걸었다.

巖曰 召我兒하라 述等이 將呼太子어늘 上曰 勇也니라 述巖이 出閤爲勅書어늘 素聞以白太子하여 矯詔執述・巖繫獄하고 追東宮兵帖하여 上臺宿衛⑤하며 門禁出入호되 竝取宇文述・郭衍節度하고 令右庶子張衡으로 入殿侍疾하고 盡遣後宮하여 出就別室이러니 俄而上崩이라 故中外頗有異論⑥하니라

① 隋나라 제도에 門下省에 納言이 2인이고 給事黃門侍郎이 4인이다.
隋制, 門下省納言二人, 給事黃門侍郎四人.

② 防은 막는 것이니, 방비함이다. 擬는 準備함이니, 미리 준비하고 헤아려서 대비하는 것이다.
防, 禦也, 隄備也. 擬, 準也, 準擬揣度(탁)以待之也.

③ 更(바꾸다)는 平聲이다.
更, 平聲.

④ 抵는 때림이다. '畜生'은 그 無識하고 無禮함이 말・소・개・돼지 같아서 반드시 길러야만 살 수 있음을 말한 것이다. 獨孤皇后가 황상(隋 文帝)에게 楊勇을 폐하고 양광을 〈태자로〉 세우기를 권하였다.
抵, 擊也. 畜生, 言其無識無禮, 若馬牛犬豕然, 待畜養而生者也. 獨孤后勸上廢勇立廣.

⑤ '兵帖'은 軍籍이다.
兵帖, 軍籍也.

⑥ ≪考異≫에 다음과 같이 말하였다. "趙毅의 ≪大業略記≫에 말하였다. '高祖(隋 文帝)가 仁壽宮에 있을 때 병환이 심하니, 煬帝를 불러 병시중을 들게 하였다. 고조의 미인 중에 더욱 총애하는 자는 陳氏과 蔡氏 두 사람뿐이었다. 양제가 이에 채씨를 別室에 불렀는데, 돌아온 뒤에 채씨의 얼굴이 상하고 머리채가 흐트러져 있었다. 고조가 물으니, 채씨가 울면서 말하기를 「황태자(양제)가 무례한 짓을 저질렀습니다.」라고 하였다. 고조가 크게 노하여 피가 나도록 손가락을 깨물고는 兵部尙書 柳述과 黃門侍郎 元巖 등을 불러놓고 그들에게 명하여 詔書를 내어 庶人 楊勇을 부르게 하고, 즉시 태자의 廢立을 명하였다. 양제는 일이 급박해지자 左僕射 楊素와 左庶子 張衡을 불러 독약을 올리게 하였다. 양제가 용맹하고 건장한 官奴 30명을 선발하여 모두 부인의 옷을 입히고 옷 밑에 병장기를 감추게 하고 문과 골목 사이에 서 있게 하여 자신의 호위로 삼았다. 양소 등이 궁전에 들어간 뒤에 고조가 갑자기 죽었다.' 馬總의 ≪通曆≫에 말하였다. '文帝가 병이 있자 仁壽殿에서 백관들과 결별할 적에 모두와 손을 맞잡고 흐느껴 울었다. 이때에 오직 태자와 宣華夫人 陳氏가 병시중을 들었는데, 태자가 무례하게 굴자 선화부인이 문제에게 하소연하였다. 문제가 노하여 말하기를 「개자식에게 어찌 뒷일을 맡기겠는가.」 하고 급히 명을 내려 양용을 부르게 하니, 양소가 〈詔書를〉 감추고 반포하지 않고 이에 문제의 좌우에 있는 사람들을 물리치고 張衡에게 명하여 〈寢殿에〉 들어가 문제의 뼈를 부러뜨려 죽이게 하니 피가 병풍에 튀고 원통해하는 소리가 밖에까지 들렸다.' 이제 ≪隋書≫의 내용을 따른다."
考異曰 "趙毅大業略記曰 '高祖在仁壽宮, 病甚, 追帝侍疾, 而高祖美人尤嬖幸者, 唯陳・蔡二人而已. 帝乃召蔡於別室, 旣還, 面傷而髮亂, 高祖問之, 蔡泣曰 「皇太子爲非禮.」 高祖大怒,

嚙指出血, 召兵部尙書柳述・黃門侍郎元巖等, 令發詔追庶人勇, 卽令廢立. 帝事迫, 召左僕射楊素・左庶子張衡進毒藥. 帝簡驍健官奴三十人, 皆服婦人之服, 衣下置仗, 立於門巷之間, 以爲之衛. 素等旣入, 而高祖暴崩.' 馬總通曆曰 '上有疾, 於仁壽殿與百僚辭訣, 竝握手歔欷. 是時唯太子及陳宣華夫人侍疾, 太子無禮, 宣華訴之. 帝怒曰「死狗, 那可付後事.」遽令召勇, 楊素秘不宣, 乃屛左右, 令張衡入拉帝, 血濺屛風, 冤痛之聲聞于外.' 今從隋書."

【目】陳夫人은 變故(文帝의 죽음)를 듣고는 두려워 사색이 되었다. 晡時(오후 3시~5시)가 지난 뒤에 太子(楊廣)가 작은 金盒을 밀봉하여 사자를 보내어 부인에게 주었다. 부인이 〈금합 안의 물건을〉 鴆毒이라 여겨 매우 두려워하였는데 열어보니, 바로 同心結[45]이 있었다. 부인이 화가 나서 물러나 앉아 답례를 하려 하지 않았는데 여러 궁인들이 함께 그녀를 압박하자 그제야 사자에게 절을 하였다. 그날 밤에 태자가 부인과 간통하고 다음 날 發喪하고 〈태자가〉 황제의 자리에 올랐다.

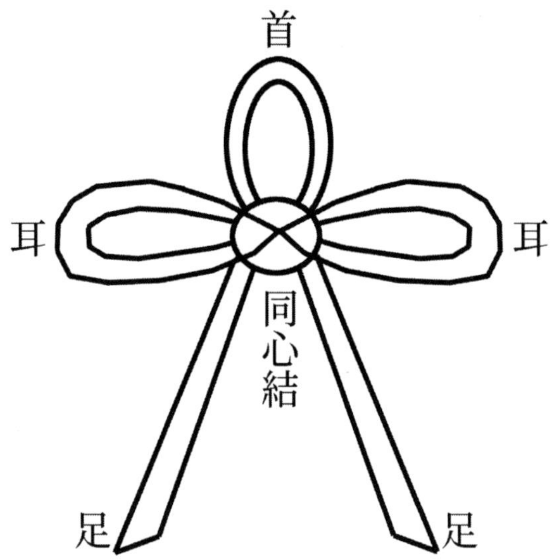

同心結

마침 楊約이 와서 朝見하였는데, 태자가 양약을 長安에 들여보내어 高祖(隋 文帝)의 조서를 사칭하여 前 태자였던 楊勇에게 죽음을 내리고 목졸라 죽이게 하였다. 그렇게 한 뒤에 군사들을 늘어놓고 백성들을 모아서 고조의 죽음을 발표하였다. 〈황제(隋 煬帝)가〉 양용을 房陵王에 追封하고 그를 위해 후사를 세우지 않았으며, 柳述과 元巖의 이름을 관원 명부에서 제명하고 嶺南으로 유배 보냈다. 蘭陵公主(隋 文帝의 다섯째 딸)에게 명하여 유술과 이혼하게 하고 그녀를 다시 시집보내려고 하였는데, 공주가 〈헤어지지 않을 것을〉 죽음으로 맹세하고서 표문을 올려 유술과 함께 유배 갈 것을 청하자 황제가 매우 노여워하였다. 공주가 근심하고 분통해하다가 죽었다.

陳夫人聞變하고 **戰栗失色**이러니 **晡後**에 **太子封小金合**하여 **遣使者賜夫人**하니 **夫人以爲鴆毒**이라하여 **懼甚**한대 **發之**하니 **乃同心結也**라 **夫人恚而却坐**하여 **不肯致謝**어늘 **諸(官)〔宮〕**[46] **人**이

45) 同心結 : 비단으로 짠 띠를 서로 꼬아서 고리 모양으로 만든 매듭이다. 남녀 서로 간의 애정이 단단함을 표시하는 정표로 주는 물건이다.

共逼之하여 乃拜使者라 其夜에 太子烝焉하고 明日에 發喪卽位①하다 會楊約來朝어늘 太子遣約入長安하여 矯稱高祖之詔하여 賜故太子勇死하여 縊殺之하고 然後陳兵集衆하여 發凶問이라 追封勇爲房陵王하여 不爲置嗣하고 除述巖名하여 徙之嶺南②하고 令蘭陵公主與述離絶하여 欲改嫁之한대 公主以死自誓하여 表請與述同徙하니 帝大怒라 公主가 憂憤而卒하다

① 손윗사람과 간통하는 것을 烝이라 한다.
上淫曰烝.

② ≪隋書≫ 〈地理志〉에, 房陵郡 光遷縣은 옛날에 房陵이라 하였는데 新城郡을 두었고, 梁나라 말기에 岐州를 두었고, 北周 때에 郡·縣의 명칭을 모두 光遷으로 고쳤고, 大業 초에 房陵郡을 두었다고 되어 있다.
隋志, 房陵郡光遷縣, 舊曰房陵, 置新城郡, 梁末置岐州, 後周, 郡縣竝改爲光遷, 大業初, 置房陵郡.

【目】 胡氏(胡寅)가 다음과 같이 평하였다.

"隋 文帝가 의심하지 말아야 할 자(楊勇)를 의심하여 謀逆의 오명을 가하였고 믿지 말아야 할 자(楊廣)를 믿어서 弑殺의 화를 입었으니, 또한 암탉이 새벽에 우는 소리를 듣고[47] 막중한 主器[48]를 소홀히 한 것에서는 영원한 鑑戒가 될 만하다.[49] 柳述과 元巖이 직접 일을 잘 처리할 기회를 만났으니, 마땅히 文帝에게 아뢰어 楊廣과 楊素를 모두 부르고 陳夫人에게 질문하여 그 죄를 바로잡아 양광을 폐하여 지방으로 내보내고, 前 태자(양용)에 대해 충분히 논의하여 〈태자로〉 세울 만하면 그를 부르고 그렇지 않으면 따로 자손 중에 어진 자를 〈태자로〉 임명하되, 양소가 만약 이를 따르지 않으면 〈문제에게〉 聖旨를 내려줄 것을 청하여 軍法으로 〈양소를〉 처리했다면 즉시 宗社가 안정되었을 것이다. 오히려 閤門을 나가서 詔書를 작성하다가 逆賊에게 제재를 받아 잠깐 사이에 복이 바뀌어 도리어 화가 되었으니, 유술과 원암은 죽어도 남은 죄가 있는 것이다."

胡氏曰 隋文이 疑所不當疑而加以謀逆之名하고 信所不當信而被其弑殺之禍하니 亦可爲聽牝

---

46) (官)〔宮〕: 저본에는 '官'으로 되어 있으나, ≪資治通鑑綱目≫(≪朱子全書≫ 10 上海古籍出版社)에 의거하여 '宮'으로 바로잡았다.

47) 암탉이……듣고 : ≪書經≫ 〈周書 牧誓〉에 "암탉은 새벽에 우는 일이 없어야 하니, 암탉이 새벽에 울면 집안이 망한다.〔牝雞無晨 牝雞之晨 惟家之索〕" 하였다.

48) 主器 : 기물을 주관하는 사람을 가리킨다. 기물은 종묘의 제기, 임금의 자리, 국가를 뜻한다. 종묘의 제기는 임금의 맏아들이 관장하므로 태자나 맏아들을 이르는 말로 쓰였다. 여기서는 임금의 후사인 太子의 자리를 가리킨다.

49) 隋 文帝가……만하다 : 隋 文帝가 獨孤皇后의 모함을 듣고 태자 楊勇이 반역의 음모를 꾀했다고 하여 그를 폐위시키고 楊廣을 태자로 세웠다가 양광에 의해 시해를 당했음을 말한 것이다.

鷄之晨이요 忽主器之重者之永監矣①로다 柳述·元巖이 親逢事會하니 則當白帝併召廣·素하고 質問陳夫人하여 正其罪而廢廣出諸外하고 熟議故太子하여 可立則召之하고 否則別命子孫之賢者호되 素若不從이어든 請降詔旨하여 以軍法從事면 登時而宗社定矣어늘 乃出閣爲詔라가 受制於賊하여 俄頃之間에 轉福爲禍하니 述·巖死有餘負矣로다

① 〈'主器'에 대해〉 ≪周易≫ 〈序卦傳〉에 "器物을 주관하는 자는 長子만 한 이가 없다."라고 하였다.
易序卦 "主器者莫若長子."

【綱】 許善心을 給事郞으로 강등하였다.

貶許善心爲給事郞하다

【目】 袁充이 주청하기를 "황제(隋 煬帝)께서 즉위하신 것이 堯임금이 천명을 받은 해와 합치됩니다."라 하여 백관들에게 넌지시 축하하는 표문을 올리게 하였는데, 禮部侍郎 許善心이 의론하기를 "國喪이 시작되었으니 축하하는 것은 마땅하지 않다."라고 하였다. 宇文述은 평소에 허선심을 싫어하였으므로 御史에게 넌지시 그를 탄핵하게 하여 〈給事郞으로〉 좌천시키고 관품도 2등급 강등시켰다.

袁充이 奏皇帝卽位 與堯受命年合이라하여 諷百官表賀①한대 禮部侍郎許善心이 議以爲國哀甫爾에 不宜稱賀②라하니 宇文述이 素惡(오)善心이라 諷御史劾之하여 左遷降品二等하다

① ≪隋書≫ 〈袁充傳〉에 "금년 황제께서 즉위하신 것이 堯임금이 천명을 받은 해와 합치됩니다. 옛날에 唐堯가 49살에 천명을 받았으니, 上元 제1紀 甲子年 天正 11월 庚戌日 冬至[50]에 도달하였습니다. 폐하께서 즉위하신 해가 바로 상원 제1기 갑자년 천정 11월 경술일 동지에 해당하니, 바로 당요가 〈천명을 받은 해와〉 같습니다."라고 하였다.
袁充傳 "今歲皇帝卽位, 與堯受命年合. 昔唐堯受命四十九年, 到上元第一紀甲子, 天正十一月庚戌冬至, 陛下卽位, 其年卽當上元第一紀甲子, 天正十一月庚戌冬至, 正與唐堯同."

---

50) 上元……冬至 : 曆家에서는 180년을 1周로 하고 上元甲子, 中元甲子, 下元甲子로 나누는데, 각각 60년이어서 180년 만에 下元甲子가 끝나고 上元甲子로 되돌아간다. 본문 이곳의 '上元 第1紀 甲子年'은 180년 중 첫 번째 60년 주기의 첫 번째 해인 甲子年으로 보인다. '天正 11월 庚戌日 冬至'는 '天正冬至'를 가리킨 것이다. 曆日의 계산은 보통 동지를 기준으로 하기 때문에 동지를 年初로 하는 체계를 사용한 것이다. 天正은 본래 11월을 한 해의 시작으로 삼았던 周曆에서 유래하였다. 이는 三正과 관계된다. 삼정은 三代의 正朔을 가리키는데, 夏나라의 정삭은 寅月(1월)로 人正이라 하고, 殷나라는 丑月(12월)로 地正이라 하고, 周나라는 子月(음력 11월)로 天正이라 하였다.

② 甫는 시작함이다.
甫, 始也.

【綱】 并州摠管 漢王 楊諒이 晉陽에서 군대를 일으키자 楊素를 보내어 공격하여 〈양량을〉 붙잡아 가지고 돌아가서 죽였다.

并州摠管漢王諒이 **起兵晉陽**이어늘 **遣楊素擊虜以歸**하여 **殺之**[51)]하다

【目】 楊諒이 高祖(隋 文帝)에게 총애를 받아 并州總管이 되니, 太行山 동쪽에서부터 바다에 이르는 지역과 남쪽으로 黃河에 이르는 지역 안에 있는 52개 州가 모두 그에게 예속되었는데 특별히 〈律令에 구애받지 않고〉 편의에 따라 처리하는 것을 허락하였다.[52)] 양량은 자신이 있는 곳이 천하의 정예 군사가 있는 곳이라 여겼는데, 太子 楊勇과 蜀王 楊秀가 죄를 받은 것[53)]을 보고 항상 스스로 불안하여 몰래 반역할 마음을 품었다. 고조에게 핑계를 대기를 "돌궐이 바야흐로 강성하니 의당 軍備를 갖추어야 합니다." 하고는, 이에 무기를 수리하고, 私人을 불러 모아서 거의 수만 명에 이르렀다.[54)]

돌궐이 일찍이 변경을 침략하자 양량이 막았으나 이기지 못하여 장수들 중에 죄에 걸려 관원 명부에서 제명되거나 관직에서 해임된 사람이 많았다.[55)] 양량이 오래 알고 지

---

51) 并州摠管漢王諒……殺之 : "'군사를 일으켰다〔起兵〕'고 쓴 것은 어째서인가. 楊廣(隋 煬帝)을 역적으로 여긴 것이다. 그렇다면 어찌하여 '토벌〔討〕'을 쓰지 않았는가. 楊諒이 역적을 토벌하는 것으로 명분을 삼지 않았기 때문이다. 이때에 양광이 高祖(隋 文帝)의 璽書를 가지고 양량을 불렀는데, 양량이 새서를 열어보고 〈고조와 약속한〉 징표가 없자 楊素가 반란하여 군대를 일으켜 그를 토벌하겠다고 선포하였으니, 그렇다면 大寶殿의 일(수 양제가 고조를 시해한 일)을 아직 듣지 못한 것이다.〔書起兵 何 賊廣也 然則曷爲不書討 諒不以討賊名也 於是廣以高祖璽書召諒 諒發書無驗 唱言素反 起兵討之 則未聞大寶殿之事矣〕" ≪書法≫

"隋 文帝가 임종할 적에 조정의 안팎에 異論이 많이 있었다. 楊諒이 만일 명분을 바로잡아 군대를 일으켜 大行 황제가 승하한 이유를 문책했다면 ≪資治通鑑綱目≫에서 마땅히 역적을 토벌했다는 말로 썼을 것이다. 이제 도리어 양소가 반란했다고 사칭하였으니, 올바른 명분이 아니다. 여기서 특별히 '군사를 일으켰다〔起兵〕'고 쓴 것은 우선 이로써 양광의 죄를 드러낸 것이지 이로써 양량을 인정한 것이 아니니, 그 뜻이 은미하다.〔隋文之終 中外頗有異論 諒若能正名擧兵 問大行晏駕之由 則綱目當以討賊之詞書之 今乃詐稱楊素反 則非其名矣 此所以特書起兵者 姑以是而著楊廣之罪 而非以是予諒也 其旨微矣〕" ≪發明≫

52) 특별히……허락하니 : 원문은 '特許以便宜從事'로 되어 있으나, ≪資治通鑑≫에 '特許以便宜從事 不拘律令'으로 되어 있다. 이를 참고하여 번역을 보충하였다.

53) 太子……것 : 태자 楊勇이 참소로 폐출된 것은 본서 제36권 중 開皇 20년(600) 10월 조에 보이며, 蜀王 楊秀가 처벌된 것은 본서 제36권 하 仁壽 2년(602) 12월 조에 보인다.

54) 私人을……이르렀다 : 원문은 '招集私人 殆將數萬'이다. ≪資治通鑑≫에 보면 '招集亡命 左右私人殆將數萬(망명한 사람들을 불러 모아서 주변의 私人이 거의 수만 명을 이르렀다.)'으로 되어 있다.

냈다 하여 그들을 남게 해줄 것을 주청하였는데, 고조가 노하며 말하기를 "네가 藩王이 되어서 오직 조정의 명령을 공경히 따라야 하는데, 어떻게 사사로이 오래 알고 지낸 것을 주장하여 국가의 법을 버릴 수 있느냐?"고 하였다.

諮議參軍 王頍(왕규)는 王僧辯의 아들로, 뜻이 크고 비상한 계략을 내는 것을 좋아하였다. 蕭摩訶와 함께 모두 뜻을 얻지 못하여 항상 마음이 답답하여 난을 일으킬 것을 생각하였는데, 모두 양량과 가까이 지내게 되자 그의 음모에 찬동하였다. 마침 熒惑星이 東井(井宿)의 자리를 침범하자, 양량이 儀曹인 傅奕이 천문역법에 밝다고 여겨 이에 대해 물었는데, 대답하기를 "동정은 黃道가 지나는 곳이니, 형혹성이 그곳을 지나는 것은 정상적인 이치입니다."라고 하니, 양량이 기뻐하지 않았다.

諒有寵於高祖하여 爲幷州摠管하니 自山以東至海南距河五十二州 皆隸焉이라 特許以便宜從事라 諒自以所居天下精兵處라한대 見太子勇蜀王秀得罪하고 常不自安하여 陰蓄異圖라 言於高祖하여 以突厥方彊하니 宜修武備라하여 於是에 繕治器械하고 招集私人하여 殆將數萬이러니 突厥이 嘗寇邊이어늘 諒이 禦之不克하여 將帥多坐除解①라 諒以其宿舊로 奏請留之한대 高祖怒曰 爾爲藩王하여 惟當敬依朝命이니 何得私論宿舊하여 廢國家憲法邪아 諮議參軍王頍者는 僧辯之子②라 倜儻好奇略하여 與蕭摩訶로 俱不得志하여 每鬱鬱思亂이러니 皆爲諒所親善하여 贊其陰謀러라 會熒惑守東井이어늘 諒以儀曹傅奕이 曉星歷이라하여 問之③한대 對曰 東井은 黃道所經이니 熒惑過之는 乃常理耳라하니 諒不悅④하니라

① 除는 관원 명부에서 제명하는 것이다. 解는 관직에서 해임하는 것이다. ≪資治通鑑≫에 "그가 거느린 장수 가운데 죄에 걸려 관원 명부에서 제명되거나 관직에서 해임된 사람이 80여 명이었다."라고 하였다.
除, 除名也. 解, 解官也. 通鑑 "其所領將帥坐除解者八十餘人."

② 頍는 丘弭의 切이다.
頍, 丘弭切.

③ 熒惑은 罰星이다.[56] 東井은 秦나라 分野이다. 儀曹는 官名이다. 隋나라 제도를 살펴보면 王府의 諸曹에는 儀曹가 없으니, 이는 대개 諸參軍의 정원 수에 포함되지 않은 것이다.[57]

---

55) 장수들……많았다 : ≪資治通鑑≫에는 이 내용 뒤에 '皆配防嶺表(이들 모두 嶺南으로 流配되어 수자리 살게 되었다.)'라고 한 내용이 있다.

56) 熒惑은 罰星이다 : ≪漢書≫ 〈天文志〉에 "여름의 時令을 거스르고 火氣를 해치면 벌이 熒惑星에 나타나고……가을의 時令을 거스르고 金氣를 해치면 벌이 太白星에 나타난다.〔逆夏令 傷火氣 罰見熒惑……逆秋令 傷金氣 罰見太白〕"고 하였다. 그러므로 金星(太白星)과 火星(熒惑星)을 罰星이라 한다. 또한 형혹성을 執法이라고 칭하는 데서 법관을 가리키기도 한다.

57) 隋나라……것이다 : ≪隋書≫ 〈百官志 下〉와 ≪唐六典≫ 등을 살펴보면 王府의 參軍에는 諮議參軍,

熒惑, 罰星. 東井, 秦分. 儀曹, 官名. 按隋制, 王府諸曹無儀曹, 蓋不在諸參軍之數.

④ 傅奕이 楊諒이 반역을 도모할 뜻이 있음을 알고 거짓으로 대답하여 스스로 화를 모면하고자 한 것이다.

奕知諒有異圖, 詭對以自免於禍.

【目】 高祖(隋 文帝)가 세상을 떠나자 煬帝가 고조의 璽書를 가지고 楊諒을 불렀다. 이보다 앞서 고조가 양량과 은밀히 약조하기를 "만약 새서로 너를 부른다면 '勅'자 옆에 별도로 점 하나를 찍어놓을 것이고, 또 〈使者의 符節이 너의〉 玉麟符와 부합하면 부름에 나아가도록 하라." 하였다. 새서를 열어보자 〈고조와 약속한〉 신표가 없었으므로 양량이 變故가 있음을 알고 마침내 군사를 동원하여 반란을 일으켰다. 그러자 司馬인 皇甫誕이 눈물을 흘리며 간하기를 "생각건대 대왕의 병력과 물자가 京師의 상대가 안 되고, 게다가 임금과 신하의 지위가 정해지고 逆順의 형세가 달라졌으니,[58] 〈대왕의〉 兵馬가 비록 정예이지만 승리를 쟁취하기 어렵습니다. 하루아침에 자신을 반역의 죄에 빠뜨린다면 평민이 되기를 바라더라도 될 수 없을 것입니다." 하니, 양량이 화가 나서 그를 가두었다.

嵐州刺史 喬鍾癸가 양량에게 가려고 하였는데, 그의 司馬인 陶模가 그를 막고 말하기를 "漢王이 도모하는 것은 반역입니다. 공께서는 나라의 두터운 은혜를 입었으니, 마땅히 〈나라를 위해〉 마음을 다하고 목숨을 바쳐야 하는데, 어찌 몸소 재앙의 계제를 만드십니까?" 하였다. 교종규가 무기를 들고 위협하였으나 도모의 언사가 흔들림이 없자 의롭게 여겨 그를 풀어주었다. 이에 양량을 따라 반란을 일으킨 곳이 모두 19개 州였다.

及高祖崩에 煬帝以高祖璽書徵之하니 先是에 高祖與諒密約호되 若璽書召汝어든 勅字傍에 別加一點하고 又與玉麟符合則就徵①하라 及發書에 無驗이라 諒이 知有變하고 遂發兵反이어늘 司馬皇甫誕이 流涕諫曰 竊料大王兵資 非京師之敵이요 加以君臣位定하고 逆順勢殊하니 士馬雖精이나 難以取勝이라 一旦陷身叛逆이면 欲爲布衣라도 不可得也니라 諒이 怒囚之하다 嵐州刺吏喬(種)〔鍾〕[59]葵將赴諒②이러니 其司馬陶模拒之曰 漢王所圖不軌라 公荷國厚恩하니 當竭誠效命이어늘 豈得身爲厲

記室參軍, 錄事參軍, 功曹參軍, 倉曹參軍, 戶曹參軍, 兵曹參軍 등이 있고 그 정원이 기록되어 있는데, 王府에는 儀曹가 없다. 여기의 의조는 율령에 의해 정원이 정해진 왕부의 諸參軍이 아니라는 뜻이다.

58) 임금과……달라졌으니 : 太子 楊廣은 즉위하여 황제가 되고 楊諒은 그의 신하가 되어 임금과 신하의 지위가 정해져서 반란을 일으키는 것은 逆이 되고 황제를 保衛하는 것은 順이 되어 逆順의 형세가 달라진 것을 말한다.

59) (種)〔鍾〕: 저본에는 '種'으로 되어 있으나, 《資治通鑑綱目》(《朱子全書》 10, 上海古籍出版社)에 의거하여 '鍾'으로 바로잡았다.

階乎③아 鍾葵臨之以兵호되 辭氣不撓어늘 義而釋之하다 於是에 從諒反者凡十九州라

① 玉麟符는 漢나라의 銅虎符60)의 제도를 모방한 것이다. 開皇 7년(587)에 동쪽의 總管과 刺史에게 靑龍符를 나누어 주고, 서쪽의 총관과 자사에게 騶虞符를 나누어 주고, 남쪽의 총관과 자사에게 朱雀符를 나누어 주고, 북쪽의 총관과 자사에게 玄武符를 나누어 주었다. 이후 수 문제의 세 아들(楊廣(揚州總管), 楊秀(益州總管), 楊諒(幷州總管))이 방면에 나누어 거처하여 幷州總管·揚州總管·益州總管이 관할하는 곳이 매우 넓었기 때문에 玉麟符를 만들었다. 漢王 양량이 패한 뒤에 오직 東都(洛陽)와 西都(長安)의 留守만이 옥린부를 사용하였고 唐나라에 이르러서도 그러하였다.

銅虎符

玉麟符, 倣漢銅虎符之制也. 開皇七年, 頒靑龍符於東方總管·刺史, 西方以騶虞, 南方以朱雀, 北方以玄武. 是後三子分居方面, 幷·揚·益三摠管, 統屬甚廣, 故爲玉麟符. 漢王諒旣敗, 唯留守東西兩都, 用玉麟符, 至唐猶然.

② 嵐은 음이 藍이다. 宋白61)이 말하기를 "北魏 때 嵐州를 설치하였으니, 苛嵐山을 따라 이름한 것이다."라고 하였다.
嵐, 音藍. 宋白曰 "後魏置嵐州, 因苛嵐山爲名."

③ ≪詩經≫ 〈大雅 桑柔〉에 "누가 화의 階梯를 만들어 지금에 이르도록 병들게 하였는고."라고 하였다.
詩 "誰生厲階, 至今爲梗."

【目】 王頍가 楊諒을 설득하기를 "왕의 장수와 관리의 家屬이 모두 關西에 있으니, 만약 이들을 쓴다면 마땅히 곧장 내달려 깊숙이 쳐들어가서 곧바로 京都를 점거해야 합니다. 이것은 이른바 '빠른 우레 소리에 귀를 막을 틈조차 없다.'는 것입니다. 그러나 단지 옛 北齊의 땅을 나누어 차지하고자 하신다면 동쪽 사람(關東 사람)을 임용해야 합니다."라고 하였다. 양량이 결정하지 못하다가 두 가지 계책을 모두 사용하고 '楊素가 반란 일으켰으니 그를 주벌하려 한다.'고 선포하였다.

---

60) 銅虎符 : 호랑이 모양처럼 만든 符信으로 虎符라고도 한다. 漢나라 때에 郡守나 諸侯國의 相이 있는 곳에 둔 兵符이다. 이를 둘로 나누어 반쪽은 도성에 남겨두고 나머지 반쪽은 郡에 두었다가, 조정에서 군대를 출동할 일이 생기면 사신의 편에 兵符를 보내 맞춰보게 하고 그것이 일치하면 군대를 출동시키게 하였다.

61) 宋白 : 936~1021. 宋나라 때의 학자이자 문신이다. 吏部尙書를 지냈다. ≪文苑英華≫의 편찬에 참여하였다.

兵曹[62)]인 裴文安이 양량을 설득하여 말하기를 "늙고 약한 병사를 나누어 보내어 요충지에 주둔하여 지키게 하고 이어서 이들에게 상황에 따라 땅을 경략하도록 하십시오. 〈대왕께서는〉 정예 군사를 통솔하여 곧바로 蒲津으로 들어가서 霸上에 주둔한다면 京師가 놀라서 군사들이 모일 겨를이 없을 것이니, 열흘 안에 大事가 결정될 것입니다."라고 하니, 양량이 크게 기뻐하였다. 이에 여러 장수들을 파견하여 길을 나누어 사방으로 나가게 하고, 배문안을 임명하여 柱國으로 삼아 紇單貴와 王聃(왕담) 등과 더불어 곧바로 경사로 향하게 하였다.

楊諒이 수백의 정예 기병을 선발하여 〈기병들이〉 羃䍠(멱리)[63)]를 쓰고서 長安으로 돌아가는 궁인이라고 사칭하고 곧바로 蒲州로 들어가니, 성안에 있던 호걸들 중에 또한 호응하는 사람이 있었다.

王頍說(세)諒曰 王將吏家屬이 盡在關西①하니 若用此等이면 則宜長驅深入하여 直據京都니 所謂疾雷不及掩耳②어니와 若但欲割據舊齊之地인댄 宜任東人③이니이다 諒不能決하여 乃兼用二策하여 唱言楊素反하니 將誅之라 兵曹裴文安說(세)諒曰④ 分遣羸兵하여 屯守要害하고 仍令隨方略地하여 帥(솔)其精銳하여 直入蒲津하여 頓於霸上이면 則京師震擾하여 兵不暇集이니 旬日之間에 事可定矣⑤리라 諒大悅하여 於是에 遣諸將하여 分道四出하고 署文安爲柱國하여 與紇單貴王聃等으로 直指京師⑥하고 諒簡精銳數百騎하여 戴羃䍠하여 詐稱宮人還長安이라하여 徑入蒲州하니 城中豪傑에 亦有應之者⑦러라

① 여기의 關西는 蒲津關 서쪽 지역을 이른다.
此關西, 謂蒲津關以西.
② ≪淮南子≫에 나오는 말이다.[64)]
淮南子之言.
③ 남쪽으로는 大河에 이르고 북쪽으로는 燕과 代 지역을 포괄하니, 모두 高齊(北齊)의 땅이다.
南距大河, 北盡燕・代, 皆高齊之地也.
④ 兵曹는 兵曹參軍이다.
兵曹, 兵曹參軍也.
⑤ 同州 朝邑縣에 蒲津關이 있으니, 黃河를 건너면 동쪽이 바로 蒲州城이다. 武關에서 〈關中으로〉 들어가면 霸上에 주둔하겠지만, 蒲津에서 들어가면 어찌 반드시 패상에 주둔하겠는가. 대개 높은 지역에 올라가 長安을 굽어보려고 해서일 뿐이다.

62) 兵曹 : ≪資治通鑑≫에는 '總管府兵曹'로 되어 있다. 이는 并州總管府의 兵曹參軍을 가리킨다.
63) 羃䍠(멱리) : 중국의 이민족이 쓰던 두건의 일종으로, 온몸을 다 가릴 수 있게 만든 것이다. 隋나라와 唐나라 초기에 유행한 것으로 보인다.
64) 淮南子에……말이다 : ≪淮南子≫ 〈兵略訓〉에는 '疾雷不及塞耳'로 되어 있다.

同州朝邑縣有蒲津關, 渡河, 東卽蒲州城. 自武關入, 則頓於霸上, 自蒲津入, 豈須頓於霸上. 蓋欲乘高以臨長安耳.

⑥ 紇은 下沒의 切이다. 單은 多寒의 切과 達演의 切이다. 紇單은 오랑캐의 複姓이다. 貴는 그의 이름이다.
紇, 下沒切. 單, (可)〔多〕[65]寒・達演二切. 紇單, 虜(復)〔複〕[66]姓. 貴, 其名.

⑦ 冪은 음이 覓이다. 離는 羅(두건)와 통용하여 쓴다. 살펴보건대 ≪舊唐書≫ 〈輿服志〉에 "貞觀의 시기(626~649)에 宮人이 말을 탈 경우에는 北齊와 隋나라의 제도를 따라서 冪羅를 착용하는 경우가 많았다. 비록 오랑캐로부터 생겨났지만 전신을 가려서 도로의 사람들이 엿보지 못하게 하였는데, 永徽 시기(650~656) 이후에 모두 帷冒[67]를 사용하여 裙[68]을 목덜미까지 늘어뜨리니, 점점 몸이 드러나게 되었다."라고 하였다. 宮人은 楊諒의 궁인을 가리킨다.
冪, 音覓. 離, 通作羅. 按唐輿服志云 "貞觀之時, 宮人騎馬者, 依齊・隋舊制, 多著(착)冪羅. 雖發自戎夷, 而全身障蔽, 不欲途路窺之. 永徽之後, 皆用帷帽, 拖裙到頸, 漸爲淺露." 宮人, 謂諒宮人.

冪羅

【目】 裴文安 등이 蒲津에서 채 100여 리 못 미친 곳에서 楊諒이 갑자기 계획을 변경하여 紇單貴에게 명하여 黃河의 다리를 끊고 蒲州를 지키게 하고 배문안을 불러 돌아오게 하였다. 代州總管 李景이 군사를 징발하여 양량을 막자, 양량은 喬鍾葵를 보내서 군사 3만을 통솔하여 이경을 공격하게 하였다. 이경은 戰士가 수천에 불과하고, 게다가 성벽과 垓子가 견고하지 못하여 공격을 받을 때마다 무너졌으나, 이경은 한편으로는 싸우고 한편으로는 성벽을 쌓고 군사들은 모두 죽기로 싸우니, 교종규가 여러 번 패배하였다. 이

65) (可)〔多〕: 저본에는 '可'로 되어 있으나, ≪資治通鑑≫ 胡三省의 註와 ≪集韻≫에 의거하여 '多'로 바로잡았다.
66) (復)〔複〕: 저본에는 '復'으로 되어 있으나, ≪資治通鑑≫ 胡三省의 註에 의거하여 '複'으로 바로잡았다.
67) 帷冒 : 테두리에 網紗를 드리운 모자로, 唐代에는 부녀자들이 사용하였고, 宋代에는 남자들도 먼 길을 떠날 때 썼다.
68) 裙 : 모자 가장자리에 아래로 드리운 얇은 망사를 가리킨다.

경의 司馬 馮孝慈와 司法 呂玉이 모두 날래고 용감하여 잘 싸웠고, 儀同三司 侯莫陳乂는 계책이 많고 방어를 잘하였다. 이경이 그들을 정성으로 대하여 일을 맡기고 자신이 직접 간섭하지 않았으며 다만 관아 안에서 큰일을 책임지고 때때로 나가 위무할 뿐이었다.

楊素가 경무장한 기병 5천을 거느리고 蒲州城을 습격할 적에 밤중에 황하 가에 도착하여 상인들의 배를 거두어서 수백 척을 얻었다. 배 안에 풀을 깔아서 〈병사들이〉 밟아도 소리가 나지 않게 하였다. 드디어 병사들에게 재갈을 물고 황하를 건너게 해서 날이 밝아올 때 공격하니, 흘단귀는 패하여 도주하고 王聃은 성을 가지고서 항복하였다. 詔書를 내려서 양소를 弁州道行軍摠管으로 삼아 군사 수만 명을 통솔하여 楊諒을 토벌하게 하였다.

文安等이 未至蒲津百餘里에 諒忽改圖하여 令紇單貴로 斷河橋守蒲州하고 而召文安還①하다 代州摠管李景이 發兵拒諒이어늘 諒遣喬鍾葵하여 帥(솔)兵三萬攻之하니 景戰士不過數千이요 加以城池不固하여 攻輒崩毁라 景且戰且築하고 士皆死鬪하니 鍾葵屢敗러라 景의 司馬馮孝慈와 司法呂玉이 竝驍勇善戰하고 儀同三司侯莫陳乂 多謀畫 善拒守②라 景이 推誠任之하고 己無所預하여 唯在閤持重하고 時出撫循而已러라 楊素將輕騎五千하여 襲蒲城할새 夜至河際하여 收商賈船하여 得數百艘하여 置草其中하니 踐之無聲이라 遂銜枚而濟하여 遲明擊之하니 單貴敗走하고 聃以城降③이어늘 詔以素爲弁州道行軍摠管하여 帥衆數萬以討諒하다

① 여기의 '河橋'는 蒲津의 다리이니, 楊諒이 황하의 다리를 끊고자 한 것은 가만히 앉아서 옛 北齊의 땅을 차지할 수 있다고 생각한 것이다.
此蒲津之橋也, 諒欲斷河, 謂可坐有舊齊之地耳.

② 司法은 法曹行參軍[69]이다.
司法, 卽法曹行參軍.

③ 遲는 음이 稺이다. ≪資治通鑑≫에는 '單貴' 앞에 '紇'자가 있다.
遲, 音稺. 通鑑單貴上有紇字.

69) 法曹行參軍 : 法曹의 장관으로 법률을 檢定하고 안건을 심의하고 판결하는 일을 관장하였다. ≪唐六典≫에 의하면, 法曹參軍事는 1인으로 정7품상이고, 梁나라·陳나라·北魏의 諸王府와 隋나라 親王府와 嗣王府에 모두 법조행참군이 있었다고 하였다. 법조참군사의 연혁을 살펴보면 다음과 같다. 西晉 말 元帝가 開府하면서 屬官으로 두었고, 宋 武帝가 丞相이 되어 法曹相과 더불어 설치하여 刑獄을 주관하게 하였는데 刑獄賊曹·長流賊曹·城局賊曹 등이 있어서 모두 參軍을 두었다. 齊나라에서도 설치하여 三公府 法曹 이하 田曹·水曹·鎧曹·集曹·右戶 諸曹는 각각 行參軍 1인이 있었다. 梁나라·陳나라·北魏는 이를 따라서 설치하였는데 陳나라에서는 法曹參軍과 더불어 刑獄參軍도 설치하였다. 隋나라는 親王府에 法曹行參軍과 刑獄參軍을 모두 설치하였는데 諸曹行參軍은 '종7품하'였다. 北齊도 三公府에 法曹行參軍事·刑獄參軍事를 모두 설치하였다. 隋 煬帝 때에 法曹行書佐로 개칭하였는데, 唐나라 때 이를 예전대로 복구하였다.(김택민 등, ≪譯註 唐六典 下≫, 신서원, 2008)

【目】楊諒이 처음 군사를 일으켰을 적에 〈양량의〉 妃의 오빠인 豆盧毓이 漢王府의 主簿가 되었는데, 두로육이 간절히 간하였지만 양량이 따르지 않았다. 두로육이 사사로이 그의 동생 豆盧懿에게 말하기를 "내가 한 필의 말을 타고 조정으로 돌아간다면 스스로 화를 면할 수 있겠지만, 이는 바로 자신의 안위를 위한 계획이지 나라를 위함이 아니다. 우선 거짓으로 그를 따르면서 서서히 그 상황을 살피는 것만 못하다."라고 하였다. 두로육의 형인 豆盧賢이 황제(隋 煬帝)에게 말하기를 "신의 동생 두로육은 평소 지조와 절개를 지킬 것을 생각하였으니 반드시 반란에 가담하지 않을 것입니다. 신은 從軍하여 두로육과 안팎으로 호응하기를 청합니다. 그렇게 한다면 양량은 굳이 도모할 것도 못 됩니다."라고 하니, 황제가 허락하였다. 두로현이 비밀리에 집안사람을 보내어 칙서를 가지고 두로육에게 알렸다.

양량이 介州로 가려고 할 적에 두로육과 摠管府의 屬인 朱濤에게 명하여 성에 남아 지키게 하였다. 두로육이 주도와 함께 병사를 출동하여 양량을 막을 것을 상의하였는데, 주도가 안 된다고 하자 두로육이 그를 쫓아가 목을 베고, 皇甫誕을 〈감옥에서〉 풀어주고 그와 함께 상의하였다.[70] 부대를 배치하기 전에 양량이 그 소식을 듣고 성으로 돌아와 공격하니 두로육과 황보탄이 모두 죽었다.

諒之初起兵也에 妃兄豆盧毓이 爲府主簿러니 苦諫호되 不從이어늘 私謂其弟懿曰 吾匹馬歸朝면 自得免禍어니와 此乃身計요 非爲國也라 不若且僞從之하여 徐伺其便이니라 毓兄賢言於帝曰① 臣弟毓이 素懷志節하니 必不從亂이라 臣請從軍하여 與毓爲表裏호리니 諒不足圖也리이다 帝許之한대 賢密遣家人하여 以勅書諭毓하다 諒이 將往介州할새 令毓與摠管屬朱濤留守②러니 毓與濤謀出兵拒之한대 濤不可라하여늘 毓追斬之하고 出皇甫誕 與謀하여 部分未定에 諒聞之還擊하니 毓誕皆死하다

① 豆盧賢은 당시 顯州刺史였다.
賢時爲顯州刺史.

② ≪隋書≫ 〈地理志〉에, 西河郡에 北魏 때 汾州를 설치하였고, 北齊 때 南朔州를 설치하였고, 北周 때 介州로 바꿨다고 되어 있다. 屬은 관명이니 〈지위가〉 掾의 아래에 있다.[71]
隋志, 西河郡, 後魏置汾州, 後齊置南朔州, 後周改曰介州. 屬, 官名, 在掾下.

---

70) 皇甫誕을……상의하였다 : 원문은 '出皇甫誕 與謀'인데, ≪資治通鑑≫에는 '出皇甫誕於獄 與之協計(皇甫誕을 감옥에서 풀어주고 그와 함께 상의하였다.)'로 되어 있다.

71) 屬은……있다 : ≪唐六典≫에 보면, 親王府에 정6품상 掾 1인, 정6품상 屬 1인, 종6품상 主簿 1인 史 2인이라고 되어 있다 하였다.(김택민 등, ≪譯註 唐六典 下≫, 신서원, 2008) 漢나라 때에도 三公府나 주요 관직에는 掾·史·屬을 두어 曹의 사무를 다스리게 하였는데, 掾은 曹의 장관이 되고 史와 屬이 부관이 되었다.

【目】 楊諒의 장수 綦良(기량)이 慈州와 相州를 공격하여 이기지 못하자 마침내 黎州를 공격하여 白馬津〈의 입구〉를 막았다. 余公理가 太行(태항)에서 河內로 내려오자, 황제(隋 煬帝)는 史祥을 行軍總管으로 삼아 河陰에 주둔하게 하였는데, 사상이 말하기를 "여공리는 경솔하고[72] 지모가 없으며 병사가 많음을 믿고 교만하니 굳이 격파할 것도 못된다."라 하고, 이에 하류에서 몰래 강을 건넜는데, 여공리가 그 소식을 듣고 군사를 이끌고 맞아 싸웠다. 〈여공리의 군대가〉 戰列을 이루기도 전에 사상이 공격하여 물리치고 마침내 黎陽으로 달려가니, 기량의 군대가 궤멸되었다.

황제가 幽州의 군사를 동원하려 할 적에 幽州總管 竇抗이 두 마음을 품었을까 의심하여 李子雄을 上大將軍으로 삼고, 또 長孫晟을 相州刺史로 삼아 山東의 군사를 동원하여 이자웅과 함께 두항을 경략하게 하였다. 장손성은 자신의 아들이 양량의 관할하에 있다고 하여 이를 사양하자, 황제가 말하기를 "공이 국가를 제 몸처럼 깊이 생각하니, 끝내 자식 때문에 의리를 해치지 않을 것이다." 하였다. 이자웅이 달려가 유주에 이르러 驛舍에 머물면서 병사를 모아 천여 명을 얻었다. 두항이 이자웅을 찾아오자 이자웅이 병사를 숨겨놓았다가 그를 사로잡았다. 드디어 〈이자웅이〉 유주의 보병과 기병 3만을 동원하여 井陘에서 서쪽으로 양량을 공격하였다.

諒將綦良이 攻慈相不克하여 遂攻黎州하여 塞(색)白馬津①하고 余公理 自太行下河內②어늘 帝以史祥爲行軍摠管하여 軍河陰③한대 祥曰 公理輕而無謀하고 恃衆而驕하니 不足破也리라 乃於下流에 潛濟④러니 公理聞之하고 引兵逆戰이라가 未及成列에 祥擊敗之하고 遂趣黎陽하니 綦良軍潰하다 帝將發幽州兵할새 疑摠管竇抗有貳心하여 以李子雄爲上大將軍⑤하고 又以長孫晟爲相州刺史하여 發山東兵하여 與子雄共經略之한대 晟辭以男在諒所〔部〕[73]어늘 帝曰 公이 體國之深이라 終不以兒害義리라 子雄이 馳至幽州하여 止傳舍하고 召募得千餘人이러니 抗來謁이어늘 子雄이 伏甲擒之하고 遂發其兵步騎三萬하여 自井陘西擊諒하다

① 綦는 음이 其이니, 姓이다. 相은 息亮의 切이다. 慈와 相은 두 州의 이름이다. ≪隋書≫ 〈地理志〉에, 汲郡 黎陽縣에 옛날에 黎州를 설치하였다고 되어 있다. 塞(막다)은 悉側의 切이다.

---

72) 경솔하고 : 원문은 '輕'이다. 아래 訓義 ④에 '輕 牽正切'이라 했는데, ≪集韻≫에 "輕 牽正切 疾也 春秋傳 戎輕而不整(輕은 牽正의 切이니, 빠름이다. ≪春秋左氏傳≫에 '북융의 군대는 빠르지만 질서가 整然하지 않다.'라고 하였다.)"으로 되어 있다. 그러나 ≪新譯 資治通鑑≫(張大可 等 譯注, 三民書局)과 ≪二十五史全譯 隋書≫(許嘉璐 主編, 漢語大詞典出版社)에서 '경솔하다'라고 풀이하였고, ≪集韻≫에서 인용한 '戎輕而不整'을 '戎兵輕易而不整其行伍(戎兵은 경솔하여 그 隊伍가 整然하지 않다.)'라고 보는 註도 있으므로 여기서는 '경솔하다'는 뜻으로 풀이하였다.

73) 〔部〕 : 저본에는 '部'가 없으나, ≪資治通鑑≫에 의거하여 보충하였다.

白馬津은 東郡 白馬縣에 있다. 북쪽으로 黎陽의 강안을 마주하니, 백마진을 막아 적군(隋나라 官軍)으로 하여금 〈黃河를〉 건널 수 없게 한 것이다.

綦, 音其, 姓也. 相, 息亮切. 慈・相, 二州名. 隋志, 汲郡黎陽縣, 舊置黎州. 塞, 悉側切. 白馬津, 在東郡白馬縣, 北對黎陽岸, 塞之使不得渡.

② 太行은 산 이름이다.

太行, 山名也.

③ 史祥은 史寧의 아들이다. 河陰縣은 東魏에서 설치하였고 洛陽郡에 속한다. 북쪽으로 河陽의 강안을 마주하고 있다.

祥, 寧之子也. 河陰縣, 東魏置, 屬洛陽郡, 北對河陽岸.

④ 輕(빠르다)은 牽正의 切이다.

輕, 牽正切.

⑤ 竇抗은 竇榮定의 아들이다.

抗, 榮定之子也.

【目】 李景이 〈喬鍾葵의 군대에게〉 포위된 지 한 달이 넘자 〈황제(隋 煬帝)가〉 朔州刺史 楊義臣에게 詔令을 내려서 그를 구원하게 하였다. 양의신이 기병과 보병 2만을 통솔하고 밤중에 西陘을 출발하니, 교종규가 모든 병력을 동원하여 그를 막았다. 양의신은 스스로 군사의 수가 적다고 여겨서 軍中에 있는 소와 당나귀를 모두 거두어 수천 두를 얻고서 병사 수백 명에게 명하여 사람마다 북을 하나씩 가지고 몰래 소와 당나귀를 몰아서 골짜기 사이에 숨어 있게 하였다. 晡時(오후 3~5시)가 지나서 다시 싸울 적에 〈양쪽의〉 군사가 맞붙자 소와 나귀를 모는 사람들에게 명령하여 북을 울리며 신속히 나아가게 하니, 먼지가 하늘에 가득하였다. 이에 교종규의 군대가 무너지자 〈양의신이〉 군사를 풀어 격파하였다.

楊諒이 그의 장수인 趙子開를 파견하여 군사 10만 명을 거느리고 목책을 세워 지름길을 차단하고 高壁에 주둔하여 지키면서 50리에 걸쳐 포진하였다. 그러자 楊素가 諸將들에게 명령하여 군사들을 거느리고 고벽에 다가가게 하고, 자신은 奇兵을 이끌고 몰래 霍山으로 들어가 산비탈과 골짜기를 따라서 전진하여, 계곡 입구에 군영을 세우고 軍司로 하여금 300명을 가려 뽑아 남겨두어 군영을 지키게 하니, 군사들이 北軍[74]의 강함을 두려워하여 대부분 군영을 지키기를 원하였다. 양소가 듣고 즉시 남겨두었던 300명을 불러 그들의 목을 모두 베고 다시 명을 내려 선발하여 남기게 하니, 병사들 중에 남기를 원하는 사람이 없었다. 양소가 이에 군사를 이끌고 달려가 북군의 북쪽에서

74) 北軍 : 漢王 楊諒의 군사를 가리킨다. 양량이 太原에 鎭守하여 장안의 북쪽에 위치하므로 北軍・北兵이라 칭한 것이다.(張大可 等 譯注, ≪新譯 資治通鑑≫, 三民書局)

나와서[75] 곧장 북군의 군영을 향하여 북을 울리고 불을 놓으니, 북군이 어찌할 바를 몰라 자기들끼리 서로 밟혀 죽거나 부상당한 사람이 수만 명이었다.

李景被圍月餘라 詔朔州刺史楊義臣하여 救之①한대 義臣이 帥(솔)馬步二萬하고 夜出西陘②하니 喬鍾葵悉衆拒之어늘 義臣이 自以兵少로 悉取軍中牛驢하여 得數千頭하여 令兵數百人으로 人持一鼓하고 潛驅之하여 匿於澗谷間이러니 晡後復戰할새 兵合에 命驅牛驢者하여 鳴鼓疾進하니 塵埃張天이라 鍾葵軍潰어늘 縱擊破之③하다 諒이 遣其將趙子開하여 擁衆十萬하여 柵絶徑路하고 屯據高壁하여 布陳五十里④어늘 素令諸將以兵臨之하고 自引奇兵하고 潛入霍山하여 緣崖谷而進하여 營於谷口하고 使軍司로 簡留三百人守營⑤하니 軍士憚北軍之强하여 多願守營이어늘 素聞之하고 卽召所留三百人하여 悉斬之하고 更令簡留하니 無願留者러라 素乃引軍馳하여 出北軍之北하여 直指其營하여 鳴鼓縱火하니 北軍이 不知所爲하여 自相蹂踐하여 殺傷數萬이라

① 馬邑郡은 朔州이니 代州와 경계가 서로 맞닿아 있다. 楊義臣은 本姓이 尉遲이다. 尉遲迥의 亂[76]에 義臣의 부친인 尉遲崇이 〈울지형과 같은〉 宗族이라는 이유로 스스로 감옥에 들어가니, 高祖(隋 文帝)가 위로하고 풀어주었다. 나중에 울지숭이 突厥과 싸우다 죽고 의신은 아직 어려서 궁중에서 양육되었는데, 그 부친의 충절로 인해 楊氏 姓을 하사받았다.
馬邑郡, 朔州, 與代州接境. 楊義臣, 本姓尉遲. 尉遲迥之亂, 義臣父崇, 以宗族之故, 自囚於獄, 高祖慰釋之. 後崇與突厥戰死, 義臣尙幼, 養於宮中, 以其父誠節, 賜姓楊氏.

② ≪新唐書≫ 〈地理志〉에, 代州 鴈門縣에 東陘關과 西陘關이 있다고 되어 있다.
新唐志, 代州鴈門縣有東陘關·西陘關.

③ 張(가득하다)은 之亮의 切이다.
張, 之亮切.

④ 高壁은 고개의 이름이다. 陳은 陣(진을 치다)으로 읽는다.
高壁, 嶺名. 陳, 讀曰陣.

⑤ 霍山은 霍邑의 동북쪽에 있고, 또한 '太白山'이라 한다. 胡三省이 말하기를 "漢나라와 晉나라 때에 軍司馬[77]를 일러 軍司라 하였는데, 지금에는 軍吏를 또한 軍司라 한다."라고 하였다.
霍山在霍邑東北, 亦曰太白山. 胡三省曰 "漢·晉謂軍司馬爲軍司, 今軍吏亦謂之軍司."

---

75) 북군의……나와서 : 원문은 '出北軍之北'이다. ≪新譯 資治通鑑≫(張大可 等 譯注, 三民書局)에서는 여기의 '出'을 '到'로 보아서 '북군의 북쪽에 도달하여'로 해석하였다. 하지만 楊素의 군대가 북군이 예상하지 못하는 곳으로 나온다는 의미로 본다면 '出北軍之北'을 '出於北軍之北(북군의 북쪽에서 나와서)'으로 볼 수 있다. ≪資治通鑑全譯≫(貴州人民出版社)에서도 '楊諒 군대의 북쪽에서 갑자기 출현하여〔在楊諒軍隊的北面突然出現〕'로 해석하였다.

76) 尉遲迥의 亂 : 北周 大象 2년(580)에 北周의 天元皇帝 宇文贇이 세상을 떠나자 楊堅이 丞相이 되어 정권을 장악하였다. 이에 尉遲迥이 鄴에서 반란을 일으켰다. 양견은 이 반란을 진압하고 정치적 지위를 안정시켜 북주를 찬탈하게 된다.

77) 軍司馬 : 漢나라 때에 大將軍의 營은 5部로 되어 있으니, 部에는 校尉 한 명과 軍司馬 한 명이 있다.

【目】楊諒은 趙子開가 패배하였다는 소식을 듣고 크게 두려워하여 스스로 10만의 군사를 거느리고 楊素를 막았는데, 마침 큰 비가 내려서 군사를 이끌고 돌아가려고 하자, 王頍가 간하기를 "양소가 고립무원의 군대를 이끌고 깊숙이 들어와서 병사와 말이 피로하니, 왕께서 정예 병사를 직접 거느리고 공격하신다면 형세상 반드시 이길 것입니다. 그런데 지금 적군을 바라보기만 하고 물러가니, 이는 우리 戰士들의 戰意를 꺾고 西軍의 士氣를 높이는 것입니다. 바라건대 왕께서는 돌아가지 마소서." 하였다. 양량이 따르지 않자 왕규가 그의 아들에게 말하기를 "상황이 좋지 않으니, 우리 군사가 반드시 패배할 것이다." 하였다.

양소가 전진하여 양량을 공격하여 대파하고 蕭摩訶를 사로잡았다. 양량이 퇴각하여 晉陽을 지키자 양소가 진군하여 포위하니, 양량이 곤궁하고 위축되어 항복을 받아줄 것을 요청하였고 왕규는 자살하였다. 여러 신하들이 양량을 응당 사형에 처해야 한다고 上奏하였으나, 황제(隋 煬帝)가 허락하지 않고 관원 명부에서 제명하여 庶人으로 삼았는데 결국 유폐되어 죽었다. 양량의 휘하에 있던 관리와 백성들 가운데 죄에 연루되어 죽거나 유배를 간 사람이 20여만 家나 되었다.

諒聞之大懼하여 自將兵十萬하고 拒素러니 會大雨하여 欲引還이어늘 王頍諫曰 楊素懸軍深入하여 士馬疲弊하니 王以銳卒로 自將擊之면 其勢必克이어늘 今乃望敵而退하니 是는 沮戰士之心而益西軍之氣也라 願王은 勿還하소서 諒不從①이어늘 頍謂其子曰 氣候不佳하니 兵必敗矣로다 楊素進擊諒大破之하고 擒蕭摩訶하니 諒退保晉陽이어늘 素進兵圍之한대 諒窮蹙請降하고 頍는 自殺하다 群臣奏諒當死라호되 帝不許하고 除名爲民이러니 竟以幽死하고 所部吏民坐死徙者二十餘萬家러라

① 楊素의 군대가 長安에서 왔기 때문에 '西軍'이라 한 것이다.
楊素軍自長安來, 故謂之西軍.

【目】胡氏(胡寅)가 다음과 같이 평하였다.

"군사를 일으킬 때에는 반드시 정당한 명분이 있어야 하고, 大業을 세울 때에는 거짓을 행해서는 안 된다. 隋 文帝가 세상을 떠났을 적에 조정의 안팎에 異論이 있었고 楊諒이 받은 璽書가 〈수 문제와〉 사사로이 약속한 것과 같지 않았으니,[78] 만일 이러한 내용을 사용하여 대행 황제(수 문제)의 병이 위독해져 갑자기 승하한 이유가 불명확한 점을

78) 楊諒이……않았으니 : 楊廣(隋 煬帝)이 隋 文帝가 죽자 수 문제의 璽書로 楊諒을 불렀는데, 예전에 수 문제와 양량 사이에 약속했던 징표가 새서에 없자, 양량이 변고가 있음을 알고서 '楊素가 반란을 일으켰다.'고 선포하고 군대를 일으켰다.

거듭 문책하여 19州의 따르는 무리들을 거느리고 곧장 내달려 깊숙이 쳐들어가는 王頍의 계책을 써서 〈원수와는〉 한 하늘 밑에 살 수 없음을 생각하고 목숨을 기꺼이 바칠 수 있었더라면 어찌 忠과 孝 양쪽 모두 얻을 수 있지 않았겠는가. 그런데 楊素가 반란을 일으켰으니 〈그를 주벌하려 한다고〉 속여 말한 것이 거짓이어서 명분이 없으니, 이는 스스로 반역한 것이다. 옳겠는가."

胡氏曰 擧兵에 必有其名이요 立事에 不可行詐라 隋文之崩에 中外異論하고 諒所被書不如私約하니 卽可用此하여 申問大行寢疾晏駕不明之故하여 以十九州附從之衆으로 用王頍長驅深入之策하여 天不共戴하고 死生以之런들 豈不忠孝兩得乎아 而詭言素反이 詐而無名하니 是自爲逆也라 而可乎①아

① ≪禮記≫ 〈曲禮〉에 말하기를 "아버지의 원수와는 한 하늘 아래 살 수 없다."라고 하였다. 記曲禮曰 "父之讐, 不與共戴天."

【目】 예전에 高祖(隋 文帝)가 獨孤皇后와 서로 매우 사랑하고 소중히 여겨서 다른 여인에게 난 자식이 없을 것을 맹세하였다. 〈고조가〉 일찍이 여러 신하들에게 말하기를 "이전 세대의 천자들은 애첩에게 빠져서 嫡子와 庶子가 서로 갈라져 다투어 혹 나라가 망하는 지경에 이르렀는데, 짐의 곁에는 侍妾이 없고 다섯 아들이 한 어머니의 소생이어서 진정한 형제라고 이를 만하니, 어찌 이러한 우환이 있겠는가?" 하였다. 〈고조는〉 또 北周 황실의 왕들이 미약하여 〈망한〉 것을 경계로 삼았다. 이 때문에 여러 아들들에게 큰 鎭을 나누어 차지하게 하였는데, 그의 만년에 이르러 〈부자와 형제가〉 서로 시기하여 다섯 명의 아들이 모두 천수를 다하지 못하였다.

○ 初에 高祖與獨孤后로 甚相愛重하여 誓無異生之子라 嘗謂群臣曰 前世天子溺於嬖幸하여 嫡庶分爭하여 或至亡國하니 朕은 旁無姬侍하고 五子同母하여 可謂眞兄弟也니 豈有此憂邪아 又懲周室諸王微弱이라 故使諸子分據大鎭이러니 及其晩節에 迭相猜忌하여 五子皆不以壽終하니라

【目】 司馬溫公(司馬光)이 다음과 같이 평하였다.

"옛날에 辛伯이 周 桓公에게 고하기를 '內寵(寵姬)의 권위가 后妃와 나란하고, 外寵(寵臣)의 권세가 執政大臣에 버금가고, 嬖子(애첩의 아들)의 위치가 嫡子와 비슷하고, 〈지방의〉 큰 읍성이 國都와 맞먹는 것이 禍亂의 근원이다.'[79]라고 하였으니, 隋나라 高祖(文

79) 內寵(寵姬)의……근원이다 : ≪春秋左氏傳≫ 閔公 2년에 보인다.

帝)는 적자와 서자 간에 다툼이 많고 황실이 외롭고 친왕들이 미약하면 나라가 흔들리기 쉽다는 것은 알았지만, 일찍이 〈형제 간에〉 세력이 균등하고 지위가 비슷하면 비록 지극히 친한 同母의 형제들이라도 서로 쟁탈하지 않을 수 없음은 알지 못하였다. 신백의 말에서 상고해보면 그 하나만 얻고 그 셋을 잃은 것이다."

司馬公曰 昔辛伯이 諗(심)周桓公曰 內寵竝后하고 外寵貳政하고 嬖子配嫡하고 大都耦國이 亂之本也①라하니 隋高祖 知嫡庶之多爭하고 孤弱之易搖호되 曾不知勢鈞位逼하면 雖同產至親이라도 不能無相傾奪하니 考諸辛伯之言컨댄 得其一而失其三乎인저

① 辛伯은 周나라 大夫이다. 諗은 음이 審이니, 고함이다. 周 桓公은 이름이 黑肩이다. '竝后'는 妾〈의 권위〉가 后妃와 같은 것이고, '貳政'은 신하가 멋대로 명령을 내리는 것이고, '配嫡'은 庶子〈의 위치〉가 嫡子와 비슷한 것이고, '耦國'은 〈지방의〉 큰 읍성이 國都와 맞먹는 것이다. 辛伯, 周大夫也. 諗, 音審, 告也. 周桓公, 名黑肩. 竝后, 妾如后也. 貳政, 臣擅命也. 配嫡, 庶如嫡也, 耦國, 都如國也.

【綱】 겨울 10월에 〈文帝를〉 太陵에 장례하였다.

冬十月에 葬太陵하다

【綱】 婦人과 奴婢와 部曲[80]의 課稅를 면제하고, 남자는 22세에 成丁[81]이 되게 하였다.

◑ 除婦人及奴婢部曲之課하고 令男子二十二成丁①하다

① 隋나라가 北周와 北齊의 제도를 따라서 婦人과 奴婢, 部曲의 課役은 각기 給田에 따라 차등을 두었고, 軍人은 21세를 成丁으로 삼았다.[82] 이때에 이르러 戶口가 더욱 많아지고 府庫

---

80) 部曲 : 貴族이나 豪族의 家丁이나 門客 등 예속된 농민을 가리킨다.(張大可 等 譯注, ≪新譯 資治通鑑≫, 三民書局)

81) 成丁 : 남자가 服役하는 연령에 이른 것을 말하는데, 연령은 시대마다 달랐다.

82) 隋나라가……삼았다 : 이는 ≪隋書≫ 〈食貨志〉에 보인다. 隋 文帝가 北周의 권력을 장악하였을 때 여러 반란이 일어나고 북주의 禪讓을 받고 새로 大興宮을 건설하여 천도하느라, 우선 북주의 제도를 그대로 따라서 役丁을 12番(1년 중 1개월 동원)으로 하였으며, 남녀 18세 이상을 丁이라 하고 課役을 부과하고 60세를 老라 하여 과역을 면제하였다. 또 北齊의 제도에 따라서 각 신분에 따라 토지를 지급하였는데, 바로 均田制를 시행한 것이었다. 〈식화지〉에 "開皇 3년(583) 정월에 隋 文帝가 新宮(大興宮)에 들어가서 처음 군인에게 명하여 21세를 成丁으로 삼고 12番을 줄여서 매년 20일을 노역하고 調로서 바치는 비단을 1필을 줄여서 2丈(반필)으로 하게 하였다.〔開皇三年正月 帝入新宮 初令軍人以二十一成丁 減十二番每歲爲二十日役 減調絹一疋爲二丈〕"라고 하였는데, 이를 본다면

의 곡식이 넘쳤기 때문에 이러한 詔書를 내렸다.

隋因周・齊之制, 婦人及奴婢・部曲課役, 各隨給田爲差, 軍人以二十一成丁. 至是, 以戶口益多, 府庫盈溢, 故有是詔.

【綱】 11월에 황제(隋 煬帝)가 洛陽으로 갔다.

◑ 十一月에 帝如洛陽하다

【目】 章仇太翼이 황제(隋 煬帝)에게 말하기를 "폐하께서는 木命에 해당하시고 雍州[83]는 木의 기운을 깨뜨리는 要衝地이니,[84] 오랫동안 거주해서는 안 됩니다. 또 圖讖書에 '修治洛陽還晉家(洛陽을 수리하여 晉家에게 돌려준다.)'라고 하였습니다."[85]라고 하니, 황제가 옳다고 여겨 마침내 낙양으로 행차하고 晉王 楊昭를 남겨두어 長安을 지키게 하였다.

章仇太翼이 言於帝曰① 陛下木命이요 雍州爲破木之衝이니 不可久居요 又讖云 修治洛陽還晉家②라하니 帝以爲然하여 遂幸洛陽하고 留晉王昭하여 守長安하다

① 章仇는 複姓이고 太翼은 그의 이름이니, 術士이다.
章仇, 複姓, 大(태)翼, 其名, 術士也.

② 木旺은 卯의 위치(正東)에 있고, 雍州는 서쪽에 있어 酉의 위치(正西)이므로 木의 기운을 깨뜨리는 요충지가 된다.[86]
木旺在卯, 雍州在西, 酉位也, 故爲破木之衝.

당시 군인이 노역에 동원된다는 것을 알 수 있다. 당시 軍役制度는 丁兵制로 경내에 있는 丁男을 兵役에 충당하여 1년 동안에 일정 기간 軍役과 力役을 지게 한 것이다. 이는 丁男이 곧 兵으로 軍役과 力役을 지며, 이는 兵이 力役에 동원된다는 점을 의미한다.(渡邊信一郎, ≪魏書食貨志・隋書食貨志譯註≫, 汲古書院, 2009)

83) 雍州 : 九州의 하나로 正西쪽에 있는 州이며, 長安 지역을 가리킨다.

84) 폐하께서는……要衝地이니 : 五行說에 의하면 隋 煬帝는 木이니 木은 東方에 해당하고, 木의 相剋은 金인데 金은 西方에 해당한다. 그런데 雍州가 서쪽에 있으므로 木의 기운을 깨뜨리는 요충지라고 한 것이다.

85) 圖讖書에……하였습니다 : ≪大業雜記≫에는 "開皇 초에 '修治洛陽還晉家'라는 童謠가 있었는데, 폐하께서 일찍이 晉王에 봉해졌으니, 이것이 그 증험입니다.〔開皇之初 有童謠云 修治洛陽還晉家 陛下曾封晉王 此其驗也〕"라고 하였다.

86) 木旺은……된다 : 陰陽家와 命理學에서는 旺, 相, 胎, 沒, 死, 囚, 廢, 休의 8자로 五行, 四時, 八卦 등과 연계시켜 사물의 성쇠를 나타낸다. 旺은 왕성하다는 의미로, 木은 亥・子・丑・卯에 왕성하고 金은 巳・午・未・申・酉에 왕성하다. 木은 卯의 위치에서 왕성하니 洛陽에 해당하고, 雍州는 酉의 위치에 있어 金이 왕성한 지역에 해당한다. 金은 木의 相剋이므로 木인 煬帝가 金인 옹주에 있으면 좋지 않으니 낙양으로 가야 한다고 말한 것이다. 참고로 中華書局 ≪資治通鑑≫ 胡三省의 註에 '木旺'이 '本旺'으로 되어 있는데, 오류로 보인다.

【綱】龍門에서 참호를 파서 上洛에 도달하여 이를 따라 關防(관문)을 설치하였다.

塹龍門達上洛하여 **以置關防**[87)]하다

【目】丁男 수십만을 징발하여 참호를 파게 하였는데, 龍門에서 동쪽으로 長平郡과 汲郡까지 이어져서 臨淸關에 이르렀고, 黃河를 건너 浚儀와 襄城에 이르고 上洛에 도달하여 이 참호를 따라 關防을 설치하였다.

發丁男數十萬하여 **掘塹**호되 **自龍門東接長平・汲郡**하여 **抵臨淸關**①하고 **度河至浚儀・襄城**하여 **達於上洛**하여 **以置關防**②하다

① 龍門縣은 蒲州에 속한다. 長平郡은 澤州이고, 汲郡은 衛州이다. ≪新唐書≫ 〈地理志〉에, 衛州 新鄕縣 동북쪽에 臨淸關이 있다고 되어 있다.
龍門縣, 屬蒲州. 長平郡, 澤州. 汲郡, 衛州. 唐志"衛州新鄕縣東北有臨淸關."

② 浚儀는 汴州이고, 襄城은 汝州이고, 上洛은 商州이다.
浚儀, 汴州. 襄城, 汝州. 上洛, 商州.

【綱】陳叔寶가 卒하였다.

陳叔寶卒[88)]하다

【目】長城縣公으로 추증하고, 諡號를 煬이라 하였다.

贈長城縣公하고 **諡曰煬**①이라하다

① 長城縣은 吳郡에 속하였다.
長城縣, 屬吳郡.

---

87) 塹龍門達上洛 以置關防："'關防을 설치하였다.'고 쓴 것은 특별히 쓴 것이니, 天子를 지키는 것임을 알 수 있다.〔書置關防 特筆也 天子之守可知矣〕"≪書法≫ 아래 보이는 참호를 판 지역인 龍門縣, 長平郡, 汲郡, 浚儀, 襄城, 上洛은 洛陽 주변에 있는 지역이다. 隋 煬帝가 낙양에 머물렀기 때문에 주변 지역에 참호를 파고 關防을 설치하여 방비로 삼은 것이다.

88) 陳叔寶卒："陳叔寶의 성명을 쓴 것은 어째서인가. 爵位가 없기 때문이다. ≪資治通鑑綱目≫에서 멸망한 나라의 군주에 대해 '卒'이라 쓴 것이 7번(魏나라의 山陽公(後漢 獻帝)・安樂公(蜀漢 劉禪), 晉나라의 歸命侯(吳나라 孫皓), 陳留王(魏나라 曹奐), 隋나라의 陳叔寶(陳나라 後主), 唐나라 酅公(隋나라 恭帝)・楊溥(五代 吳나라 군주))인데, 爵位가 없는 자는 진숙보 한 명뿐이다.〔姓名 何 無爵也 綱目滅國之君書卒七(魏山陽安樂 晉歸命 陳留 隋陳叔寶 唐酅公 楊溥) 無爵者 叔寶一人而已〕"≪書法≫

【綱】 洛陽을 東京으로 삼았다.

以洛陽爲東京하다

乙丑年(605)

【綱】 隋나라 煬帝(楊廣) 大業 원년이다. 봄 정월에 皇后 蕭氏를 세웠다.

煬帝大業元年이라 **春正月**에 **立皇后蕭氏**[89)]하다

皇后 蕭氏

【綱】 여러 州의 摠管府를 없앴다.

◑ **廢諸州摠管府**①하다

① 北周가 諸州摠管을 설치하였는데, 隋나라가 그대로 따르고 또다시 증치하였다가, 이제 그것을 없앴다.
後周置諸州摠管, 隋因之, 又有增置, 今廢之.

【綱】 晉王 楊昭를 세워 皇太子로 삼았다.

◑ **立晉王昭爲皇太子**하다

【綱】 劉方을 보내 林邑을 공격하였다.

◑ **遣劉方擊林邑**하다

【目】 여러 신하들 중에 林邑에 기이한 보물이 많다고 말한 사람이 있었는데 당시 천하가

89) 立皇后蕭氏 : "皇后를 세운 것은 宋나라 이래로 쓰지 않았으니, 列國이기 때문이다. 이때에 처음 썼고, 唐나라 代宗 때에 이른 뒤에는 쓴 것이 없고 오직 昭宗 때만 한 번 썼고 五代의 황후는 연고가 있지 않으면 쓰지 않았다.〔立后自宋以來不書 列國也 於是始書 至唐代宗而後無書者 惟昭宗一書 五季之后非有故不書也〕" ≪書法≫ 列國은 朱熹의 〈資治通鑑綱目凡例〉를 보면 "列國은 正統이 봉한 나라를 이른다.〔列國 謂正統所封之國〕"라고 하였는데, 南朝 宋나라에서 陳나라 사이의 국가들은 正統으로 보지 않고 모두 열국으로 본 것이다.

무사하고 劉方이 交州를 평정한 지 얼마 안 되었다.[90] 이에 유방에게 驩州道行軍摠管을 제수하여 임읍을 경략하게 하였다.

群臣有言林邑에 多奇寶者어늘 時에 天下無事하고 劉方新平交州라 乃授方驩州道行軍摠管하여 經略林邑①하다

① 林邑은 南蠻의 국명이다. ≪隋書≫ 〈地理志〉에 "南郡에 梁나라 때 德州를 설치하였고, 開皇 18년(598)에 驩州로 고쳤다."라고 하였다.
林邑, 南蠻國名. 隋志曰"南郡, 梁置德州, 開皇十八年, 改曰驩州."

【綱】 2월에 楊素를 尙書令으로 삼았다.

二月에 以楊素爲尙書令하다

【目】 담당 관원에게 칙령을 내려 金寶(금은보화)·器物·錦綵(채색비단)·車馬를 성대하게 진열하게 하고, 幷州(漢王 楊諒)를 토벌하는 데 공로를 세운 楊素와 제장들을 인도하여 앞에 세우고 奇章公 牛弘에게 詔書를 선포하게 하고서 차등 있게 상을 내려주고, 양소를 尙書令으로 삼았다.

勅有司하여 大陳金寶·器物·錦綵·車馬하고 引楊素及諸將討幷州有功者하여 立於前하고 使奇章公牛弘宣詔하여 賜賚有差하고 以素爲尙書令①하다

① ≪隋書≫ 〈地理志〉에, 巴州 其章縣은 梁나라 때에 설치되었고, 또 符陽縣에 옛날에 其章郡을 설치하였다고 되어 있다. '其'는 一本에는 '奇'로 되어 있으니, ≪隋書≫ 〈牛弘傳〉에 "奇章郡公에 봉하였다."라고 하였다.
隋志, 巴州其章縣, 梁置, 又符陽縣, 舊置其章郡. 其一作奇. 牛弘傳"封奇章郡公."

【綱】 천하에 詔命을 내려 상복을 벗도록 하였다.[91]

詔天下公除[92]하다

---

90) 劉方이……되었다 : 劉方이 交州를 평정한 일은 본서 제36권 하 仁壽 2년(602) 12월 조에 보인다.
91) 상복을……하였다 : 高祖 楊堅의 喪에 상복을 입었다가 벗은 것을 가리킨다.
92) 詔天下公除 : "'公除'는 쓴 적이 없는데, 여기서는 어찌하여 썼는가. 사람들을 속였음을 드러낸 것이다. 煬帝 자신이 弑逆을 행하였는데 詔命을 내려 천하 사람들에게 公除를 하게 하고 자기는 오히려 옅은 색의 衣服과 철제 장식의 띠를 착용하였다. 내(양제) 누구를 속였는가? 하늘을 속였구나. 그러므로 ≪資治通鑑綱目≫에서 특별히 쓴 것이다.〔公除未有書者 此何以書 著欺也 身行弑逆 而詔

【目】 오직 황제(隋 煬帝)만은 옅은 색의 黃衫과 철제 장식의 띠를 착용하였다.

惟帝服淺色黃衫鐵裝帶하다

【綱】 3월에 楊素에게 詔命을 내려 東京(洛陽)의 宮室을 짓게 하였다.

三月에 **命楊素**하여 **營東京宮室**하다

【目】 楊素에게 詔命을 내려 東京을 경영하게 할 적에 役丁이 200만 명이었고, 洛州의 성곽 안에 거주하는 백성들과 여러 州의 부유한 상인과 큰 장사꾼들 수만 戶를 옮겨서 동경을 채웠다. 將作大匠 宇文愷와 內史舍人 封德彝 등에게 조칙을 내려서 顯仁宮을 짓게 하고 長江과 五嶺 사이의 기이한 재목과 돌을 징발하여 洛陽으로 수송해오고, 또 온 나라의 아름다운 나무와 특이한 풀과 진기한 새와 짐승을 구하여 苑囿를 채웠다.

詔楊素營東京할새 役丁二百萬人이고 徙洛州郭內居民及諸州富商大賈數萬戶以實之하고 勅將作大匠宇文愷與內史舍人封德彝等하여 營顯仁宮①하고 發江嶺之間奇材異石하여 輸之洛陽②하고 又求海內嘉木異草珍禽奇獸하여 以實苑囿하다

① 《隋書》〈地理志〉에, 河南郡 壽安縣에 顯仁宮이 있다고 되어 있다.
隋志 "河南郡壽安縣有顯仁宮."

② 江과 嶺 사이는 大江(長江) 남쪽과 五嶺 이북을 이른다.
江·嶺之間 謂大江之南·五嶺以北.

【綱】 通濟渠를 開鑿하여 汴水를 끌어들이고, 邗溝(한구)를 개착하고, 離宮을 설치하고, 龍舟를 건조하였다.

開通濟渠하여 **引汴水**하고 **開**(邘)〔**邗**〕[93]**溝**하고 **置離宮**하고 **造龍舟**[94]하다

使天下公除 已猶淺色鐵帶 吾誰欺 欺天乎 故綱目特書之〕" 《書法》 公除는 漢 文帝가 三年喪의 제도를 하루를 한 달로 계산하는 以日易月制로 고쳐서 36일 만에 상복을 벗게 한 遺制로, 國喪을 당하여 일정 기간 동안 상복을 입고 공무를 중지하였다가 기간이 지난 후에 상복을 벗는 일을 가리킨다.

93) (邘)〔邗〕: 저본에는 '邘'으로 되어 있으나, 《資治通鑑綱目》(《朱子全書》 10 上海古籍出版社)에 의거하여 '邗'으로 바로잡았다. 아래도 같다.

94) 開通濟渠……造龍舟 : "말을 번거롭게 하고 줄이지 아니하여 폄하함을 기다리지 않더라도 의미가 드러난다. '溝'를 쓴 것과 '離宮'을 쓴 것과 '舟'를 쓴 것이 여기에서 시작되었으니, 《資治通鑑綱目》이 끝날 때까지 渠를 開鑿한 것을 쓴 것이 10번이고(秦나라 乙卯年(B.C. 246)에 자세하다.) 溝·瀆을 개착한 것을 쓴 것이 3번이고(隋나라 丁未年(587)의 山陽瀆, 이해(605)의 邗溝, 唐나라 德宗 貞元

【目】 詔令을 내리기를 "옛날에는 〈임금이〉 여론을 듣고 가요를 채집하며 백성들에게 물었기[95] 때문에 刑政의 得失을 잘 살필 수 있었으니, 이제는 淮水와 바닷가 지역을 순시하여 풍속을 살펴보고자 한다." 하였다. 마침내 尙書右丞 皇甫議에게 명하여 役丁 백만 명을 징발하여 通濟渠를 개착하게 하였는데, 西苑에서 穀水와 洛水의 물을 끌어들여 黃河에 도달하고, 다시 板渚에서 황하의 물을 끌어들여 汴水로 유입하고, 변수의 물을 끌어들여 泗水로 유입하여 회수에 도달하게 하였다. 또 백성 10만 명을 징발하여 邗溝를 개착하여 〈회수의 물을〉 長江으로 유입하였다. 渠(운하)의 너비는 40보이고 渠 옆에는 御道를 수축하여 버드나무를 심었고, 長安에서 江都까지 離宮을 40여 곳에 설치하였다. 黃門侍郎 王弘 등을 파견하여 江南으로 가서 龍舟 및 기타 선박 수만 척을 건조하게 하니, 〈파견 나온〉 관리들이 工役을 감독하기를 엄하고 급하게 하는 바람에 役丁 가운데 죽은 자가 열에 네다섯이었다.

詔曰 古者에 聽採輿頌하고 謀及庶民이라 故能審刑政之得失하니 今將巡歷淮海하여 觀省風俗①호리라 遂命尙書右丞皇甫議하여 發丁百萬하여 開通濟渠②할새 自西苑引穀・洛水하여 達于河③하고 復自板渚引河入汴하고 引汴入泗하여 以達于淮④하고 又發民十萬하여 開(邗)〔邗〕溝入江⑤하니 渠廣四十步요 旁築御道하여 樹以柳하고 自長安至江都히 置離宮四十餘所⑥하고 遣黃門侍郎王弘等往江南하여 造龍舟及雜船數萬艘하니 官吏督役嚴急하여 役丁死者什四五러라

① 輿는 많은 사람이고, 頌은 노래이다.
輿, 衆也. 頌, 歌也.

12년(796)의 刁溝이다.) 배〔舟〕를 건조한 것을 쓴 것이 4번이고(이해, 大業 11년(615)에 다시 건조하였고, 唐나라 太宗 貞觀 21년(647)에 大船을 건조하였고, 敬宗 寶曆 원년(825)에 競渡船을 건조하였다.) 이궁을 설치했다고 쓴 것은 이 한 번뿐이다.〔辭繁不殺 不待貶而意見矣 書溝始此 書離宮始此 書舟始此 終綱目書開渠十(詳秦乙卯年) 書開溝瀆三(隋丁未年山陽瀆 是年邗溝 唐德宗貞元十二年刁溝) 書造舟四(是年大業十一年更造 唐太宗貞觀二十一年大船 敬宗寶曆元年競渡船) 書置離宮一而已〕" ≪書法≫

"죄에는 가벼움과 무거움이 있으니 반드시 가벼운 것을 버리고 무거운 것을 따른다. 그러므로 살인한 도적에게는 노략질한 죄를 따지지 않으니, 이는 대개 살인은 본래 죽을죄에 해당하기 때문이다. 楊廣(隋 煬帝)이 弑逆을 저지른 것은 죄가 죽음으로도 용서받지 못하니, 그가 사치하고 음탕하고 군사를 풀어 함부로 죽인 것과 같은 경우는 모두 자질구레한 작은 일일 뿐이다. 그러나 또한 쓰지 않을 수 없으므로 여기의 渠를 개착하고 배를 건조한 일과 유람하는 곳에 따라 宮苑을 축조한 일 등을 또한 책에 써서 그 사실을 없애지 않은 것이다.〔罪有輕重 必捨輕從重 故殺人之賊 不問其剽竊 蓋以殺人自有死罪故也 楊廣弑逆 罪不容誅 若其奢侈淫慾 縱兵濫殺 是皆餘事之瑣瑣者耳 然亦不可不書 此開渠造舟 與夫狗遊幸築宮苑等事 所以亦著于冊而不泯其實者也〕" ≪發明≫

95) 백성들에게 물었기 : ≪書經≫ 〈周書 洪範〉에 "크게 의심나는 점이 있거든, 자기 마음에 물어보고, 관원들에게 물어보고, 서민들에게 물어보고, 거북과 시초 점을 쳐서 물어보아야 한다.〔有大疑 謀及乃心 謀及卿士 謀及庶人 謀及卜筮〕"는 말이 보인다.

② 杜佑가 말하기를 "陳留郡의 城 서쪽에는 通濟渠가 있는데, 煬帝가 開鑿하여 長江과 淮水의 漕運을 연결하고 아울러 汴水의 물을 끌어들이니, 바로 莨蕩渠이다."라고 하였다.
杜佑曰 "陳留郡城西有通濟渠, 煬帝開以通江・淮漕運, 兼引汴水, 卽莨蕩渠也."

③ 이해에 東京을 건설하니, 동쪽으로 옛 洛陽城과의 거리가 18리였다. 동경은 남쪽으로는 伊闕의 입구에 맞닿아 있고 북쪽으로는 邙山의 험고함에 의지하고 동쪽으로는 瀍水(전수)의 동쪽에서 나오고 서쪽으로는 澗水의 서쪽에서 나오고, 그 성은 서쪽으로 苑과 이어지고 上陽宮[96]까지 거리가 7리이다. 苑의 담장은 둘레가 126리인데, 북쪽으로 北邙에 이르고 서쪽으로 孝水에 이르고 남쪽으로 洛水의 支渠(관계수로)와 맞닿아 있어 穀水와 洛水의 물이 그 사이에 모인다. 그러므로 苑에서 곡수와 낙수의 물을 끌어들여 渠(운하)를 만들어서 黃河에 도달하게 한 것이다.
是歲營建東京, 東去故都十八里, 南直(치)伊闕之口, 北倚邙山之塞, 東出瀍水之東, 西出澗水之西, 其城西面連苑, 距上陽宮七里. 苑墻周回一百二十六里, 北距北邙, 西至孝水, 南帶洛水支渠, 穀・洛二水會于其間, 故自苑引之爲渠, 以達于河

④ 板渚는 虎牢의 동쪽에 있다. ≪水經≫에 "河水가 동쪽으로 흘러 汜水(사수)와 합류하고 다시 동쪽으로 板城을 지나는데, 북쪽에 나루가 있으니 이를 板城渚口라 한다. 또 동쪽으로 滎陽縣을 지나는데, 蒗蕩渠가 그곳에서 나온다. 강물이 낭탕거 남쪽으로 나와 汴水가 되니, 漢나라 滎陽의 石門이 바로 그 지역이다.
板渚在虎牢之東. 水經 "河水東合汜水, 又東過板城, 北有津, 謂之板城渚口. 又東過滎陽縣, 蒗蕩渠出焉. 是渠南出爲汴水, 漢之滎陽石門卽其地也.

⑤ 邗은 음이 寒이다. ≪春秋左氏傳≫에 "吳나라가 邗에 성을 쌓고, 水路를 뚫어 長江과 淮水를 貫通시켰다."라고 하였으니, 이 邗溝 또한 옛 수로를 따른 것이다.
(邢)〔邗〕, 音寒. 春秋 "吳城(邢)〔邗〕, 溝通江・淮", 此亦因故道也.

⑥ 江都郡은 揚州이다.
江都郡, 揚州.

【綱】 여름 4월에 劉方이 林邑을 크게 격파하고 돌아오다가 軍中에서 죽었다.

夏四月에 **劉方大破林邑**하고 **還**이라가 **卒于師**[97]하다

96) 上陽宮 : ≪隋書≫ 〈地理志 中〉 河南郡 桃林縣 조에 보면 도림현에 상양궁이 있다고 하였다.
97) 劉方大破林邑 還卒于師 : "≪資治通鑑綱目≫에서 '軍中에서 죽었다.〔卒于師〕'라고 쓴 것이 8번인데(後漢 光武帝 建武 9년(33)에 자세하다.) 대부분 관직을 갖추어 쓴 것은 죽은 것을 가상히 여긴 것이다. 劉方이 驩州總管인데, 관직을 갖추어 쓰지 않은 것은 어째서인가. 유방을 죄준 것이다. 林邑은 멀리 떨어진 벽지에 있고 中夏를 어지럽혔다는 말을 듣지 못하였는데, 한갓 보물이 많다는 이유로 정벌하였다. 그런데 유방이 무력을 함부로 사용하여 깊이 쳐들어가서 사졸들 중에 죽은 자가 열에 네다섯에 이르렀으니, 그 죄가 크다. 그러므로 앞에서 '공격했다〔擊〕'로 쓰고 여기서 '죽었다〔卒〕'로 쓰고 모두 그 관직을 삭제하였다. ≪자치통감강목≫에서 '軍中에서 죽었다.'고 쓴 것 중에 관직을

【目】林邑王 梵志가 군사를 보내어 험한 곳을 지키자, 劉方이 공격하여 패주시켰다. 군사들이 闍黎江(사려강)을 건널 적에 임읍의 군사들이 거대한 코끼리를 타고 사방에서 이르렀다. 유방은 戰勢가 불리하자 작은 구덩이를 많이 파고 그 위에 풀을 덮어놓았다. 그들과 싸울 적에 거짓으로 패한 척하고 도망갔는데, 임읍의 군사들이 추격하다가 코끼리들이 〈구덩이에 빠져〉 넘어졌다. 〈유방이〉 코끼리를 쇠뇌로 쏘아 맞추게 하니, 코끼리들이 뒷걸음질쳐서 달아나 임읍 군대의 陣列을 짓밟았다. 유방이 이를 틈타 정예 군사를 뒤따라 보내어, 임읍의 군대가 크게 패하자 〈유방이〉 군사를 이끌고 그들을 추격하여 馬援의 銅柱[98)]의 남쪽을 지나서 8일 만에 임읍의 國都에 도착하였다.

4월에 범지가 도주하여 海島로 들어가자 유방이 임읍의 都城에 들어가 그 종묘의 神主 18개를 얻었는데, 모두 金을 주조하여 만든 것이었다. 비석을 세워 공로를 기록하고 돌아왔다. 사졸들이 발에 종기가 나서 죽은 사람이 열에 네다섯에 이르렀고, 유방 또한 병을 걸려 도중에 죽었다.

예전에 尙書右丞 李綱이 자주 이의를 제기한 것으로 楊素와 蘇威의 심기를 거슬렀다. 이에 양소가 이강을 천거하여 유방의 行軍司馬가 되게 하였는데, 유방은 양소의 뜻에 영합하여 이강을 능욕하여 이강이 거의 죽을 뻔하였다. 군대가 돌아오자 소위는 다시

갖추어 쓰지 않은 것은 2번인데(劉方과 任雅相이다.) 유방에게만 始終 관직을 쓰지 않은 것은 비난한 것이다.〔綱目書卒于師八(詳漢光武建武九年) 多具官者 嘉死事也 方驩州總管也 其不書 何 罪方也 林邑僻遠 未聞猾夏 徒以多寶故伐之 而方窮兵深入 士卒死者至什四五 其罪大矣 故前書擊 此書卒 皆削其官 綱目書卒于師 不具官者二(劉方 任雅相) 惟方終始不書官 爲譏焉〕" 《書法》 '공격했다〔擊〕'는 것은 仁壽 4년(604)에 "劉方을 보내 林邑을 공격하였다.〔遣劉方擊林邑〕"라고 하였다.

"'卒于師'와 '卒于軍(軍中에서 죽었다.)'에는 두 가지 뜻이 있으니, 만일 원수를 토벌하고 오랑캐의 침략을 막았다면 王事에 죽은 것이고, 만일 남의 땅을 탐하고 남의 재화를 이롭게 여겨 아무 이유 없이 군대를 외지에서 고생시켰다면 不義에 죽은 것이다. 이 두 가지 경우는 진실로 똑같이 논할 수 없다. 대저 군대는 백성에게 해독을 끼치기 때문에 아주 부득이한 경우가 아니면 어찌 가볍게 쓸 수 있겠는가. 林邑이 隋나라에 변경을 침범한 죄가 있음을 듣지 못하였는데, 오히려 기이한 재보가 많다는 이유로 군대를 일으켰으니, 이는 뜻이 재물을 좇는 데 있을 뿐이다. 이 때문에 전일에 劉方을 보낼 적에 《資治通鑑綱目》에서 '擊'이라 쓰고 '討'라 쓰지 않았으니, 이미 이를 폄하한 뜻을 보인 것이다. 〈유방이〉 이제 功을 이루자마자 군중에서 죽었으니, 이 또한 하늘이 주벌한 뜻이다. 直筆로 이를 썼으니, 이는 바로 人命을 가볍게 여기고 기이한 물건을 탐한 죄를 드러낸 것이지 이것으로 유방을 인정한 것이 아니다. 《春秋》의 筆法은 좋은 일과 나쁜 일에 똑같은 말을 쓰는 것을 혐의하지 않는다.〔書卒于師 卒于軍 有二義 若討伐讐賊 防遏虜寇 則爲沒於王事 若貪人土地 利人貨寶 無故暴師 則爲死於不義 二者固不可以一概論也 夫兵以毒民 非有大不得已 胡可輕用 林邑在隋 未聞犯邊之罪 乃爲其多奇寶而擧兵 則是志在徇貨而已 是以前日劉方之遣 綱目書擊而不書討 已見貶之之意 今而成功 乃卒于師 是亦天誅之意耳 直筆書之 正以著其輕人命貪異物之罪 而非以是予之也 春秋之法 美惡不嫌同詞〕" 《發明》

98) 馬援의 銅柱 : 後漢의 馬援이 交趾를 원정한 뒤, 두 개의 구리 기둥〔銅柱〕을 세워 漢나라의 경계를 표시하였다.(《後漢書》 권24 〈馬援列傳〉)

이강을 파견하여 南海에 가서 임읍을 상대하게 하고 오랫동안 소환하지 않았다. 이강이 스스로 〈도성으로〉 돌아와서 일을 아뢰니, 소위가 〈제멋대로 任地를 떠났다고〉 이강을 탄핵하였다.[99] 이에 〈이강을〉 獄吏에게 내려 보냈는데 면직되어 鄠(호)에 은거하였다.

林邑王梵志遣兵守險이어늘 劉方擊走之러니 師度闍黎江①할새 林邑兵이 乘巨象하고 四面而至하니 方戰不利하여 乃多掘小坑하고 草覆其上하여 與戰僞北(배)한대 林邑逐之라가 象多顚躓라 以弩射之하니 象却走蹂其陳이어늘 因以銳師繼之하니 林邑大敗어늘 引兵追之하여 過馬援銅柱南하여 八日에 至其國都하니 四月에 梵志走入海어늘 方入城하여 獲其廟主十八하니 皆鑄金爲之러라 刻石紀功而還②이러니 士卒腫足死者什四五요 方亦得疾하여 卒於道③하다 初에 尙書右丞李綱이 數(삭)以異議로 忤楊素·蘇威라 素薦綱爲方行軍司馬한대 方承素意하여 屈辱之幾死러니 軍還에 威復遣綱詣南海하여 應接林邑하고 久而不召하니 綱自歸奏事어늘 威劾奏之하여 下吏免官하여 屛居於鄠④하다

① 闍는 市遮의 切이다.
闍, 市遮切.
② '廟主'는 宗廟 안에 있는 神主이다.
廟主, 宗廟中神主.
③ 腫은 모임이니, 한기와 열기가 모인 것이다.
腫, 鍾也, 寒熱氣鍾聚也
④ 鄠는 음이 戶이다. 鄠縣은 京兆郡에 속한다.
鄠, 音戶. 鄠縣, 屬京兆郡.

【綱】 5월에 西苑을 축조하였다.

五月에 築西苑하다

【目】 西苑의 둘레가 200리이고 그 안에 바다를 만들었는데 둘레가 10여 리였다. 〈그 바다 가운데에는〉 方丈·蓬萊·瀛洲 등 여러 산을 만들었는데 높이가 100여 척이고, 臺觀과 宮殿이 산 위에 죽 늘어서 있었다. 바다 북쪽에는 龍鱗渠[100]가 있는데 그 물줄기가 구불구불 돌아 바다로 흘러 들어갔다. 용린거를 따라 16개의 院을 지었는데 院의 문이 모두 용린거에 임해 있고 院마다 4品의 夫人이 주관하게 하였고, 〈殿堂과 樓

99) 소위가……탄핵하였다 : 원문은 '威劾奏之'로 되어 있는데, ≪資治通鑑≫에는 '威劾奏綱擅離所職(소위가 이강이 제멋대로 맡은 직무를 이탈하였다고 탄핵하였다.)'으로 되어 있다.
100) 龍鱗渠 : 원문에는 '渠'로 되어 있는데, ≪資治通鑑≫에는 '龍鱗渠'로 되어 있다. 운하의 이름이다.

觀은〉 화려함의 극치를 이루었다.[101] 서원 宮 안의 나무가 시들어 꽃과 잎이 떨어지면 비단을 잘라 꽃과 잎을 만들어 가지에 붙이고[102] 연못 안에도 비단을 잘라 연꽃과 마름을 만들어서 색이 변하면 새것으로 바꾸었다. 16개의 院의 夫人이 다투어 상대보다 정교하고 화려하게 진수성찬을 차려서 〈황상(隋 煬帝)의〉 은총을 구하였다. 황상은 달밤에 궁녀 수천 명을 거느리고 말을 타고 서원을 노니는 것을 좋아하여 〈淸夜遊曲〉을 지어 말 위에서 연주하였다.

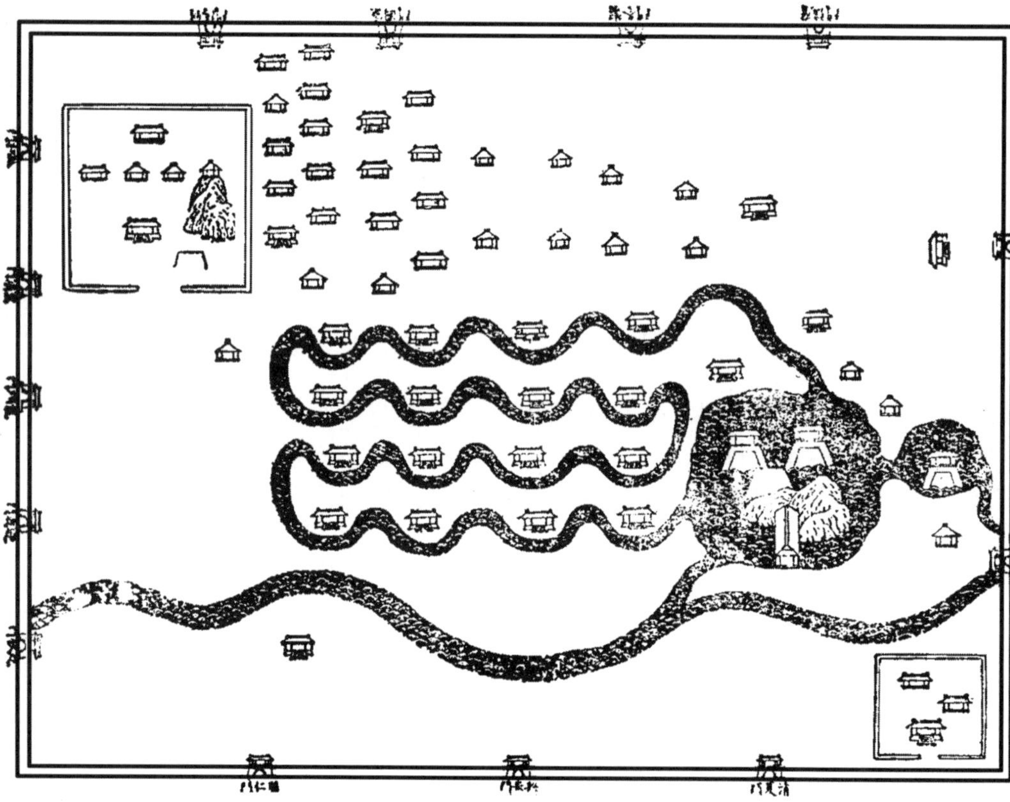

西苑

苑周二百里요 其內爲海하니 周十餘里요 爲方丈·蓬萊·瀛洲諸山하니 高百餘尺이요 臺觀宮殿이 羅絡山上하고 海北有渠하여 縈紆注海內①하고 緣渠作十六院호되 門皆臨渠하고 每院에 以四品夫人主之②하고 窮極華麗라 宮樹彫落則剪綵爲花葉하여 綴之하고 沼內에 亦剪綵爲荷芰菱芡하여 色渝則易以新者③러라 十六院이 競以殽羞精麗相高하여 求市恩寵④하고 上好以月夜에

101) 殿堂과……이루었다 : 원문에는 '窮極華麗'로 되어 있는데, ≪資治通鑑≫에는 '堂殿樓觀 窮極華麗'로 되어 있다.
102) 가지에 붙이고 : 원문에는 '綴之'로 되어 있는데, ≪資治通鑑≫에는 '綴於枝條'로 되어 있다.

從宮女數千하여 騎遊西苑이라 作淸夜遊曲하여 於馬上奏之⑤하더라

① 縈은 두름이고, 紆는 굽음이다.
縈, 繞也. 紆, 曲也.

② 內命婦의 품계는 百官의 품계에 견준다.
內命婦之品, 眂百官.

③ 芰는 奇寄의 切이니 마름〔蔆〕이다. 蔆은 음이 陵이다. 芡은 음이 儉이니 鷄頭(가시연)이다. 渝는 변함이다.
芰, 奇寄切, 蔆也. 蔆, 音陵. 芡, 音儉, 鷄頭也. 渝, 變也.

④ 殽(안주)는 음이 肴이고, 맛을 극진히 한 것을 羞라고 한다.[103] 市는 사고 파는 것이다.
殽, 音肴. 致滋味爲羞. 市, 貿易也.

⑤ 從(따르다)은 才用의 切이다. 曹植의 '맑은 밤 西園에서 노닐다〔淸夜遊西園〕'라는 詩句[104]를 가지고 曲의 이름을 붙인 것이다.
從, 才用切. 用曹植淸夜遊西園之詩以名曲.

【綱】가을 7월에 滕王 楊綸과 衛王 楊集을 폐하여 변방의 郡으로 귀양 보냈다.

秋七月에 廢滕王綸·衛王集하여 徙之邊郡하다

【目】황제(隋 煬帝)가 여러 왕들을 대우하는데 恩情이 박하고 시기함이 많았다. 楊綸과 楊集이 근심하고 두려워하여 術士를 불러 길흉을 묻고 章醮[105]를 행하여 복을 비는 데 이르렀다. 어떤 사람이 그들이 원망하고 저주한다고 고발하니 관원 명부에서 제명하고 변방으로 귀양 보냈다.

帝待諸王恩薄하고 多所猜忌라 綸·集이 憂懼하여 呼術者問吉凶하고 及章醮求福이러니 或告其怨望呪詛하니 除名徙邊①하다

① 楊綸은 楊瓚의 아들이고, 楊集은 楊爽의 아들이다.
綸, 瓚之子. 集, 爽之子也.

---

103) 맛을……한다 : ≪周禮注疏≫ 〈天官 庖人〉 '其薦羞之物'의 鄭玄 注에 "각종 음식물을 갖춘 것을 '薦'이라고 하고, 맛을 극진히 한 것을 바로 '羞'라고 한다.〔備品物曰薦 致滋味乃爲羞〕"라고 하였다.

104) 맑은……詩句 : 이는 ≪文選≫ 권20 〈公宴詩〉에 보인다.

105) 章醮 : 道敎의 기도 방식의 하나로, 道士가 제단을 설치하고 글을 올려 기도하여 소원이나 수명을 빌거나 재액을 막아달라고 비는 것을 말한다.

【綱】8월에 황제(隋 煬帝)가 江都에 갔다.

八月에 帝如江都하다

遊幸江都

【目】황상이 江都에 행차할 때 〈龍舟를 탔는데〉 용주가 4층으로 되어 있으니, 높이가 45자에 길이가 200자이고, 상층에는 正殿·內殿·朝堂이 있고, 중간의 두 층에는 120개의 방이 있는데 모두 금과 옥으로 장식하였고, 하층에는 內侍들이 거처하였다. 황후는 翔螭舟(상치주)를 탔는데 〈용주보다〉 규모가 조금 작을 뿐 〈장식은 차이가 없었다.〉[106] 별도로 浮景船 9척이 있었는데, 〈船上의〉 3층이 모두 水上 宮殿이었다. 남은 수천 척은 後宮·諸王·公主·百官·僧尼·道士·蕃客(외국에서 온 빈객)이 타서 배를 끄는 船工으로 무려 8만여 명을 동원하였는데 모두 비단으로 만든 도포를 입었고, 衛兵이 탄 배가 또 수천 척이었다. 배가 앞뒤로 꼬리에 꼬리를 물고 이어진 것이 200여 리에 달하였고 기병이 양쪽 강안을 끼고 호위하여 갔다. 지나가는 곳마다 500리 안의 州縣에서 모두 음식을 바치게 하였는데, 많은 경우는 한 州에서 100대의 수레로 음식

106) 규모가……없었다 : 원문은 '制度差小'인데, ≪資治通鑑≫에 '制度差小 而裝飾無異'로 되어 있다.

을 실어오게 하여 山海의 珍味를 지극히 갖추게 하니, 後宮들이 이 음식을 너무 먹어 물려서 출발하려 할 즈음에 다 먹지 못한 음식을 대부분 땅에 묻어버렸다.

上幸江都할새 龍舟四重이니 高四十五尺이요 長二百尺[107]이요 上重에 有正殿·內殿·朝堂하고 中二重에 有百二十房하여 皆飾以金玉하고 下重에 內侍處之라 皇后乘翔螭舟하니 制度差小①하고 別有浮景九艘하니 三重이 皆水殿也요 餘數千艘는 後宮·諸王·公主·百官·僧尼·道士·蕃客乘之하여 共用挽士八萬餘人호되 皆以錦綵爲袍하고 衛兵所乘이 又數千艘이라 舳艫相接二百餘里하고 騎兵翊兩岸而行②이러니 所過州縣五百里內에 皆令獻食하니 多者는 一州至百轝하여 極水陸珍奇하니 後宮厭飫하여 將發之際에 多棄埋之하니라

① 螭(이무기)는 丑知의 切이니, 용과 비슷한데 누렇다.
螭, 丑知切, 如龍而黃.
② 翊은 호위함이다.
翊, 衛也.

【綱】契丹(거란)이 營州를 침략하자 謁者 韋雲起를 보내어 突厥의 병사를 데리고 토벌하여 평정하였다.

契丹이 寇營州어늘 遣謁者韋雲起하여 以突厥兵討平之하다

【目】契丹이 營州를 침략하자 通事謁者 韋雲起에게 詔令을 내려 돌궐의 군사를 監護하여 토벌하게 하였는데, 啓民可汗이 기병 2만을 징발하여 그 지휘를 받았다. 위운기는 군사를 나누어 20개의 營으로 만들어 네 길로 동시에 군사를 이끌고 전진하였는데, 營마다 서로 1리씩 떨어져 섞이지 않게 하여 북소리를 들으면 전진하고 호각 소리를 들으면 멈추게 하였고, 공적으로 使者를 보내는 일이 아니면 말을 달리지 말게 하였다. 이를 여러 번 명령하고 경계하고서[108] 북을 쳐서 출발하게 하였다. 그런데 어떤 紇干이 약속을 어기자 그의 목을 베고 조리돌리니, 이에 돌궐의 장수들이 들어와 위운기를 볼 적에 모두 무릎으로 기고 다리를 떨며 감히 쳐다보지도 못하였다.

---

107) 二百尺 : ≪資治通鑑≫에는 '二百丈'으로 되어 있는데, 그 注에 보면 판본 중에 '尺'으로 된 곳이 있다고 하였다.

108) 여러……경계하고서 : 원문은 '三令五申'으로, ≪史記≫ 권65 〈孫子吳起列傳〉에 孫武가 처음 군사를 훈련할 때에 "세 번 영을 내리고 다섯 번 거듭 포고하였다.〔三令五申〕"라고 한 것에 보인다. 이는 여러 번 명령하고 경계했다는 뜻이다.

거란은 본래 돌궐을 섬겨서 상대를 미워하지 않았다. 위운기가 거란의 경내로 들어간 뒤에 돌궐 사람들로 하여금 거짓으로 "柳城으로 가서 高句麗와 교역하려 하는데, 감히 사실을 누설하는 사람은 목을 베겠다."라고 말하게 하니, 거란이 대비하지 않았다. 거란의 진영과 50리 떨어진 곳에 이르렀을 때 말을 달려 나가 습격하여 노획한 것이 매우 많았다. 이 중에 여자와 가축의 반은 돌궐에게 賞으로 주고 나머지는 모두 거두어 귀환하니, 황제(隋 煬帝)가 크게 기뻐하여 위운기를 治書侍御史에 발탁하였다.

契丹이 寇營州어늘 詔通事謁者韋雲起하여 護突厥兵討之①할새 啓民可汗이 發騎二萬하여 受其處分이러라 雲起分爲二十營하여 四道俱引하니 營相去一里하여 不得交雜하여 聞鼓聲而行하고 聞角聲而止요 自非公使면 勿得走馬②하여 三令五申하고 擊鼓而發이러니 有紇干犯約이어늘 斬以徇③하니 於是에 突厥將帥入謁에 皆膝行股栗하여 莫敢仰視러라 契丹이 本事突厥하여 不相猜忌라 雲起旣入其境에 使突厥詐云 向柳城하여 與高麗交易호되 敢漏泄事實者斬④[109]이라하니 契丹不爲備어늘 去其營五十里하여 馳進襲之하여 虜獲甚衆이라 以女子及産畜之半으로 賜突厥하고 餘皆收之以歸하니 帝大喜하여 擢爲治書侍御史하다

① 遼西郡은 營州에 설치하였다. ≪隋書≫ 〈百官志〉에, 황제(煬帝)가 즉위하자 謁者臺를 증치하고, 內史省 通事舍人을 謁者臺의 官職으로 바꾸었는데, 通事謁者는 定員이 20인이고 從6品이라고 되어 있다. 護는 감독함이다.
遼西郡, 置營州. 隋志, 帝卽位, 增置謁者臺, 改內史省通事舍人爲謁者臺職, 通事謁者員二十人, 從六品. 護, 監也.

② '公使'는 공적인 일로 사자를 보내는 것을 이른다.
公使, 謂公事使之.

③ 紇干은 돌궐의 하급 관리를 말한다.
紇干, 突厥小官.

④ 여기의 柳城은 옛 柳城이다. ≪隋書≫ 〈地理志〉에 '遼西郡과 營州는 모두 柳城縣을 治所로 하였으니, 바로 龍城縣이다. 龍城은 본래 和龍城이니, 北魏 이래로 營州는 용성을 치소로 하였다. 開皇 원년(581)에 龍山縣으로 바꾸었고, 개황 18년(598)에 柳城으로 고쳤다.'라고 되어 있다.
此古柳城也. 隋志 '遼西郡・營州, 竝治柳城縣, 乃龍城縣. 龍城本和龍城, 自後魏以來, 營州治焉. 開皇元年, 改爲龍山縣, 十八年, 改爲柳城.'

---

109) 使突厥詐云……敢漏泄事實者斬 : ≪舊唐書≫ 권75 〈韋雲起列傳〉에는 "使突厥詐云 向柳城郡 欲共高麗交易 勿言營中有隋使 敢漏泄事實者斬(돌궐 사람으로 하여금 거짓으로 '柳城郡을 향해 가는 것은 高句麗와 함께 교역하려 함이니, 진영 안에 隋나라 使者가 있다는 것을 말하지 말라. 감히 사실을 누설하는 사람은 목을 베겠다.'라고 말하게 하였다.)"로 되어 있다.

【綱】 鐵勒이 西突厥을 배반하고 스스로 즉위하여 莫何可汗이 되었다.

鐵勒叛西突厥하고 自立爲莫何可汗하다

【目】 예전에 西突厥의 阿波可汗(阿史那大邏便)이 葉護可汗[110]에게 사로잡히자, 그 나라의 사람들이 鞅素特勒의 아들을 세우니, 이가 泥利可汗이다. 이리가한이 죽자 아들 阿史那達漫을 세워 處羅可汗이라고 불렀다. 그의 모친 向氏(상씨)는 본래 중국 사람으로 다시 이리가한의 동생 婆實特勒에게 시집을 갔다. 開皇 말에 파실특륵과 상씨 모두 隋나라에 들어가 조회하였는데 長安에 머물렀다. 처라가한이 대부분 烏孫의 옛 땅에서 지내어[111] 위무하고 다스리는 방도를 잃어 나라 사람들이 대부분 배반하였고 또 鐵勒에게 시달림을 받았다.

철륵은 匈奴의 후예이다. 部族의 종류가 매우 많아 僕骨·同羅·契苾[112]·薛延陀 등의 부족이 있으며, 그 추장을 모두 俟斤이라 불렀다. 대개 突厥과 풍속이 같아서 노략질을 생업으로 삼았고 大君長은 없어서 東突厥과 西突厥에 나누어 소속되었다.

이해에 처라가한이 군사를 이끌고 철륵의 여러 부족을 공격하여 그들의 재물에 무거운 세금을 물렸다. 또 설연타를 미워하여 그 추장 수백 명을 소집하여 모조리 죽였다. 이에 철륵의 부족들이 모두 배반하여 俟利發俟斤[113]인 契苾歌楞을 세워서 莫何可汗으로 삼고, 또 薛延陀의 俟斤인 字也咥[114]을 세워서 小可汗으로 삼아서 처라가한과 싸워서 누

110) 葉護可汗 : 阿史那處羅侯로 보인다. 處羅侯는 沙鉢略可汗(阿史那攝圖)의 동생으로 葉護의 자리에 있다가 사발략가한이 죽자 즉위하여 莫何可汗이 되었다. 開皇 7년(587)에 阿波可汗을 공격하여 사로잡았다.

111) 처라가한이……지내어 : 원문은 '處羅多居烏孫故地'인데, ≪隋書≫ 권84 〈西突厥傳〉에는 "處羅可汗居無恒處 然多在烏孫故地 復立二小可汗 分統所部 一在石國北 以制諸胡國 一居龜兹北 其地名應娑(처라가한의 거처는 정해진 곳은 없었으나 대부분 烏孫의 옛 땅(현 키르기스탄 이식쿨호 일대)에서 지냈다. 다시 두 명의 小可汗을 세워 그 부락을 나누어 통솔하게 했다. 한 명은 石國(현 우즈베키스탄 타쉬켄트 일대)의 북쪽에 지내면서 여러 胡國들을 통제하고, 다른 한 명은 龜兹(현 중국 신강성 쿠차)의 북쪽에 지내게 하였는데, 그 지명이 應娑이다.)"라고 하였다.

112) 契苾 : 투르크계 유목민으로 '계필', '글필', '설필' 등으로 읽는다. 아래 訓義 ②의 음에서는 '글필'과 '설필'로 읽었다. 역사학계에서도 다양하게 읽고 있으나, 보통 '계필'로 많이 읽는다. 唐나라의 유명한 契苾何力의 출신 부족이기도 하다.

113) 俟利發俟斤 : 契苾歌楞의 이름의 일부로 보는 설이 있으나, 주로 突厥의 官名인 俟利發과 俟斤의 합성어로 본다.(≪隋書 外國傳 譯註≫, 동북아역사재단, 2009)

114) 字也咥 : ≪北史≫ 권99 〈鐵勒傳〉에는 '俟斤子也咥(俟斤의 아들 也咥)'로 되어 있으며, ≪舊唐書≫ 권149 〈北狄傳 鐵勒〉에도 也咥로 되어 있다. 또한 ≪隋書 外國傳 譯註≫(동북아역사재단, 2009)에도 ≪北史≫를 근거로 ≪隋書≫ 권84 〈北狄傳 鐵勒〉에 보이는 字也咥의 '字'는 '子'의 오자로 보았다.

차 패배시켰다. 막하가한은 용맹과 굳셈이 무리 중에서 뛰어나고 민심을 깊이 얻어 이웃 나라들에게 두려움의 대상이 되니, 伊吾・高昌・焉耆가 모두 그에게 귀부하였다.

初에 西突厥阿波可汗이 爲葉護可汗所虜어늘 國人立鞅素特勒之子하니 是爲泥利可汗[①]이라 泥利卒커늘 子達漫立하여 號處羅可汗이라 其母向氏는 本中國人이라 更嫁泥利之弟婆實特勒이러니 開皇末에 俱入朝어늘 留長安하고 處羅多居烏孫故地하여 撫御失道라 國人多叛하고 復爲鐵勒所困이라 鐵勒者는 匈奴遺種이니라 族類最多하여 有僕骨・同羅・契苾・薛延陀等部[②]하고 其酋長을 皆號俟斤이라하니 大抵與突厥同俗하여 以寇抄爲生하고 無大君長하여 分屬東西兩突厥이라 是歲에 處羅引兵擊鐵勒諸部하여 厚稅其物하고 又忌薛延陀하여 集其酋長數百人하여 盡殺之하니 於是에 鐵勒皆叛하여 立俟利發俟斤契苾歌楞하여 爲莫何可汗[③]하고 又立薛延陀俟斤字也咥하여 爲小可汗하여 與處羅戰하여 屢敗之[④]하다 莫何勇毅絶倫하고 甚得衆心하여 爲隣國所憚하니 伊吾・高昌・焉耆皆附之러라

① 特勒은 突厥의 官名이다.
特勒, 突厥官號.

② 契는 乞과 喫 두 가지 음이다. 苾은 毗必의 切이다. 薛延陀는 본래 匈奴의 別種이니, 예전에 薛의 종족과 사막(고비 사막) 북쪽에서 섞여 살았는데 뒤에 延陀部를 공격하여 소유하였으므로 薛延陀라고 부른다. 姓은 一利咥氏이다.
契, 乞・喫二音. 苾, 毗必切. 薛延陀, 本匈奴別種, 先與薛種雜居磧北, 後拔延陀部而有之, 故號薛延陀, 姓一利咥氏.

③ 俟利發은 본래 突厥 大臣의 칭호인데, 鐵勒이 別部의 호칭으로 삼은 것이다. 俟斤은 그 部族 酋長의 칭호이다. 契苾歌楞은 바로 俟利發俟斤의 이름이다. 楞은 음이 稜이다.
俟利發, 本突厥大臣之稱, 鐵勒以爲別部之號. 俟斤, 其部酋長之稱. 契苾歌楞, 乃俟利發俟斤之名也. 楞, 音稜.

④ 咥은 昌栗의 切과 徒結의 切이다. 字也咥은 薛延陀의 俟斤의 이름이다.
咥, 昌栗・徒結二切. 字也咥, 薛延陀俟斤之名.

丙寅年(606)

【綱】 隋나라 煬帝(楊廣) 大業 2년이다. 봄 정월에 州縣을 합병하여 줄였다.

二年이라 春正月에 併省(생)州縣하다

【綱】 2월에 수레와 의복, 儀衛(儀仗)의 제도를 새로 만들었다.

◑ 二月에 新作輿服儀衛[115]하다

【目】 牛弘 등에게 詔令을 내려 황제의 수레와 의복, 儀衛의 제도를 의논하여 정하게 하고, 何稠를 太府少卿으로 삼아서 그로 하여금 제작하여 江都로 운송하게 하였다. 하조는 고금의 제도를 참고하고 종합하여 줄이거나 늘린 것이 많았다. 황제의 곤룡포와 면류관에 日·月·星辰을 그려 넣고 皮弁은 옻칠한 깁〔漆紗〕으로 만들었는데, 대개 화려하고 성대하게 하기를 힘써서 황상(隋 煬帝)의 뜻에 맞추었다. 州縣에 요구하여 새의 깃털과 짐승의 털을 보내오게 하니, 백성들이 찾아 포획하여 거의 새와 짐승의 씨가 마를 지경이었다. 烏程에 100척이 넘는 높은 나무가 있고 그 위에 학의 둥지가 있었는데, 백성들이 학의 깃털을 취하려고 하였지만 올라갈 수가 없었다. 이에 그 나무의 밑둥을 베자 학은 자기 새끼를 죽일까 두려워하여 스스로 깃털을 뽑아서 땅에다가 던지니, 당시 사람들 중에 어떤 사람은 좋은 징조라고 하였다. 동원된 工匠이 10만 명이고 鉅億[116]의 비용이 들었다.

詔牛弘等하여 議定輿服儀衛制度하고 以何稠爲太府少卿하여 使之營造送江都하니 稠參會古今하여 多所損益이라 袞冕에 畫日月星辰(신)하고 皮弁을 以漆紗爲之①하니 大抵務爲華盛하여 以稱上意러라 課州縣送羽毛하니 民求捕之하여 殆無遺類하고 烏程에 有高樹踰百尺이요 上有鶴巢러니 民欲取之호되 不可라 乃伐其根한대 鶴恐殺其子하여 自拔氅毛하여 投於地하니 時人이 或稱以爲瑞러라 役工十萬人하고 費以鉅億計②러라

① ≪書經≫ 〈虞書 益稷〉 "해와 달과 星辰과 山과 龍과 華蟲(꿩)을 〈上衣에〉 그림으로 그렸다." 라고 하였다. 北周에서는 해와 달의 문양을 승격시켜 깃발에 그려서 〈복식의 문양에서〉 三辰(해·달·星辰)이 빠졌는데, 지금 옛 제도를 회복한 것이다. ≪五經通義≫에 "弁은 높이가 5촌이고 앞뒤에 옥 장식이 있다."라고 하였고, ≪詩經≫ 〈衛風 淇奧〉에 "皮弁의 솔기에 붙인 옥구슬 별과 같도다."라고 하였는데, 董巴가 말하기를 "사슴의 가죽으로 피변을 만든다."라고 하였는데, 何稠가 〈피변에〉 옻칠한 깁〔漆紗〕을 사용하고 상아로 만든 簪導(冠帽를 고정시키기 위해 꽂는 비녀)를 사용하였으니, 弁에 잠도를 더한 것은 하조로부터 시작되었다.
書 "日月星辰山龍華蟲作會." 周升日月於旌旗而闕三辰, 今復古制. 五經通義 "弁高五寸, 前後

115) 新作輿服儀衛 : "'새로 만들었다〔新作〕'라고 쓴 것은 어째서인가. 화려함을 비난한 것이다.〔書新作何 譏靡也〕" ≪書法≫
116) 鉅億 : 億億, 즉 억×억=1京으로 매우 많은 수를 뜻한다.

玉飾." 詩云"會弁如星." 董巴曰"以鹿皮爲之." 何稠用漆紗, 施象牙簪導. 弁加簪導, 自稠始也.

② 烏程은 湖州에 속하였다. 氅은 齒兩의 切이니, 鶴의 깃털이다.

烏程, 屬湖州. 氅, 齒兩切, 鶴羽也.

日

月

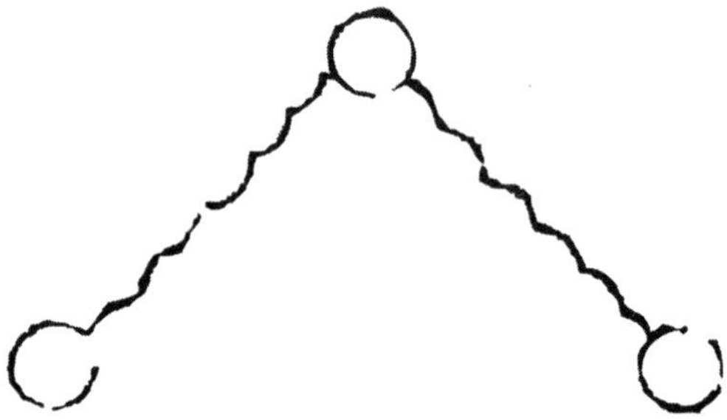

星辰

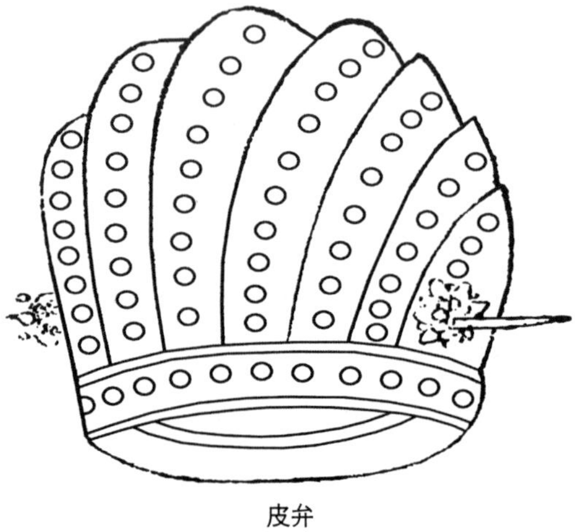

皮弁

【綱】 여름 4월에 〈황제(隋 煬帝)가〉 東京으로 돌아갔다.

夏四月에 **還東京**하다

【目】 3월에 황상이 江都를 출발하여 4월에 伊闕에서부터 法駕[117]를 진열하고 1천 대의

117) 法駕 : 황제가 거둥할 때의 儀仗의 하나이다. 大駕·小駕·法駕의 세 종류가 있다.

수레와 1만의 기병을 갖추고서 東京으로 들어가 端門에 나아가 크게 사면령을 내렸다. 制書를 내려 5품 이상의 문관은 수레를 타게 하고 조정에서는 弁服을 입고 옥을 차도록 하였고, 무관은 말에 珂를 붙이고 두건을 쓰고 기마복을 입도록 하니, 문물의 성대함이 근세에는 따라갈 수가 없었다.

기마복(〈虢國夫人游春圖〉)

(二)〔三〕[118)]月에 上發江都하여 四月에 自伊闕陳法駕하고 備千乘萬騎하여 入東京御端門하여 大赦①하다 制五品已上文官은 乘車하고 在朝에 弁服佩玉②이요 武官은 馬加珂, 戴幘, 服袴褶③하니 文物之盛이 近世莫及也러라

① 《隋書》〈地理志〉에, 伊闕縣은 옛날에 新城이라 하였는데, 開皇 18년(598)에 伊闕로 이름을 고쳐서 河南郡에 소속하게 하였으며, 북쪽으로 東京까지 200여 리라고 되어 있다. 《唐六典》에, 東京 皇城의 남쪽에 3개의 문이 있는데, 가운데를 端門이라 한다고 되어 있다. 隋志, 伊闕縣, 舊曰新城, 開皇十八年, 更名, 屬河南郡, 北至東京二百餘里. 唐六典, 東京皇城南面三門, 中曰端門.

② 隋나라 제도에 5품 이상은 자색 옷을 입고 公 이하는 水蒼玉(짙푸른 물빛의 옥)을 찬다. 隋制, 五品已上服紫, 自公已下佩水蒼玉.

118) (二)〔三〕: 저본에는 '二'로 되어 있으나, 《資治通鑑綱目》(《朱子全書》 10 上海古籍出版社)과 《資治通鑑》에 의거하여 '三'으로 바로잡았다.

③ 珂는 丘何의 切이다. ≪爾雅翼≫에 "조개 중에 큰 것을 珂라 하니 黃黑色이고 그 껍질이 희어서 말을 장식할 수 있다."라고 하였다. ≪通俗文≫에 "말굴레의 장식을 珂라 한다."라고 하였다. 褶은 음이 習이니 바지이다. '袴褶'은 기마복이다.
珂, 丘何切. 爾雅翼云"貝大者珂, 黃黑色, 其骨白, 可以飾馬." 通俗文曰"馬勒飾曰珂." 褶, 音習, 袴也. 袴褶, 騎服也.

【綱】 6월에 楊素를 司徒로 삼았다.

六月에 以楊素爲司徒하다

【綱】 가을 7월에 制書를 내려 백관들은 고과를 상고하여 승급할 수 없게 하였다.

◑秋七月에 制百官不得計考增級하다

【目】 制書를 내려 백관들은 고과를 상고해서 승급할 수 없게 하고, 반드시 덕행, 功과 재능이 분명하게 드러난 사람을 발탁하여 승진시키게 하였다. 황제(隋 煬帝)는 관직과 품위를 주는 것을 자못 아까워하여 여러 신하들 가운데 마땅히 관직을 승진시켜야 할 사람을 대부분 임시로 관직을 겸임하거나 대리하게 할 뿐이었다. 당시 牛弘이 吏部尙書가 되었으나 그 職權을 전적으로 행사할 수 없게 하고, 蘇威·宇文述·張瑾·虞世基·裴蘊·裴矩 등에게 관리를 선발하는 일에 참여하여 관장하게 하였다. 그러나 관직을 주거나 빼앗는 실권은 우세기가 독차지하여 뇌물을 받고 관직에서 내치거나 올리는 것을 자기 뜻대로 하였다.

制百官不得計考增級하고 必有德行功能이 灼然顯著者를 進擢之하다 帝頗惜名位하여 群臣當進職者를 多令兼假而已러라 時牛弘爲吏部尙書하여 不得專行其職하고 蘇威·宇文述·張瑾·虞世基·裴蘊·裴矩參掌選事而與奪之筆은 世基獨專之하여 受納賄賂하고 黜陟任意①라

① 裴蘊은 裴邃의 종증손자이다.
蘊, 邃之從曾孫也.

【目】 胡氏(胡寅)가 다음과 같이 평하였다.

"隋 煬帝가 능히 名器(관직)를 아낀 것[119]이 아니라 단지 탐욕을 부리고 남을 시기하

119) 名器(관직)를 아낀 것 : 원문은 '惜名器'이다. 이는 임금이 관직을 주는 것을 신중히 하여 공이 있

며 이기려 하였고, 게다가 사대부를 경시하는 마음이 있어서 나의 官爵을 담당할 수 없다고 여겼다. 이때에 唐나라를 일으킬 재주와 지혜를 가진 신하들이 모두 마치 금과 옥이 모래와 자갈 속에 숨어 있는 것과 같아서 그들을 알아보지 못하였으니, 名器를 아끼다가 다만 인재를 놓쳐서 남 좋은 일만 되게 하였을 뿐이다."

胡氏曰 煬帝 非能惜名器也라 特貪欲忌克하고 又有輕視士大夫之心하여 以謂莫足以當我之官爵爾라 當是之時하여 興唐才智之臣이 皆如金玉隱於沙石之中而莫之知也하니 則其靳惜名器 秖足以失士하여 爲他人之資耳니라

【綱】 太子 楊昭가 卒하였다.

太子昭卒하다

【目】 元德太子 楊昭가 長安에서 〈東京으로〉 와서 조회하고서 몇 개월이 지나 돌아갈 적에 조금 더 머물기를 원하였는데, 〈황제(隋 煬帝)가〉 허락하지 않으니, 〈양소가〉 무수히 절하며 요청하였다. 양소는 평소 몸이 비대하여 이 일로 인해 병이 나서 세상을 떠났는데, 황제가 몇 차례 哭하고 말았고, 얼마 후에는 聲伎[120]에게 음악을 연주하게 하여 평일이나 다름이 없었다.

元德太子昭 自長安來朝하여 數月將還에 欲乞少留호되 不許하니 拜請無數라 昭體素肥하여 因致疾薨하니 帝哭之數聲而止하고 尋奏聲伎하여 無異平日也러라

【綱】 처음 進士科를 설치하였다.

〔始建進士科라〕[121]

【綱】 楊素가 卒하였다.

楊素卒[122]하다

거나 뛰어난 재능이 있는 자에게 관직을 주어 대우한다는 뜻이다.

120) 聲伎 : 궁중이나 귀족의 집에 종사하는 歌姬와 舞女로, 妓女를 말한다.

121) 〔始建進士科〕 : 저본에는 '始建進士科'가 없으나, ≪資治通鑑綱目≫(≪朱子全書≫ 10 上海古籍出版社)과 ≪御批資治通鑑綱目≫에 의거하여 보충하였다.
"후세의 進士科가 이때 시작되었다.〔後世進士之科始此〕" ≪書法≫

【目】越公 楊素가 비록 큰 공이 있었지만 특히 황제(隋 煬帝)에게 시기를 받았다. 〈황제는〉 겉으로는 특별히 예우하는 척하였지만 속으로는 매우 薄情하였다. 太史가 "隋의 分野에 大喪이 있을 것입니다."라고 하였는데, 이에 양소를 옮겨서 楚公으로 삼으니, 楚는 隋와 같은 분야라고 생각하여 이로써 그를 억누르려고 해서였다. 양소는 병이 위독해지자 약을 먹으려 하지 않고 동생 楊約에게 말하기를 "내 어찌 조금이라도 더 살려고 하겠는가?" 하였다.

越公楊素가 雖有大功이나 特爲帝所猜忌하여 外示殊禮하고 內情甚薄이러니 太史言隋分野有大喪이라한대 乃徙素爲楚公하니 意楚與隋同分하여 欲以厭之①라 素寢疾에 不肯餌藥하고 謂弟約曰 我豈須臾活邪②아하더라

① 分(분야)은 扶問의 切이다. ≪周禮≫ 〈春官 保章氏〉에 "保章氏는 星土(星宿의 分野)를 가지고 九州의 지역을 분별한다. 제후를 봉한 封域에 모두 分星(분야에 해당하는 星宿)이 있어서 이로써 길흉을 관찰한다."라고 하였다. 厭(누르다)은 於葉의 切이다.
分, 扶問切. 周禮 "保章氏, 以星(主)〔土〕123)辨九州之地, 所封封域, 皆有分星, 以觀妖祥."
厭, 於葉切.

---

122) 楊素卒 : "楊素〈의 官爵〉은 무엇인가? 司徒 越公이다. 그렇다면 어찌하여 관작을 갖추어 쓰지 않았는가? 폄하한 것이다. 양소가 隋 文帝를 시해한 일에 참여하였기 때문에 관작을 삭제한 것이다. 宋나라부터 陳나라까지 모두 신하에 대해 '卒(죽다)'이라 쓴 것은 아니지만 卒에 대해 관작을 쓰지 않음이 없었으니, 이는 현명함을 기록한 것이다. 이때에 이르러 비로소 다시 관작을 쓰지 않음을 가지고 폄하하였다. 이로부터 唐나라에 이르기까지 卒에 대해 관작을 쓰지 않은 것이 42번이다.(唐 太宗 貞觀 3년(629)에 자세하다.)〔楊素 何 司徒越公也 然則曷爲不具官 貶也 素與聞乎弑 故削之 自宋至陳不皆卒諸臣 所卒無不書官者 錄賢也 至是始復以不書官爲貶矣 自是至唐 卒不書官者四十二(詳唐太宗貞觀三年)〕" ≪書法≫
"楊素가 이때에 이미 司徒가 되었고 또 越公에 봉해져서 爵位가 융숭하였는데, 어째서 관작을 쓰지 않았는가. 양소가 變故(隋 文帝를 시해한 일)에 참여하였으니 바로 군주를 시해한 역적이다. 그러므로 ≪資治通鑑綱目≫에서 관작을 삭제하여 주벌했을 뿐이다. 어떻게 그러함을 알 수 있는가. 우선 양제의 조정으로 말해보더라도 무릇 大臣이 아무 탈이 없어 卒이라 쓴 경우에는 모두 그 작위를 썼으니, 예컨대 文安公 牛弘, 內史令 元壽, 納言 楊達의 부류가 이것이다. 양소는 上公의 신분으로 앞장서서 宗統을 빼앗는 계책을 세웠으니, 寢殿의 變亂(수 문제를 시해한 일)은 실로 양소가 저지른 것이다. ≪자치통감강목≫에서 그 弑逆의 죄를 바로잡았으므로 그가 죽었을 적에 그 관작을 모두 삭제하여 하늘이 주벌하고 용서하지 않는 뜻을 보였을 뿐이다. 그렇다면 어찌하여 '卒'이라 썼는가. 관작을 삭제하여 양소의 죄악을 드러내었고, '卒'을 써서 隋나라 사람들이 역적을 제대로 다스리지 않은 것을 비판하였으니, 이 두 가지는 진실로 아울러 행해지고 서로 모순되지 않으니, 이것이 ≪자치통감강목≫의 뜻이고, 또한 ≪春秋≫의 筆法이다.〔素是時旣爲司徒 又封越公 爵位隆重 何以不書其官 素預聞乎故 乃弑君之賊 故綱目削而誅之耳 何以知其然也 姑以煬朝言之 凡大臣無事而書卒者 皆書其爵 如文安公牛弘 內史令元壽 納言楊達之類是已 楊素身爲上公 首建奪宗之策 寢殿之變 素實爲之 綱目正其弑逆之罪 故於其死也 盡削其官 以示天誅不赦之意耳 然則何以書卒 曰 削官以著楊素之罪惡 書卒以譏隋人之失賊 二者固竝行而不相悖 此綱目之意也 亦春秋之法也〕" ≪發明≫
123) (主)〔土〕 : 저본에는 '主'로 되어 있으나, ≪周禮≫에 의거하여 '土'로 바로잡았다.

② 餌는 먹음이다. '須臾(잠시)'가 어느 곳에는 '須更(모름지기 다시)'으로 되어 있다.
餌, 食也. 須臾, 一作須更.

【綱】 8월에 〈황제(隋 煬帝)의〉 손자인 楊倓을 燕王에 봉하고, 楊侗을 越王에 봉하고, 楊侑를 代王에 봉하였다.

八月에 **封孫倓爲燕王**하고 **侗爲越王**하고 **侑爲代王**①하다

① 倓은 徒甘의 切이다.
倓, 徒甘切.

【目】 이들은 모두 楊昭의 아들이다.

皆昭之子也라

【綱】 겨울 10월에 洛口倉과 回洛倉을 설치하였다.

冬十月에 **置洛口・回洛倉**하다

【目】 鞏縣 동남쪽 평원 위에 洛口倉을 설치하니, 倉城[124]의 둘레가 20여 리이고 3천 개의 움(식량을 저장하는 땅광)을 팠다. 洛陽 북쪽 7리 되는 곳에 回洛倉을 설치하니, 倉城의 둘레가 10리이고 300개의 움을 팠다. 움에는 모두 8천 석의 식량을 보관할 수 있었다.

置洛口倉於鞏東南原上하니 **城周二十餘里**요 **穿三千窖**①하고 **置回洛倉於洛陽北七里**하니 **城周十里**요 **穿三百窖**하니 **窖皆容八千石**이라

① 鞏縣은 河南郡에 속한다. 洛水가 鞏縣에 도달하여 黃河에 들어가니 洛口라 하였다.
鞏縣, 屬河南郡. 洛水至鞏縣入河, 謂之洛口.

【綱】 천하의 散樂에 종사하는 樂工을 불러 모았다.

徵天下散樂(악)하다

124) 倉城 : 창고를 보호하기 위해 주위에 둘러쌓은 성을 말한다. 원문에 '城'으로 되어 있는데, 《資治通鑑》에는 '倉城'으로 되어 있다.

散樂

【目】 당초 北齊의 高緯(後主) 시대에 魚龍과 山車 등의 雜戱가 있어서 이를 散樂이라 하였다.[125] 北周의 宣帝 때 鄭譯[126]이 上奏하여 산악에 종사하는 樂工을 불러 모으게 하였다. 高祖(隋 文帝)가 禪位를 받았을 때 牛弘이 雅樂을 制定하고 산악에 종사하는 악공을 모두 해산하여 돌려보냈다. 황제(隋 煬帝)는 啓民可汗이 장차 수나라에 조회하러 들어올 것이기 때문에 화려하고 즐거운 음악을 가지고 그들에게 과시하려고 하였는데, 太常少卿 裴蘊이 황제의 뜻에 영합하여 上奏하기를, "천하 사람 중에 이전 시대의 樂家의 子弟들을 찾아내어 모두 樂戶에 편입하고, 그 가운데 6品 이하에서 庶人에 이르기까지 음악을 잘하는 자가 있으면 모두 太常寺에 배치하소서."라고 하니, 황제가 그 말을 따랐다. 이에 사방의 산악에 종사하는 악공들이 東京으로 많이 모이자, 京兆와 河南에 시켜 그들의 의복을 만들게 하니, 비단이 이 때문에 고갈되었다.

---

125) 魚龍과……하였다 : 散樂은 古代의 樂舞 이름으로, 원래는 周代의 民間 樂舞를 가리켰는데, 南北朝 이후로는 여러 가지 樂舞와 雜技를 가리키는 '百戱'와 같은 말이 되었다. 魚龍과 山車는 百戱의 하나이다. 魚龍은 ≪隋書≫ 〈音樂志〉에 '魚龍曼延'이라 하였는데, 짐승의 모형을 가지고 공연하는 것이다. 이에 대해 ≪資治通鑑≫ 권21 胡三省 註에 魚龍은 猞猁라는 짐승으로, 공연 중에 모습이 比目魚가 되었다가 黃龍으로 변한다 하였고, 曼延은 〈西京賦〉의 巨獸라 하였다. 山車는 ≪자치통감≫ 권218 호삼성 주에 수레 위에 棚閣을 설치하고 채색비단을 씌워 山林의 모양을 만든 것이라 하였다.

126) 鄭譯 : 隋 文帝의 學友로 隋나라가 세워진 뒤에 문제의 후대를 받았다. 음악에 밝아 84調를 지었다.

황제가 〈남녀간의 애정을 묘사한〉 화려한 詩詞를 많이 지어서 樂正 白明達에게 명하여 새로운 곡조를 만들어 연주하게 하였는데, 음조가 매우 애절하고 원망함이 담겨 있었다.

初齊高緯之世에 有魚龍山車等戲하여 謂之散樂이라하니 周宣帝時에 鄭譯奏徵之러니 及高祖受禪에 牛弘定樂하고 悉放遣之하니라 帝以啓民可汗將入朝에 欲以富樂(락)誇之①어늘 太常少卿裴蘊이 希旨奏括天下前世樂家子弟하여 皆爲樂戶하고 其六品以下至庶人히 有善音樂者하면 皆直(치)太常이라한대 帝從之하니 於是에 四方散樂이 大集東京이어늘 課京兆・河南하여 製其衣하니 錦綵爲空②이라 帝多製艶篇하여 令樂正白明達造新聲播之하니 音極哀怨③이라

① 樂(즐겁다)은 음이 洛이다.
樂, 音洛.
② 爲(때문에)는 去聲이다.
爲, 去聲.
③ 隋나라 제도에 太樂署와 淸商署에 각각 樂師의 定員이 있는데, 隋 煬帝가 악사를 樂正으로 고치고 정원 10명을 두었다.
隋制, 太樂署・淸商署各有樂師員, 帝改樂師爲樂正, 置員十人.

丁卯年(607)

【綱】 隋나라 煬帝(楊廣) 大業 3년이다. 봄 정월에 突厥 啓民可汗이 와서 조회하였다.

三年이라 春正月에 突厥啓民可汗이 來朝하다

【目】 啓民可汗이 수나라의 冠帶를 입기를 청하니, 황제(隋 煬帝)가 크게 기뻐하였다.

啓民請襲冠帶하니 帝大悅이러라

【綱】 3월에 前 長寧王 楊儼과 그 동생 일곱 명을 죽였다.

三月에 殺故長寧王儼及其弟七人[127]하다

127) 殺故長寧王儼及其弟七人 : "隋 煬帝가 아버지를 시해하고 형을 죽였으니, 조카들을 죽이는 것이야 무엇이 어렵겠는가. 그러나 또한 그 사실을 전부 없애서는 안 되므로 楊儼과 그 동생 일곱 명을

【目】 예전에 雲定興은 태자 楊勇에게 아첨하여 섬긴 일[128]에 연루되어 처자식과 함께 관청에 籍沒되어 노비가 되었다. 황상(隋 煬帝)이 즉위하자 營建한 바가 많았는데, 그가 〈營建에 있어〉 교묘한 구상을 가지고 있다는 것을 듣고 그를 불러서 그 일을 담당하게 하였다. 당시 宇文述이 권력을 쥐고 있어서 운정흥이 밝은 구슬을 꿰어 만든 휘장을 우문술에게 뇌물로 주니, 우문술이 매우 기뻐하여 그를 형처럼 섬기고, 그를 천거하여 그에게 병기의 제작을 감독하게 하였다. 우문술이 인하여 그에게 말하기를, "형이 만든 병장기가 모두 황상의 마음에 드는데도 관직을 얻지 못하는 것은 〈형의 外孫인〉 長寧王 형제가 아직 죽지 않았기 때문입니다."라고 하니, 운정흥이 말하기를 "이 쓸모없는 것들을 어째서 황상께 권하여 죽이지 않았는가?"라고 하였다. 우문술이 이에 上奏하여 그들을 처분할 것을 청하였는데, 황제가 그 말을 옳게 여겨 이에 장녕왕 楊儼과 그의 일곱 동생들을 독살하여 죽이니, 襄城王 楊恪의 妃인 柳氏가 자살하였다.

初에 雲定興이 坐媚事太子勇하여 與妻子皆沒官爲奴婢러니 上卽位에 多所營造라 聞其有巧思하고 召之하여 使典其事①하다 時에 宇文述用事라 定興이 以明珠絡帳賂述하니 述大喜하여 兄事之하고 薦使監造兵器하여 因謂之曰 兄所作器仗이 竝合上心而不得官者는 爲長寧兄弟未死耳②니라 定興曰 此無用物을 何不勸上殺之오 述因奏請處分한대 帝然之하여 乃鴆殺長寧王儼及其七弟하니 襄城王恪之妃柳氏自殺③하다

① 思(구상)는 去聲이다.
思, 去聲.
② 長寧王 楊儼·平原王 楊裕·安成王 楊筠은 모두 옛 太子 楊勇의 아들이고 雲定興의 딸의 소생이다.
長寧王儼·平原王裕·安成王筠, 皆故太子勇之子, 定興女所生也.
③ 일곱 동생은 平原王 楊裕, 安成王 楊筠, 安平王 楊嶷, 襄城王 楊恪, 高陽王 楊該, 建安王 楊韶, 潁川王 楊煚(양경)[129]이다.
七弟, 平原王裕·安成王筠·安平王嶷·襄城王恪·高陽王該·建安王韶·潁川王煚.

죽였다고 썼으니, 심하게 여긴 것이다.〔煬弑父殺兄 何有於猶子 然亦不可盡沒其實 故書殺儼及其弟七人以甚之〕" ≪發明≫

128) 雲定興은……일 : 雲定興은 폐위된 태자 楊勇이 총애했던 昭訓 雲氏의 아버지이다. 운정흥이 태자 양용에게 아첨한 일은 開皇 20년(600) 10월 조에 보인다.

129) 平原王……楊煚(양경) : 楊裕와 楊筠은 昭訓 雲氏의 소생이고, 楊嶷과 楊恪은 良娣 高氏의 소생이고, 楊該와 楊韶는 良媛 王氏의 소생이고, 潁川王 楊煚은 成姬의 소생이다. 양유와 양균만이 楊儼의 친동생이고 나머지는 그의 이복동생이다.

【綱】 여름 4월에 詔命을 내려 새로운 律令을 반포하게 하였다.

夏四月에 **詔頒新律**하다

【目】 황제(隋 煬帝)가 高祖(隋 文帝)의 말년에 법령이 준엄하고 가혹하다고 하여 牛弘 등에게 詔令을 내려 ≪大業律≫ 18편을 제정해서 반포하여 시행하게 하였는데, 백성들이 오랫동안 엄격하고 가혹한 법률에 싫증을 느끼던 터라 관대한 정사에 대해 기뻐하였다. 그러나 그 후에 征役을 많이 일으켜 백성이 命을 감당하지 못하였고 담당관은 정해진 때에 가서야 백성들을 핍박하고 위협하여 정역의 일을 해결하려 하였으므로, 더 이상 律令을 쓰지 않았다.

旅騎尉[130] 劉炫이 율령의 수정에 참여하였는데, 우홍이 일찍이 조용히 유현에게 묻기를 "≪周禮≫에는 士가 많고 府・史가 적은데,[131] 지금은 令史[132]가 옛날보다 100배나 많지만 〈그렇다고 해서〉 이들의 인원을 줄이면 일이 이루어지지 않으니 그 까닭은 무엇인가?"라고 하니, 유현이 답하기를, "옛사람은 〈관리에게〉 임무를 맡기고 성과를 책임 지워서 연말에 근무 성적을 평가할 적에 文案은 재차 심사하지 않고 문서는 세세하게 따지지 않으니, 府・史의 임무가 중요한 조목만 관장하면 될 뿐이었습니다. 그런데 지금의 문안과 장부는 재차 심사할 것을 항시 염두에 두어 만일 관리가 문안을 작성한 것이 치밀하지 않으면[133] 만 리를 가서 백 년이 지난 옛 문안을 조사하여 증명합니

---

130) 旅騎尉 : 隋나라 開皇 6년(586)에 散官으로 설치한 八尉의 하나이다. 종6품이고 大業 3년(607)에 없앴다.

131) 周禮에는……적은데 : ≪周禮≫를 보면, 士는 6官(天官・地官・春官・夏官・秋官・冬官)의 長官 아래 분속된 官署의 장관이나 보좌관, 실무 책임자로 왕의 簡冊을 받아 임명되는데, 上士・中士・下士의 세 등급으로 나눈다. 한 예로 天官의 宮正職은 장관이 上士이고, 보좌는 中士이고 실무책임자는 下士이다. 그 휘하에 府・史・胥・徒가 있는데 府와 史는 士 휘하의 직책으로 6官의 장관들이 辟召하여 임명한다. 府는 문서나 기물의 보관을 책임지는 직책이고, 史는 문서의 작성을 관장하는 직책이다. 胥・徒는 백성으로서 요역에 동원된 자들이다.(≪譯註 周禮註疏 1≫, 김용천・박례경, 전통문화연구회, 2020) 아래 訓義 ②에 보이듯, 天官의 士는 56명인데, 府는 6인, 史는 12인으로 士가 훨씬 많다.

132) 令史 : 隋나라 이전에는 品秩이 있는 관리로, 郎職으로 승급이 가능하였다. 그러나 수나라 이후에는 품질이 없는 하급 관료를 가리킨다.(≪新譯 資治通鑑≫, 張大可 等 譯注, 三民書局) 본문에서는 令史를 하급 관료로 보고 ≪周禮≫의 府・史에 견준 것이다.

133) 관리가……않으면 : 원문은 '鍛鍊不密'이다. '鍛鍊'은 ≪御批資治通鑑綱目≫의 ≪質實≫에 보면, '鍛鍊'의 注는 唐 玄宗 天寶 5載에 보인다고 하였는데, 그곳에 '鍛鍊成獄'이 보인다. '鍛鍊成獄'은 獄吏가 工匠이 쇠를 鍛鍊하는 것처럼 옥리가 자신의 뜻에 맞게 사람의 죄를 꾸며 獄案를 완성한 것을 뜻한다. '鍛鍊不密'의 鍛鍊을 '鍛鍊成獄'의 鍛鍊으로 보되 그 의미를 확대하여 관리가 일을 처결하면서 문안을 작성한 것으로 해석하였다.

다. 그러므로 속담에 이르기를 '늙은 관리는 문안을 안고 죽는다.'라고 하였으니, 일이 번잡해지고 정치가 폐단이 생긴 것은 주로 이 때문입니다."라고 하였다.

우홍이 묻기를 "北魏와 北齊의 때에는 영사가 느긋하게 일을 처리하였는데, 지금은 편안히 쉴 겨를도 없는 것은 어째서인가?"라고 하니, 유현이 답하기를 "예전에 州에는 綱紀(長史·司馬)만을 두고 郡에는 太守와 郡丞만을 두고 縣에는 縣令만을 두었을 뿐, 나머지 僚屬은 長官이 직접 임명하였습니다. 그런데 지금은 크고 작은 관리들이 모두 吏部를 통해 임명되고 세세한 기록도 모두 考功侍郎[134)]에게 맡깁니다. 관리를 줄이는 것이 관리의 일을 줄이는 것만 못하니, 관리의 일을 줄이지 않으면 느긋하게 일을 처리하길 바란들 될 수 있겠습니까."라고 하였다. 우홍이 그의 말을 좋게 여겼으나 쓰지 못하였다.

帝以高祖末年에 法令峻刻이라하여 詔牛弘等造大業律十八篇하여 頒行之하니 民久厭嚴刻이라 喜於寬政이러니 其後征役繁興하여 民不堪命하고 有司臨時迫脅하여 以求濟事하니 不復用律令矣라 旅騎尉劉炫이 預修律令①이러니 弘嘗從容問炫曰 周禮에 士多而府史少②어늘 今令史百倍於前이로되 減則不濟하나니 其故何也오 炫曰 古人은 委任責成하여 歲終考其殿最에 案不重校하고 文不繁悉하니 府史之任이 掌要目而已③러라 今之文簿는 恒慮覆治④하여 若鍛鍊不密이면 則萬里에 追證百年舊案이라 故諺云 老吏抱案死라하니 事繁政弊 職此之由⑤이니라 弘曰 魏齊之時에 令史從容而已러니 今則不遑寧處는 何也오 炫曰 往者에 州唯置綱紀하고 郡置守丞하고 縣置令而已요 其餘具僚는 則長官自辟⑥이러라 今大小之官이 悉由吏部하고 纖介之迹이 皆屬考功⑦하니 省(생)官이 不如省(생)事니 官事不省(생)而望從容이 其可得乎아 弘善其言而不能用하다

① 旅騎尉는 官名이다.
旅騎尉, 官名.

② ≪周禮≫ 〈天官〉을 살펴보건대, "治官[135)]의 屬官은 上士 8인, 中士 16인, 뭇 下士[136)] 32

134) 考功侍郎 : 魏나라 때 尙書郎曹에 考功郎中이 있었고, 南朝와 北齊 때에도 이를 두었다. 隋 文帝 때에 考功侍郎을 두었고, 隋 煬帝 때에 考功郎으로 바꾸었으며, 唐나라 때 다시 고공낭중으로 바꾸었다. 이 관직은 중앙과 지방의 문무 관리의 근무실적을 평가하는 일을 관장하였다. 이와 관련된 자세한 내용은 ≪唐六典≫ 권2 尙書吏部 考功郎中 조 참조.

135) 治官 : 王國(천자의 나라)의 정무를 관장하는 관직을 말한다. ≪周禮注疏≫ 〈天官 冢宰〉에 "天官 冢宰를 세우니, 그 속관들을 통솔하여 왕국의 정무[邦治]를 관장한다.[立天官冢宰 使帥其屬 掌邦治]"고 하였는데, 이로 인해서 천관 계통의 관직을 '治官'이라 칭한다.

136) 뭇 下士 : 원문은 '旅下士'이다. '旅'에 대해 ≪周禮注疏≫ 〈天官 冢宰〉 賈公彦 疏에 보면, "무릇 관직 중에 존귀한 관직은 관원이 적고 낮은 관직은 관원이 많으니, 낮은 관직은 하는 일이 수고롭기 마련이고 존귀한 관직은 하는 일이 편안하기 마련이다. 이 때문에 下士에 '旅(많다)'라고 칭한 것이고, 이들이 여러 일을 처리하기 때문에 특별히 '旅'라고 말한 것이다.[凡官 尊者少 卑者多 以其卑者宜勞 尊者宜逸 是以下士稱旅 以其理衆事 故特言旅也]"라고 하였다.

인, 府 6인, 史 12인, 胥 12인, 徒 120인이다."라고 하였다. 그 注에 "府는 창고를 관리하고, 史는 문서를 관장하는 자이다. 무릇 府와 史는 모두 官府의 長[137]이 직접 불러서 임명하였다."라고 하였다.

按周禮天官 "治官之屬, 上士八人, 中士十有六人, 旅下士三十有二人, 府六人, 史十有二人, 胥十有二人, 徒百有二十人." 注云 "府, 治藏. 史, 掌書者. 凡府・史, 皆其官長所自辟除."

③ 重(거듭하다)은 直龍의 切이다.
重, 直龍切.

④ 覆은 자세히 살핀다는 뜻이다.
覆, 審也.

⑤ 職은 '주로'의 뜻이다.
職, 主也.

⑥ 여기의 '綱紀'는 長史와 司馬를 가리킨다. '守丞'은 太守와 郡丞을 가리킨다.
此綱紀, 謂長史・司馬. 守丞, 謂太守・郡丞

⑦ 考功侍郞은 조정과 지방의 문무 관리의 고과를 관장하여 그해의 공적과 과실, 행실과 재능을 빠짐없이 모두 기록하여 고과를 매긴다.
考功侍郎, 掌內外文武官吏之功課, 皆具錄當年功過・行能而考校之.

【綱】 州를 郡으로 고쳤다.

改州爲郡하다

【綱】 官制를 개정하였다.

◑更定官制하다

【目】 上柱國 이하의 官을 大夫로 바꾸고,[138] 殿內省을 설치하여 尙書省・門下省・內史

---

137) 무릇……長 : ≪周禮注疏≫ 〈天官 冢宰〉 疏에 "'官長'은 한 관부의 우두머리를 가리킨다. 예를 들면 治官에는 60개의 속관이 있는데, 그 휘하의 府와 史는 모두 太宰가 辟召하여 그 課役을 면제해주고 일을 시키니, 왕의 신하가 아니다.〔官長謂一官之長 若治官六十 其下府史 皆大宰辟召 除其課役而使之 非王臣也〕"라고 하였다.

138) 上柱國……바꾸고 : 隋나라 시기 勳官과 散官의 변화에 대해 말한 것이다. 이 당시 훈관과 산관은 거의 같은 의미로 쓰여 역사학자들은 北周의 柱國 등의 官階에서 수나라의 散實官・散職, 당나라의 훈관까지를 포괄하여 광의의 훈관으로 보고 있다. 훈관은 공훈이 있는 자에게 주는 관직으로 일정한 직무가 있는 職事官과 대비되는 칭호로 官品만을 나타낸다. 수나라 이전 北周와 北齊는 서로 계속 전쟁을 벌여 무인들에게 관직을 濫授하면서 북주 建德 4년(575) 戎秩 11등급이 성립된다. 隋나라 文帝 때에는 조정 안에 官階가 들어오면서 직무가 있는 자를 執事官이라 하고 직무

省・秘書省과 함께 5省이 되고, 謁者臺・司隷臺를 증설하여 御史臺와 함께 3臺가 되고, 太府寺를 나누어 少府監을 설치하여 長秋監・國子監・將作監・都水監과 함께 5監이 되고, 또 左翊衛・右翊衛 등을 증설하고 고쳐서 16府가 되고, 伯爵・子爵・男爵을 없앴다.

改上柱國已下官爲大夫①하고 置殿內省하여 與尙書・門下・內史・秘書爲五省②하고 增謁者司隷臺하여 與御史爲三臺③하고 分太府寺(시)하여 置少府監하여 與長秋・國子・將作・都水爲五監④하고 又增改左右翊衛等하여 爲十六府하고 廢伯・子・男爵⑤하다

① 옛날에는 上柱國 이하로 都督까지 모두 11등급이었는데, 지금 고쳐서 光祿大夫(從1品)・左光祿大夫(左正2品)・右光祿大夫(右從2品)・金紫光祿大夫(正3品)・銀青光祿大夫(종3품)・正議大夫(정4품)・通議大夫(종4품)・朝請大夫(정5품)・朝散大夫(종5품) 등 9大夫가 되었다.
舊上柱國下至都督凡十一等, 今改爲光祿・左右光祿・金紫銀青光祿・正議・通議・朝請・朝散九大夫.

② 殿內省은 각종 供奉을 관장한다.
殿內省, 掌諸供奉.

③ 謁者臺는 詔令을 받아서 慰問하고, 사신을 보내 慰撫하고, 節을 가지고 사찰하는 일과 억울한 죄를 접수하여 아뢰는 일을 관장한다. 司隷臺는 여러 곳의 순찰을 관장한다.
謁者臺, 掌受(謁)〔詔〕[139]勞問・出使慰撫・持節察按及受冤枉而申奏之. 司隷臺, 掌諸巡察.

④ 太府寺는 左藏・右藏・黃藏 등의 관서만을 관장하고, 尙方・司織・司染・鎧甲・弓弩・掌冶 등의 관서는 모두 少府監에 속하였다. 內侍省을 長秋監으로 바꾸었다.
太府寺, 止掌左右藏・黃藏, 其尙方・司織・司染・鎧甲・弓弩・(等)〔掌〕[140]冶, 皆屬少府監. 改內侍省爲長秋監.

⑤ 左衛・右衛를 左翊衛・右翊衛로 고치고, 左備身・右備身을 左驍衛・右驍衛로 고치고, 左武

가 없는 자를 散官이라 하였으며 융질을 散實官이라 하고 軍을 散號官이라 하였다. 그리하여 북주의 官制를 답습하여 종1품에서 정7품까지 上柱國・柱國・上大將軍・大將軍・上開府儀同三司・開府儀同三司・上儀同三司・儀同三司・大都督・帥都督・都督 11등급으로 구성된 산실관을, 정2품에서 정7품까지 特進・左光祿大夫・右光祿大夫・金紫光祿大夫・銀青光祿大夫・朝議大夫・朝散大夫 7등급으로 구성된 산관을 설치하였다. 이에 文武의 散官이 형성되었다. 隋 煬帝 大業 3년(607)에 都督 이상부터 上柱國까지 11등급과 8郎・8尉・43號의 將軍 등 官等을 모두 없애고 아울러 산관 중 朝議大夫를 없애서 光祿大夫에서 朝散大夫까지 9大夫를 두고 그 아래 8尉를 설치하여 1품부터 9품에 해당하는 散職을 설치하였다. 이는 문무로 나누어 있던 산관을 하나로 통합한 것이었다. 唐나라는 이를 다시 나누어서 武德 7년(624)에 職事官, 散官, 衛官, 勳官의 관직 체계가 완성이 되었다.(≪隋書≫ 〈百官志 下〉, 〈隋 煬帝의 勳官 폐지와 唐代 훈관 濫授〉(김택민, ≪역사학보≫ 149, 1996), ≪唐代勳官制度の研究≫(速水大, 汲古書院, 2015))

139) (謁)〔詔〕: 저본에는 '謁'로 되어 있으나, ≪資治通鑑≫ 胡三省 註와 ≪隋書≫ 권28 〈百官志 下〉에 의거하여 '詔'로 바로잡았다.

140) (等)〔掌〕: 저본에는 '等'으로 되어 있으나, ≪資治通鑑≫ 胡三省 註와 ≪隋書≫ 권28 〈百官志 下〉에 의거하여 '掌'으로 바로잡았다.

衛・右武衛는 옛 명칭을 그대로 두고, 領軍을 左屯衛・右屯衛로 고치고, 左禦衛・右禦衛를 더 설치하고, 左武候・右武候를 左候衛・右候衛로 고치니, 이것이 12衛이다. 領左府・領右府를 左備身府・右備身府로 고치고, 左監門・右監門은 옛 명칭을 그대로 두니, 모두 16府이다.

改左右衛爲左右翊衛, 左右備身爲左右驍衛, 左右武衛依舊名, 改領軍爲左右屯衛, 加置左右禦衛, 改左右武候爲左右候衛, 是爲十二衛. 改領左右府爲左右備身府, 左右監門依舊名, 凡十六府.

【綱】6월에 詔命을 내려 高祖(隋 文帝)를 위해 別廟를 세우게 하였다.

六月에 詔爲高祖建別廟[141]하다

【目】예전에 高祖가 선양을 받을 적에 四親廟만을 세워 동일한 전각에 방만 따로 만들었다. 황제(隋 煬帝)가 즉위하자 담당관에게 명하여 七廟의 제도를 논의하게 하였는데, 禮部侍郎 許善心 등이 上奏하여 太祖(楊忠)와 高祖를 위해 각각 하나씩 전각을 세워 周나라 文王과 武王의 두 祧廟[142]에 준하게 하여 始祖廟와 함께 세 廟가 되고, 나머지 선조는 동일한 사당 안에 모두 방을 나누어 제사 지내다가 순서에 따라 훼철하는 법을 따를 것을 청하였다. 황제가 柳䛒(유변)에게 이르기를 "지금 시조묘와 두 조묘가 갖추어지고 나면 후대의 자손들이 짐의 위패를 어느 곳에 두겠는가?"라 하고, 이에 조령을 내려 고조를 위해 別廟를 세우게 하였는데, 얼마 후 바야흐로 순행을 일삼느라 끝내 세우지 않았다.

---

141) 詔爲高祖建別廟 : "사당을 세울 적에 '詔'라고 쓴 적이 없었는데, 여기서 '詔'를 쓴 것은 어째서인가? 결국 세우지 못하였기 때문이다. 결국 세우지 못하였다면 어찌하여 썼는가. 楊廣(隋 煬帝)을 죄준 것이다. 高祖의 喪을 치른 지 이미 3년이 지났는데 사당의 제도가 정해지지 않았으니, 許善心의 의논은 훌륭한 것이다. 그런데 후세에 사당을 훼철함이 자신(수 양제)에게 미칠까 근심하여 마침내 이러한 詔令이 있었고, 또 바야흐로 순행을 일삼느라 끝내 고조의 사당을 세우지 않았으니, 그가 宗廟를 소홀히 하고 스스로 높이고 큰 체 한 것이 심하다. 그러므로 ≪資治通鑑綱目≫에서 써서 죄준 것이다.〔立廟未有書詔者 此其書詔 何 未果立也 未果立 則何以書 罪廣也 高祖喪已三年 廟制未定 許善心之議善矣 憂後世之毁及己也 遂有此詔焉 又以方事巡幸 竟不果立 其慢宗廟而自尊大甚矣 故綱目書罪之〕" ≪書法≫

142) 두 祧廟 : 원문은 '二祧'로, '祧'는 遷主(체천한 신주)를 보관하는 廟를 말한다. 周나라의 경우, 始祖 后稷의 廟와 4개의 親廟에 武王과 文王의 廟를 더하여 7廟이다. 문왕이 죽은 후 그 신주를 후직의 묘에 보관하였고, 이후 親盡한 신주를 昭穆의 순서에 따라 文王과 武王의 廟에 나누어 보관하였는데, 이를 '二祧'라고 한다. ≪周禮≫ 〈春官 守祧〉 鄭玄의 注에 "廟는 大祖(始祖)의 廟 및 3昭 3穆을 가리킨다. 遷主를 보관하는 廟를 '祧'라고 하니, 先公의 遷主는 后稷의 廟에 보관하고, 先王의 遷主는 文王・武王의 廟에 보관한다.〔廟 謂大(태)祖之廟及三昭三穆 遷主所藏曰祧 先公之遷主藏于后稷之廟 先王之遷主藏于文武之廟〕"고 하였다.

初高祖受禪에 唯立四親廟하여 同殿異室而已①러니 帝卽位에 命有司議七廟之制한대 禮部侍郎許善心等이 奏請爲太祖·高祖各立一殿하여 準周文武二祧하고 與始祖而三하고 餘竝分室而祭하여 從迭毁之法②하니 帝謂柳䛒曰③ 今始祖及二祧已具면 後世子孫이 處朕何所오 乃詔爲高祖建別廟러니 旣而方事巡幸이라 竟不果立하니라

① 四親廟는 첫째는 皇高祖 太原府君(楊惠嘏)의 廟이고, 둘째는 皇曾祖 康王(楊烈)의 廟이고, 셋째는 皇祖 獻王(楊禎)의 廟이고, 넷째는 皇考 太祖武元皇帝(楊忠)의 廟이다.
四親廟, 一曰皇高祖太原府君廟, 二曰皇曾祖康王廟, 三曰皇祖獻王廟, 四曰皇考太祖武元皇帝廟.

② ≪禮記≫ 〈祭法〉에 "먼 조상을 모신 사당이 祧이니, 〈文王과 武王〉 두 개의 祧가 있는데, 〈月祭가 아닌〉 四時의 제사〔享嘗〕만 지낸다."라고 하였다.
記祭法篇 "遠廟爲祧, 有二祧, 享嘗乃止."

③ 䛒은 辯과 같다.
䛒, 與辯同.

【綱】 황제(隋 煬帝)가 북쪽으로 순행하여 楡林郡에 머무르니, 啓民可汗과 義成公主가 와서 조회하고 吐谷渾(토욕혼)과 高昌이 모두 들어와 공물을 바쳤다.

帝北巡次楡林郡하니 啓民可汗及義成公主來朝하고 吐谷渾·高昌皆入貢[143)]하다

【目】 車駕가 북쪽으로 순행할 적에 河北의 10여 郡의 丁男을 징발하여 太行山을 開鑿하여 幷州까지 馳道[144)]를 개통하였다. 〈거가가〉 鴈門을 지날 적에 鴈門太守 丘和는 바친 음식이 매우 精美하였는데, 馬邑에 도착하자 馬邑太守 楊廓은 홀로 바친 것이 없으니 황제가 기뻐하지 않았다. 이에 구화를 博陵太守로 삼고 양곽을 보내 박릉에 가서 구화를 본받게 하니, 이로 말미암아 〈거가가〉 도착한 곳마다 음식을 바치되 서로 다투어 풍성하고 사치스럽게 하였다.

〈황제가〉 楡林郡에 도착하여 마침내 변경을 나가서 무력을 과시하여 突厥의 경내를 지나가려 할 적에 啓民可汗이 놀라고 두려워할까 염려되어 먼저 長孫晟을 보내어 자신

143) 帝北巡次楡林郡……皆入貢 : "≪資治通鑑綱目≫이 끝날 때까지 '巡(순행하다)'을 쓴 것이 29번인데, 秦 始皇帝가 5번이고 漢 武帝가 7번이며, 隋 煬帝는 '巡'을 3번 쓰고 '如(가다)'를 7번 썼으니, 사치스럽고 욕심을 부리는 군주는 대개 행적이 똑같다.(진 시황제 27년(B.C. 220)에 자세하다.) 〔終綱目書巡二十九 而始皇五 武帝七 煬三書巡 七書如 奢欲之主 蓋一轍也(詳秦始皇二十七年)〕" ≪書法≫
144) 馳道 : 제왕의 수레나 말이 다닐 수 있도록 닦은 길이다. 아래의 御道도 같다.

의 뜻을 알리게 하였다. 계민가한이 조서를 받고서 이에 그가 거느리고 있는 추장들을 불러 모두 모이게 하자, 장손성이 계민가한에게 직접 풀을 제거하게 하고 〈이 모습을〉 여러 부족 사람들에게 보여서 천자의 위엄을 드러내려고 하였다. 이에 장막 앞의 풀을 가리키며 말하기를 "이 뿌리는 매우 향기롭다."라고 하니, 계민가한이 바로 냄새를 맡고는 "전혀 향기롭지 않다."라고 하였다. 장손성이 말하기를 "천자께서 행차하여 머무시는 곳에는 제후들이 친히 청소하여 지극히 공경하는 마음을 표시하는 법인데, 지금 牙帳 안에 풀이 무성하기 때문에 향기 나는 풀을 남겨두었다고 여겼을 뿐이다."라고 하니, 계민가한이 곧바로 깨닫고 "신〔奴〕[145]의 죄입니다."라고 하고서 마침내 차고 있던 칼을 뽑아서 직접 뜰에 있는 풀을 베니, 그 귀족들과 여러 부족의 사람들이 다투어 그를 따라하였다.

이때에 楡林의 북쪽 경계를 출발하여 동쪽으로 薊縣까지 御道를 개통하니, 그 길이가 3천 리이고 너비가 100보였다. 계민가한과 義成公主가 行宮에 와서 조회하고 吐谷渾과 高昌이 모두 사신을 보내 공물을 바쳤다.

車駕北巡에 **發河北十餘郡丁男**하여 **鑿太行山達于幷州**하여 **以通馳道**하고 **過鴈門**에 **太守丘和獻食甚精**이러니 **至馬邑**에 **太守楊廓**이 **獨無所獻**①이어늘 **帝不悅**하여 **以和爲博陵太守**하고 **使廓至博陵觀之**②하니 **由是所至獻食**호되 **競爲豐侈**러라 **至楡林**하여 **遂欲出塞耀兵**하여 **徑突厥中**③할새 **恐啓民驚懼**하여 **先遣長孫晟諭旨**한대 **啓民奉詔**하고 **因召所部酋長咸集**이어늘 **晟欲令啓民親除草**하고 **示諸部**하여 **以明威重**하여 **乃指帳前草曰 此根大香**이라하니 **啓民遽嗅之曰 殊不香也**로다 **晟曰 天子行幸所在**에 **諸侯躬自掃除**하여 **以表至敬之心**하나니 **今牙內蕪穢**일새 **謂是留香草耳**라하니 **啓民乃悟曰 奴之罪也**라하고 **遂拔所佩刀**하여 **自芟庭草**하니 **其貴人及諸部爭效之**라 **於是發楡林北境**하여 **東達於薊**하여 **開爲御道**하니 **長三千里**요 **廣百步**④러라 **啓民及義成公主來朝行宮**하고 **吐谷渾・高昌**이 **竝遣使入貢**하다

① 隋 煬帝가 代州를 鴈門郡으로 고치고, 朔州를 馬邑郡으로 고쳤다.
帝改代州爲鴈門郡, 改朔州爲馬邑郡.

② 定州를 博陵郡으로 고쳤다. 丘和를 변경의 郡에서 內郡[146]으로 옮겨서 포상함을 보인 것이다.
改定州爲博陵郡. 丘和自邊郡遷內郡, 以示賞也.

---

145) 신〔奴〕: 유목민족이 그 군주에게 자신을 신하로 칭할 적에 奴라고 한다. 본서 제36권 상에 보면, 突厥로 사신을 간 虞慶則이 沙鉢略可汗에게 '臣'을 칭할 것을 요구하자, 사발략가한이 좌우의 신하들에게 말하기를 "무엇을 '臣'이라 하는가?" 하니, 신하들이 말하기를 "隋나라에서 말하는 '臣'은 우리들이 말하는 '奴'와 같습니다."라고 하였다.

146) 內郡 : 內地에 있는 郡을 말한다. 즉 京都와 멀리 떨어져 있는 外郡이나 邊郡과 상대되는 말이다.

③ 당시 勝州를 楡林郡으로 고쳤다.
時改勝州爲楡林郡.
④ 涿郡의 治所가 薊縣이다.
涿郡治薊.

【目】 太府卿 元壽가 황제(隋 煬帝)에게 말하기를 "御營 이외의 군대를 24軍으로 나누어서 매일 1軍씩 출발하게 하되 서로 간의 거리를 30리로 하여 旗幟와 징소리·북소리가 천 리에 이어지게 하십시오."라고 하였다. 定襄太守 周法尙이 "옳지 않습니다. 군사가 천 리에 걸쳐 있으면 번번이 산과 강에 가로막히게 되니, 갑자기 예상치 못한 일이 생기면 서로 구원하기 어렵습니다. 이는 바로 패배를 초래하는 길입니다."라고 하였다. 황제가 기뻐하지 않으며 "경의 생각은 무엇인가?"라고 하니, 주법상이 답하기를 "군대를 집결시켜 方陣을 만들어 사방으로 외부의 공격을 막고 六宮과 百官의 가속들이 모두 그 안에 있게 합니다. 만일 事變이 발생하면 공격을 받는 방면이 즉시 대항하도록 하고 方陣 안에서 奇兵을 이끌고 밖으로 나가 분발하여 공격하고, 수레로 성벽과 보루를 만들어서 갈고리 모양의 陣을 거듭 설치합니다. 그리하여 싸워서 이기면 기병을 뽑아 달아나는 적을 추격하고, 만에 하나 이기지 못하더라도 屯營은 스스로 지킬 수 있으니, 이것이 만전의 계책입니다."라고 하였다. 황제가 훌륭하다 하고, 이에 주법상을 武衛將軍에 임명하였다.

〈황제가〉 宇文愷에게 명하여 큰 장막을 만들게 하되 그 아래에 수천 명이 앉을 수 있게 하여, 啓民可汗과 그 부락 사람들에게 연회를 베풀 적에 散樂[147]을 연주하게 하니, 여러 胡人들이 놀라고 기뻐하였다. 황제가 계민가한에게 路車·乘馬(네 필의 말)·鼓吹(樂隊)·幡旗를 하사하고 贊拜(황제 앞에서 呼名하여 절함)할 때 이름을 부르지 않게 하여 지위가 제후왕의 위에 있게 되었다.

太府卿元壽言於帝曰 御營之外에 請分爲二十四軍하여 日發一軍호되 相去三十里하여 使旗幟鉦鼓千里不絶하소서 定襄太守周法尙曰 不然하다 兵亘千里면 動間山川이니 猝有不虞면 難以相救라 乃取敗之道也①니이다 帝不懌曰 卿意如何오 法尙曰 結爲方陳하여 四面外拒하고 六宮及百官家屬이 竝在其內하여 若有變起면 所當之面이 卽令抗拒하고 內引奇兵하여 出外奮擊하고 車爲壁壘하여 重設鉤陳②이니 若戰而捷이면 抽騎追奔하고 萬一不捷이라도 屯營自守니 此萬全策

147) 散樂 : 본서 제36권 大業 2년(606) 10월 조에 자세히 보인다.

也니이다 帝曰 善타 因拜法尙武衛將軍하다 令宇文愷爲大帳호되 其下可坐數千人하여 以宴啓民及其部落할새 作散樂하니 諸胡駭悅이러라 帝賜啓民路車·乘馬·鼓吹·幡旗하고 贊拜不名하여 位在諸侯王上하다

① 雲州를 定襄郡으로 고쳤다. 間은 古莧의 切이니, 가로막힘이다.
改雲州爲定襄郡. 間, 古莧切, 隔也.

② 重(거듭하다)은 直龍의 切이다. 陳(나열하다)은 본음대로 읽는다. '鉤陳'은 갈고리처럼 굽게 나열한 것이니, 하늘의 鉤陳星[148]의 모습을 형상한 것이다. 一說에 "〈陳은〉 陣과 통용한다."라고 하였다.
重, 直龍切. 陳, 如字.[149] 鉤陳, 曲陳如鉤, 象天之鉤陳星. 一說"與陣通."

【綱】 가을 7월에 長城을 쌓았다.

秋七月에 築長城하다

【目】 詔令을 내려 丁男 백여만 명을 징발하여 長城을 쌓게 하되, 서쪽으로 楡林에 이르고 동쪽으로 紫河에 이르렀다. 蘇威가 간하였는데 황제가 듣지 않았다.

詔發丁男百餘萬하여 築長城호되 西距楡林하고 東至紫河어늘 蘇威諫한대 不聽①하다

① ≪隋書≫ 〈地理志〉에, 定襄郡 大利縣에 陰山이 있고 紫河가 있다고 되어 있다.
隋志, 定襄郡大利縣有陰山, 有紫河.

【綱】 太常卿 高熲·尙書 宇文弼(우문필)·光祿大夫 賀若弼을 죽였다.

殺太常卿高熲·尙書宇文弼·光祿大夫賀若弼[150]하다

---

148) 鉤陳星 : 鉤陳六星으로, 紫微宮을 지키는 여섯 개의 별이다. 모양이 갈고리처럼 생겼으며, 후궁의 자리에 있다고 하여 후궁을 뜻하기도 한다.

149) 如字 : 한 글자에 여러 독음이 있는 경우 本音대로 읽으라는 것이다.

150) 殺太常卿高熲尙書宇文弼光祿大夫賀若弼 : "高熲 등이 모두 前朝(隋 文帝)의 옛 신하인데, 이미 弑殺의 禍를 밝히지도 못하고 또 자신의 몸을 이끌고 벼슬에서 물러나지도 못하고, 도리어 서로 함께 고개를 숙여 역적(隋 煬帝)을 섬겼으니, 주륙함이 마땅하다. 그러나 煬帝의 입장에서 말하면 또한 주륙하는 것은 불가하다. 그러므로 모두 '殺(죽였다)'라고 쓰고 그들의 관직을 없애지 않았다. 아래에서 '薛道衡을 죽였다.〔殺薛道衡〕'라고 쓴 것도 그러하다.〔熲等皆前朝舊臣 旣不能明弑殺之禍 又不能引身而去 乃相與俛首事賊 戮之宜矣 然自煬而言則亦不可 故皆書殺而不去其官 下書殺薛道衡亦然〕" ≪發明≫

【目】 황제(隋 煬帝)가 散樂에 종사하는 樂工을 불러 모을 적에 太常卿 高熲이 간하였으나 듣지 않았다. 고경이 물러나서 太常丞 李懿에게 말하기를 "北周의 天元[151]이 음악을 좋아함으로 인하여 나라가 망하였으니, 경계해야 할 전례가 가까이 있는데, 어찌 다시 이와 같이 한단 말인가?"라고 하였다. 〈고경이〉 또 황제가 啓民可汗을 예우함이 너무 厚하다 여겨 何稠에게 말하기를 "이 오랑캐는 자못 中國의 허실과 山川의 험이를 알고 있으니, 후환이 될까 두렵다."라고 하였다. 宇文弢이 사사롭게 고경에게 말하기를 "천원의 사치함을 지금에 비교하는 것은 너무 심하지 않은가?"[152]라고 하였다. 賀若弼 또한 계민가한에게 베푼 연회가 너무 사치스럽다고 사사로이 의논하였다. 〈이러한 정황이〉 모두 다른 사람에 의해 황제에게 진달되자 황제는 〈그들이〉 조정을 비방하였다 하여 모두 죽였다. 고경이 문무에 원대한 지략이 있고 세상사에 밝고 통달하여 천하의 일을 자신의 임무로 여겼으니, 蘇威·楊素·賀若弼·韓擒虎가 모두 고경이 천거한 인재였다. 그가 죽자 천하 사람들이 다 슬퍼하였다.

帝之徵散樂也에 太常卿高熲諫不聽이어늘 退謂丞李懿曰 周天元이 以好樂而亡하니 殷鑑不遠이라 安可復(부)爾리오 又以帝遇啓民過厚라하여 謂何稠曰 此虜頗知中國虛實山川險易(이)하니 恐爲後患일가하노라 宇文弢私謂熲曰 天元之侈를 以今方之는 不亦甚乎아 賀若弼亦私議宴可汗太侈라가 竝爲人所奏하니 帝以爲誹謗朝政이라하여 皆殺之하다 熲有文武大略하고 明達世務하여 以天下爲己任하니 蘇威·楊素·賀若弼·韓擒虎 皆熲所薦이라 及死에 天下莫不傷之하니라

【綱】 內史令 蕭琮과 僕射 蘇威를 면직시켰다.

免內史令蕭琮·僕射蘇威官하다

【目】 蕭琮이 황후와의 연고[153]로 인해 매우 〈황제(隋 煬帝)의〉 친애와 존중을 받았고,

---

151) 天元 : 北周 宣帝 宇文贇(559~580)을 가리킨다. 우문빈은 아들 宇文闡에게 황위를 물려주고 스스로 天元皇帝라 칭하였다. 그는 스스로 사는 궁전을 天臺라 하여 사치스럽게 꾸미고 그곳에서 화려한 연회를 자주 열었다. 또 네 명의 황후를 두었으며, 음악과 춤을 좋아하여 雜戲를 개최하고 乞寒胡戲(서역 康國의 북을 울리고 춤을 추는 놀이)를 만들어 百官과 宮人, 外命婦의 여인들을 모아놓고 妓樂을 크게 베풀었다.

152) 천원의……않은가 : 지금 隋 煬帝가 매우 사치하여 北周 天元皇帝의 사치함을 수 양제에게 견줄 수 없다는 말이다.

153) 蕭琮이……연고 : 황후는 隋 煬帝의 황후인 煬愍皇后 蕭氏를 가리킨다. 蕭皇后는 南朝 後梁 孝明帝 蕭巋의 딸이다. 蕭琮은 소규의 아들로 소규를 이어 후량의 황제가 되었다가 후량이 隋나라에 병합되면서 수나라 조정에 들어가게 되었다. 소종과 소황후는 남매 관계이다.

賀若弼과 친하였다. 하약필이 주살된 뒤에 또 동요에 "蕭蕭가 또한 다시 일어난다."라 하니, 황제가 이로 인하여 소종을 시기하여 마침내 〈파직되어〉 집으로 돌아가 얼마 후 세상을 떠났다. 蘇威가 長城을 쌓는 것을 간하였기 때문에 소위 또한 죄에 걸려 면직되었다.

琮以皇后故로 甚見親重하고 與賀若弼善이러니 弼既誅에 又有童謠曰 蕭蕭亦復起라하니 帝由是忌之하여 遂廢於家하니 未幾而卒하고 蘇威以諫築長城이라 故威亦坐免하다

【綱】 8월에 황제(隋 煬帝)가 金河에 도착하여 啓民可汗의 廬帳에 행차하였다.

八月에 帝至金河하여 幸啓民可汗帳①하다

① 杜佑가 말하기를 "單于都護府[154]는 秦·漢 시기 雲中郡 지역이니, 治所가 金河縣이다. 縣에 金河가 있는데, 위로 紫河와 이어진다."라고 하였다.
杜佑曰 "單于都護府, 秦·漢雲中郡地也, 治金河縣. 縣有金河, 上承紫河."

【目】 〈황제(隋 煬帝)의〉 車駕가 楡林을 출발하였는데, 甲士가 50여만이고 旗幟와 輜重이 천 리에 이어졌다. 宇文愷 등에게 명하여 풍경을 감상할 수 있는 行殿(이동용 궁전)을 만들게 하였는데, 〈그 위에는〉 수백 명을 수용할 수 있고, 〈행전은〉 분해하였다가 조립할 수 있었으며, 아래에 수레바퀴와 굴대를 설치하였다. 또 行城(이동용 성)을 만들었는데, 둘레가 2천 보이며 목판으로 골격을 만들고 布로 목판을 덮어서 樓櫓(지붕이 없는 망루)가 모두 갖추어지니, 胡人들이 놀라서 神이 만든 것이라 여겼다. 황제가 啓民可汗의 廬帳[155]에 행차하였는데, 계민가한이 술잔을 받들어 祝壽를 올리니, 〈突厥의〉 王侯 이하의 사람들이 廬帳 앞에서 직접 웃통을 벗고 희생 고기를 베면서 감히 황제를 쳐다보지 못하였다. 이에 황제가 매우 기뻐하여 詩를 지어 읊기를 "呼韓이 머리를 조아리며 오고 屠耆가 잇따라 뒤따라오네. 漢나라 天子가 부질없이 單于臺에 오른 것과 누가 더 나은가."[156]라고 하였다. 황후 또한 義成公主의 廬帳에 행차하여 물품을 많이 하사하였다.

---

154) 單于都護府 : 唐나라가 東突厥을 정벌하여 무너뜨리고 지금의 내몽골 지역에 돌궐 부족을 관할하는 都護府를 설치하였다.

155) 廬帳 : '穹廬旃帳'으로 유목민이 사는 천막인 穹廬, 穹帳을 가리킨다. ≪漢書≫ 권94 〈匈奴傳〉 顔師古의 註에 "穹廬는 旃帳(모직으로 만든 장막)이니, 그 모양이 우뚝이 높으므로 '穹廬'라 한다.〔穹廬 旃帳也 其形穹隆 故曰穹廬〕"라고 하였다.

156) 呼韓이……나은가 : 이 시는 全文이 ≪隋書≫ 〈突厥傳〉에 보이는데, 다음과 같다. "변방에 깃발 세우고, 龍庭에 수레 머무네. 氈帳은 바람을 향해 들쳐 있고, 穹廬는 해를 향해 열려 있네. 呼韓

車駕發楡林하니 甲士五十餘萬이요 旌旗輜重이 千里不絶이러라 令宇文愷等造觀風行殿호되 容數百人하고 離合爲之하고 下施輪軸하고 又作行城호되 周二千步하여 〔以板爲榦〕[157]하고 以布衣板하여 樓櫓悉備하니 胡人이 驚以爲神①이러라 帝幸啓民廬帳한대 啓民이 捧觴上壽하니 王侯以下袒割帳前하여 莫敢仰視어늘 帝大悅하여 賦詩曰 呼韓頓顙至요 屠耆接踵來라 何如漢天子 空上單于臺②오 皇后亦幸義成公主帳하여 賜與甚厚하다

①〈'以布衣板'의〉 衣(입히다, 덮다)는 於旣의 切이다.
衣, 於旣切.

② 살펴보건대 漢 武帝 元封 원년(B.C. 110)에 武帝가 북쪽 변경을 순행하여 長城을 나가 북쪽으로 單于臺에 올랐다.[158]
按漢武帝元封元年, 帝巡北邊出長城, 北登單于臺.

【綱】〈황제(隋 煬帝)가〉 돌아와 太原에 이르러서 晉陽宮을 營繕하였다.

이 머리 조아리며 오고, 屠耆가 뒤따라오네. 변발한 이 희생고기를 올리고, 가죽토시 한 이 술잔 올리네. 漢나라 천자가 부질없이 單于臺에 오른 것과 누가 더 나은가.〔鹿塞鴻旗駐 龍庭翠輦迴 氈帳望風擧 穹廬向日開 呼韓頓顙至 屠耆接踵來 索辮擎膻肉 韋韝獻酒杯 何如漢天子 空上單于臺〕" 이는 隋 煬帝가 啓民可汗의 廬帳에 행차하자 계민가한이 술잔을 올리고 돌궐의 王侯가 희생고기를 올리는 것을 표현한 것이다. 이 시의 '바람'과 '해'는 煬帝 자신, '呼韓'은 계민가한, '屠耆'는 돌궐의 왕후를 비유한 것이다. 《通鑑節要》 권34 〈隋紀〉의 頭註에 "呼韓과 屠耆는 모두 匈奴 單于의 호칭이다. 呼韓은 日逐王 比이고 屠耆는 日逐王 薄胥堂이다. 屠는 直於의 切이고 耆는 음이 祈이다. 그들의 풍속에 賢者를 일러 屠耆라고 한다. 그러므로 항상 〈선우의〉 太子를 左屠耆王이라 칭하였다.〔呼韓屠耆 皆匈奴單于之號 呼韓 日逐王比也 屠耆 日逐王薄胥堂也 屠 直於切 耆 音祈 其俗謂賢曰屠耆 故常以太子爲左屠耆王也〕"라고 하였다. 이는 呼韓은 呼韓邪單于 日逐王 比로, 屠耆는 屠耆單于 日逐王 薄胥堂 또는 左屠耆王으로 본 것이다. 그러나 이 주석 자체는 몇 가지 문제가 있다. 우선 호한야선우는 匈奴 역사상 두 명이 있는데, 하나는 稽侯狦(재위 B.C. 58~31)으로 前漢 宣帝에서 元帝 시기의 인물이고, 또 하나는 南匈奴의 선우인 日逐王 比(재위 48~56)로 光武帝 때 인물이다. 광무제 때에 오면 흉노가 남북으로 분열되는데, 後漢 국경 지역에 있던 흉노의 8部 大人이 일축왕 비를 추대하여 호한야선우라 하고 후한에 귀부하였다. 《後漢書》〈南匈奴列傳〉에 보면 일축왕 비는 醢落尸逐鞮單于로 그의 조부인 호한야선우(稽侯狦)가 前漢에 의지하여 안정을 얻은 것을 이유로 호한야선우의 칭호를 계승한 것이었다. 이처럼 위의 시에서 말한 '呼韓'이 누구인지 명확하지 않다. 屠耆를 屠耆單于 日逐王 薄胥堂으로 본다면 또 다른 문제가 있는데, 도기선우는 漢나라에 귀부하지 않았다. 호한야선우(稽侯狦)와 도기선우는 서로 대립하였고 호한야선우가 도기선우를 격파하자 도기선우는 자살하였다. 오히려 위의 시에 의한다면 屠耆는 돌궐의 王侯를 비유한 것으로 선우의 太子를 뜻하는 左屠耆王으로 註하는 것이 타당하다.

157) 〔以板爲榦〕: 저본에는 '以板爲榦'이 없으나, 《資治通鑑》에 의거하여 보충하였다.

158) 살펴보건대……올랐다 : 이는 본서 제5권 상 漢 武帝 元封 원년 조에 보인다. 그 目에 武帝가 雲陽을 출발하여 五原을 지나고 長城을 나가 북쪽으로 單于臺에 올랐으며, 朔方에 이르러 北河에 임하니, 무장한 병력은 騎兵이 18만 명이고 깃발이 천여 리에 이어졌다고 하였다.

還至太原하여 **營晉陽宮**①하다

① 梁 武帝 大同 12년(546)에 東魏가 晉陽宮을 설치하였다가 陳 宣帝 太建 9년(577)에 이르러 北周 高祖가 北齊를 멸망시키고 진양궁을 버려두었는데, 황제가 다시 營繕하였다.
梁武帝大同十二年, 東魏置晉陽宮, 至陳宣帝太建九年, 周高祖滅北齊廢宮, 帝復營繕.

【綱】〈황제(隋 煬帝)가〉 御史大夫 張衡의 저택에서 연회를 베풀었다.

◑ **宴御史大夫張衡宅**하다

【目】 황제가 太行山에 올라가서 直道 90리를 개통하였고, 濟源에 도착해서는 張衡의 저택에 행차하여 머물면서 3일 동안 연회를 베풀었다.

帝上太行하여 **開直道九十里**하고 **至濟源**하야는 **幸衡宅**하여 **留宴三日**①하다

① 直道를 개통하여 張衡이 머무는 곳에 이른 것이다. 開皇 16년(596)에 濟源縣을 설치하고 河內郡에 속하게 하였다.
開直道抵張衡所居. 開皇十六年置濟源縣, 屬河內郡.

【綱】〈황제(隋 煬帝)가〉 마침내 東都로 돌아갔다.

遂還東都[159]하다

【綱】 楊文思를 納言으로 삼았다.

◑ **以楊文思爲納言**①하다

159) 遂還東都 : "楡林을 출발할 때부터 東都로 돌아오기까지 전후로 단지 하나의 일일 뿐이다. 그런데 책에 여러 번 쓴 것은 어째서인가. 啓民可汗의 廬帳에 행차하였다고 쓴 것은 그(隋 煬帝)가 먼 곳을 경략하기를 힘쓴 실제를 보이기 위한 것이고, 晉陽宮을 營繕하였다고 쓴 것은 그가 〈사치하여〉 큰 집을 짓고 담장을 아로새긴 실제를 보이기 위한 것이고, 張衡의 저택에서 연회를 베푼 것을 쓴 것은 그가 寵臣을 사사로이 가까이하여 장형이 〈자기를 도와〉 文帝를 직접 시해하고 태자(楊勇)의 지위를 빼앗도록 한 것을 매우 고맙게 여긴 실제를 보이기 위한 것이다. 무릇 이러한 종류는 한 가지 일에 나름대로 한 가지 의미가 있으니, 진실로 그가 무도하여 나라를 어지럽히고 망하게 한 잘못 때문에 전부 생략할 수는 없는 것이다.〔自發楡林至還東都 首尾特一事耳 而屢書于冊 何哉 書幸啓民帳 所以見其務勤遠略之實 書營晉陽宮 所以見其峻宇雕墻之實 書宴張衡宅 所以見其私昵寵臣 深德其弑奪之實 凡此類 一事則有一義 固不以其亂亡不道之故 而盡略之也〕" ≪發明≫ 장형은 수 양제가 황제가 되기 이전부터 가까이했던 인물로 태자 자리를 빼앗을 계책을 꾸몄으며 문제의 寢殿에 들어가 문제를 직접 죽였다.

① 楊文思는 楊素의 從父이다.
文思, 素之從父也.

【綱】 겨울에 裴矩를 黃門侍郎으로 삼아 西域을 경략하게 하였다.

◑ **冬**에 **以裴矩爲黃門侍郎**하여 **經略西域**[160]하다

【目】 西域 각국의 胡人[161]들이 張掖에 많이 이르러 교역하자 황제(隋 煬帝)가 吏部侍郎 裵矩를 보내서 관장하게 하였다. 배구는 황제가 먼 곳을 경략하기를 좋아함을 알고, 여러 胡商들을 탐문하여 그들 나라의 山川과 風俗을 가지고 ≪西域圖記≫ 3권을 지어서 들어가 조회할 적에 이것을 아뢰었다. 이어서 별도로 지도를 만들어서 그 요해처를 모두 표시하였다. 〈지도는〉 西傾山에서부터 시작하여 종횡으로 걸쳐 있는 곳이 거의 2만 리였고, 敦煌에서 출발하여 西海에 이르기까지 모두 세 갈래 길이니, 北道는 伊吾에서, 中道는 高昌에서, 南道는 鄯善에서 시작하였다.

또 〈황제에게〉 말하기를 "國家(황제)의 위엄과 은덕, 壯士들의 용맹과 강함을 가지고 濛汜水를 건너고 崑崙山을 넘는 것이 손바닥을 뒤집는 것처럼 쉬운데, 더구나 羌族과 胡人의 나라들이 모두 상인들을 통해 은밀히 정성을 전달하고 목을 빼고 머리를 들어

---

160) 以裴矩爲黃門侍郎 經略西域 : "특별히 쓴 것이다. 특별히 쓴 것은 어째서인가. 변경을 개척한 것을 죄준 것이다. 裴矩가 먼 곳을 경략하는 일을 먼저 제창하여 西域과 교통하고 高句麗를 정벌하여 천하 사람들이 원망하여 마침내 국가가 망하는 지경에 이르렀다. 그러므로 경략이라고 쓴 것은 똑같지만 '중원을 경략하였다.〔經略中原〕'라고 쓴 것은 晉나라 사람이 〈중원의〉 회복을 도모함(晉 康帝 建元 원년(343))을 인정한 것이고, '서역을 경략하였다.〔經略西域〕'라고 쓴 것은 隋나라 사람들이 변경을 개척한 것(이해(607))을 죄준 것이니, 대개 좋은 일과 나쁜 일에 똑같은 말로 기록하는 것을 혐의하지 않는다.〔特筆也 其特筆 何 罪開邊也 自矩首唱遠略 通西域 征高麗 而天下怨毒 遂至於亡矣 是故經略一也 書經略中原 所以予晉人之規復(康帝建元元年) 書經略西域 所以罪隋人之開邊(是年) 蓋美惡不嫌同辭〕" ≪書法≫
"隋 煬帝의 무도함은 진실로 구제할 도리가 없다. 그러나 그 죄를 가득 채워서 그 패망을 재촉한 것은 드러내어 후세의 겨울로 삼지 않을 수 없다. 裴矩와 같은 자는 나라를 망하게 하는 일을 창도하였기 때문에 특별히 '서역을 경략하였다.'라고 써서 그 죄를 드러내었다. 뒷날 高句麗와의 전쟁에 이르러서도 배구가 그 시작을 창도하였다.〔煬之不道 固無可救之理 然所以盈其罪而趣其敗者 不得不著之以爲後世鑒 若裴矩者 倡導亡國之事 故特書經略西域 以著其罪 至他日高麗之役 亦矩首倡其端也〕" ≪發明≫

161) 胡人 : 여기의 胡는 오랑캐의 범칭이 아니라 서역의 사람들을 이른다. 특히 중앙아시아의 오아시스 지역인 소그디아나(昭武九姓)의 '소그드인'을 가리킨다. 소그드인은 당시 실크로드의 상인들로 그들은 胡客, 商胡, 胡商 등으로 기록되었다. 소그디아나는 서투르케스탄의 사마르칸드(康國), 부하라(安國), 타쉬켄트(石國), 마이무르그(米國), 키시(史國), 이스타칸(曹國), 쿠샤니야(何國) 등 오아시스 도시국가들을 가리킨다.(≪隋書 外國傳 譯註≫, 동북아역사재단, 2009)

복속되기를 바라고 있습니다. 만약 이들을 신복하고 위무하여 편안하게 하는 데 힘쓴다면 오랑캐와 중국을 하나로 통일함이 아마도 이때에 달려 있을 것입니다."라고 하니, 황제가 크게 기뻐하였다. 배구가 이를 기회로 胡人의 나라(西域) 안에 진귀한 보물들이 많다고 극구 말하였는데, 황제가 이에 고양되어 서역과 교통하려고 하였기 때문에 배구를 黃門侍郎으로 삼아 다시 장액으로 보내서 여러 胡人들을 초치하여 이익으로 꾀어서 들어와 조회하도록 권하게 하였다. 이로부터 西域의 여러 胡人들이 끊임없이 왕래하여 연로의 郡縣들에서 〈이들을 맞이하고 전송하는 데〉 소모된 비용이 億으로 헤아려졌다. 그리하여 마침내 중국이 피폐해져 멸망함에 이르렀으니, 이는 모두 배구가 창도한 것이다.

西域諸胡 多至張掖交市①어늘 帝使吏部侍郎裴矩掌之한대 矩知帝好遠略하고 訪諸商胡하여 以其國山川風俗으로 撰西域圖記三卷하여 入朝奏之하고 仍別造地圖하여 窮其要害하여 從西傾以去하여 縱橫所亘이 將(一)〔二〕[162] 萬里②라 發自敦煌하여 至于西海히 凡爲三道하니 北道從伊吾요 中道從高昌하고 南道從鄯善③이라 且云 以國家威德將士驍雄으로 汎濛汜而越崑崙이 易如反掌④이어늘 況今羌・胡之國이 竝因商人密送誠款하고 引領翹首하여 願爲臣妾⑤하니 若服而撫之하여 務存安輯이면 混壹戎夏 其在玆乎인저 帝大悅이어늘 矩因盛言胡中에 多諸珍寶라한대 帝於是慨然하여 將通西域할새 以矩爲黃門侍郎하여 復使至張掖하여 引致諸胡하여 啗之以利하여 勸令入朝하니 自是西域諸胡가 往來相繼하여 所經郡縣에 糜費以萬萬計라 卒令中國疲弊하여 以至於亡하니 矩唱之也니라

① 황제가 甘州를 張掖郡으로 고쳤다. '交市'는 互市이다.
帝改甘州爲張掖郡. 交市, 爲互市也.

② 西傾山은 隴西郡 臨洮縣 서남쪽에 있으니, 洮水가 발원하는 곳이다.
西傾山, 在隴西郡臨洮縣西南, 洮水之所出也.

③ 隋 煬帝가 瓜州를 敦煌郡으로 바꿨다. 여기의 西海는 條支의 서쪽[163]에 있다.
帝改瓜州爲敦煌郡. 此西海在條支西.

④ 汎(배로 건너다)은 泛과 통한다. 濛汜는 음이 夢似이니, 蒙谷[164]의 물로 해가 지는 곳이

162) (一)〔二〕: 저본에는 '一'로 되어 있으나, ≪資治通鑑綱目≫(≪朱子全書≫ 10 上海古籍出版社)과 ≪御批資治通鑑綱目≫에는 '三'으로 되어 있고, ≪資治通鑑≫・≪隋書≫・≪北史≫・규장각본 ≪思政殿訓義 資治通鑑綱目≫(奎7512)에는 '二'로 되어 있다. 후자에 따라 '二'로 바로잡았다.

163) 西海……서쪽 : 條支는 條枝로도 표기되는데, ≪史記≫〈大宛列傳〉, ≪漢書≫ 및 ≪後漢書≫〈西域傳〉, ≪魏略≫ 등에 보인다. 역사학계에서는 지금의 페르시아만이나 시리아 지역에 위치했던 나라로 보고 있는데, 이는 西海를 어디로 보는가에 따라 달라진다. 서해는 아랄해, 카스피해, 페르시안만으로 보는 설이 있다.(≪史記 外國傳 譯註≫, 동북아역사재단, 2009)

다.[165] 越은 지나감이다. 崑崙은 산의 이름이다.

汎與泛通. 濛汜音夢似, 蒙谷之水也, 日所入處. 越, 度也. 崑崙, 山名.

⑤翹는 드는 것이다.

翹, 擧也.

---

164) 蒙谷 : 蒙穀이라고도 하는데, 해가 지는 곳이라는 전설상의 산이다. ≪淮南子≫ 〈天文訓〉에 "〈해가〉 虞淵에 이르면 이를 黃昏이라 하고 蒙谷에 이르면 이를 定昏이라 한다. 해가 虞淵의 물가로 들어가 蒙谷의 물가에서 동이 튼다.〔至于虞淵 是謂黃昏 至于蒙谷 是謂定昏 日入于虞淵之汜 曙於蒙谷之浦〕"라고 하였는데, 高誘 注에 "蒙谷은 북방의 산명이다.〔蒙谷 北方之山名〕"라고 하였고, 또 "曙는 날이 밝는다는 뜻이고, 浦는 물가이다.〔曙 明也 浦 涯也〕"라고 하였다.

165) 濛汜는……곳이다 : ≪文選≫ 〈西京賦〉에 "해와 달이 이곳에서 뜨고 지는 것이 마치 扶桑과 濛汜에서 뜨고 지는 것과 같습니다.〔日月於是乎出入 象扶桑與濛汜〕"라고 하였는데, 薛綜 注에 "해가 陽谷에서 떠서 濛汜로 진다〔出自陽谷 入于濛汜〕"라고 하였다.

思政殿訓義 資治通鑑綱目 제37권 상

-隋 煬帝 大業 4년(608) ~ 隋 煬帝 大業 9년(613)-

≪資治通鑑綱目≫ 제37권은 戊辰年(608) 隋 煬帝 大業 4년부터 戊寅年(618) 7월까지이다. 모두 10년 남짓이다.

起戊辰隋煬帝大業四年하여 盡戊寅七月이라 凡十年有奇라

戊辰年(608)

【綱】 隋나라 煬帝(楊廣) 大業 4년이다. 봄 정월에 永濟渠[1]를 개통하였다.

四年이라 春正月에 開永濟渠하다

【目】 河北 여러 軍의 백성 백여만 명을 징발하여 永濟渠를 뚫을 적에 沁水를 끌어들여 남쪽으로는 黃河까지 도달시키고 북쪽으로는 涿郡까지 연결시켰는데, 丁男이 부족하였으므로 부녀자들까지 부역시키기 시작하였다.

發河北諸軍百餘萬衆하여 穿永濟渠할새 引沁水하여 南達于河하고 北通涿郡이러니 丁男不供이라 始役婦人①하다

① 沁水는 懷州 북쪽에 있으니 上黨의 羊頭山에서 발원한다. 혹자는 "심수는 井陘山 동쪽에서 발원한다."[2] 하였다. 당시 幽州를 涿郡으로 개칭하였다.
沁水, 在懷州北, 源出上黨羊頭山. 或曰 "沁出井陘東." 時改幽州爲涿郡.

【綱】 元壽를 內史令에 임명하였다.

以元壽爲內史令하다

---

1) 永濟渠 : 隋 煬帝가 개통한 大運河의 하나로, 宋代에는 '御河', 元·明·淸代에는 '衛河'라 하였다.
2) 심수는……발원한다 : ≪山海經≫ 〈海內東經〉에 보인다.

【綱】 2월에 西突厥이 들어와 朝貢을 바쳤다.

◑ 二月에 西突厥이 入貢하다

【目】 裴矩가 西突厥의 處羅可汗이 자기 어머니를 그리워하고 있다[3]는 소문을 듣고 사신을 파견하여 그를 타일러서 귀부하게 하기를 요청하자, 황제(隋 煬帝)가 司朝謁者 崔君肅을 파견하여 詔書를 가지고 가서 그를 慰撫하게 하였다. 그런데 처라가한이 매우 거만하게 굴며 일어서서 조서를 받으려 하지 않자 최군숙이 그에게 말하였다.

"突厥이 둘로 분열하여 수십 년 동안 해마다 교전을 벌였으나 서로 멸망시키지 못하고 있습니다. 지금 啓民(東突厥의 可汗)이 부락민을 거느리고서 자기를 낮추고 들어와 천자에게 稱臣하여 대국의 군대를 빌려서 함께 可汗(처라가한)을 멸망시키려고 하니 천자께서 허락하여 조만간 군대가 출동할 것입니다. 다만 가한의 모친 向夫人이 西國(서돌궐)이 멸망할까 염려하여 밤낮으로 대궐을 떠나지 않고 기다리면서 눈물로 애처롭게 빌고 땅에 엎드려 사죄하며 사신을 보내 가한을 불러서 들어와 복종할 수 있게 해달라고 천자에게 간청하자, 천자께서 가련하게 여기셨기 때문에 다시 사신을 파견하여 여기에 온 것입니다. 그런데 지금 가한이 도리어 이처럼 거만하게 나오니, 그렇다면 이는 상부인이 천자를 속인 셈이 되므로 〈상부인은〉 반드시 도성의 저자에서 처형되어 首級이 계민의 조정에 전해질 것이며, 大隋의 군대를 출동시키고 東國(동돌궐)의 군대를 이용하여 좌우로 협력해서 가한을 공격한다면 머지않아 멸망할 것입니다. 그러니 어찌 두 번 절하는 예를 아껴서 자애로운 모친의 목숨을 끊을 것이며, 칭신하는 말 한마디를 아까워하여 社稷을 폐허로 만들려 하십니까."

〈이 말을 듣고〉 처라가한이 두려워하면서 일어나 눈물을 흘리며 재배하고 무릎을 꿇은 채 조서를 받고는, 이어서 사자를 파견하여 최군숙을 따라가 汗血馬를 貢物로 바치게 하였다.

裴矩聞西突厥處羅可汗이 思其母하고 請遣使(시)招懷之한대 帝遣謁者崔君肅하여 齎詔諭[4]之하다 處羅甚踞하여 受詔不肯起한대 君肅이 謂之曰 突厥이 中分爲二하여 每歲交兵하여 積數十

3) 處羅可汗이……있다 : 處羅可汗의 어머니 向氏(상씨)는 본래 漢族 출신으로, 당시 長安의 賓館에 머물고 있었다.(≪隋書≫ 권84 〈突厥傳〉)
4) 諭 : ≪隋書≫ 권84 〈突厥傳〉에는 '慰諭(위로함, 위로하여 이해시킴)'로 되어 있다.

歲로되 **莫能相滅**이라 **今啓民**이 **擧其部落**하여 **卑躬折節**하여 **入臣天子**하여 **欲借兵大國**하여 **共滅可汗**일새 **天子許之**하여 **師出有日矣**라 **顧可汗母向**(상)**夫人**이 **懼西國之滅**하여 **旦夕守闕**하여 **哭泣哀祈**하고 **匍匐謝罪**하며 **請發使召可汗**하여 **令入內屬**①한대 **天子憐之**라 **故復**(부)**遣使至此**어늘 **今可汗**이 **乃踞慢如是**하니 **則夫人**이 **爲誑天子**라 **必伏尸都市**하여 **傳首虜庭**②하고 **發大隋之兵**하며 **資東國**[5]**之衆**하여 **左提右挈**하여 **以擊可汗**하면 **亡無日矣**리니 **奈何愛兩拜之禮**하여 **絶慈母之命**하고 **惜一語稱臣**하여 **使社稷爲墟乎**오 **處羅矍**(곽)**然而起**하여 **流涕再拜**하고 **跪受詔書**③하고 **因遣使者**하여 **隨君肅貢汗血馬**하다

① 〈'守闕'의〉 守는 본음대로 읽으니, 기다리면서 떠나지 않음을 이른다.
守, 如字, 謂守待而不去也.
② '虜庭'은 啓民의 조정을 이른다.
虜庭, 謂啓民庭.
③ 〈'矍然'의〉 矍은 厥縛의 切이니, 놀라서 좌우를 돌아보는 모양이다.
矍, 厥縛切, 左右驚顧貌.

【綱】 3월에 倭國이 들어와 朝貢을 바쳤다.

三月에 **倭國**이 **入貢**①하다

① 倭는 烏禾의 切이다. 杜佑가 말하기를 "왜는 帶方 동남쪽의 큰 바다 가운데에 있으니 遼東과 12,000리 거리이다. 대략 閩川과 會稽의 동쪽에 있으니 또한 朱崖와 儋耳[6] 부근이며, 자칭 太伯[7]의 후예라 한다. 일명은 日本이니, 스스로 나라가 해 주변에 있다고 하므로 〈일본이라〉 지칭한다."[8] 하였다.
倭, 烏禾切. 杜佑曰 "倭在帶方東南大海中, 去遼東萬二千里. 大較在閩川・會稽之東, 亦與朱崖・儋耳相近, 自謂太伯之後. 一名日本, 自云國在日邊, 因以爲稱."

【目】 倭王이 황제(隋 煬帝)에게 서신을 보내 "해 뜨는 곳의 천자가 해 지는 곳의 천자에게 서신을 보내니, 무탈하십니까?" 하였다. 황제가 그 서신을 보고는 불쾌하게 여기면

---

5) 東國 : ≪隋書≫ 권84 〈突厥傳〉에는 '北蕃'으로 되어 있다.
6) 朱崖와 儋耳 : 지금의 海南省 일대이다.
7) 太伯 : 泰伯으로도 쓴다. 周 太王 古公亶父의 장남으로, 아우 季歷(周 文王의 부친)에게 왕위를 양보하고 荊蠻 지방으로 도피하였으며, 吳나라의 시조로 일컬어진다. ≪資治通鑑前編≫ 권18에 "지금 일본국에서도 '〈자기들이〉 吳太伯의 후예이다.' 하니, 아마도 오나라가 망하고 나서 그 자손의 支派가 바다로 들어가 倭가 되었을 것이다.〔今日本國亦云 吳太伯之後 蓋吳亡 其子孫支庶 入海爲倭也〕" 하였다.
8) 왜는……지칭한다 : 이 내용은 杜佑의 ≪通典≫ 〈邊防1 倭〉에 나오는 것을 축약한 것이다.

서 무례한 蠻夷의 서신은 아뢰지 말라고 鴻臚寺(홍려시)에 조서를 내렸다.

倭王이 遣帝書曰 日出處天子는 致書日沒處天子하노니 無恙가 帝覽之不悅하여 詔鴻臚호되 蠻夷書無禮者를 勿奏하다

【綱】 황제(隋 煬帝)가 五原에 가서 마침내 長城을 巡狩하였다.

帝如五原하여 遂巡長城①하다

① 煬帝가 豐州를 五原郡으로 개칭하였다. 長城은 지난해에 축조한 것이다.
帝改豐州爲五原郡. 長城, 去年所築者.

【目】 行宮에 木板으로 만든 六合城을 설치하였는데, 그것을 槍車에 실어서 운반하다가 머물러 묵을 때마다 수레 끌채를 바깥으로 하여 외부의 울타리로 삼고, 그 안에 마름쇠를 깔아놓고, 또 그 안에 쇠뇌를 얹어놓는 받침대를 설치하여 노끈으로 機關(격발장치)을 연결시켜 사람이 와서 노끈을 건드리면 쇠뇌의 기관이 회전하여 노끈을 건드린 곳으로 발사되도록 하였다.

行宮에 設六合板城이러니 載以槍車라가 每頓舍則外其轅하여 以爲外圍하고 內布鐵菱하고 次施弩牀하여 以繩連機하여 人來觸繩이면 則弩機旋轉하여 向所觸而發①이라

① ≪隋書≫ 〈禮儀志〉에 다음과 같은 내용이 있다.
"煬帝가 북방을 순행하고 변방 밖으로 나갈 적에 행궁에 사방 120步에 높이 4丈 2尺인 六合城을 설치하였다. 六合은 나무로 만들고 가로세로의 길이가 6척이며, 바깥의 한 面에 木板이 있어서 분해했다 조립할 수 있으며 푸른색으로 칠한다. 목판 6개를 쌓아올려서 높이 3장 6척인 성을 만들고,[9] 그 위에 높이 6척의 성가퀴 목판을 가설하며, 남문과 북문을 설치한다. 또 성 네 모퉁이에 적의 동정을 살피는 望樓 2개를 세우고 門觀(門闕)과 門樓의 난간에 모두 단청을 화려하게 그린다.
또 六合殿(육합으로 만든 殿閣)과 千人帳[10]을 만들어 槍車에 실어서 운반하는데, 수레에

9) 사방……만들고 : 六合은 여섯〔六〕 개의 목판을 조립했다는〔合〕 의미인 듯하며, 원문에서 앞의 方(方一百二十步)은 사방의 둘레, 뒤의 方(方六尺)은 立方(정육면체)의 의미로 보인다. 그렇다면 모서리의 길이가 6尺인 정육면체의 골격을 나무로 만들어서 한쪽 면을 木板으로 막아(이것이 城의 외벽 구실을 함) 하나의 板을 만들고, 이 板을 여섯 개씩 쌓아 올려〔疊六板〕 3丈 6尺 높이로 만들며, 이런 식으로 한 면당 120보가 되게 사방을 둘러싼 것이 六合城이라고 추정된다. 다만 분명한 설명을 찾을 수 없어 일단 글자대로 번역하였다.

10) 千人帳 : 본서 大業 3년(607) 6월에 "宇文愷에게 명하여 큰 장막을 만들게 하되 그 아래에 수천 명이 앉을 수 있게 하였다.〔令宇文愷爲大帳 其下可坐數千人〕"고 한 그 장막을 가리키는 듯하다.

는 육합 재료인 목판 세 개를 싣는다. 그 수레의 난간을 분해해서 조립하여 교차시키면 곧 拒馬槍[11]이 된다. 모든 수레 위에 장막을 쳐놓고 장막 아래를 평평하게 하고 하나의 쇠뇌에 화살을 매기고서 다섯 사람이 번갈아 지킨다.

두 수레 사이에는 수레 난간으로 만든 거마창을 설치하고 모두 그 수레 끌채를 바깥으로 하여 외부의 울타리로 삼으며, 또 그 안에 마름쇠를 깔아놓으며, 또 그 안에 蟄鞬[12]을 설치하며, 〈칩건마다〉 그 속에 길이 6척에 너비 3척인 쇠뇌를 얹어놓는 받침대를 설치한다. 쇠뇌를 얹어놓는 받침대의 橫木으로 만든 계단에는 강철 송곳을 꽂으니 〈송곳은〉 모두 길이가 5寸이며, 그것을 '蝦鬚'라 한다. 모두 機關을 설치하여 펼치면 송곳이 모두 바깥을 향한다. 그 쇠뇌를 얹어놓는 받침대 위에 旋機弩[13]를 설치하여 노끈을 쇠뇌의 기관에 연결시키는데, 사람이 바깥에서 와서 노끈을 건드리면 쇠뇌의 기관이 회전하여 노끈을 건드린 곳으로 발사된다.

그 밖에도 주살로 행궁을 둘러싸고, 2丈 간격으로 방울 하나와 기둥 하나를 설치하여 기둥에는 지면에서 2척 5촌 떨어진 높이에 주살을 거치한다. 행궁의 남문과 북문에는 망치 딸린 경쇠를 설치하여 주살과 연결해서 기관으로 작동시키는데, 어떤 사람이 주살을 건드리면 방울들이 소리를 내고 망치가 두 경쇠를 치게 되니, 이로써 경계해야 할 곳을 알게 되므로 이름을 '擊磬'이라 한다."

〈槍車의〉 槍이 어떤 본에는 '搶'으로 되어 있다. ≪爾雅翼≫에 "지금 군대에서 쇠를 남가새 모양으로 만들어 적이 오는 길에 깔아두는데, 그것을 '鐵蒺藜(마름쇠)'라 한다." 하였다.

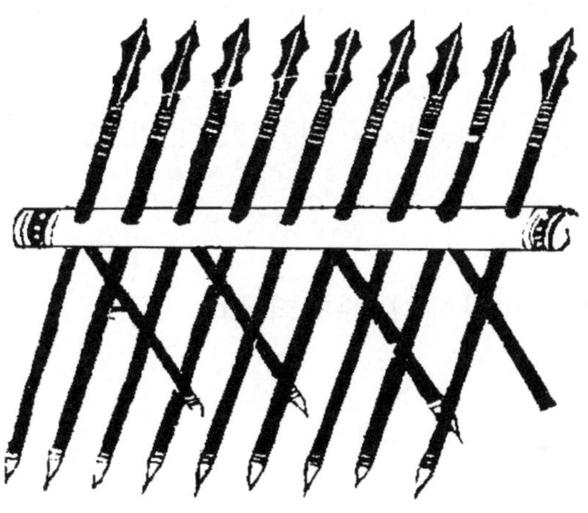

拒馬槍

鐵蒺藜(마름쇠)

11) 拒馬槍 : 원문에는 '馬槍(말 위에서 사용하는 긴 창)'으로 되어 있으나, 내용상 '拒馬槍(말의 진입을 막는 창)'으로 보인다.

12) 蟄鞬 : 의미가 분명치 않다. ≪通雅≫ 권25 〈官制〉에 '蟄鞬'의 鞬은 機라고 註하였다.

13) 旋機弩 : 분명하지는 않으나 아래의 '弩機旋轉'이라는 표현으로 볼 때 기관이 회전하면서 화살이 발사되는 쇠뇌로 보인다.

隋志"帝北巡出塞(새), 行宮設六合城, 方一百二十步, 高四丈二尺. 六合, 以木爲之, 方(一)〔六〕[14]尺, 外面一方有板, 離合爲之, 塗以靑色. 壘六板爲城, 高三丈六尺, 上加女墻板, 高六尺, 開南北門. 又於城四角, 起樓敵二, 門觀門樓檻, 皆丹靑綺畫. 又造六合殿·千人帳, 載以槍車, 車載六合三板. 其車軨, 解合交叉, 卽爲馬槍. 皆車上張幕, 幕下張平, 一弩傅矢, 五人更(경)守. 兩車之間, 施車軨馬槍, 皆外其轅, 以爲外圍, 次內布鐵菱, 次內施蟄鞬, 中施弩牀, 長六尺, 闊三尺. 牀桃陛插鋼錐, 皆長五寸, 謂之蝦鬚. 皆施機關, 張則錐皆外向. 其牀上, 施旋機弩, 以繩連弩機, 人從外來, 觸繩則弩機旋轉, 向觸所而發. 其外, 又以矰周圍行宮, 二丈一鈴一柱. 柱擧矰, 去地二尺五寸. 當行宮南北門, 施槌磬連矰, 以機發之, 有人觸矰, 則衆鈴發響, 槌擊兩磬, 以知所警, 名爲擊磬." 槍, 或作搶. 爾雅翼曰"今軍旅以鐵作茨, 以布敵路, 謂之鐵蒺藜."

【綱】여름 4월에 汾陽宮을 지었다.

夏四月에 **營汾陽宮**①하다

① 汾州의 북쪽과 汾水의 水源에 汾陽宮을 지었다.
於汾州之北汾水之源, 營汾陽宮.

【目】황제(隋 煬帝)는 宮室을 짓지 않은 날이 없었다. 兩京(長安·洛陽)과 江都에 苑囿가 비록 많았지만 오래되자 점점 싫증이 났기 때문에 이에 천하 산천의 지도를 널리 구해 경치 좋은 곳을 물색하여 이 汾陽宮을 지었다.

帝無日不治宮室하다 **兩京及江都**에 **苑囿雖多**나 **久而益厭**이라 **乃備責天下山川之圖**하여 **以求勝地**하여 **因營是宮**하다

【綱】齊王長史 柳謇之가 죄를 지어 관원 명부에서 제명되었다.

齊王長史柳謇之 有罪除名[15]하다

---

14) (一)〔六〕: 저본에는 '一'로 되어 있으나, ≪隋書≫ 〈禮儀志7〉에 의거하여 '六'으로 바로잡았다. ≪資治通鑑≫ 胡三省 註에도 '一'로 되어 있으나 뒤에 六合城의 높이가 3장 6척이라 하였으므로, 1척으로 보면 6개를 쌓아 올렸을 때 3장 6척이 나올 수 없고, 6척이 되어야 3장 6척이 된다.

15) 齊王長史柳謇之 有罪除名 : "교만하게 불법을 자행하고 小人을 가까이한 것은 齊王의 죄인데도 柳謇之에게 죄를 물은 것은 무엇 때문인가? 제왕의 죄는 長史(유건지)의 죄이기 때문이다. ≪資治通鑑綱目≫에서 '〈유건지가〉 죄를 지어 제명되었다.'고 썼으니, 그가 신하로서 〈제왕의 잘못을〉 바로잡지 못한 것에 대한 경계가 매우 간절하다.〔驕恣不法 昵近小人 齊王之罪也 罪謇之 何 齊王之罪 長史之罪也 綱目書曰 有罪除名 其爲臣下不匡之戒 深切矣〕" ≪書法≫

【目】이전에 元德太子[16)]가 죽었을 적에 齊王 楊暕이 당연히 다음 후계자가 되어야 하였기에 원덕태자의 官兵 2만여 명이 모두 양간에게 예속되었다. 황제(隋 煬帝)가 그를 위해 屬官들을 精選할 적에 柳謇之를 長史에 임명하고 또 그에게 경계하기를 "齊王이 德業을 갈고닦아 갖추게 되면 부귀가 저절로 卿의 집에 모일 테지만, 만약 〈제왕에게〉 좋지 못한 점이 있게 되면 죄가 또한 경에게 미칠 것이다." 하였다. 양간은 총애와 대우가 날로 높아지자 교만방자하여 불법을 자행하고 小人을 가까이하였다.

樂平公主(양제의 누나)가 柳氏의 딸이 미인이라고 〈황제에게〉 진언한 적이 있었는데 황제가 오래도록 대답이 없자 낙평공주는 〈유씨의 딸을〉 양간에게 주었다. 〈그 뒤〉 황제가 〈낙평공주에게 유씨의 딸이 어디에 있는지〉 다시 묻자 〈낙평공주가 제왕의 처소에 있다고 대답하였는데 양제가〉 그 사실을 알고는 불쾌하게 여겼다.

양간이 황제가 汾陽宮에 行幸하는 데 따라가 대대적으로 사냥할 적에 사슴을 대거 포획하여 황제에게 바쳤는데 황제는 아직 포획한 것이 없자 隨從臣들에게 성을 내니, 수종신이 모두 양간의 측근에게 가로막혀서 〈짐승에게 가까이 갈 수가 없었기〉 때문이라고 하였다. 황제가 이 때문에 성을 내어 양간의 죄를 캐물었다. 당시의 제도에 縣令은 사유가 없으면 〈任地의〉 경계를 벗어날 수 없었는데, 양간이 伊闕縣令 皇甫詡를 총애하여 그를 대동해서 분양궁으로 간 것에 대해 御史 韋德裕가 황제의 뜻에 영합하여 양간을 탄핵하자 황제가 甲士에게 양간의 저택을 대대적으로 수색하라고 지시하고, 이어서 그 사건을 철저히 조사하게 하였다.

양간의 王妃 韋氏가 일찍 죽었기 때문에 양간은 그의 언니 元氏 부인과 通情하였는데, 〈양간이〉 관상쟁이를 불러 後宮을 두루 둘러보게 하였더니 관상쟁이가 왕비의 언니를 가리키며 당연히 〈이 사람이〉 황후가 될 것이라고 하였다. 양간은 원덕태자에게 세 아들이 있으므로 자기가 제위에 오르지 못할까 염려되어 몰래 邪術을 가지고 厭勝(엽승)[17)]하였는데, 이때 모두 발각되니 황제가 대로하여 양간의 측근 몇 사람을 참수하고 왕비의 언니를 賜死하였으며 王府의 신료를 모두 먼 변방으로 내쫓고 유건지 또한 연좌시켜 관원 명부에서 제명하였다.

당시 趙王 楊杲(양제의 아들)가 아직 어렸기 때문에 황제가 시종신에게 "朕에게는 자식이 暕 하나뿐이다. 그렇지 않았다면 당연히 그 아이를 죽여 市朝에 시신을 진열해서 국법을 분명히 하였을 것이다." 하였다. 양간은 이때부터 나날이 은총이 시들해져서 다

16) 元德太子 : 隋 煬帝의 적장자인 楊昭로, 大業 2년(606)에 죽었다.
17) 厭勝(엽승) : 呪術을 써서 남을 제압하여 이기는 것이다.

시는 政事에 참여하지 못하였으며, 황제가 항상 虎賁郎將 한 사람을 시켜서 그 왕부의 일을 감시하게 하였고 양간에게 배정하는 측근은 모두 노약자들이어서 그저 인원수나 채울 뿐이었다.

初에 元德太子卒에 齊王暕이 次當爲嗣라 元德吏兵二萬餘人이 悉隸於暕하고 帝爲之妙選僚屬할새 以柳謇之爲長史①하고 且戒之曰 齊王德業修備면 富貴自鍾卿門이나 若有不善이면 罪亦相及②하리라 暕寵遇日隆하여 驕恣不法하고 昵近小人이러라 樂平公主嘗言柳氏女美호되 帝久未答③한대 主以進暕이러라 帝復問知之하고 不悅이러라 暕從幸汾陽宮하여 大獵할새 大獲麋鹿以獻이로되 而帝未有得也하여 乃怒從官하니 皆言爲暕左右所遏이라 帝於是發怒하여 求暕罪러라 時制에 縣令無故면 不得出境이러니 暕幸伊闕令皇甫諶하여 携之至宮하니 御史韋德裕希旨劾之한대 帝令甲士大索暕第하고 因窮治其事하다 暕妃韋氏早卒이라 暕與妃姊元氏婦通이러니 召相工遍視後庭하니 相工指妃姊言當爲皇后라하다 暕以元德太子有三子라 恐不得立하여 陰挾左道爲厭(엽)勝④이러니 至是皆發하니 帝大怒하여 斬暕左右數人하고 賜妃姊死하고 王府僚를 皆斥邊遠하고 謇之亦坐除名하다 時에 趙王杲尚幼라 帝謂侍臣曰 朕惟有暕一子라 不然者인댄 當肆之市朝하여 以明國憲이리라 暕自是恩寵日衰하여 不復預政하고 帝恒令虎賁郎將一人으로 監其府事하고 所給左右를 皆以老弱하여 備員而已⑤러라

① 柳謇之는 柳慶의 從子이다.
   謇之, 慶之從子也.
② 〈鍾卿門의〉 鍾은 '모이다'의 뜻이다.
   鍾, 聚也.
③ 樂平公主는 北周 天元皇帝(宣帝)의 황후이다.
   樂平公主, 周天元后也.
④ 〈元德太子의〉 세 아들은 楊倓·楊侑·楊侗이다.
   三子, 侑·倓·侗.
⑤ 煬帝가 十二衛를 만들고 衛마다 護軍 4인을 두어 장군을 보좌하는 일을 맡게 하였는데, 장군이 없을 경우 호군 1인이 兼攝하였다. 얼마 뒤 호군을 虎賁郎將[18]으로 개칭하였으니, 정4품이다.
   帝制十二衛, 每衛置護軍四人, 掌副貳將軍, 〔將軍〕[19]無則一人攝. 尋改護軍, 爲虎賁郎將, 正四品.

---

18) 虎賁郎將 : ≪隋書≫ 〈百官志 下〉에는 武賁郎將으로 되어 있다. 唐 高祖 李淵의 조부인 李虎(唐 太祖)의 이름을 피하여 '武'를 '虎'로 고친 것이다.
19) 〔將軍〕 : 저본에는 '將軍'이 없으나, ≪隋書≫ 〈百官志 下〉에 의거하여 보충하였다.

【綱】 萬壽戍[20]에 성을 쌓고 집을 지어주고서 突厥의 啓民可汗이 거처하게 하였다.

置城造屋於萬壽戍하여 以處突厥啓民可汗[21]하다

【綱】 가을 7월에 다시 長城을 쌓았다.

◑秋七月에 復(부)築長城[22]하다

【目】 丁男 20여만 명을 징발하여 성을 쌓되 楡谷에서부터 동쪽으로 쌓기 시작하였다.

發丁男二十餘萬築之호되 自楡谷而東①하다

① 이 楡谷은 응당 楡林 서쪽에 있는 것이다.
此楡谷, 當在楡林西.

【綱】 裴矩가 鐵勒의 군사를 이용하여 吐谷渾을 공격해서 크게 무찔렀다.

裴矩以鐵勒으로 擊吐谷(욕)渾하여 大破之[23]하다

【目】 裴矩가 鐵勒을 설득하여 吐谷渾을 공격하게 해서 크게 무찌르니, 토욕혼의 可汗 慕容伏允이 사신을 보내 〈항복을 청하며〉 구원해달라고 하였는데, 황제(隋 煬帝)가 安德王 楊雄과 許國公 宇文述을 파견하여 모용복윤을 맞이하게 하였다. 그랬더니 토욕혼이 강

---

20) 戍 : 변경을 방어하는 군대를 주둔시킨 城堡나 營壘를 가리킨다.

21) 置城造屋於萬壽戍 以處突厥啓民可汗 : "특별히 기록한 것이다. 항복해온 자들을 거처하게 한 기록은 많지만 아직 성을 쌓고 집을 지어준 기록은 없으니, 성을 쌓고 집을 지어주었다고 기록한 것은 국내를 피폐하게 하였다고 비난한 것이다. 글이 번잡한데도 줄이지 않았으니 ≪資治通鑑綱目≫의 의도가 드러난다.〔特筆也 書處降多矣 未有書置城造屋者 書置城造屋 譏敝內也 辭繁弗殺 綱目之意見矣〕" ≪書法≫

22) 復(부)築長城 : "隋나라는 여기까지 〈'長城을 쌓았다'고〉 쓴 것이 4번이기 때문에 '復'자를 쓴 것이다. '復'는 멈추지 않고 계속했다는 말이다. ≪資治通鑑綱目≫이 끝날 때까지 '장성을 쌓았다'고 쓴 것이 10번인데(秦 始皇 33년(B.C. 214)에 자세하다.) 수나라가 4번을 차지한다. 이렇게 백성을 동원하였으니 망하지 않으려 한들 가능하겠는가? 이것을 제외하면 '성을 쌓았다'는 기록이 없다.〔隋於是凡四書矣 故書復 復也者 不已之辭也 終綱目 書築長城十(詳秦始皇三十三年) 隋居四焉 用民如此 欲不亡得乎 舍是 無書築城者矣〕" ≪書法≫

23) 裴矩以鐵勒……大破之 : "韋雲起가 突厥의 군대를 이용하였을 적에는 〈'遣謁者韋雲起以突厥兵'이라 하여〉 '遣'자를 썼으나(大業 원년(605)), 여기서 '遣'자를 쓰지 않은 것은 무엇 때문인가? 裴矩가 독단적으로 처리하였기 때문이다. 배구가 邊境을 개척한 이래로 중국이 피폐해져서 망하는 지경에 이르렀기 때문에 〈'遣'자 없이〉 '裴矩以鐵勒'이라고 곧바로 기록하여 그에게 죄를 물은 것이다.〔韋雲起 以突厥兵 書遣(大業元年) 此其不書遣 何 矩專也 自矩開邊 中國罷敝 以至於亡 直書裴矩以鐵勒 罪之也〕" ≪書法≫

성한 隋나라 군대를 두려워하여 감히 항복하지 못하고 군대를 거느리고 서쪽으로 달아났는데, 우문술이 추격하여 曼頭城과 赤水城의 두 성을 함락시키고 王公 이하 200인을 포획하니 모용복윤이 남쪽의 雪山으로 달아났다. 〈토욕혼이 원래 소유했던〉 지역은 동서로 4천 리에 남북으로 2천 리였는데, 모두 郡·縣·鎭·戍를 설치하고 가벼운 죄를 지은 천하의 죄수들을 이주시켜 살게 하였다.

裴矩說(세)鐵勒하여 使擊吐谷渾하여 大破之하니 吐谷渾可汗伏允이 遣使求救어늘 帝遣安德王雄許公宇文述하여 迎之[①]러라 吐谷渾畏隋兵盛하여 不敢降(항)하고 帥(솔)衆西遁이어늘 述追之하여 拔曼頭赤水二城[②]하고 獲其王公以下二百人하니 伏允南奔雪山[③]하다 其地東西四千里요 南北二千里러니 皆置郡縣鎭戍하고 天下輕罪를 徙居之하다

① 雄은 곧 廣平王 楊雄이니, 仁壽 초기에 安德王으로 封號를 고쳤다.
雄, 卽廣平王雄, 仁壽初, 改封安德王.

② ≪隋書≫ 〈地理志〉에, 煬帝가 吐谷渾을 평정하고 옛 赤水城에 河源郡을 설치하였으며, 〈적수성의〉 관할 아래에 曼頭城이 있다고 되어 있다.
隋志, 帝平吐谷渾, 置河源郡於古赤水城, 管下有曼頭城.

③ 이곳의 〈雪山은〉 곧 蜀의 西山 서쪽에 있는 雪山이다.
此卽蜀西山之西雪山也.

【綱】 9월에 천하의 鷹師를 불렀다.

九月에 徵天下鷹師[①]하다

① 鷹師는 매와 수리를 잘 조련하는 사람이다.
鷹師, 善調習鷹隼者也.

【目】 찾아온 鷹師가 만여 인이었다.

至者萬餘人이러라

【綱】 겨울 10월에 赤土[24])가 들어와 朝貢을 바쳤다.

冬十月에 赤土入貢하다

---

24) 赤土 : 고대에 말레이반도에 있었던 나라로, 구체적인 위치는 異說이 많다.(≪隋書 外國傳 譯註≫(동북아역사재단, 2009)

【目】 赤土는 남해 가운데의 먼 나라이다. 황제(隋 煬帝)가 사신을 파견하여 詔書를 가지고 가서 물건을 하사하게 할 적에 항해한 지 백여 일 만에야 국경에 들어갔고 〈국경에 들어간 지〉 한 달 남짓 만에야 그 國都에 도착하였다. 그 왕의 거처와 기물이 극도로 진기하고 화려하였으며, 〈적토의 왕은〉 아들을 파견하여 〈隋나라에〉 들어가 朝貢을 바치게 하였다.

赤土는 南海中遠國也①라 帝遣使齎詔賜之할새 泛海百餘日에 入境하고 月餘에 乃至其都라 其王居處器用이 窮極珍麗하고 遣子入貢하다

① ≪隋書≫ 〈南蠻傳〉에, 赤土國은 扶南[25]의 별종으로 그 지역의 흙 색깔이 대부분 붉기 때문에 국호를 〈赤土라〉 한 것이라고 되어 있다.
隋書, 赤土國, 扶南之別種, 土色多赤, 因以爲號.

【綱】 將軍 薛世雄을 파견하여 伊吾[26]를 공격해서 항복시켰다.

遣將軍薛世雄하여 擊伊吾降(항)之하다

己巳年(609)

【綱】 隋나라 煬帝(양광) 大業 5년이다. 봄 정월에 東京(洛陽)을 東都로 개칭하였다.

五年이라 春正月에 改東京爲東都하다

【綱】 조서를 내려 천하에 均田(가구수에 따라 토지를 분배하던 제도)을 시행하게 하였다.[27]

◑詔均天下田하다

---

25) 扶南 : 夫南 또는 跋南이라고도 하며, 2세기에서 7세기 사이에 인도차이나반도 남동부 메콩강 하류에 있었던 나라(현재의 캄보디아)이다.

26) 伊吾 : 지금의 新疆維吾爾自治區 哈密市 伊吾縣 지역으로, ≪後漢書≫ 〈班超傳〉의 李賢 注에 "伊吾는 흉노 속의 지명이다.〔伊吾 匈奴中地名〕" 하였다.

27) 조서를……하였다 : 均田制는 北魏·北周·北齊 등에서 시행되었으며, 隋 文帝 때 초기에 북제의 제도를 바탕으로 균전제를 시행하였다. 이때에 균전의 시행을 거듭 천명한 것이다.(≪隋書≫ 〈食貨志〉, ≪新譯資治通鑑≫(張大可 等 注釋, 三民書局, 2017))

【綱】 민간에서 武器의 사용을 금지하였다.

◑ **禁民間兵器**하다

【目】 鐵叉, 搭鉤, 작은 창과 칼 따위의 무기를 모두 금지하였다.

鐵叉, 搭鉤, 穳(찬)**刃之類**를 **皆禁之**①하다

① 鐵叉는 쇠로 만든 무기로 모양은 머리 부분이 둘로 갈라졌다. 搭은 음이 答이며, 搭鉤는 쇠로 갈고리같이 만든 기구이다. 穳은 子管의 切과 子筭의 切이니 鋋이며, 鋋은 음이 蟬이니 작은 창이다.
鐵叉, 以鐵爲器, 其形歧頭. 搭, 音答, 搭鉤, 以鐵爲鉤具也. 穳, 子管·子筭二切, 鋋也, 鋋, 音蟬, 小矟也.

【綱】 3월에 황제(隋 煬帝)가 河右(河西)를 巡狩하였다. 여름 4월에 군대를 파견하여 吐谷渾을 공격하였으나 이기지 못하였다. 西域의 여러 나라가 내조하여 땅을 바치자 西海 등의 郡을 설치하였다.

三月에 **帝巡河右**하다 **夏四月**에 **遣兵擊吐谷**(욕)**渾**이어늘 **不克**하다 **西域諸國**이 **來朝獻地**한대 **置西海等郡**하다

【目】 3월에 서쪽으로 河右를 巡狩하였다. 4월에 臨津關을 나가 군대를 배치하고 군사훈련을 하여 吐谷渾을 공격하려 하였다. 5월에 浩亹川에 도착하니 토욕혼의 可汗 慕容伏允이 군대를 거느리고 覆袁川을 지켰는데, 황제가 內史 元壽 등에게 명령을 내려 포위하게 하자 모용복윤은 도주하고 〈자기 대신〉 名王[28]을 보내 복윤이라 사칭하여 車我眞山을 지키게 하였다. 〈그러자 황제가〉 大將軍 張定和와 光祿大夫 梁默 등에게 조서를 내려서 추격하여 토벌하게 하였으나 모두 〈모용복윤의 군대에게〉 살해되었고, 오직 衛尉卿 劉權만 伊吾에서 출발하여 青海에 도착해서 천여 명을 포로로 잡고 도주하는 적병을 추격하여 伏俟城까지 갔다가 돌아왔다.

三月에 **西巡河右**하다 **四月**에 **出臨津關**하여 **陳兵講武**하여 **將擊吐谷渾**하다 **五月**에 **至浩亹川**①하니

28) 名王 : 소수민족의 여러 部의 小王 가운데 명성이 현격하게 높은 왕을 가리킨다. 《漢書》 〈宣帝紀〉 顔師古 注에 "名王은 큰 명성이 있어서 여러 소왕과 구별되는 소왕을 이른다.〔名王者 謂有大名以別諸小王也〕" 하였다. 여기서는 吐谷渾의 可汗 慕容伏允에게 예속된 명왕을 가리킨다.

吐谷渾可汗伏允이 帥(솔)衆保覆袁川이어늘 帝分命內史元壽等圍之한대 伏允遁去하고 遣其名王하여 詐稱伏允이라하여 保車(차)我眞山②하다 詔大將軍張定和·光祿大夫梁默等하여 追討로되 皆爲所殺하고 獨衛尉卿劉權이 出伊吾至靑海하여 虜獲千餘口하고 追奔至伏俟城而還③하다

① 河右는 河西의 武威 등 여러 郡의 땅이다. 臨津關은 응당 枹罕郡의 경계에 있으니, 黃河의 나루에 임한다. 浩亹川은 강물이 서쪽 변경 밖에서 발원하여 동쪽으로 允吾에 이르러 湟水로 들어간다.
河右, 河西武威諸郡地. 臨津關, 當在枹罕界, 臨河津. 浩亹, 水出西塞外, 東至允吾, 入湟水.
② 〈車我眞山의〉 車는 昌遮의 切이다.
車, 昌遮切.
③ ≪隋書≫ 〈地理志〉에 의하면 西海郡에 靑海가 있고, 〈吐谷渾傳〉에 의하면 청해는 伏俟城 동쪽에 있으니 둘레가 천여 리이며 토욕혼의 國都인 복사성은 청해 서쪽 15리 지점에 있다.
隋志, 西海郡有靑海, 吐谷渾傳, 靑海在伏俟城東, 周回千餘里, 吐谷渾都伏俟城, 在靑海西十五里.

【目】 예전에 황제(隋 煬帝)가 給事郞 蔡徵에게 "예로부터 천자에게 巡狩하는 예가 있었는데 江東[29]의 여러 황제는 대체로 분단장이나 하고 깊은 궁궐에 앉은 채 백성과 서로 접견하지 않았으니 이것이 무슨 도리인가?" 하고 물은 적이 있었다. 황제가 서쪽 지방을 순수하려 할 적에 裴矩에게 高昌王 麴伯雅와 伊吾의 吐屯設 등을 설득하여 후한 이익으로 유인해서 朝見(조현)하도록 불러들이라고 명을 내렸다. 이 무렵 황제가 燕支山에 도착하니 국백아·토둔설 등과 서역의 27국이 길가에서 알현하였다. 황제가 다시 명하여 武威郡과 張掖郡의 백성을 화려하게 치장시켜 〈胡人들에게〉 한껏 보여줌으로써 중국의 강성함을 드러내고, 수레와 의복이 좋지 못한 것은 郡縣에서 감독하여 조사해서 〈좋은 것으로 교체하게〉 하였다.

初에 帝嘗謂給事郞蔡徵曰 自古天子有巡狩之禮로되 而江東諸帝多傅脂粉坐深宮하여 不與百姓相見하니 此何理也①오 及將西巡에 命裴矩說(세)高昌王麴伯雅及伊吾吐屯設等하여 啗以厚利하여 召使入朝②러라 至是하여 至燕支山하니 伯雅吐屯設等及西域二十七國이 謁於道左③어늘 帝復令武威張掖士女로 盛飾縱觀하여 以示中國之盛하고 車服不鮮者는 郡縣이 督課之④러라

① 〈'傅脂粉'의〉 傅는 음이 付이다.
傅, 音付.

29) 江東 : 揚子江 하류의 동쪽 지역으로, 이 지역을 중심으로 건국된 남북조시대 南朝의 여러 왕조를 가리킨다.

②〈麴伯雅의〉 麴은 姓이다. 突厥의 大臣은 모두 28등급이니, 그 하나가 '吐屯'이다. 돌궐의 풍속에 別部에서 軍務를 관장하는 자를 '設'이라 한다. 당시 西突厥이 강성하여 서역의 여러 胡族을 모두 신하로 삼았는데, 돌궐이 호족마다 토둔을 파견하여 그들을 감시하고 賦稅의 징수를 감독하였기 때문에 伊吾國에 吐屯設이 있었다.
麴, 姓也. 突厥大臣, 凡二十八等, 其一曰吐屯. 其俗謂別部典兵者曰設. 時西突厥强盛, 西域諸胡, 皆臣之, 突厥各遣吐屯監之, 督其征賦, 故伊吾國有吐屯設.
③〈燕支山의〉 燕은 음이 煙이다. ≪隋書≫ 〈地理志〉에, 武威郡의 番禾縣에 연지산이 있다고 되어 있다.
燕, 音煙. 隋志, 武威郡番禾縣, 有燕支山.
④〈'縱觀'의〉 觀(보여주다)은 음이 貫이다.
觀, 音貫.

【目】 토둔설이 수천 리의 땅을 바치니 황제(隋 煬帝)가 매우 기뻐하면서 西海郡·河源郡·鄯善郡·且末郡(저말군) 등을 설치하여 천하의 죄인을 유배 보내 戍卒로 삼아 이들 지방을 지키게 하였으며, 유권에게 명을 내려 하원군의 積石鎭을 지키면서 屯田을 대대적으로 개간하여 토욕혼을 방어하게 해서 서역을 왕래하는 길을 개통하였으며, 배구를 銀青光祿大夫로 승진시켰다.

吐屯設이 獻地數千里하니 帝大悅하여 置西海·河源·鄯善·且(저)末等郡하여 謫天下罪人爲戍卒하여 以守之①하고 命劉權鎭河源郡積石鎭하여 大開屯田하여 扞禦吐谷渾하여 以通西域之路하고 進裴矩銀青光祿大夫②하다

① 西海郡은 伏俟城에 설치하고, 河源郡은 赤水城에 설치하고, 鄯善郡은 옛 樓蘭城에 설치하였다. 〈且末의〉 且는 子余의 切이니, 且末郡은 옛 且末城에 설치하였다.
西海郡, 置於伏俟城, 河源郡, 置於赤水城, 鄯善郡, 置於古樓蘭城. 且, 子余切, 且末郡, 置於古且末城.
② ≪隋書≫ 〈地理志〉에 "河源郡에 積石山이 있으니 黃河의 발원지이다." 하였다.
志云 "河源郡, 有積石山, 河所出也."

【目】 이때 천하에 모두 190郡과 1,255縣과 890여만 戶가 있었으며, 동서로 9,300리에 남북으로 14,815리였다. 수나라는 이때 가장 강성하였다. 西京(長安)에서 서북 여러 郡에 이르는 지역이 모두 塞外 지역에 해마다 수억으로 헤아릴 정도로 많은 물자를 운송하였으며, 간혹 〈목적지에 이르기 전에〉 도적을 만나 〈물자를〉 약탈당하고 〈人馬가〉 사

망하여 도착하지 못하면 군현에서 모두 그 집에 〈잃어버린 물자를〉 징수하여 그 집을 파산시키니 이때부터 백성들이 생업을 잃어 서쪽 지방이 맨 먼저 궁핍해졌다.

예전에 모용복윤이 자기 아들 慕容順을 보내 來朝하게 하자 황제가 그를 억류시키고 돌려보내지 않았는데, 이때 모용복윤이 패주하자 황제가 모용순을 가한으로 세워 돌려 보냈으나 결국 〈그 나라에〉 들어가지 못하고 돌아왔다.

是時天下에 凡有郡一百九十이요 縣一千二百五十五요 戶八百九十萬有奇요 東西九千三百里요 南北萬四千八百一十五里라 隋氏之盛이 極於此矣러라 自西京及西北諸郡이 皆轉輸塞(새)外를 歲鉅億計요 或遇寇鈔死亡하여 不達이면 郡縣이 皆徵破其家하니 由是百姓失業하여 西方先困矣러라 初에 伏允使其子順來朝어늘 帝留不遣이러니 至是하여 伏允敗走한대 帝立順爲可汗하여 遣之로되 不果入而還하다

【綱】 겨울 11월에 〈황제(隋 煬帝)가〉 東都(洛陽)로 돌아갔다.

冬十一月에 還東都하다

【目】 황제의 車駕가 동쪽으로 돌아갈 적에 가다가 大斗拔谷을 지날 즈음, 산길이 좁고 험하며 눈보라가 몰아쳐 〈천지가〉 어두컴컴해지니 文武百官은 굶주린 데다가 옷이 젖었고 병사들은 태반이 凍死하였으며, 후궁의 妃嬪과 公主들이 혹 경황 중에 서로 길을 잃어 산간에서 군사들과 뒤섞여 유숙하기도 하였다.

車駕東還에 行經大斗拔谷할새 山路隘險하고 風雪晦冥하니 文武饑餒沾濕하고 士卒凍死者太半이요 後宮妃主或狼狽相失하여 與軍士雜宿山間①이러라

① ≪新唐書≫ 〈地理志〉에, 涼州 서쪽 200리에 大斗軍이 있으며, 본래 赤水守捉[30]이었는데 開元 16년(728)에 軍이 되었기 때문에 이름을 大斗拔谷이라 하였다고 되어 있다.
新唐志, 涼州西二百里, 有大斗軍, 本赤水守捉, 開元十六年爲軍, 因大斗拔谷爲名.

【綱】 裴蘊을 御史大夫에 임명하였다.

以裴蘊爲御史大夫하다

---

30) 守捉 : 唐나라 제도에서, 변경을 지키던 군대 가운데 비교적 큰 규모를 '軍'이라 하고, 작은 규모를 '守捉'이라 하였으며, 그 아래에 '城'과 '鎭'이 있었다.

【目】 民部侍郎 裵蘊이 민간의 戶籍에 누락된 戶口와 老少를 허위로 기재한 것이 많다고 하여 외모를 살펴서 〈늙인이인지 어린이인지 검증하자고〉 황제(隋 煬帝)에게 아뢰었다. 그래서 만약 한 사람이라도 사실과 다르면 담당관리를 해직하였으며, 또 백성이 丁男을 한 명이라도 적발하면 적발당한 집에서 〈적발한 사람의〉 賦稅와 徭役을 대신 바치도록 허락하니, 이해에 증가한 정남은 24만 명이고 〈새로 등록된〉[31] 호구는 64만 명이었다. 황제가 백관에게 "이전 시대에 현명한 인재가 없어서 이렇게 기만하는 지경에 이르렀는데, 지금 호구가 모두 실제와 부합하게 된 것은 전적으로 배온 덕분이다." 하고는, 배온을 御史大夫로 승진시켜 裵矩·虞世基와 함께 機務를 관장하는 데 참여하게 하였다.

배온은 군주의 은미한 속내를 잘 엿보아서 황제가 죄를 묻고자 하는 자는 죄를 날조하여 죄안을 만들었고, 황제가 용서하고자 하는 자는 가벼운 법조문을 적용하였다. 이때부터 크고 작은 獄事를 모두 배온에게 맡겨서 처벌의 경중에 대한 판결이 모두 그의 입에서 나왔으나 사람들이 따지지 못하였다.

民部侍郎裵蘊이 以民間版籍에 多脫漏戶口하고 詐注老小라하여 奏令貌閱하여 若一人不實이면 則官司解職①하고 又許民糾得一丁者어든 令被糾之家로 代輸賦役하니 是歲에 進丁二十四萬이요 口六十四萬이라 帝謂百官曰 前代에 無賢才하여 致此罔冒러니 今戶口皆實이 全由裵蘊이라하고 擢授御史大夫하여 與裵矩·虞世基로 參掌機密하다 蘊善候伺人主微意하여 所欲罪者는 則鍛成其罪하고 所欲宥者는 則附從輕典하다 是後大小之獄을 皆以付蘊하여 輕重이 皆由其口로되 人不能詰이러라

① '貌閱'은 외모를 살펴서 늙은이인지 어린이인지 검증하는 것이다.
貌閱, 閱其貌, 以驗老小.

【綱】 突厥의 啓民可汗이 죽자 그의 아들 阿史那咄吉[32]을 始畢可汗으로 세웠다.

突厥啓民可汗死커늘 立其子咄吉하여 爲始畢可汗하다

【目】 始畢可汗이 表文을 올려 公主[33]에게 장가들기를 청하자 자기들 풍속(父死娶母)을

---

31) 새로 등록된 : ≪資治通鑑≫에는 원문의 '口六十四萬' 앞에 '新附' 2자가 있어 이에 따라 보충역을 하였다.

32) 阿史那咄吉 : ≪北史≫에는 '吐吉'로, ≪隋書≫ 〈突厥傳〉에는 '咄吉世', ≪舊唐書≫·≪新唐書≫에는 '咄吉'로 되어 있다.

33) 公主 : 義成公主이다. 隋나라 宗室의 딸로, 隋 文帝가 突厥과 화친을 유지하기 위해 啓民可汗에게 시집보냈다.

따르라고 조서를 내렸다.

始畢이 表請尙公主한대 詔從其俗하다

【綱】司隸大夫 薛道衡을 죽였다.

殺司隸大夫薛道衡하다

【目】薛道衡이 재주와 학식으로 명성이 높았는데, 潘州刺史로 있다가 召還될 적에 〈高祖頌(高祖文皇帝頌)〉[34]을 올리니, 황제(隋 煬帝)가 불쾌하게 여기며 "이 글에는 〈魚藻〉와 같은 뜻이 있다." 하였다. 〈황제는 설도형을〉 司隸大夫에 임명하였다가 죄를 물으려 하였는데, 司隸刺史 房彦謙이 〈설도형에게〉 賓客을 사절하고 言辭를 겸손하게 낮추고 태도를 공손하게 하라고 권유하였으나 설도형은 그 말을 따르지 않았다. 때마침 새로운 법령을 정하려고 논의하였으나 오래도록 결정이 나지 않자 설도형이 사람들에게 "만약 高熲이 죽지 않았더라면[35] 새로운 법령이 오래전에 결정되었을 것이다." 하였다. 어떤 사람이 그 말을 황제에게 아뢰니 황제가 분노하여 司法官에게 회부하여 심문하게 하였다. 裴蘊이 "설도형은 재주를 믿고 悖逆하여 군주를 무시하는 마음을 품고 있습니다." 하고 아뢰자, 황제가 그를 絞刑에 처하고 그의 처자식은 且末(저말)로 이주시키니 천하 사람들이 억울하게 여겼다.

道衡이 以才學有盛名이러니 自潘州刺史召還에 上高祖頌①하니 帝不悅曰 此魚藻之義也②로다 拜司隸大夫라가 將罪之어늘 司隸刺史房彦謙이 勸以杜絶賓客하고 卑辭下氣라호되 道衡이 不能用③하다 會議新令호되 久不決이어늘 道衡이 謂人曰 向使高熲不死런들 令決當久라한대 有人奏之하니 帝怒하여 付執法者推之러니 裴蘊이 奏道衡負才悖逆하여 有無君之心이라하니 縊殺之하고 妻子는 徙且(저)末하니 天下冤之하니라

① 潘州는 ≪資治通鑑≫에 '番州'로 되어 있다. ≪隋書≫ 〈地理志〉에, 廣州를 仁壽 원년(601)에 반주로 개칭하였으니, 아마 番禺縣으로 인해 이름을 番州라 하였을 것이라고 되어 있다. 潘州, 通鑑作番(반)州. 隋志, 廣州, 仁壽元年改番州, 蓋因番禺以名州.

② ≪毛詩≫ 〈小雅 魚藻〉의 小序에 "〈어조〉는 周 幽王을 풍자한 시이다. 그 내용은 만물이 본성

34) 高祖頌(高祖文皇帝頌) : 高祖와 文皇帝는 각각 隋 文帝의 廟號와 諡號이니, 〈高祖文皇帝頌〉은 수 문제를 찬미한 시이다.

35) 高熲이……않았더라면 : 高熲은 大業 3년(607)에 煬帝에게 諫言하였다가 조정의 정사를 비방하였다는 죄목으로 처형되었다.

을 잃었기 때문에 군자가 옛날의 武王을 그리워하였다는 것이다." 하였다. 지금 煬帝는 薛道衡의 〈高祖頌〉 역시 〈자기를 풍자하고〉 무왕을 그리워하는 뜻이 있다고 여겼던 것이다.
詩小序"魚藻, 刺幽王也. 言萬物失其性, 故君子思古之武王焉." 今帝謂道衡之頌高祖, 是亦思武王之義.

③ 煬帝가 司隸大夫 1인을 두어 司隸臺를 통솔하게 하였으며, 또 정6품인 司隸刺史 14인을 두어 畿外의 여러 郡을 순찰하게 하였다.
帝置司隸大夫一人, 爲司隸臺率, 又置司隸刺史十四人, 正六品, 巡察畿外諸郡.

庚午年(610)

【綱】 隋나라 煬帝(楊廣) 大業 6년이다. 봄 정월에 도적이 建國門으로 침입하였다.

六年이라 **春正月**에 **盜入建國門**하다

【目】 도적 수십 명이 흰 冠에 흰옷 차림으로 향을 사르고 꽃을 손에 쥐고서 자칭 彌勒佛이라 하고는 建國門으로 침입하여 경계병의 무기를 탈취해서 난을 일으키려 하였는데, 齊王 楊暕이 맞서 싸워 그들을 참수하였다. 이 때문에 도읍을 대대적으로 수색하여 연좌되어 처벌을 받은 것이 천여 家戶였다.

有盜數十人이 **素冠練衣**로 **焚香持華**하여 **自稱彌勒佛**이라하고 **入建國門**하여 **奪衛士仗**하여 **將爲亂**①이어늘 **齊王暕**이 **遇而斬之**하다 **於是**에 **都下大索**하여 **連坐者千餘家**러라

① 〈持華의〉 華는 花로 읽는다. 불교의 설에 釋迦佛이 미약해지면 彌勒佛이 세상에 출현한다고 하였기 때문에 도적이 미륵을 칭탁하여 도적질을 한 것이다. 建國門은 아마 東都(洛陽)에 있는 皇城의 端門(정남문)일 것이다.
華, 讀曰花. 釋氏之說, 以爲釋迦佛衰謝, 彌勒佛出世, 故盜稱之以爲姦. 建國門, 蓋東都皇城端門也.

【綱】 여러 蕃國이 來朝하니 皇城의 端門 〈밖 거리에서〉 百戲를 공연하여 보여주었다.

諸蕃이 **來朝**하니 **陳百戲于端門**하여 **以示之**[36]하다

---

36) 諸蕃……以示之 : "'戲'자를 쓴 것은 모두 비난한 것이다. 〈百戲를 공연하여〉 여러 蕃國 〈추장들에

【目】 황제(隋 煬帝)가 여러 蕃國의 추장들이 洛陽에 모두 모였다 하여 皇城의 端門 밖 거리에서 百戲를 공연하니 각종 악기를 연주하는 자가 18,000명이었다. 저녁부터 아침까지 〈등불을 밝히고〉 꼬박 한 달이 지나서야 그만두었으니 수만 금의 비용이 들었다. 이때부터 해마다 〈백희 공연을〉 常例로 삼았다.

여러 번국이 〈東都의 동쪽 시장인〉 豐都市에 들어가 교역하게 해달라고 요청하자 허락하였다. 먼저 점포를 정비하여 단장하고 장막을 크게 설치하여 진귀한 재화를 가득 쌓아두고 사람과 물건을 화려하고 넉넉하게 하라고 명을 내렸다. 胡人 商客이 酒食店을 지나가면 모두 〈주사점으로〉 맞아들이게 하여 실컷 먹고 취해서 가버리더라도 그 값을 받지 않고 그들을 속이기를 "중국은 풍요로워 술값과 밥값을 으레 받지 않습니다." 하니, 호인 상객들이 모두 놀라 감탄하였다. 그 가운데 영리한 자는 실상을 곧바로 눈치채고서 비단으로 둘러싼 나무를 보고는 "중국에도 가난하여 옷으로 몸을 가리지 못하는 자가 있으니 이 비단을 저 가난한 자들에게 주느니만 못하거늘 나무는 둘러싸서 무엇하겠소?" 하였더니, 시장 상인이 부끄러워하면서 대답하지 못하였다.

帝以諸蕃酋長이 畢集洛陽이라하여 陳百戲於端門街[37)]하니 執絲竹者萬八千人이라 自昏達旦하여 終月而罷하니 所費巨萬이러라 自是歲以爲常①하다 諸蕃이 請入豐都市交易한대 許之②하다 先命整飾店肆하고 盛設帷帳하여 珍貨充積하고 人物華盛하다 胡客이 過酒食(사)[38)]店이면 悉令邀入하여 醉飽而散이라도 不取其直(치)하고 紿之曰 中國豐饒하여 酒食를 例不取直라하니 胡客이 皆驚歎이러니 其黠者는 頗覺之③하여 見以繒帛纏樹하고 曰 中國에도 亦有貧者하여 衣不蓋形하니 何如以此物與之어늘 纏樹何爲오하니 市人이 慙不能答이러라

① ≪隋書≫ 〈音樂志〉에 의하면, 魚龍爛漫·俳優·侏儒·山車·巨象·拔井·種瓜·殺馬·剝驢[39)] 등 괴하고 특이한 것들이 백여 가지나 되어 이름을 百戲라고 하였다.

게〉 보여주었다고 쓴 것은 깊이 비난한 것이다.〔凡書戲 譏也 以示諸蕃 深譏也〕" ≪書法≫

37) 端門街 : ≪資治通鑑≫ 胡三省 註에 "洛陽에 있는 皇城의 端門 밖의 거리이다.〔洛陽皇城端門外之街〕" 하였다.

38) 食(사) : ≪龍飛御天歌≫ 권3 註에 "食는 去聲이다.〔食 去聲〕" 하였는데, 거성일 때는 음이 '사'이다.

39) 魚龍爛漫……剝驢 : 魚龍爛漫(魚龍曼延)은 진기한 짐승의 모형을 가지고 공연하는 것으로, 魚龍은 猞猁라는 짐승이고, 曼延 역시 짐승 이름이다. 俳優와 侏儒는 배우와 난쟁이가 기예를 공연하는 것이다. 山車는 수레 위에 棚閣을 설치하고 채색비단을 씌워 山林의 모양을 만든 것이다.(≪資治通鑑≫ 唐 肅宗 至德 원년 胡三省 註) 巨象은 큰 코끼리를 이용하여 환술을 부리는 것으로 추정된다. 拔井은 ≪顔氏家訓≫ 〈歸心〉의 '移井'처럼 우물을 옮기는 환술로 보인다. 種瓜는 오이를 심어 곧장 크게 자라거나 열매를 맺게 하는 것이다. ≪太平御覽≫ 〈方術部〉에 인용된 孔偉의 ≪七引≫에 "오이를 심고 채소를 파종하였더니 곧바로 여덟 자로 자라났다.〔殖瓜種菜 立起尋尺〕" 하였고, ≪洛陽伽藍記≫ 〈景樂寺〉에 "나귀를 해체하여 우물에 던지기도 하고, 대추와 오이를 심으면 잠깐 사이에 모

隋音樂志, 有魚龍爛漫・俳優・侏儒・山車・巨象・拔井・種瓜・殺馬・剝驢等, 奇怪異端, 百有餘物, 名爲百戲.

② 東都의 동쪽 시장을 '豐都', 남쪽 시장을 '大同', 북쪽 시장을 '通遠'이라 하였다.
東都東市曰豐都, 南市曰大同, 北市曰通遠.

③ 〈'黠者'의〉 黠은 慧(슬기롭다)의 뜻이다.
黠, 慧也.

【目】 황제(隋 煬帝)가 裴矩의 재능을 칭찬하여 신하들에게 "배구는 朕의 의도를 잘 파악하여 대체로 그가 아뢰는 것은 모두 짐이 이미 계책을 정하였지만 아직 발설하지 않은 것들이니 만약 마음을 다해 나라를 받드는 자가 아니라면 누가 이렇게 할 수 있겠는가?" 하였다. 이때 배구, 大將軍 宇文述, 內史侍郎 虞世基, 御史大夫 裴蘊, 光祿大夫 郭衍이 모두 황제에게 아첨하여 총애를 받았다. 우문술은 아첨하여 황제의 비위를 맞는 용모와 행동거지가 있었는데 황제를 모시고 호위하는 자들이 모두 그를 본받았다. 곽연은 일찍이 황제에게 닷새에 한 번만 조정에 나와 정무를 보라고 권하면서 "高祖(隋 文帝)께서 공연히 힘들게 수고하신 것을 본받지 마소서." 하였다.

황제는 조정에 임어할 때 단정하고 장중하며 발언이 볼만하긴 하였으나, 내심 음란한 음악과 여색을 좋아하는 마음이 있어서 날마다 宮苑 안의 숲속 정자에서 술과 안주를 푸짐하게 차려놓고서 칙령을 내려 燕王 楊倓, 梁公 蕭鉅, 千牛左右 宇文皛(우문효) 및 高祖의 후궁과 궁녀를 한자리에 앉게 하고, 비구와 비구니, 道士와 女道士를 한자리에 앉게 하며, 황제와 황제의 총애를 받는 姬妾을 한자리에 앉게 하였는데, 모두 서로 가까이 붙어 있어서 술이 거나하게 취한 뒤에는 난잡하여 못하는 짓이 없었다. 楊氏[40]의 부녀자 가운데 예쁜 자는 이따금 황제에게 나아가 侍寢하게 하였으며, 우문효는 제한 없이 內宮의 문을 드나들어 妃嬪과 公主들과 모두 醜聞이 있었으나 황제는 그들에게도 죄를 묻지 않았다.

帝稱裴矩之能하여 謂群臣曰 裴矩大識朕意하여 凡所陳奏는 皆朕之成筭而未發者니 自非奉國盡心이면 孰能若是리오 是時에 矩及大將軍宇文述・內史侍郎虞世基・御史大夫裴蘊・光祿大夫郭衍이 皆以諂諛有寵이라 述이 容止便辟이러니 侍衛者咸取則(칙)焉이러라 衍嘗勸帝五日一視朝曰 無效高祖空自勤苦爲也하소서 帝臨朝凝重하고 發言可觀이나 而內存聲色하여 日於苑

두 먹을 수 있게 된다.〔剝驢投井 植棗種瓜 須臾之間 皆得食〕" 하였다. 殺馬와 剝驢는 말과 나귀를 죽이거나 해체하여 펼치는 환술인 듯하다.

40) 楊氏 : ≪龍飛御天歌≫ 권3 註에 "楊氏는 隋나라 종실의 성이다.〔楊氏 隋之宗姓也〕" 하였다.

中林亭에 盛陳酒饌하여 勅燕王倓與梁公蕭鉅・千牛左右宇文皛及高祖嬪御爲一席①하고 僧尼道士女官爲一席②하고 帝與諸寵姬爲一席호되 略相連接하여 酒酣殽亂이 靡所不至라 楊氏婦女之美者 往往進御하고 皛出入에 不限門禁하여 妃嬪公主 皆有醜聲호되 帝亦不之罪也러라

① 蕭鉅는 蕭琮(後梁 靖帝)의 조카이다. 千牛左右는 관직명이니, 隋나라 제도에 千牛備身左右는 12인이며, 황제에게 활과 화살을 받들어 올리는 일을 관장하였다. 宇文皛는 宇文慶의 손자이다. 皛는 戶了의 切이다.
鉅, 琮之弟子也. 千牛左右, 官名. 隋制, 千牛備身左右十二人, 掌供御弓箭. 皛, 慶之孫也. 皛, 戶了切.

② 女官은 곧 女道士이다. 〈'女官'의〉 官은 어떤 본에는 冠으로 되어있다.
女官, 卽女道士. 官, 或作冠.

【綱】 군대를 파견해서 流求를 공격하게 하였더니, 유구의 왕을 죽이고 유구의 백성을 포로로 잡아 돌아왔다.

遣兵攻流求하니 **殺其王**하고 **虜其衆以歸**하다

【目】 황제(隋 煬帝)가 사신을 파견해서 流求를 위무하여 복종시키게 하였으나 유구가 복종하지 않자, 虎賁郎將 陳稜을 파견해서 군사를 동원하여 바다를 건너가 유구를 공격하게 하였더니, 진릉이 유구의 왕 渴剌兜(갈랄두)를 참수하고 유구의 백성을 포로로 잡아서 돌아왔다.

帝遣使招撫流求로되 **不從**①한대 **遣虎賁郎將陳稜**하여 **發兵泛海擊之**하니 **斬其王渴剌**(랄)**兜**하고 **虜其民以還**②하다

① ≪北史≫ 〈流求國傳〉을 살펴보면, 流求國은 海島에 있으며, 建安郡 동쪽에 해당하고 바닷길로 닷새 만에 도착하며, 그 지역에는 산에 동굴이 많다.
按北史, 流求國, 居海島, 當建安郡東, 水行五日而至, 土多山洞.

② 〈渴剌兜의〉 剌은 盧達의 切이다.
剌, 盧達切.

【綱】 조서를 내려 지금부터는 공훈이 있는 자가 아니면 封爵을 내리지 말게 하였다.

詔自今非有功者면 **不賜爵**하다

【目】 조서를 내려 근래에 제멋대로 封爵을 주어 이름과 실상이 맞지 않으니 지금부터는 오직 공훈이 있는 자라야 봉작을 하사하고 그에 따라 자손이 계승할 수 있게 하라고 하였다. 그리하여 과거에 하사한 다섯 등급의 봉작 가운데 공훈이 있는 자가 아니면 모두 제명하였다.

詔以近世茅土[41]妄假하여 名實相乖하니 自今惟有功勳이라야 乃得賜封하고 仍令子孫承襲이라하다 於是에 舊賜五等爵이 非有功者면 皆除之하다

【綱】 散樂[42]에 종사하는 樂工을 太常寺(태상시)에 배치하였다.

以散樂配太常하다

【目】 징집한 散樂에 종사하는 樂工을 모두 太常寺에 배치하고 모든 분야에 博士와 弟子를 두어 서로 전수하게 하니 악공이 3만여 명에 이르렀다.

以所徵散樂을 悉配太常하고 皆置博士弟子하여 以相傳授하니 樂工이 至三萬餘人이러라

【綱】 3월에 황제(隋 煬帝)가 江都로 갔다.

三月에 帝如江都하다

【綱】 楡林太守 張衡을 관원 명부에서 제명하고 王世充에게 江都宮監을 겸임하게 하였다.

◑除楡林太守張衡名하고 以王世充으로 領江都宮監하다

【目】 예전에 황제(隋 煬帝)가 汾陽宮을 지을 적에 張衡에게 그림으로 마련하여 아뢰게 하자 장형이 諫言을 올리면서 "해마다 勞役이 번다하여 백성이 피폐해졌으니 조금 더 줄여주시길 바랍니다." 하였다. 황제가 내심 마뜩잖아 시종신에게 "장형이 자칭 자기 계획으로 말미암아 내가 천하를 소유하게 되었다고 한다." 하였다. 그러고는 지난번 涿郡에 行幸하였을 적에 의관이 단정하지 않은 父老가 〈황제를〉 알현하였는데도 장형이 憲

41) 茅土 : 王·侯의 封爵을 가리킨다. 천자가 왕·후를 봉할 때 封地가 있는 방향을 상징하는 색깔의 흙을 白茅로 싸서 주면 왕·후는 그것을 가지고 封國으로 가서 社를 세운 데에서 유래하였다.

42) 散樂 : 본서 제36권 하 大業 2년(606) 10월 조에 자세히 보인다.

司(사법관)로서 이를 적발하여 바로잡지 않은 죄를 조사해서 기록하여 楡林太守로 내보냈다가 오랜 후에 칙령을 내려 江都宮을 짓는 工役을 감독하게 하였다.

楊素의 아들인 禮部尙書 楊玄感이 使命으로 江都에 오니 장형이 그에게 "薛道衡은 정말 억울하게 죽었소." 하였다. 양현감이 그 말을 황제에게 아뢰었고, 江都郡丞 王世充이 또 "장형이 빈번히 宿舍와 차려놓는 음식을 줄였습니다." 하고 아뢰자, 황제가 노하여 장형을 참수시키려 하다가 오랜 후에야 석방시켰으나 관원 명부에서 제명하여 평민으로 삼았고, 왕세충에게 江都宮監을 겸임하게 하였다.

왕세충은 본래 西域의 胡人이며, 성은 支氏이고 아비는 王收(支收)이다. 왕수는 어렸을 때 王氏에게 개가한 어미를 따라가서 이로 인해 王氏 姓을 가탁하게 되었다. 왕세충은 간교한 성품에 말재주가 있었으며, 典籍을 제법 섭렵하고 兵法을 좋아하고 律令을 익혔다. 황제가 자주 강도에 행차하였는데, 왕세충이 황제의 안색을 잘 엿보고서 〈강도궁의〉 연못과 누대를 화려하게 꾸미고 진기한 물건을 진헌하니, 이 때문에 황제의 총애를 받았다.

初에 帝營汾陽宮할새 令張衡으로 具圖奏之한대 衡進諫曰 比年勞役繁多하여 百姓疲弊하니 願稍加抑損하소서 帝意不平하여 謂侍臣曰 張衡이 自謂由其計畫하여 令我有天下也①로다 乃錄前幸涿郡父老謁見(현)에 衣冠不整호되 衡爲憲司不能擧正之罪하여 出爲楡林太守라가 久之에 勅督役江都宮②이러라 禮部尙書楊玄感은 素之子也라 使至江都하니 衡謂之曰 薛道衡이 眞爲枉死하니라 玄感이 奏之하고 江都郡丞王世充이 又奏衡頻減頓具③라한대 帝怒하여 將斬之라가 久乃得釋호되 除名爲民하고 以世充으로 領江都宮監하다 世充은 本西域胡人이니 姓支氏요 父收라 幼從母嫁王氏하여 因冒其姓하니라 世充이 性譎詐有口辯하고 頗涉書傳好兵法習律令하다 帝數(삭)幸江都어늘 世充이 能伺候顔色하여 雕飾池臺하며 奏獻珍物하니 由是有寵하니라

① 張衡이 楊廣(煬帝)을 위해 嫡長子의 지위를 탈취하는 일[43]을 획책하였으니, 이 사건은 文帝 20년에 보인다.
衡爲廣畫(획)奪宗之策, 事見(현)文帝二十年.

② ≪隋書≫ 〈地理志〉에, 江都郡의 江陽縣에 江都宮이 있다고 되어 있다.
隋志, 江都郡江陽縣, 有江都宮.

③ '頓具'는 宿舍와 차려놓는 음식이다.
頓具, 頓舍與供具.

43) 嫡長子의……일 : 隋 煬帝 楊廣은 文帝의 둘째 아들이었는데, 문제 開皇 20년(600) 양광 일파의 계략에 의해 太子 楊勇이 폐위되고 양광이 태자로 책립되었다.

【綱】 겨울 12월에 文安侯 牛弘이 卒하였다.

冬十二月에 文安侯牛弘이 卒①하다

① ≪隋書≫ 〈牛弘傳〉을 살펴보면, 牛弘은 관작이 奇章郡公이었으며, 죽은 뒤 文安縣侯에 추증되었다. ≪隋書≫ 〈地理志〉에, 文安縣은 河間郡에 속한다고 되어 있다.
按牛弘傳, 弘爵奇章郡公, 卒贈文安縣侯. 隋志, 文安縣, 屬河間郡.

【目】 牛弘은 寬厚하고 恭儉하며 학술이 정밀하면서 해박하여 隋나라 왕실의 옛 신하 가운데 처음부터 끝까지 신임을 받고 災禍를 당하지 않은 자는 우홍 한 사람뿐이었다. 아우 牛弼이 술주정을 부려 우홍의 수레를 끄는 소를 활로 쏘아 죽였는데, 우홍이 밖에서 집으로 돌아오자 그의 아내가 맞이하면서 "시숙이 소를 활로 쏘아 죽였습니다." 하였으나, 우홍은 별다른 질문 없이 다만 "육포나 뜨시오." 하였다. 우홍이 자리에 앉자 그의 아내가 또 〈"시숙이 소를 활로 쏘아 죽였습니다." 하고〉 말하니, 우홍은 "이미 알고 있소." 하고는 태연한 안색으로 책 읽기를 멈추지 않았다.

弘이 寬厚恭儉하고 學術精博하여 隋室舊臣에 始終信任悔吝不及者 一人而已러라 弟弼이 酗酒하여 射殺弘駕車牛러니 弘이 自外還한대 其妻迎謂之曰 叔射殺牛라호되 弘이 無所問하고 直云作脯하라 坐定에 其妻又言하니 弘曰 已知之矣라하고 顏色自若하여 讀書不輟이러라

【綱】 江南河(江南運河)를 뚫었다.

穿江南河하다

【目】 〈江南河는〉 京口에서 餘杭까지 길이가 8백여 리이고 너비가 10여 丈이니, 동쪽으로 會稽에 巡狩하고자 하여 뚫은 것이다.

自京口로 至餘杭히 八百餘里요 廣十餘丈이니 欲東巡會稽也①라

① 煬帝가 杭州를 餘杭郡으로 개칭하였다.
帝改杭州爲餘杭郡.

【綱】 조서를 내려 백관이 戎服(軍服)을 입고 御駕를 따르게 하였다.

詔百官戎服從駕[44]하다

【目】 황제(隋 煬帝)는 백관이 御駕를 따를 적에 모두 袴褶[45]을 입고 있으니 군대 안에서 불편할 것이라고 여겨서 조서를 내려 모두 戎衣를 입되, 5품 이상은 공통으로 자주색 도포를 착용하고, 6품 이하는 붉은색과 녹색을 함께 착용하고, 胥吏는 파란색을 착용하고, 庶人은 흰색을 착용하고, 백성과 商人은 검은색을 착용하고, 士卒은 노란색을 착용하게 하였다.

帝以百官從駕에 皆服袴褶(습)하니 於軍旅間에 不便이라하여 詔皆戎衣호되 五品以上은 通著(착)紫袍하고 六品以下는 兼用緋綠①하고 胥吏는 以青하고 庶人은 以白하고 屠商은 以阜하고 士卒은 以黃하니라

① 이때부터 文武官의 통상적인 복장이 되고, 마침내 이것을 품계에 따른 색깔로 삼았다.
自此文武官常服, 遂以爲品色.

【綱】 高句麗의 왕 高元[46]에게 隋나라에 들어와 朝見(조현)하라고 불렀으나 오지 않았다.

徵高麗王元入朝어늘 不至하다

【目】 황제(隋 煬帝)가 啓民可汗의 廬帳에 행차하였을 적[47]에 고구려의 사신이 계민의 처소에 있었는데, 계민가한이 감히 숨기지 못하여 고구려의 사신과 함께 황제를 알현하였다. 그러자 裴矩가 황제에게 "고구려는 漢나라와 晉나라가 모두 郡縣을 설치한 지역이었는데 지금은 신하로 복종하지 않으니 先帝(文帝)께서 오래전에 정벌하고자 하였습니다. 지금 고구려의 사신이 〈돌궐에 와서〉 계민이 온 나라를 가지고 폐하에게 귀화한 것을 직접 보았으니, 그들이 〈폐하의 위세를〉 두려워하는 틈을 이용하여 사신에게 수나라에 들어와 朝見하라고 위협할 만합니다." 하고 설득하였다. 황제가 그 의견을 따라 牛弘에게 칙령을 내려서 고구려 사신에게 詔旨를 전하여, 사신에게 본국으로 돌아가서 고구

44) 詔百官戎服從駕 : "吉事로 行幸하는데 戎服을 입는 것은 정상적인 일이 아니다. 亂의 조짐이 이때 시작되었기 때문에 삼가 기록한 것이다.〔吉行戎服 非事也 亂始兆矣 故謹書之〕" ≪書法≫
45) 袴褶 : 褲褶으로도 쓴다. 상의를 褶이라 하고, 하의를 袴(褲)라 한다. 漢나라 말기부터 이 명칭을 사용하였고 남북조시대에 성행하였다. 초기에는 乘馬服이었으나 뒤에 평상복과 朝服으로도 사용되었다.
46) 高元 : 고구려 제26대 왕인 嬰陽王으로, 그 이름이 '元' 또는 '大元'이라고도 한다.
47) 煬帝가……적 : 隋 煬帝가 啓民可汗의 廬帳에 행차한 일은 大業 3년(607) 8월 조에 보인다.

려 왕에게 수나라에 入朝하라고 고하게 하였다. 그러나 이때까지 고구려 왕이 조현하러 오지 않자 고구려 토벌을 도모하여 천하의 부자들에게 한 필에 십만 전에 이르는 戰馬를 사서 바치라고 賦課하였으며, 병장기를 점검하여 혹시라도 극도로 조악한 것이 있으면 〈점검한〉 使者가 〈그 병장기를 관리한 자를〉 즉시 참수하게 하였다.

帝之幸啓民帳[48]也에 高麗使者 在啓民所러니 啓民이 不敢隱하여 與之見(현)帝하니 裴矩說(세)帝曰 高麗는 漢晉이 皆爲郡縣이어늘 今乃不臣하니 先帝欲征之久矣①라 今其使者 親見啓民擧國從化하니 可因其恐懼하여 脅使入朝니이다 帝從之하여 勅牛弘宣旨하여 令使者還語高麗王入朝러니 至是不至한대 乃謀討之하여 課天下富人買馬하니 匹至十萬錢하고 簡閱器仗하여 或有濫[49]惡이어든 使者立斬[50]하다

① 周 武王이 箕子를 朝鮮에 봉하였으며, 秦나라 말에 衛滿이 점거하여 나라를 전하다가 손자 右渠王 때에 이르러 漢 武帝가 멸망시켜 四郡을 개척하였으며, 漢나라 말에 公孫度가 점거하여 나라를 전하다가 손자 公孫淵 때에 이르러 魏나라가 멸망시켰으며, 晉나라 때에 이르러서는 모두 郡縣을 설치하였다.
周武王封箕子於朝鮮, 秦末衛滿據之, 傳國, 至孫右渠, 漢武帝滅之, 開爲四郡, 漢末, 公孫度據之, 傳國, 至孫淵, 魏滅之, 至晉皆爲郡縣.

辛未年(611)

【綱】 隋나라 煬帝(楊廣) 大業 7년이다. 봄 2월에 황제가 직접 군대를 거느리고 가서 高句麗를 공격하여, 여름 4월에 臨朔宮에 이르러 천하의 병사를 징집하여 涿郡에 집결시켰다.

七年이라 春二月에 帝自將擊高麗[51]하여 夏四月에 至臨朔宮하여 徵天下兵會涿郡①하다

---

48) 帳 : 《龍飛御天歌》 권3 註에 "帳은 廬帳이다.〔帳 廬帳〕" 하였으며, 廬帳에 대해 《資治通鑑》 晉孝武帝 太元 원년의 胡三省 註에 "北狄의 수장은 큰 氈帳(毛氈으로 만든 천막)에 거처하며 주위에 호위병을 설치한다. 전장을 漢人들은 '穹廬'라 하기 때문에 '廬帳'이라 한 것이다.〔北狄之長 居大氈帳 環設兵衛 氈帳 漢人謂之穹廬 因曰廬帳〕" 하였다.
49) 濫 : 《龍飛御天歌》 권3 註에 "濫은 극도로 조악한 것이다.〔濫者 惡之極也〕" 하였다.
50) 使者立斬 : 《龍飛御天歌》 권3 註에 "使는 去聲(使者)이다.〔使 去聲〕" 하였다.
51) 帝自將擊高麗 : "高句麗에 대해서는 앞에서 '討'라고 썼는데(文帝 開皇 18년) 여기서는 '擊'이라고 쓴 것은 무엇 때문인가? 楊廣이 逆賊이기 때문이다. 출병의 명분이 없었기 때문에 '自將'이라 쓰고 '討'라 쓰지 않은 것이다.〔高麗 嘗書討矣(文帝開皇十八年) 此其書擊 何 廣賊也 師出無名 故書自將 不書討〕" 《書法》

① ≪新唐書≫ 〈地理志〉에, 幽州 薊縣에 옛날 隋나라의 臨朔宮이 있었다고 되어 있다.
唐志, 幽州薊縣, 有故隋臨朔宮.

【目】 황제가 龍舟(황제 전용 선박)를 타고 黃河를 건너 永濟渠로 진입하고는, 이어서 칙령을 내려 選部·門下·內史·御史의 소속 관리를 뱃머리에서 선발하게 하니 선발된 사람이 3천여 명이었다. 그들은 간혹 도보로 배를 따라 3천여 리를 가다 보니 추위와 굶주림에 지치고 쓰러져 죽은 사람이 열에 한두 명이었다.

드디어 조서를 내려 高句麗를 토벌할 적에 幽州總管 元弘嗣에게 칙령을 내려 東萊郡의 海口로 가서 3백 척의 배를 建造하게 하자, 관리들이 건조작업을 독촉하여 役夫들이 밤낮으로 물속에 서서 작업하느라 감히 휴식하지 못하니 허리부터 아래가 모두 〈살이 문드러져〉 구더기가 생겨 죽은 사람이 열에 서너 명이었다. 또 河南·淮南·江南에 칙령을 내려 戰車 5만 대를 만들게 하여 갑옷과 軍幕을 함께 실어 병사들이 직접 수레를 끌고서 高陽縣으로 운송하게 하고, 河南과 河北의 民夫(公役에 복무하는 백성)를 징발하여 군수품을 공급하게 하고, 長江과 淮河 이남의 민부와 배는 黎陽倉과 洛口倉 등의 쌀을 운송하게 하니, 천 리에 걸쳐 꼬리에 꼬리를 물고 배들이 이어지고, 〈도로에는〉 밤낮으로 끊임없이 늘 수십만 명이 왕래하였고 죽은 자가 즐비하니 천하가 소란하였다.

帝御龍舟渡河하여 入永濟渠하고 仍勅選部·門下·內史·御史하여 於前船選補①하니 其受選者 三千餘人이라 或徒步隨船三千餘里하니 凍餒疲頓하여 死者什一二②러라 遂下詔討高麗할새

"양광이 무도하여 하늘도 양광의 소행을 미워하였다. 또한 이미 西域을 경략하고, 突厥을 신하로 복종시키고, 吐谷渾을 무찌르고, 伊吾를 항복시키고, 流求 등의 나라를 공격하여 그 나라의 왕을 죽였다. 그럼에도 끊임없이 큰일(전쟁) 벌이기를 좋아하여 지금 또 遼東에서 전쟁을 벌이느라 도적 떼가 봉기하는 지경이 되어 나라가 마침내 그 때문에 망하였다. 아마 양광의 속마음은 반드시 하늘 아래의 모든 사람을 모두 隋나라의 영역 안으로 귀의시키려는 것이었을 터이나, 말년에 도리어 발을 둘 곳조차 없게 될 줄을 어찌 알았겠는가. 몸을 보전하지 못하고 죽어 심지어 침상에 까는 대자리를 거둬서 그의 시신을 염하였으니, 예로부터 무기를 잘 만들어 대외 전쟁 벌이기를 좋아하였던 사람 치고 화를 당하지 않은 이가 없었으나, 양광처럼 심한 자는 드물었다. ≪資治通鑑綱目≫의 이 부분에 '煬帝가 직접 군대를 거느리고 가서 고구려를 공격하였다.〔帝自將擊高麗〕'고 쓰고 '양제가 친히 고구려를 정벌하였다.〔帝親征高麗〕'고 쓰지 않았으니, 그렇다면 고구려는 정벌할 만한 죄가 없고 훗날 전쟁을 일으켰다가 패망한 허물 역시 다른 사람에게 전가할 수 없음을 드러낸 것이다. 이것이 본디 書法의 의도이다.〔楊廣不道 天醜其爲 亦旣經略西域 臣服突厥 破吐渾 降伊吾 攻殺流求等國矣 好大不止 今又從事遼東 迄至群盜蜂起 而國遂以亡 蓋廣之用心 必欲使際天所覆(부) 擧歸封略之內 豈知末年反無容足之所 身死不保 至撤床簀以斂其屍 自古佳兵事外者 未有不受其禍 然罕有如廣之甚者 綱目於此 書帝自將擊高麗 而不書帝親征高麗 則見高麗無罪之可征 而他日用兵敗亡之咎 亦不可委之他人 此固書法之意也〕" ≪發明≫

勅幽州總管元弘嗣하여 **往東萊海口**하여 **造船三百艘**③한대 **官吏督役**하여 **晝夜立水中不敢息**하니 **自腰以下**에 **皆生蛆**하여 **死者什三四**④러라 **又勅河南・淮南・江南**하여 **造戎車五萬乘**하여 **送高陽**호되 **供載衣甲幔幕**하여 **令兵士自挽之**⑤하고 **發河南北民夫**하여 **以供軍須**하고 **江淮以南民夫及船**은 **運黎陽及洛口諸倉米**⑥하니 **舳艫千里**요 **往還常數十萬人**하여 **晝夜不絶**하고 **死者相枕**하니 **天下騷動**⑦하더라

① '選部'의 選은 宣戀의 切이며, '選補'의 選은 본음대로 읽는다.
選部之選, 宣戀切. 選補之選, 如字.
② 〈'疲頓'의〉 頓은 仆(쓰러지다)의 뜻이다.
頓, 仆也.
③ 大業 초에 이미 여러 州의 總管府를 폐지하였으니, 여기서는 元弘嗣의 이전 관직을 쓴 것이다. 煬帝가 萊州를 東萊郡으로 개칭하였다.
大業初, 已廢諸州總管府, 此書元弘嗣前官. 帝改萊州爲東萊郡.
④ 〈'生蛆'의〉 蛆는 千余의 切이니, 구더기가 살 속에서 나오는 것이다.
蛆, 千余切, 蟲在肉中.
⑤ ≪隋書≫ 〈地理志〉에, 高陽縣은 河間郡에 속한다고 되어 있다.
隋志, 高陽縣, 屬河間郡.
⑥ 黎陽縣은 汲郡에 속하며, 黎陽倉이 있다.
黎陽縣, 屬汲郡, 有黎陽倉.
⑦ 〈'相枕'의〉 枕(베다)은 去聲이다.
枕, 去聲.

【綱】 山東과 河南에 홍수가 났다.

山東・河南이 **大水**하다

【目】〈山東과 河南의〉 30여 郡이 물에 휩쓸리고 잠겼다.

漂沒三十餘郡하다

【綱】 겨울 10월에 底柱山(砥柱山)이 무너졌다.

冬十月에 **底**(지)**柱崩**하다

【目】〈무너진 底柱山이〉 黃河의 물길을 가로막아 수십 리를 역류하였다.

偃河逆流數十里하다

【綱】西突厥의 酋長 射匱[52]가 處羅可汗을 축출하였더니 처라가한이 來朝하였다.

西突厥酋長射匱 逐處羅可汗하니 處羅來朝하다

【目】예전에 황제(隋 煬帝)가 서쪽으로 巡狩할 적[53]에 사신을 파견하여 西突厥의 處羅可汗을 불러서 車駕(양제)와 大斗拔谷에서 회합할 것을 명령하였으나 처라가한이 오지 않자 황제가 대로하였다. 마침 서돌궐의 酋長 射匱가 사신을 파견하여 청혼하였는데, 裴矩가 이를 계기로 "처라가 조회 오지 않은 것은 자신이 강대하다고 믿기 때문일 뿐입니다. 신이 계략으로 그의 세력을 약화시켜서 그 나라를 분열시키게 해주소서. 그렇게 된다면 쉽게 제압할 것입니다. 사궤는 達頭可汗의 손자로 대대로 可汗이 되었는데, 지금 〈가한의〉 지위를 잃은 채 처라가한에게 귀부하여 복속하고 있으니, 만약 〈사궤의 사신을〉 후하게 예우하고 〈사궤를〉 大可汗에 임명한다면 돌궐의 세력이 분열될 것입니다." 하고 아뢰었다.

황제가 그 말을 옳게 여겼다. 이에 사궤의 사신을 불러서 만나보는 기회에, 〈사궤를 가한으로 임명해서 그로 하여금 군대를 동원하여〉 처라를 주벌하게 한 뒤에 〈일이 성공하면〉 혼인시키겠다고 諭示하자, 사궤가 〈그 말을 듣고는〉 매우 기뻐하면서 군대를 일으켜 처라가한을 습격하니, 처라가한이 대패하여 수천의 騎兵을 거느리고 동쪽의 高昌으로 달아났다. 황제가 배구와 向氏(처라가한의 모친)를 파견하여 玉門關으로 달려가서 처라가한에게 들어와 조회하라고 타이르자, 12월에 처라가한이 臨朔宮에 오니 황제가 매우 기뻐하면서 특별한 예우로 대접하였으나 처라가한은 끝내 섭섭한 기색을 띠었다.

初에 帝西巡할새 遣使召西突厥處羅可汗하여 令與車駕會大斗拔谷이어늘 不至한대 帝大怒하다 會其酋長射匱 遣使求婚이어늘 裴矩因奏曰 處羅不朝는 恃彊大耳라 臣이 請以計弱之하여 分裂其國이면 卽易(이)制也리라 射匱者는 達頭之孫이니 世爲可汗이러니 今以失職하여 附屬處羅하니 若厚其禮하고 拜以爲大可汗이면 則突厥이 勢分矣리이다 帝然之하여 因召其使者諭之하여 令誅處羅然後에 爲婚한대 射匱大喜하여 興兵襲處羅하니 處羅大敗하여 將數千騎하고 東走高昌하다 帝遣裴矩

52) 射匱 : 射匱可汗으로 이름은 불명이다. 西突厥 達頭可汗(阿史那玷厥)의 손자이다.
53) 煬帝가……적 : 수 양제가 서쪽으로 河西를 순수한 일은 大業 5년(609) 3월 조에 보인다.

與向(상)氏馳至玉門關하여 諭處羅入朝한대 十二月에 至臨朔宮하니 帝大悅하여 接以殊禮호되 處羅終有怏怏之色이러라

【綱】 王薄, 張金稱, 高士達, 竇建德 등의 군대가 일어났다.

王薄·張金稱·高士達·竇建德等兵이 起[54)]하다

【目】 황제(隋 煬帝)가 지난해부터 高句麗 토벌을 도모하여 조서를 내려 山東에 府[55)]를 설치해서 말을 길러 軍役으로 제공하도록 명령하였다. 또 民夫를 징발하여 米穀을 운송하게 하니 변방으로 〈미곡을 운반하러〉 갔던 수레와 소가 모두 돌아오지 못하고 사졸들은 태반이 사망하였다. 농사철을 놓쳐 곡식값이 급등하였는데, 동북 변경이 더욱 심하여 쌀 한 말 값이 수백 전이었다. 운송한 미곡의 상태가 나쁘기라도 하면 백성들에게 〈좋은 미곡을〉 구입하여 배상하도록 명령하였다. 또 작은 수레를 끌고 갈 인부 60여만 명을 징발하여 미곡 세 섬을 〈수레에 실어〉 두 사람이 함께 밀고 가게 하니, 길이 험하고 멀어 〈車夫의〉 길양식으로 충당하기에도 부족하여 목적한 鎭까지 운송할 만한 미곡이 남지 않기 때문에 모두 죄를 물을까 두려워하여 도망쳤다. 거듭해서 관리들이 침탈

---

54) 王薄……起 : "'군대가 일어났다〔兵起〕'고 쓴 것은 무엇 때문인가? 楊廣을 逆賊으로 여겼기 때문이다. 여기부터 군대를 일으킨 모든 사건에 '擊'이라 쓰고 '討'라 쓰지 않았으며, '殺'이라 쓰고 '誅'라 쓰지 않았다.〔書兵起 何 賊廣也 自是凡起兵革 書擊 不書討 書殺 不書誅〕" ≪書法≫

"심하도다. 〈夏·殷·周의〉 三代 이후로 겪은 백성의 불행이여. 桀이 무도하였지만 成湯이 있어서 도탄에서 벗어날 수 있었으며, 紂가 무도하였지만 武王이 있어서 고통에서 벗어날 수 있었다. 秦나라 사람이 천하에 郡縣을 설치한 이후로는 비록 위에서 桀과 紂가 폭정을 자행하더라도 아래에서 성탕과 무왕이 일어나지 않아, 필경 도적이 봉기하는 지경에 이르고 천하가 큰 혼란에 빠져 거의 모조리 살륙한 뒤에야 〈폭정이〉 끝났다. 그래서 秦나라의 胡亥와 新나라의 王莽과 漢나라의 桓帝·靈帝와 隋나라의 煬帝는 모두 후세의 이른바 '桀紂'였으나, 그들을 바로잡을 수 있는 사람이 없어서 반드시 陳勝·吳廣·赤眉軍·黃巾賊·王薄·張金稱의 무리가 사방에서 兵亂을 일으킬 때까지 기다려야 하였는데, 그런 뒤에 그 나라는 그저 폐허가 되었다. 이것이 곧 변고가 생긴 세상 아래에서 겪은 백성의 불행일 뿐이다. 왕박과 장금칭의 경우는 모두 당시의 도적떼였음에도 '도적〔盜〕'이라 쓰지 않은 것은 이 역시 양광이 천하를 등지는 大逆을 저질렀기 때문이다. 그래서 모두 '군대를 일으켰다.〔起兵〕'고 써서 양광의 죄를 바로잡았다. 이는 곧 ≪資治通鑑綱目≫에서 역적을 토벌하는 데 급급하였던 의도일 뿐이다. 왕박을 인정해준 것은 양광을 주벌하기 위해서이니 그 뜻이 엄정하다.〔甚矣 三代而下 生民之不幸也 桀爲不道 有成湯則塗炭可脫 紂爲不道 有武王則毒痡可免 自秦人郡縣天下 雖上有桀紂之暴 而下無湯武之興 必至賊盜蜂起 天下大亂 屠滅幾盡而後已 故夫胡亥新莽桓靈隋煬 皆後世之所謂桀紂 無有能正之者 必待勝廣赤眉黃巾王薄張金稱之徒 兵戈四起 而後其國始墟 此則世變之下 生靈之不幸耳 若夫王薄張金稱等 皆當時群盜 而不以盜書者 亦以楊廣負天下之大逆 故皆書起兵以正其罪 此則綱目急於討賊之意耳 予薄 所以誅廣也 其旨嚴矣〕" ≪發明≫

55) 府 : ≪資治通鑑新注≫(陝西人民出版社, 1998)에 庫府(군수물자를 저장하는 창고)로 보았다.

하여 백성이 곤궁해지니 이때 비로소 서로 모여 도적 떼가 되었다.

帝自去歲로 謀討高麗하여 詔山東置府하여 令養馬以供軍役하다 又發民夫運米하니 塞(새)下車牛往者皆不返하고 士卒이 死亡過半이라 耕稼失時하여 穀價踴貴호되 東北邊이 尤甚하여 斗米에 直(치)數百錢하고 所運米或粗惡이면 令民糴以償之①하다 又發鹿車夫六十餘萬하여 二人이 共推(퇴)米三石하니 道途險遠하여 不足充餱糧하여 至鎭無可輸라 皆懼罪亡命②하고 重以官吏侵漁하여 百姓이 窮困③하니 於是에 始相聚爲群盜하다

① 糴은 곡식을 구입하는 것이다.
糴, 市穀也.

② 鹿車는 작은 수레이니, 단지 사슴 한 마리를 실을 정도로 크기가 작다는 뜻이다. 推(밀다)는 吐雷의 切이다.
鹿車, 小車也, 言其小止容一鹿. 推, 吐雷切.

③ 重(거듭하다)은 直用의 切이다.
重, 直用切.

【目】 鄒平의 백성 王薄이 무리를 취합해서 長白山을 거점으로 齊郡과 濟北郡의 근교를 약탈하고 자칭 '知世郞'이라 하였으니 〈知世란〉 세상사를 알 수 있다는 뜻이다. 또 〈無向遼東浪死歌〉[56]를 지어 서로 백성들을 선동하니 征役에서 도피한 자들 다수가 그에게 가서 귀부하였다.

平原郡 동쪽에 있는 豆子䴚은 바다를 등지고 하천으로 둘러싸여서 지형이 매우 험하기 때문에 다수의 도적 떼가 그 속에 숨었는데, 劉霸道란 자가 그 부근에 거주하면서 義俠을 좋아하니 식객이 늘 수백 명이었다. 원근의 사람 다수가 그에게 가서 의지하여 그가 보유한 무리가 십여만 명이었고 '阿舅賊'이라 불렀다.

鄒平民王薄이 擁衆據長白山하여 剽掠齊·濟之郊하고 自稱知世郞이라하니 言事可知矣①라 又作無向遼東浪死歌하여 以相感勸하니 避征役者 多往歸之②러라 平原東에 有豆子䴚하니 負海帶河하여 地形深阻라 群盜多匿其中③이러니 有劉霸道者 家於其旁하여 喜俠하니 食客이 常數百人이라 遠近이 多往依之하여 有衆十餘萬하여 號阿舅賊④이러라

① 鄒平縣은 남조의 宋나라 때 平原의 郡縣을 僑置[57]한 곳으로, 隋 文帝 開皇 18년(598)에 鄒

56) 無向遼東浪死歌 : '無向遼東浪死'는 고구려가 지배하고 있는 遼東으로 갔다가 헛되이 죽지 말라는 뜻이다.

57) 僑置 : 남북으로 분열되었던 六朝 시대에 북방의 백성들이 전란을 피해 대거 남쪽으로 이주하자,

平으로 개칭하였으며, 당시 齊郡에 속하였으나 唐나라 때 齊州 臨濟縣에 병합하여 편입시켰다. 長白山은 章丘縣의 경계에 있으며 이 산 또한 제군에 속한다. 煬帝가 齊州를 제군으로, 濟州를 濟北郡으로 개칭하였다.
鄒平縣, 宋所僑置平原郡縣之地, 隋開皇十八年, 改名鄒平, 時屬齊郡, 唐倂入齊州臨濟縣. 長白山, 在章丘縣界, 亦屬齊郡. 帝改齊州爲齊郡, 濟州爲濟北郡.

② '浪死'는 徒死(헛된 죽음)와 뜻이 같다.
浪死, 猶言徒死也.

③ 煬帝가 德州를 平原郡으로 개칭하였다. 〈豆子䴚의〉 䴚은 擧朗의 切이니, 물에 소금기가 많은 못이다.
帝改德州爲平原郡. 䴚, 擧朗切, 鹽澤也.

④ '喜俠'은 任俠 노릇을 좋아한다는 뜻이다.
喜俠, 悅爲任俠也.

【目】漳南 사람 竇建德은 어려서 俠氣를 좋아하고 담력이 남들보다 뛰어났다. 마침 고구려 정벌에 나설 사람을 모집할 적에 두건덕이 〈용맹으로〉[58] 선발되어 二百人長(200명의 수장)이 되었다. 같은 縣의 孫安祖 또한 용맹으로 出征 가는 병사로 선발되었는데, 손안조는 홍수로 집이 떠내려가서 처자식이 굶어 죽는다는 이유로 거부하였다. 그러자 縣令이 분노하여 매질하니 손안조는 현령을 죽이고 두건덕에게 도망가 의탁하였다. 두건덕이 손안조에게 "文皇帝(隋 文帝) 시절에 천하가 번성하였음에도 백만의 군대를 동원하여 고구려를 정벌하였다가 도리어 패배당하였는데,[59] 지금 홍수의 재앙을 당하여 백성이 곤궁하고 더구나 지난해 서쪽으로 〈吐谷渾을〉 정벌할 적에 출정 간 자가 돌아오지 못하였고 상처가 아직 회복되지 않았소. 그런데도 主上(隋 煬帝)은 백

竇建德

남방 지역에 임시로 군현을 설치하고 북방에서 부르던 군현의 이름을 그대로 사용하였는데, 이를 '僑置'라 한다.
58) 용맹으로 : 원문의 '以選爲二百人長'이 ≪資治通鑑≫에는 '以勇敢選爲二百人長'으로 되어 있다.
59) 文皇帝……패배당하였는데 : 隋 文帝가 고구려를 정벌한 開皇 18년(598) 2월 조에 보인다.

성을 구제하지 않고 또다시 군대를 징발하여 직접 고구려를 공격하려 하니 천하가 반드시 큰 혼란에 빠질 것이오. 장부가 죽지 않는다면 응당 큰 공을 세워야지 어찌 한갓 도망친 죄수가 될 수 있겠소." 하였다. 그리고는 의지할 데 없는 소년 수백 명을 모아서 손안조가 거느리고 高雞泊으로 들어가 도적 떼가 되게 하였다.

漳南人竇建德이 少尙氣俠하고 膽力過人①하다 會募人征高麗할새 建德以選爲二百人長하고 同縣孫安祖 亦以驍勇으로 選爲征士호되 安祖辭以家爲水漂하여 妻子餒死한대 縣令怒笞之하니 安祖殺令하고 亡抵建德하니 建德謂曰 文皇帝時에 天下殷盛호되 發百萬之衆하여 以伐高麗라가 尙爲所敗어든 今水潦爲災하여 百姓困窮하고 加之往歲西征에 行者不歸하고 瘡痍未復②이어늘 主上不恤하고 乃更發兵하여 親擊高麗하니 天下必大亂이라 丈夫不死인댄 當立大功이니 豈可但爲亡虜邪(야)아 乃集無賴[60]少年得數百人하여 使安祖將之하여 入高雞泊中하여 爲群盜③하다

① 漳南은 본래 漢나라 때 東陽縣 지역으로, 오랫동안 폐지하였다가 開皇 6년(586)에 다시 설치하였으며, 개황 18년(598)에 장남으로 개칭하여 淸河郡에 소속시켰다. 지역이 漳水의 남쪽에 있다는 의미를 취하여 명명한 것이다.
漳南, 本漢東陽縣地, 久廢, 開皇六年復置, 十八年改爲漳南, 屬淸河郡. 取地居漳水之南爲名.

② '西征'은 서쪽으로 吐谷渾을 정벌한 것을 이른다.
西征, 謂西征吐谷(욕)渾.

③ ≪新唐書≫ 〈竇建德傳〉에 "高雞泊은 면적이 수백 리이며 갈대와 억새에 길이 막혀 피난할 만하다." 하였으며, 竇苹의 ≪唐書音訓≫에 "고계박은 지금 恩州의 武城에 있으며 夏津과 경계를 인접하고 있다." 하였다.
新唐書曰"高雞泊, 廣袤數百里, 葭亂阻奧, 可以違難." 唐書竇苹音訓云"高雞泊, 在今恩州武城, 接夏津界."

【目】이때 鄃縣 사람 張金稱이 河曲에서 무리를 모으고, 蓨縣 사람 高士達이 淸河郡에서 무리를 모으니, 郡縣의 관리들은 두건덕이 도적과 내통하였을 것이라고 의심하여 그의 가속을 모두 붙잡아서 죽였다. 그러자 두건덕이 휘하의 군사 200명을 거느리고 고사달에게 도망쳐 귀부하니, 고사달이 자칭 東海公이라 하고 두건덕을 司兵(군사를 관장하는 직책)에 임명하였다.

60) 無賴 : ≪龍飛御天歌≫ 권3 註에 따르면, "세간의 말에 '남의 것을 빼앗아 부당하게 취득하고도 부끄러움이 없는 자를 無賴라 한다.'고 한다. 일설에는 賴는 '恃(의지하다)의 뜻이다.'라고 하고, 일설에는 '賴는 利(이익, 수익)의 뜻이니 집에 들어올 수익이 없는 것이다.'라고 한다.〔俚俗語謂 奪攘苟得無愧恥者 爲無賴 一云 賴者 恃也 一云 賴 利也 無利入於家也〕" 하였는데, 본서에서는 賴를 '恃(의지하다)'의 뜻으로 번역하였다.

오래지 않아 손안조는 장금칭에게 살해당하고, 그의 무리는 모두 두건덕에게 귀부하니 두건덕의 병사가 만여 명에 이르렀다. 두건덕이 자신을 겸손히 낮춰서 사람들을 대하고 수고와 안일을 士卒들과 똑같이 하니, 이 때문에 사람들이 앞다투어 귀부하여 그를 위해 목숨을 바쳤다. 이때부터 도처에서 도적 떼가 蜂起하여 이루 헤아릴 수 없었고, 휘하의 무리가 많게는 만여 명에 이르는 자도 있어서 城邑을 공격하여 함락시키자, 황제가 칙령을 내려 都尉와 鷹揚郎將이 군현의 병사들과 함께 추적하여 체포하게 하였으나 금지할 수 없었다.

時에 **鄃人張金稱**이 **聚衆河曲**하고 **蓨**(조)**人高士達**이 **聚衆於清河**①하니 **郡縣**이 **疑建德與賊通**하여 **悉收其家屬殺之**②한대 **建德**이 **帥**(솔)**麾下二百人**하여 **亡歸士達**하니 **士達**이 **自稱東海公**하고 **以建德爲司兵**하다 **頃之**에 **安祖爲金稱所殺**하고 **其衆**이 **盡歸建德**하니 **建德兵**이 **至萬餘人**이라 **建德**이 **能傾身接物**하고 **與士卒均勞逸**하니 **由是人爭附之**하여 **爲之致死**러라 **自是所在**에 **群盜蜂起**하여 **不可勝數**요 **徒衆多者 至萬餘人**하여 **攻陷城邑**한대 **勅都尉鷹揚與郡縣追捕**호되 **然莫能禁**③하니라

①〈'鄃人'의〉 鄃는 兪와 輸 두 가지 음이다. 鄃는 漢나라 때의 縣으로 오래전에 폐지되었다가 開皇 16년(568)에 다시 설치하여 清河郡에 소속시켰다. 河曲은 清河의 물굽이이다. 〈蓨人의〉 蓨는 음이 條이다. 蓨를 예전에는 脩라 하였으나, 개황 5년에 고쳐서 信都郡에 소속시켰다.

鄃, 兪・輸二音. 鄃, 漢縣, 舊廢, 開皇十六年復置, 屬清河郡. 河曲, 清河之曲. 蓨, 音條. 蓨, 舊曰脩, 開皇五年, 改屬信都郡.

② ≪新唐書≫ 〈竇建德傳〉에 "이때 도적 떼가 漳南을 오가며 사람을 겁박하여 죽이고 鄕村을 불태웠는데 유독 두건덕의 마을에는 침입하지 않으니 이 때문에 郡縣의 관리들이 그가 도적과 내통하였을 것이라고 의심하였다." 하였다.

新〔唐〕[61]書曰 "時群盜往來漳南, 剽殺人, 焚鄕聚, 獨不入建德閭, 由是郡縣疑其與賊通."

③ 隋나라 때 奉車都尉와 駙馬都尉를 설치하여 三衛[62]에 소속시켰는데 煬帝가 모두 폐지하였다. 이것은 아마 都尉를 설치하여 도적 떼를 토벌하게 한 것인 듯하다. 양제가 또 驃騎를 鷹揚郎將으로 개칭하였다.

隋置奉車・駙馬都尉, 屬三衛, 帝竝廢之. 此蓋置都尉, 以討群盜. 帝又改驃騎, 爲鷹揚郎將.

---

61) 〔唐〕: 저본에는 '唐'이 없으나, 뒤의 내용이 ≪新唐書≫ 〈竇建德傳〉에 그대로 실려 있으므로 이에 의거하여 보충하였다.

62) 三衛 : 北魏에서 기원하였다. 북위에서는 귀족 출신 중 무예가 가능한 자 중에 용모 등 신체 조건을 살펴 선발하여 宗士, 庶士, 望士로 삼고 侍衛와 儀仗을 담당하였다. 隋代의 삼위 역시 귀족 고관의 자제가 담당한 것으로 보인다. 唐나라 삼위에 대해서는 더 상세히 전해지는데, 삼위는 親衛, 勳衛, 翊衛로 구성되며 5품 이상의 고관 자제들 중에서 선발하여 황제 가까이에서 숙위와 의장을 담당하게 하였다.

壬申年(612)

【綱】 隋나라 煬帝(楊廣) 大業 8년이다. 봄 정월에 西突厥을 3部로 나누었다.[63)]

八年이라 **春正月**에 **分西突厥爲三部**하다

【目】 황제(隋 煬帝)가 西突厥을 3部로 나누어, 處羅可汗의 아우 闕達度設은 빈약하고 의지할 곳 없는 백성 만여 명을 거느리고서 會寧에 거주하게 하고, 特勒 大奈는 별도로 남은 백성을 거느리고서 樓煩에 거주하게 하고, 처라가한은 騎兵 500명을 거느리고서 늘 황제의 巡幸을 따르게 하고는 曷娑那可汗이란 칭호를 하사하였다.

帝分西突厥爲三하여 **使處羅之弟闕達度設**로 **將羸弱萬餘口**하여 **居會寧**①하고 **特勒大奈**는 **別將餘衆**하여 **居樓煩**②하고 **處羅**는 **將五百騎**하여 **常從巡幸**하고 **賜號曷娑那可汗**이라하다

① 突厥의 官制에 軍務를 관장한 자를 '設'이라 하였다. 靈州 鳴沙縣에 北周 때 會州 會寧郡을 설치하였다가 얼마 뒤 폐지하였는데 唐나라 때 다시 설치하였다.
突厥之官, 典兵者謂之設. 靈州鳴沙縣, 後周置會州會寧郡, 尋廢, 唐復(부)置.

② 突厥의 官制에 〈可汗의〉 子弟를 特勒에 임명하였다.
突厥之官, 子弟爲特勒.

【綱】 道士 潘誕을 誅殺하였다.

道士潘誕이 **伏誅**[64)]하다

---

63) 西突厥을……나누었다 : 이는 서돌궐을 셋으로 분할한 것이 아니라 지난해에 서돌궐에 내란이 발생하여 射匱可汗이 處羅可汗을 내쫓으니, 처라가한이 무리를 이끌고 隋나라에 歸附하여 중국 안으로 들어왔기 때문에 처라가한의 무리를 셋으로 나눈 것이다.

64) 道士潘誕 伏誅 : "楊廣(수 양제)이 사람을 많이 죽였어도 '伏誅'라고 쓴 것이 없는데, 여기에서 '伏誅'라고 쓴 것은 무엇 때문인가? 潘誕을 엄하게 꾸짖은 것이다. 반탄이 金丹을 제조하는 방법은 石膽과 石髓를 써야 하는데, 바위를 파서 구해도 얻지 못하자, 童男童女의 쓸개와 골수 각각 3휘 6말로 석담과 석수를 대신할 것을 청하였다. 속임수가 이 지경에 이르렀으니 그 죄를 이루 다 誅罰할 수 있겠는가? 그래서 비록 逆賊인 양광이 그를 죽였지만, ≪資治通鑑綱目≫에서 반드시 '伏誅'라고 쓴 것이다. ≪자치통감강목≫에서는 邪道를 억제하여 方士를 죽일 적에 반드시 '伏誅'라고 썼다. ≪자치통감강목≫이 끝날 때까지 방사를 죽일 적에 '伏誅'라고 쓴 것이 7회이다.(新垣平·李少翁·欒大·潘誕·柳泌·趙歸眞·李玄伯이 그 사례이다.)〔廣殺人多矣 未有書伏誅者 此其書伏誅何 重罪誕也 誕合金丹法 用石膽石髓 鑿求不得 請以童男女膽髓各三斛六斗代之 欺罔至此 其罪可勝誅哉 故雖賊廣殺之 綱目

【目】 潘誕이 자칭 300살이라 하고 황제(隋 煬帝)를 위해 金丹을 단련하여 제조하였는데 황제가 그를 위해 수만 금의 비용을 들여 嵩陽觀을 지었다. 반탄이 "금단에 응당 石膽과 石髓를 써야 합니다." 하자, 황제가 石工을 징발하여 바위 수십 군데를 백 척 깊이로 파게 하였으나 석담과 석수를 얻지 못하였다. 〈반탄이 6년 동안 금단을 완성하지 못하여 황제가 나무라자〉 반탄이 다시 "만약 童男童女의 쓸개와 골수를 각각 3휘 6말을 얻는다면 석담과 석수를 대체할 수 있습니다." 하니, 황제가 분노하여 쇠사슬에 묶어 涿郡으로 보내 참수시켰다.

誕이 自言三百歲로라하고 爲帝合鍊金丹이어늘 帝爲之作嵩陽觀하니 所費巨萬①이라 誕云 金丹에 應用石膽石髓라한대 發工鑿石深百尺者數十處호되 不得이라 乃言若得童男女膽髓各三斛六斗면 可以代之라하니 帝怒하여 鎖詣涿郡斬之하다

①〈'爲帝'와 '爲之'의〉 爲(위하다)는 去聲이다.
爲, 去聲.

【綱】 여러 군대를 각각 다른 길로 파견하여 高句麗를 공격하였다.

遣諸軍分道擊高麗하다

【目】 사방의 병사들이 모두 涿郡에 집결하니 황제(隋 煬帝)가 合水縣令 庾質을 불러서 "高句麗의 군사 수가 우리 한 郡의 군사 수에도 필적하지 못하는데, 지금 朕이 이렇게 많은 군사를 거느리고 고구려를 정벌하려 하니 卿은 승부가 어떻게 되리라 생각하는가?" 하고 묻자, 유질이 "정벌하면 이길 수 있을 것입니다. 그러나 폐하께서 親征하셨다가 혹시라도 전쟁에서 이기지 못하면 폐하의 靈明한 위엄이 손상될까 염려됩니다. 만약 車駕(황제)는 이곳(탁군)에 머물러 계시고 용맹한 장수와 굳센 사졸들에게 명령하여 전략을 지시해주시고 신속하게 행군하여 그들이 예상치 못하는 틈에 출격한다면 틀림없이 이길 것입니다. 전쟁의 기틀은 신속함에 달려 있으니 늦어지면 공을 세우지 못할 것입니다." 하고 대답하니, 황제가 불쾌하게 여겼다. 尙方署監事 耿詢이 글을 올려 간절히 간하자

必以伏誅書也 綱目抑左道 於方士必以伏誅書 終綱目方士書伏誅七(新垣平李少翁欒大潘誕柳泌趙歸眞李玄伯)]" ≪書法≫

"煬帝가 사람을 많이 죽였으나 그 죄에 합당하게 죽인 사람이 없었는데, 오직 潘誕의 죽음만 그 죄에 합당하게 죽였다. 이것이 '伏誅'라고 쓴 이유이다.〔煬殺人多矣 未有得其罪者 獨潘誕之死爲得其辜 此所以書其伏誅也〕" ≪發明≫

황제가 대로하여 측근에게 그를 참수하라고 명하였는데 何稠가 간신히 구제하여 죽음을 면할 수 있었다.

四方兵이 皆集涿郡하니 帝徵合水令庾質하여 問曰① 高麗之衆이 不能當我一郡이어늘 今朕이 以此衆伐之하니 卿以爲克不(부)②아 對曰 伐之可克이어니와 然陛下親行이라가 戰或未克이면 懼損威靈이니 若車駕留此하시고 命猛將勁卒하여 指授方略하시고 倍道兼行하여 出其不意하면 克之必矣라 事機在速하니 緩則無功이리이다 帝不悅이러라 尙方監耿詢이 上書切諫한대 帝大怒하여 命左右斬之러니 何稠苦救得免하다

① 開皇 16년(596)에 合水縣을 설치하여 慶州의 治所로 삼았다. 庾質은 庾季才의 아들이다.
開皇十六年, 置合水縣, 爲慶州治所. 質, 季才之子也.
② 不는 否(의문사)로 읽는다.
不, 讀曰否.

【目】 황제(隋 煬帝)가 조서를 내려 왼쪽의 12軍은 鏤方과 樂浪 등의 길로 출병하고, 오른쪽의 12군은 黏蟬와 襄平 등의 길로 출병하여, 〈군대가〉 끊임없이 연이어 길을 떠나 平壤에서 총집결하게 하니, 〈군사가〉 모두 113만 명이고 군량미를 수송하는 사람은 그보다 갑절이었다.

〈군대가 출발할 무렵〉 황제가 친히 지휘하여, 軍마다 大將과 亞將 각 1명을 두었으며, 부대마다 병사 100명인 騎兵 부대가 40개이고 이 기병 부대 10개를 한 軍團으로 편성하였으며, 보병 부대 80개를 네 군단으로 나누어 군단마다 偏將 한 명을 두었고, 군단마다 갑옷과 투구, 말의 뱃대끈과 깃발의 색을 달리하였으며, 受降使者 한 사람이 조서를 받들어 〈투항해온 사람을〉 慰撫하고 대장의 통제를 받지 않게 하였으며, 輜重과 散兵[65] 등을 또한 4개 군단으로 편성하여 보병이 그들을 호위하면서 행군하게 하였는데, 날마다 1軍씩 파병하여 군마다 40리 거리를 두고 병영이 이어진 채 조금씩 행군하게 하였으며, 황제 군영의 六軍[66]은 나중에 출발하였다. 全軍이 선두에서 후미까지 천여 리나 이어져 있었으니, 近古에 이렇게 성대한 출병은 없었다.

詔左十二軍出鏤方・樂浪等道①하고 右十二軍出黏蟬(제)・襄平等道②하여 駱驛引途하여 總

65) 散兵 : 군대에서 雜役을 시키기 위해 편성한 비정규 군사이다.
66) 황제……六軍 : ≪隋書≫ 〈禮儀志〉에 "양제의 군영 안에 있는 十二衛・三臺・五省・九寺(구시)를 합하여 모두 內軍・外軍・前軍・後軍・左軍・右軍의 六軍에 구분하여 예속시켰다.〔御營內者 合十二衛三臺五省九寺 竝分隷內外前後左右六軍〕" 하였다.

集平壤하니 凡一百一十三萬人이요 其餽運者倍之③러라 帝親授節度하여 每軍에 大將亞將各一人이요 騎兵四十隊에 隊百人이니 十隊爲團이요 步卒八十隊를 分爲四團하여 團各有偏將一人하고 其鎧胄纓拂[67)]旗旛을 每團異色④하고 受降(항)使者一人이 承詔慰撫하고 不受大將節制하고 其輜重散兵等을 亦爲四團하여 使步卒挾之而行호되 日遣一軍하여 相去四十里하여 連營漸進하고 御營六軍은 後發하다 首尾亘千餘里하니 近古出師之盛이 未之有也러라

① ≪漢書≫ 〈地理志〉에, 鏤方은 樂浪郡에 속한다고 되어 있다.
漢志, 鏤方, 屬樂浪郡.

② 〈黏蟬의〉 黏은 女廉의 切이며, 蟬는 음이 提이다. ≪漢書≫ 〈地理志〉에, 黏蟬縣은 樂浪郡에 속하고, 襄平은 遼東郡에 속한다고 되어 있다.
黏, 女(鹿)〔廉〕[68)]切, 蟬, 音提. 漢志, 黏蟬縣, 屬樂浪郡, 襄平, 屬遼東郡.

③ 平壤은 高句麗가 도읍한 곳이니, 長安이라고도 이름한다.
平壤, 高麗所都也, 亦名長安.

④ 〈'纓拂'의〉 纓은 말의 뱃대끈인데, 일설에는 갓끈이라고도 한다.
纓, 馬鞅, 一曰冠系也.

【綱】 內史令 元壽가 卒하였다.

內史令元壽卒하다

【綱】 3월에 左候衛大將軍 段文振이 軍中에서 卒하였다.

◑ 三月에 左候衛大將軍段文振이 卒于師[69)]하다

【目】 段文振이 예전에 表文을 올려 "폐하(隋 煬帝)께서 突厥을 총애하여 지나치게 후대하시어 邊境 안에 거처하게 하고 무기와 양식을 지급하셨습니다. 戎狄은 본성이 人情에 가깝지 않고 탐욕스럽기 때문에 훗날 반드시 나라의 우환이 될 것이니 의당 제때 타일

---

67) 纓拂 : 纓은 訓義에 설명이 있으나, 拂의 의미가 분명하지 않다. 다만 拂을 紼의 오자로 볼 수 있다면(정구복 외, ≪역주 삼국사기3≫ 546쪽 참조), 纓紼도 훈의에서 설명한 纓과 같은 의미(말의 뱃대끈 또는 갓끈)로 볼 수 있다. 본서에서는 '말의 뱃대끈'으로 번역하였다.

68) (鹿)〔廉〕 : 저본에는 '鹿'으로 되어 있으나, ≪資治通鑑≫ 胡三省 註에 의거하여 '廉'으로 바로잡았다.

69) 左候衛大將軍段文振 卒于師 : "관직을 갖추어 쓴 것은 무엇 때문인가? 段文振이 賢臣이기 때문이다. 〈大業 원년에〉 劉方이 〈죽었을 때 그의 관직을 쓰지 않은 것과는〉 다르다. ≪資治通鑑綱目≫이 끝날 때까지 '卒於師(卒于師)'라고 쓴 것은 8회이다.(漢 光武帝 建武 9년에 자세하다.)〔具官何 文振賢也 與劉方異矣 終綱目書卒於師八(詳漢光武建武九年)〕" ≪書法≫

려 보내 변경 밖으로 나가게 한 뒤에, 봉화대를 분명하게 설치하고 변경 일대의 방어를 엄중하게 하도록 힘써야 할 것입니다. 이것이 만세의 장구한 계책입니다." 하였다.

兵曹郎 斛斯政이 才幹으로 총애를 받아 황제가 그에게 軍務를 전적으로 맡게 하였는데, 단문진이 곡사정은 경박하니 기밀을 요하는 중요한 직책을 맡겨서는 안 된다고 누차 진언하였으나, 황제가 따르지 않았다.

高句麗를 정벌할 즈음에 〈단문진을〉 左候衛大將軍으로 삼아 南蘇郡으로 향하는 길로 진군할 적에 단문진이 도중에 병이 나자 표문을 올려 "폐하께서 遼東이 복종하지 않는다는 이유로 친히 왕림하여 六軍을 통솔하고 계십니다. 夷狄은 속임수가 많기 때문에 필시 방비를 삼엄하게 하고 있을 것이니, 입으로 항복하겠다고 말하더라도 대번에 받아들여서는 안 됩니다. 장맛비가 이제 곧 내릴 듯하니 조금이라도 지체해서는 안 됩니다. 바라건대 여러 군대를 엄히 단속하여 신속하게 서둘러 출발해서 해로와 육로로 동시에 전진하여 그들이 예상치 못하는 틈에 출격한다면 고립된 平壤城을 형세상 틀림없이 함락시키겠지만, 혹여라도 제때 결정하지 못해 만약 가을장마를 만난다면 군량이 반드시 바닥이 날 것입니다. 강적이 앞에 있고 靺鞨이 배후에서 출병할 것이니 머뭇거리며 결정하지 못하는 것은 상책이 아닙니다." 하였다. 그가 죽자 황제는 매우 애석해하였다.

文振이 嘗上表曰 陛下寵待突厥太厚하사 處之塞內하고 資以兵食하시니 戎狄之性이 無親而貪이라 異日에 必爲國患하리니 宜以時諭遣하여 令出塞外然後에 明設烽候하고 緣邊鎭防을 務令嚴重이니 此萬歲之長策也니이다 兵曹郎斛斯政이 以器幹有寵①하여 帝使專掌兵事러니 文振이 屢言政險薄[70)]하니 不可委以機要라호되 不從하다 及征高麗에 爲左候衛大將軍하여 出南蘇道②할새 道病에 上表曰 陛下以遼東未服으로 親降六師하시니 夷狄이 多詐라 深須防擬니 口陳降(항)款이라도 毋宜遽受니이다 水潦方降하니 不可淹遲라 惟願嚴勒諸軍하여 星馳速發하여 水陸俱前하여 出其不意면 則平壤孤城을 勢必可拔이어니와 如不時定하여 脫遇秋霖이면 兵糧必竭이라 彊敵在前하고 靺鞨出後하리니 遲疑不決이 非上策也니이다 及卒에 帝甚惜之하더라

① 煬帝가 尙書에 소속된 여러 曹의 侍郎을 郎으로 개칭하였으니, 兵曹郎은 隋 文帝 開皇 시기의 兵部侍郎이다. 斛斯政은 斛斯椿의 손자이다.
帝改尙書諸曹侍郎爲郎, 兵曹郎, 開皇之兵部侍郎也. 政, 椿之孫也.

② ≪資治通鑑≫에는 '高麗' 아래 '以文振' 3자가 있다. 南蘇는 郡의 이름이니, 高句麗 경내에 있다.
通鑑高麗下, 有以文振三字. 南蘇, 郡名, 在高麗中.

70) 險薄 : 險에도 薄(경박하다)의 뜻이 있다.

【綱】 여러 군대가 遼水(遼河)를 건너 高句麗 군대를 공격하여 패배시키고 마침내 遼東을 포위하였다.

諸軍이 **渡遼水**하여 **擊敗高麗兵**하고 **遂圍遼東**하다

【目】 군대가 진격하여 遼水에 이르니 高句麗 군대가 요수에 의지한 채 굳게 지켜서 隋나라 군대가 요수를 건너지 못하였다. 左屯衛大將軍 麥鐵杖이 사람들에게 "丈夫의 목숨은 본디 바칠 곳이 있으니 어찌 누워서 아녀자의 손안에서 죽을 수 있겠는가?" 하고는 자청하여 선봉이 되었다.

황제가 〈工部尙書 宇文愷에게〉 요수 西岸에서 浮橋를 만들도록 명하여 〈부교가〉 완성되자 〈부교를 끌고〉 東岸으로 갔더니 부교의 길이가 짧아서 1丈 남짓 江岸에 닿지 못하였다. 고구려 군대가 대거 몰려오자 맥철장이 뛰어서 강안에 올라가 錢士雄·孟叉 등과 함께 모두 전사하였다.

何稠가 부교를 연결해서 이틀 만에 완성하자 여러 군대가 계속 진격하여 대전을 벌이니 고구려 군대가 패배하였는데, 여러 군대가 승기를 타고 진군하여 요동성을 포위하였다. 요동성은 곧 漢나라 때의 襄平城이다. 車駕(황제)가 요수를 건너 曷薩那可汗(處羅可汗)과 高昌王 麴伯雅를 거느리고 전쟁터를 순시함으로써 두려워하게 만들었으며, 刑部尙書 衛文昇에게 명하여 그곳의 백성을 위무하여 10년 동안 賦稅와 徭役를 면제하고 郡縣을 설치하게 하였다.

師進至遼水러니 **高麗兵**이 **阻水拒守**하여 **隋軍**이 **不得濟**라 **將軍麥鐵杖**이 **謂人曰 丈夫性命**이 **自有所在**니 **豈能臥死兒女手中乎**아 **乃自請爲前鋒**이러라 **帝命造浮橋於西岸**하여 **成**에 **趣東岸**[①]하니 **橋短**하여 **不及岸丈餘**라 **高麗兵**이 **大至**어늘 **鐵杖**이 **躍而登岸**하여 **與錢士雄·孟叉等**으로 **皆戰死**하다 **何稠接橋二日而成**한대 **諸軍**이 **繼進大戰**하니 **高麗兵敗**어늘 **諸軍**이 **乘勝進圍遼東城**하니 **卽漢之襄平城也**라 **車駕度遼**하여 **引曷薩那可汗及高昌王伯雅**하여 **觀戰處以慴憚之**[②]하고 **命尙書衛文昇撫其民**하여 **給復十年**하고 **建置郡縣**하다

① ≪資治通鑑≫에는 〈'成趣東岸'이〉 '旣成引橋趣東岸(〈부교가〉 완성되자 부교를 끌고 東岸으로 갔다.)'으로 되어 있다.
通鑑, 旣成引橋趣東岸.

②〈曷薩那의〉 薩은 음이 撒이다. 曷薩那는 곧 曷娑那이니, 음이 잘못되었기 때문에 간혹 〈'娑'가〉 '薩'로 되어 있는 곳도 있을 뿐이다.
薩, 音撒. 曷薩那, 卽曷娑那也, 聲訛故或爲薩耳.

【綱】 여름 5월에 納言 楊達이 卒하였다.

夏五月에 納言楊達이 卒하다

【綱】 6월에 황제(隋 煬帝)가 遼東으로 가서 요동성을 공격하였으나 이기지 못하였다.

◑ 六月에 帝至遼東하여 攻城不克하다

【目】 여러 장수들이 동쪽으로 진군하여 내려갈 적에 황제가 친히 그들을 경계하기를 "지금 〈이 전쟁은〉 백성을 위로하고 죄지은 자를 정벌하자는 것이지 功名을 세우기 위한 것이 아니다. 여러 장수가 혹시라도 〈나의 이러한 뜻을 알지 못하고〉 경무장한 군대로 습격해서 개별 군대로 단독 전투를 벌여 일신의 명예를 세워서 공훈과 포상을 구하고자 한다면 이것은 대군이 정벌하는 방법이 아니다. 公들은 응당 길을 셋으로 나누어 진군하다가 공격할 대상이 있으면 반드시 세 길의 군대에 상호 알려주고, 모든 군사적 진퇴는 전부 반드시 짐에게 보고하여 回答을 기다려라." 하였다.

이때 遼東의 高句麗 군대가 성곽을 둘러싸고 견고하게 수비하니 황제가 여러 군대에 공격하라고 명령하였으며, 또 여러 장수에게 칙령으로 "고구려가 만약 항복하면 위무하여 받아들여야 하고 군사를 풀어 공격해서는 안 될 것이다." 하였다. 요동성이 함락되려 할 즈음 성안에서는 번번이 항복을 요청하였는데도, 여러 장수는 〈황제의 칙령 때문에〉 감히 〈항복을 받으러〉 다가가지 못한 채 먼저 말을 달려 〈황제에게〉 보고하게 하니, 회답이 도착할 쯤에는 성안의 방어태세도 정비되어 〈隋나라 군대가〉 출병할 때마다 항전하였다. 이렇게 하기를 두세 차례 반복하였는데도 황제는 끝내 깨우치지 못하였다.

이윽고 성이 오랫동안 함락되지 않으니 황제는 요동성 남쪽에 행차하여 여러 장수를 소집해서 "공들이 지금 죽음이 두려워 사력을 다하려 하지 않으니 내가 공들을 죽이지 못할 것이라고 여기느냐!" 하고 질책하였다. 그리고는 요동성 서쪽에 머물러 있으니 고구려의 여러 성이 각기 견고하게 수비하여 함락되지 않았다.

諸將之東下也에 帝親戒之曰 今者弔民伐罪요 非爲功名이니 諸將이 或欲輕兵掩襲하여 孤軍獨鬪하여 立一身之名하여 以邀勳賞이면 非大軍行法①이라 公等이 進軍에 當分爲三道라가 有所攻擊이면 必三道相知하고 凡軍事進止를 皆須奏聞待報하라 至是하여 遼東이 嬰城固守하니 帝命

諸軍攻之하고 又勅諸將호되 高麗若降(항)이어든 卽宜撫納하고 不得縱兵이리라 城將陷에 城中輒請降이로되 諸將이 不敢赴하여 先令馳奏하니 比報至면 城中守禦亦備하여 隨出拒戰이러라 如此再三호되 帝終不悟라 旣而城久不下하니 帝幸遼東城南하여 召諸將責之曰 公今畏死하여 莫肯盡力하니 謂我不能殺公邪(야)아 因留止城西하니 高麗諸城이 各堅守不下러라

①〈'非大軍行法'은〉 대군이 정벌하는 방법이 아니라는 뜻이다.
言非大軍征行之法.

【綱】右翊衛大將軍 來護兒가 水軍을 거느리고 平壤을 공격하였다가 대패하였다.

將軍來護兒 以水軍攻平壤이라가 敗績하다

【目】來護兒가 거느린 長江과 淮河의 水軍은 배들이 수백 리에 걸쳐 꼬리에 꼬리를 물고 이어진 채 바다를 항해하여 앞서 浿水로 진입하였는데, 平壤에서 60리 떨어진 지점에서 맞닥뜨린 高句麗 군대를 공격해서 크게 무찔렀다.

내호아가 승기를 타고 평양성까지 진군하려 하자, 副總管 周法尙이 만류하면서 여러 군대를 기다렸다가 함께 진군하자고 청하였으나 내호아는 따르지 않고 곧장 성 아래에 이르렀다. 고구려는 外廓 안쪽에 군사를 매복시켜놓고 출병하여 수나라 군대와 싸우다가 패주하는 척하였는데, 내호아가 그들을 추격해서 성으로 들어가 군사를 풀어서 노략질하느라 다시 대오를 갖추지 못하였다. 〈그때 고구려〉 복병이 나타나서 〈수나라 군대가〉 대패한 채 돌아가니[71] 고구려 군대가 배를 정박한 곳까지 추격하다가 주법상이 진영을 정비하여 방비하니 고구려 군대가 그제야 퇴각하였다.

護兒帥(솔)江淮水軍하니 舳艫數百里라 浮海先進하여 入自浿水러니 去平壤六十里에 與高麗相遇하여 進擊大破之①하니 護兒欲乘勝趣其城한대 副總管周法尙이 止之하여 請俟諸軍俱進호되 護兒不聽하고 直造城下하다 高麗伏兵郭內하고 出兵與戰而僞敗어늘 護兒逐之入城하여 縱兵俘掠이라가 無復部伍라 伏發大敗而還하니 高麗追至船所라가 周法尙이 整陳待之하니 高麗乃退하다

①〈浿水의〉 浿는 普大의 切이다. 班固의 ≪漢書≫ 〈地理志〉에, 패수는 서쪽으로 增地縣에 이르러 바다로 들어가니, 모두 樂浪郡의 경계 안에 있다고 되어 있다.
浿, 普大切. 班志, 浿水西至增地縣入海, 皆在樂浪界.

71) 복병이……돌아가니 : ≪資治通鑑≫에 따르면, 이때 살아서 돌아간 隋나라 군사는 수천 명에 불과하였다고 한다.

【綱】가을 7월에 左翊衛大將軍 宇文述 등의 9軍이 薩水에서 대패하고 돌아왔다.

秋七月에 將軍宇文述等九軍이 大敗於薩水而還하다

【目】將軍 宇文述·于仲文·辛世雄·衛文昇 등 9인이 여러 길로 나누어 출병하여 鴨綠水 서쪽에서 집결하였다. 〈우문술 등의 각〉 군대가 瀘河와 懷遠의 두 鎭에서 〈출발할〉 적에 사람과 말 모두 100일 치의 양식을 제공받고 또 옷감·무기·火幕[72]을 지급받으니, 1인당 〈짐의 무게가〉 3石(360斤) 이상이어서 무게를 감당할 수 없었는데도, 우문술이 "米穀을 내버리는 자는 참수하겠다." 하고 軍中에 군령을 내렸다. 그럼에도 사졸이 모두 군막 아래에 땅을 파서 양식 등의 물건을 묻어버리니 겨우 길의 반쯤 갔을 때에 양식이 벌써 바닥나려 하였다.

고구려에서는 大臣 乙支文德을 파견하여 隋나라 군영으로 가서 거짓으로 항복하였으나 실제로는 〈수나라 군영의〉 허실을 정탐하려는 것이었다. 앞서 우중문은 "만약 高元(嬰陽王)과 을지문덕이 온다면 반드시 생포하라."는 황제(隋 煬帝)의 밀지를 받았다. 그래서 이때 우중문이 을지문덕을 붙잡으려 하였는데 慰撫使 劉士龍이 굳게 만류하는 바람에 결국 을지문덕이 돌아가는 것을 허락하였다가 얼마 후 후회하면서 사람을 보내 을지문덕을 불렀으나 오지 않았다.

乙支文德

우문술은 양식이 바닥나서 회군하려 하였으나 우중문은 정예병으로 을지문덕을 추격하자는 의견을 내었다. 그러자 우문술이 굳게 만류하니 우중문이 성을 내며 "옛날에 훌륭한 장수가 공을 세울 수 있었던 것은 군중의 일에 대한 결정이 한 사람에게 있었기 때문인데, 지금은 사람마다 다른 생각을 품고 있으니 어떻게 적을 이기겠소." 하였다. 이때 황제는 우중문에게 좋은 계획이 있으리라 여겨서 여러 군대에 명령하여 우중문에

72) 火幕 : 장막·천막으로 보는 견해도 있으나, 열로부터 보호하기 위한 개인용 장비인 것으로 추정된다.(정구복 외, ≪역주 삼국사기3≫ 549~550쪽 참조)

게 자문을 구해서 그의 지시를 받으라고 하였다.

이 때문에 우문술 등이 어쩔 수 없이 우중문을 따라 여러 장수들과 함께 강을 건너 을지문덕을 추격하였다. 을지문덕은 우문술의 군사들에게 굶주린 기색이 있음을 보고 일부러 그들을 지치게 하려고 싸울 때마다 번번이 달아나니 우문술이 하루 동안 일곱 번을 싸워 모두 이겼다. 마침내 薩水를 건너 平壤城과 30리 거리를 두고서 산을 끼고 진영을 만들었는데,[73] 을지문덕이 다시 使者를 파견하여 우문술에게 거짓으로 항복하며 "만약 군대를 철수한다면 응당 高元(嬰陽王)을 모시고 行在所에 가서 황제를 朝見(조현)하겠소." 하였다.

우문술이 사졸을 보았더니 지쳐서 다시 싸울 수 없겠는 데다가 평양은 지세가 험하고 수비가 견고하여 대번에 함락시키기 어렵다고 판단하였다. 그래서 마침내 군대를 돌려 살수에 이르러 군사들이 반쯤 강을 건넜을 즈음 고구려 군대가 뒤에서 공격하니, 신세웅이 전사하고 여러 군대가 모두 궤멸되어 장수와 사졸이 도망쳐 돌아갈 적에 하루 밤낮으로 450리를 행군하여 압록수에 이르렀다. 王仁恭이 후군이 되어 고구려 군대를 공격하여 물리쳤고, 來護兒 역시 〈우문술 등의 군대가 패배한 것을 알고〉 군대를 인솔하여 돌아갔으며, 오직 위문승의 군대 하나만 홀로 온전하였다.

애초 9軍이 遼水를 건널 적에는 모두 30만 5천 명이었는데, 遼東으로 돌아왔을 적에는 오직 2,700명뿐이었고, 군수품과 무기를 모두 잃었다. 황제가 대로하여 우문술 등을 쇠사슬에 묶어 돌아왔다. 이번 出征에서 〈수나라 군대는〉 오직 요수 서쪽의 고구려 武厲邏를 함락시켜 遼東郡과 通定鎭을 설치하였을 뿐이다.

將軍宇文述, 于仲文, 辛世雄, 衛文昇等九人이 分出諸道하여 會於鴨綠水西①라 兵自瀘河·懷遠二鎭할새 人馬를 皆給百日糧하고 又給衣資戎具火幕하니 人別三石已上이라 重莫能勝②이어늘 述令軍中遺棄米粟者斬하리라 士卒이 皆於幕下에 掘坑埋之하니 纔及中路에 糧已將盡이러라 高麗遣大臣乙支文德하여 詣其營詐降(항)이나 實欲觀虛實③이러라 于仲文이 先奉密旨에 若高元及文德來者면 必擒之④라 至是하여 仲文將執文德이어늘 慰撫使劉士龍이 固止之하여 遂聽其還이라가 旣而悔之하여 遣人召之로되 不至하다 述이 以糧盡欲還이어늘 仲文이 議以精銳追文德한대 述이 固止之하니 仲文이 怒曰 古之良將能成功者는 軍中之事를 決在一人이어늘 今人各有心하니 何以勝敵이리오

73) 진영을 만들었는데 : ≪三國史記≫ 〈乙支文德傳〉에 의하면, 바로 이때 乙支文德이 于仲文에게 "신묘한 계책은 천문을 궁구하였고, 오묘한 計謀는 지리에 통달했구려. 전쟁에 이겨 공이 이미 높으니, 만족한 줄 알고 그만두길 바라오.〔神策究天文 妙筭窮地理 戰勝功旣高 知足願云止〕"라는 5언시를 보냈다고 한다. 이 시는 ≪隋書≫ 〈于仲文傳〉에도 실려 있다.

時에 帝以仲文이 有計畫(획)이라하여 令諸軍諮稟節度라 由是述等이 不得已而從之하여 與諸將度水追文德이러니 文德이 見述軍士有飢色하고 故欲疲之하여 每戰輒走하니 述이 一日之中에 七戰皆捷이라 遂濟薩水하여 去平壤城三十里하여 因山爲營이어늘 文德이 復(부)遣使詐降於述曰 若旋師者인댄 當奉高元하고 朝行在所하리라 述이 見士卒疲弊하여 不可復戰이요 又平壤險固하여 度(탁)難猝拔⑤이라 遂還至薩水하여 軍半濟에 高麗自後擊之하니 辛世雄이 戰死하고 諸軍이 俱潰하여 將士奔還할새 一日夜에 至鴨綠水하니 行四百五十里러라 王仁恭이 爲殿하여 擊高麗却之하고 來護兒亦引兵還하고 唯衛文昇一軍이 獨全하니라 初에 九軍이 度遼에 凡三十萬五千人이러니 及還至遼東에 唯二千七百人이요 資械蕩盡이라 帝大怒하여 鎖繫述等而還하다 是行也에 惟於遼水西의 拔高麗武厲邏하여 置遼東郡及通定鎭而已⑥라

① 宇文述은 扶餘 방향 길로 출병하고, 于仲文은 樂浪 방향 길로 출병하고, 荊元恒은 遼東 방향 길로 출병하고, 薛世雄은 沃沮 방향 길로 출병하고, 辛世雄은 玄菟 방향 길로 출병하고, 張瑾은 襄平 방향 길로 출병하고, 趙孝才는 碣石 방향 길로 출병하고, 崔弘昇은 遂城 방향 길로 출병하고, 衛文昇은 增地 방향 길로 출병하였다. 班固의 ≪漢書≫ 〈地理志〉에, 玄菟郡 서쪽 蓋馬縣에 馬訾水가 있다고 되어 있다. ≪新唐書≫ 〈東夷傳〉에, 마자수는 靺鞨의 白山에서 발원하며, 물빛이 오리 머리 색과 같아서 鴨綠水라 부른다고 되어 있다.
宇文述出扶餘道, 于仲文出樂浪道, 荊元恒出遼東道, 薛世雄出沃沮道, 辛世雄出玄菟道, 張瑾出襄平道, 趙孝才出碣石道, 崔弘昇出遂城道, 衛文昇出增地道. 班志, 玄菟郡西蓋馬縣, 有馬訾水. 新唐書, 馬訾水, 出靺鞨之白山, 色若鴨頭, 號鴨綠水.

② ≪新唐書≫ 〈地理志〉에 "隋나라 때 營州 경내의 옛 汝羅城에 遼西郡을 설치하여 遼西·瀘河·懷遠의 3縣을 관할하게 하였다." 하였다. 瀘는 음이 盧이다.
新唐志曰 "隋於營州之境汝羅故城, 置遼西郡, 領遼西·瀘河·懷遠三縣." 瀘, 音盧.

③ 乙支는 東夷의 複姓이고, 文德은 그의 이름이다.
乙支, 東夷複姓, 文德, 其名.

④ 고구려 왕은 이름이 元이다.
高麗王名元.

⑤ 度(헤아리다)은 徒洛의 切이다.
度, 徒洛切.

⑥ 고구려에서 遼水 서쪽에 邏(국경감시소)를 설치하여 요수를 건너는 자들을 경계하고 감찰하였다.
高麗置邏於遼水之西, 以警察度遼者.

【綱】 9월에 황제(隋 煬帝)가 東都로 돌아왔다. 〈11월에〉 慰撫使 劉士龍이 誅殺되었고, 여러 장수가 除名되었다.

九月에 **帝還東都**하다 **慰撫使劉士龍**이 **伏誅**하고 **諸將**이 **皆除名**하다

【目】 宇文述이 평소 황제에게 총애를 받았고 그의 아들 宇文士及이 황제의 딸 南陽公主에게 장가들었기 때문에 황제는 차마 그를 誅殺하지 못하여 于仲文 등과 함께 모두 관원 명부에서 제명하여 평민으로 삼았고, 劉士龍은 참수하여 천하 사람들에게 사죄하였다. 여러 장수가 모두 우중문에게 죄를 떠넘기자 황제가 〈다른 장수들은 석방하고〉 우중문만 구금시키니, 우중문은 근심하고 분해하다가 병이 들어 죽었다.

宇文述이 **素有寵**하고 **其子士及**이 **尙帝女南陽公主**라 **故帝不忍誅**하여 **與于仲文等**으로 **皆除名爲民**하고 **斬劉士龍**하여 **以謝天下**①하다 **諸將**이 **皆委罪于仲文**한대 **帝獨繫之**하니 **仲文**이 **憂恚病卒**하다

① 劉士龍이 乙支文德을 풀어줬기 때문에 〈참수한〉 것이다.
以士龍縱乙支文德也.

【綱】 山東 지방에 큰 가뭄이 들었다.

山東大旱하다

【綱】 張衡을 죽였다.

◑ **殺張衡**[74]하다

【目】 張衡이 추방되어 폐출된[75] 뒤에 황제(隋 煬帝)가 매번 장형과 가까운 사람에게 장형을 감시하게 하였는데, 황제가 遼東에서 돌아왔을 적에 장형의 妾이 장형이 조정

74) 殺張衡 : "張衡은 어떤 자인가? 〈隋 文帝를〉 직접 시해한 자이다. 어찌하여 '伏誅'라 쓰지 않았는가? 楊廣에게 죄가 있다고 판단하였기 때문이다. 그렇다면 관직을 기재하지 않은 것은 무엇 때문인가? 장형이 이전에 관원 명부에서 제명되었기 때문이다.〔張衡 何 親行弒逆者也 何爲不書伏誅 所以蔽罪於楊廣也 然則不具官 何 衡嘗除名也〕" ≪書法≫
"장형이 〈수 문제를〉 직접 시해한 자인데 어찌하여 '伏誅'라 쓰지 않았는가? 다른 사람의 경우라면 '誅'라고 쓸 수 있지만, 양광의 경우에는 '誅'라고 쓸 수 없기 때문이다. 그런데 장형이 시역을 행하였을 당시에는 종신토록 총애를 공고하게 할 수 있으리라고 스스로 생각하고 도리어 죽임을 당할 줄은 알지 못하였으니, 이 또한 하늘이 남의 손을 빌려서 逆徒를 경계한 것이다.〔衡親行弒逆 何以不書伏誅 曰 在他人則可書誅 若廣則不可得而誅之也 然衡當爲逆之時 自謂可以固終身之寵 而不知反爲所殺 是亦天假之手以警逆徒耳〕" ≪發明≫
75) 張衡이……폐출된 : 隋 煬帝 大業 6년(610)의 일이다.

을 원망하고 비방하였다고 고발하자 황제가 自盡하라는 조서를 내렸다. 장형이 죽을 무렵 큰 소리로 "내가 남(楊廣)을 위해 모종의 일을 저질렀는데 어찌 오래 살기를 바라겠는가?" 하니, 형벌 집행을 감독하던 자가 귀를 막고 빨리 그를 죽이라고 재촉하였다.

衡이 **旣放廢**에 **帝每令親人覘之**러니 **及還自遼東**에 **衡妾**이 **告衡怨望謗訕**한대 **詔賜自盡**하다 **衡臨死**에 **大言曰 我爲人作何等事**하니 **而望久活**이리오 **監刑者塞耳**하고 **促令殺之**①하다

① 모종의 일을 저질렀다는 것은 煬帝를 위해 弑逆을 행한 것[76]을 이른다.
作何等事, 謂爲帝行弑逆也.

癸酉年(613)

【綱】 隋나라 煬帝(楊廣) 大業 9년이다. 봄 정월에 천하의 군사를 징발하여 涿郡에 집결시키고, 백성을 驍果[77]로 모집하기 시작하였다.

九年이라 **春正月**에 **徵天下兵集涿郡**하고 **始募民爲驍果**하다

【綱】 靈武郡 사람 白瑜娑[78]의 군대가 봉기하였다.

◑ **靈武白瑜娑兵起**①하다

① 煬帝가 靈州를 靈武郡으로 개칭하였다.
帝改靈州爲靈武郡.

【目】 도적의 장수 白瑜娑가 방목하던 말을 강탈하고 突厥과 연합하니, 隴右(隴西) 지방에서 그 피해를 많이 당하여 그들을 '奴賊'이라 하였다.

賊帥白瑜娑 劫牧馬하고 **連突厥**하니 **隴右多被其患**하여 **謂之奴賊**이라하더라

---

76) 煬帝를……것 : 隋 文帝 仁壽 4년(604) 張衡이 문제의 寢殿에 들어가 병시중을 들던 날 문제가 죽었는데, 이 일을 두고 장형이 양제를 위해 문제를 시해하였다고 한 것이다.

77) 驍果 : 大業 9년(613)에 隋 煬帝가 신설한 兵種이다. 左右備身府 소속으로 황제의 宿衛와 出征을 맡았다. 의무적 징병이 아닌 자발적 募兵을 통해 선발되었으며, 나이 제한 없이 무예가 뛰어나고 출세를 꿈꾸는 사람들이 지원한 것으로 추정된다.(정동민(2019), 〈613·614년 高句麗-隋 전쟁에 보이는 遼西 상황과 隋軍의 전략〉, ≪서강인문논총 55≫, 91~93쪽)

78) 白瑜娑 : 隋나라 때 농민봉기군의 수장이다. ≪隋書≫ 〈煬帝紀 下〉에는 '白楡妄'으로 되어 있다.

【綱】 代王 楊侑(隋 恭帝)에게 西京(長安)을 留守하라고 명하였다.

命代王侑留守西京하다

【目】 刑部尙書 衛文昇에게 楊侑를 보좌하도록 하였다.

以刑部尙書衛文昇輔之하다

【綱】 2월에 宇文述의 官爵을 회복시켰다.

二月에 **復宇文述官爵**하다

【目】 황제(隋 煬帝)가 조서를 내려 "군량미를 계속 공급하지 못한 것은 곧 軍吏가 지급할 수량을 잘못 추산한 탓이지 宇文述의 죄가 아니므로 그의 관작을 회복시켜야 한다." 하고, 얼마 후 開府儀同三司를 더해주었다.

詔曰 兵糧不繼는 乃軍吏失於支料요 非述罪也라 宜復其官爵이라하고 尋加開府儀同三司하다

【綱】 3월에 濟陰郡 사람 孟海公이 군대를 일으켜 周橋를 점거하였다.

三月에 **濟陰孟海公**이 **起兵據周橋**① 하다

① 煬帝가 曹州를 濟陰郡으로 개칭하였다.
帝改曹州爲濟陰郡.

【目】 孟海公의 군사가 수만 명에 달하였는데, 經書와 역사 서적을 인용하는 사람을 보면 곧바로 죽였다.

海公衆至數萬호되 見人稱引書史하면 輒殺之하다

【綱】 황제(隋 煬帝)가 다시 직접 군대를 거느리고 가서 高句麗를 공격하였는데, 越王 楊侗에게 東都를 留守하라고 명하였다.

帝復(부)**自將擊高麗**호되 **命越王侗留守東都**하다

【目】 황제가 고구려를 다시 정벌하는 것을 논의하였는데, 光祿大夫 郭榮이 간언하며 "천鈞[79] 무게의 쇠뇌는 생쥐를 잡기 위해서 격발하지는 않거늘, 어찌하여 萬乘天子께서 친히 욕되게 작은 도적을 상대하려 하십니까?" 하였으나, 그 말을 따르지 않고 출정하였다. 民部尙書 樊子蓋에게 명하여 楊侗을 보좌하여 東都를 留守하게 하였다.

帝議復(부)伐高麗어늘 光祿大夫郭榮이 諫曰 千鈞之弩를 不爲鼷鼠發機어늘 奈何親辱萬乘하여 以敵小寇乎잇고 不聽而行하다 命民部尙書樊子蓋하여 輔侗守東都①하다

① 開皇 3년(583)에 度支尙書를 戶部尙書로 개칭하였고, 煬帝가 또 〈호부상서를〉 民部尙書로 개칭하였으며, 아울러 曹의 郎도 개칭하였다.[80]
開皇三年, 改度(탁)支尙書爲戶部尙書, 帝又改爲民部尙書, 倂曹郎亦改之.

【綱】 齊郡丞 張須陀가 王薄 등을 공격해서 무찔렀다.

齊郡丞張須陀 擊王薄等破之하다

【目】 이때 도처에서 도적이 일어나 齊郡의 王薄과 孟讓, 北海의 郭方預, 淸河의 張金稱, 平原의 郝孝德, 河間의 格謙, 勃海의 孫宣雅가 각각 군사를 모아 공격하고 약탈하였는데, 많게는 십여만 명이었고 적게는 수만 명이었기 때문에 山東 지방이 고통을 당하였다. 천하가 오랫동안 안정되어 사람들이 전쟁에 익숙하지 않은 탓에 郡縣의 관리들이 도적과 교전할 때마다 멀리서 적의 기세만 보고도 사기가 꺾였다. 그런데 오직 齊郡丞 張須陀만 군사들의 마음을 얻었으며 용감하면서도 과단성 있고 작전에 능하였는데, 郡의 군대를 거느리고 왕박을 공격하여 크게 무찔렀다. 그러자 왕박이 북쪽으로 손선아와 학효덕 등의 10여만 군사와 연합하여 章丘를 공격하였는데, 장수타가 步兵과 騎兵 2만 명을 거느리고 그들을 공격하니 도적의 무리가 대패하였다.

도적의 장수 裴長才 등의 무리 2만 명이 갑자기 성 아래에 이르니 장수타가 미처 군사를 소집할 겨를이 없어 다섯 기병을 거느리고 교전하였는데, 도적이 앞다투어 몰려와 백여 겹으로 포위하였고 몸에 여러 차례 創傷을 입었는데도 〈싸우면 싸울수록〉 더욱 용감해졌다. 마침 성안의 군사가 도착하여 도적이 조금 퇴각하자 장수타가 군사를 독려하

79) 鈞 : 1鈞은 30斤이다.
80) 아울러……개칭하였다 : '曹郎'은 尙書臺의 曹의 侍郎을 가리킨다. 開皇 3년에 24曹郎을 6曹郎으로 고치고 煬帝 때 그 명칭을 다시 변경하였다. 여기서는 侍郎 중 民部侍郎을 가리키는 것이다. 隋 煬帝 때 侍郎을 郎으로 고치고 唐나라 때 郎中으로 고쳤다.(김택민 등, ≪譯註 唐六典 上≫, 신서원, 2008)

여 공격하니 도적이 패주하였다.

곽방예 등이 병력을 합하여 북해를 공격하여 함락시키고 대대적으로 약탈한 뒤에 달아났는데, 장수타가 屬吏들에게 "도적이 자기의 강대함을 믿고서 내가 구원하지 못할 것이라 여길 터이니, 내가 지금 서둘러 출정하면 반드시 무찌를 수 있을 것이다." 하고는, 이어서 정예병을 선발하여 신속하게 진격하여 크게 무찔렀다.

歷城의 羅士信이 14세에 장수타를 따라 濰水 가에서 도적을 공격하였는데, 도적이 陣을 치기 시작할 적에 나사신이 말을 타고 적진 앞으로 달려가서 여러 사람을 찔러 죽이고 한 사람의 머리를 베어 공중에 던졌다가 긴 창으로 그것을 받아서 높이 쳐들어 적진에 돌려 보이니, 적도가 경악스럽게 쳐다보며 감히 접근하지 못하였다. 장수타가 그 틈에 군사를 이끌고 분발하여 공격하니 도적의 군대가 크게 궤멸되었다. 장수타가 〈나사신의 용기에〉 감탄하면서 칭찬하고 그를 데려다가 측근에 두었다. 교전할 때마다 장수타가 先鋒에 서고, 나사신이 뒤를 따랐다.

時에 所在盜起하여 齊郡王薄·孟讓, 北海郭方預, 淸河張金稱, 平原郝孝德, 河間格謙, 勃海孫宣雅 各聚衆攻剽호되 多者는 十餘萬이요 少者는 數萬人이라 山東이 苦之①러라 天下承平日久하여 人不習兵이라 郡縣吏每與賊戰에 望風沮敗호되 唯齊郡丞張須陀 得士衆心하고 勇決善戰이러니 將郡兵擊王薄하여 大破之하다 薄이 北連孫宣雅·郝孝德等十餘萬하여 攻章丘②어늘 須陀帥(솔)步騎二萬擊之하니 賊衆이 大敗하다 賊帥裴長才等衆二萬이 掩至城下③하니 須陀未暇集兵하여 帥(솔)五騎與戰호되 賊競赴之하여 圍百餘重하고 身中數創호되 勇氣彌厲러라 會城中兵至하여 賊이 稍却한대 須陀督衆擊之하니 敗走하다 郭方預等이 合軍攻陷北海하고 大掠而去어늘 須陀謂官屬曰 賊恃其彊하여 謂我不能救라하리니 吾今速行이면 破之必矣라하고 乃簡精兵하여 倍道進擊하여 大破之하다 歷城羅士信이 年十四에 從須陀擊賊於濰水上④이러니 賊이 始布陳에 士信이 馳至陳前하여 刺殺數人⑤하고 斬一人首하여 擲空中이라가 以稍承[81)]之하여 揭以略陳⑥하니 賊徒愕胎(치)莫敢近⑦이라 須陀因引兵奮擊하니 賊衆大潰하다 須陀歎賞하고 引置左右하다 每戰에 須陀先登하고 士信이 爲副러라

① 煬帝가 靑州를 北海郡으로, 瀛州를 河間郡으로, 滄州를 勃海郡으로 개칭하였다. 郝은 姓이고, 孝德은 그의 이름이다. 格謙은 성과 이름이다.
帝改靑州爲北海郡, 瀛州爲河間郡, 滄州爲勃海郡. 郝, 姓也, 孝德, 其名. 格謙, 姓名也.

② ≪隋書≫ 〈地理志〉에, 章丘縣은 예전에 '高唐'이라 하던 것을 開皇 16년(596)에 개칭하였으니, 이 또한 齊郡에 속한다고 되어 있다.

---

81) 承 : ≪資治通鑑≫에는 '盛'으로 되어 있고, 胡三省 註에 "盛은 受(받다)의 뜻이다.〔盛 受也〕" 하였다. 承 역시 受의 뜻이다.

隋志, 章丘縣, 舊曰高唐, 開皇十六年改焉, 亦屬齊郡.

③ 〈'掩至城下'의〉 掩은 ≪隋書≫ 〈張須陀傳〉에 奄(갑자기)으로 되어 있다.

掩, 須陀傳, 作奄.

④ 歷城縣은 예전에 濟南郡에 설치하였는데, 隋나라 때 齊郡의 治所로 삼았다. 濰는 음이 惟이다. ≪隋書≫ 〈地理志〉에, 濰水는 北海郡 下密縣에 있다고 되어 있다.

歷城縣, 舊置濟南郡, 隋爲齊郡治所. 濰, 音惟. 隋志, 濰水在北海郡下密縣.

⑤ 〈'陳前'의〉 陳은 陣으로 읽으며, 아래도 같다.

陳, 讀曰陣, 下同.

⑥ 揭는 높이 든다는 뜻이다.

揭, 高擧也.

⑦ 愕은 놀란다는 뜻이다. 眙는 丑吏의 切이니, 똑바로 쳐다본다는 뜻인데, 이 또한 놀라는 모양이다.

愕, 驚也. 眙, 丑吏切, 直視也, 亦驚貌.

【綱】 여름 4월에 황제(隋 煬帝)가 遼水를 건너가서 여러 장수를 파견하여 高句麗를 공격하게 하였다.

夏四月에 **帝度遼水**하여 **遣諸將擊高麗**하다

【目】 車駕(황제)가 遼水를 건너가서 宇文述과 楊義臣을 파견하여 平壤으로 진군하게 하였다. 王仁恭은 扶餘 방향 길로 출병하여 新城으로 진군해서 갔는데 고구려 군사 수만 명이 항전하였다. 왕인공이 강한 기병 천 명을 거느리고 고구려 군을 무찌르니 고구려 군이 성곽을 둘러싸고 성을 견고하게 수비하였다.

황제가 여러 장수에게 명하여 遼東을 공격하게 하되 편의에 따라 대처할 수 있게 허락하고, 飛樓[82] · 橦[83] · 雲梯[84] · 地道[85]로 사방에서 함께 진격하여 밤낮으로 공격을 멈추지 않았으나, 고구려 군이 그때그때의 상황에 맞춰서 항거하여 20여 일 동안 함락시키지 못하니, 아군과 적군이 죽은 자가 매우 많았다.

---

82) 飛樓 : 위에 望樓를 설치한 戰車로, 성을 공격할 때 사용하였다.

83) 橦 : 撞車(당거) 또는 衝車(충거)라고도 한다. 네 바퀴가 달린 수레 위에 撞木을 장착하여 성벽이나 성문을 부수는 데 사용하였다.

84) 雲梯 : 성을 공격할 때 성벽을 타고 넘어가기 위한 긴 사다리이다.

85) 地道 : 성벽 밑에 땅굴을 파서 설치하였다가 나중에 불을 질러서 성벽을 무너뜨리는 데 사용하는 기구이다.

車駕度遼하여 遣宇文述與楊義臣하여 趣平壤하다 王仁恭은 出扶餘道하여 進至新城①이러니 高麗兵數萬이 拒戰하다 仁恭이 帥(솔)勁騎一千하고 擊破之하니 高麗嬰城固守하다 帝命諸將攻遼東호되 聽以便宜從事하고 飛樓橦雲梯地道四面俱進하여 晝夜不息이나 而高麗應變拒之하여 二十餘日不拔하니 主客[86)]死者甚衆②이러라

① 新城은 南蘇城의 서쪽에 있다.
新城, 在南蘇城之西.

② 橦은 傳江의 切과 直絳의 切이니,[87)] 幢(衝車)과 통용한다. 衝(幢)은 撞車이니 城을 들이받아 부수는 것이다.
橦, 傳江·直絳二切, 與幢通. 衝, 撞車也, 所以撞城者.[88)]

【綱】 6월에 楚公[89)] 楊玄感이 黎陽에서 군대를 일으켜 東都(洛陽)를 포위하였다.

六月에 楚公楊玄感이 起兵黎陽하여 圍東都[90)]하다

---

86) 主客 : ≪資治通鑑≫ 胡三省 註에 "수비하는 자가 主이고, 공격하는 자가 客이다.〔守者爲主 攻者爲客〕" 하였다.

87) 橦은……音이니 : 傳江이든 直絳이든 둘 중 하나는 오류인 듯하다. ≪龍飛御天歌≫ 권3의 注에는 "橦은 直絳의 切과 昌容의 切이다.〔橦 直絳昌容二切〕" 하여 '傳江' 대신 '昌容'이라 하였다.

88) 衝……所以撞城者 : 이 대목의 目에 '衝'자가 없으므로, 이 訓義는 앞에 나오는 '與幢通'의 '幢(衝과 통용)'을 설명하는 것으로 보인다.

89) 楚公 : ≪資治通鑑≫ 胡三省 註에 "楊玄感은 楚國公의 작위를 세습하였기 때문에 楚公이라 지칭한 것이다.〔玄感 襲爵楚國公 故稱之〕" 하였다.

90) 楚公楊玄感……圍東都 : "≪春秋≫의 筆法에 대체로 군주를 시해한 역적을 토벌한 것이 사방의 이웃 제후국에 있으면 〈토벌당한〉 그 제후국을 책망한 것이고 토벌한 것이 夷狄에 있으면 〈토벌당한〉 중국을 책망한 것이니, 모두 역적을 토벌하는 것을 시급하게 여기는 뜻을 보이기 위한 것이었다. 楊廣의 弑逆은 ≪資治通鑑綱目≫의 앞에서 이미 그 죄를 판정하였기 때문에 대체로 〈隋 煬帝 시기에 일어난〉 도적 떼의 반란에 모두 '起兵'이라 썼다.

楊玄感의 경우 바로 楊素의 아들이니, 양소가 먼저 〈隋 文帝의〉 시역을 계획하고 그 일에 참여하여 사정을 알고 있었으니 그렇다면 양현감은 곧 逆黨이 된다. 그런데 지금 또 군대를 일으켜 궁궐로 향하였는데 ≪자치통감강목≫에서는 어찌하여 이 또한 '起兵'이라 썼는가? 아아! 여기에서 역적(양광)을 토벌하는 데에 더욱 시급하였음을 알 수 있다. 오직 역적을 토벌하는 데 시급하여 비록 도적이나 이적이라 하더라도 모두 그 토벌을 인정해주었고, 심지어 그 역당을 가까이하게 되더라도 돌아볼 겨를이 없었으니, 기필코 역적을 토벌하고야 말겠다는 데 뜻을 둔 것이다. 이는 바로 지금 도적을 잡는 법에 간혹 그 도적 무리 가운데 스스로 고발하는 자는 면죄해주기도 하고 상을 주기도 하니 이런 사례가 여기에 해당한다. 필법을 세운 것이 이와 같다면 엄정하다고 할 만하다.

비록 그러하나 양현감에게 어찌하여 '討'라고 쓰지 않았는가? 討는 중대한 것인데, 양현감은 애초 진정으로 역적을 토벌할 수 있는 자가 아니었다. 가령 漢 高祖가 項籍을 토벌할 적에 항적을 역적이라 命名하여 밝힌 것처럼 양현감이 아비와 군주를 시해한 양광의 죄를 지적함으로써 명분을 바로 세워 의병을 일으켰더라면, ≪자치통감강목≫에서도 틀림없이 토벌이라고 인정해주었을 것이다.

그렇다면 역적을 토벌하는 것을 이처럼 시급하게 하니 역적이 된 자가 어찌 용납될 곳이 있겠는

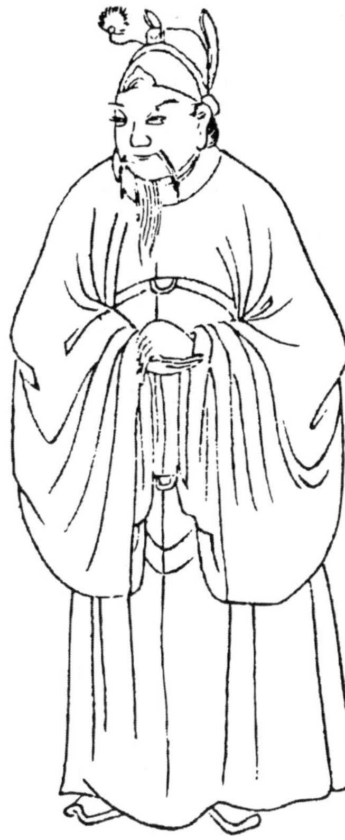
李密

【目】 楊玄感이 날래고 용맹하여 말타기와 활쏘기를 잘하며 독서를 즐기고 빈객을 좋아하니 전국의 많은 名士들이 그와 교유하였다. 李弼의 증손인 蒲山公 李密은 어려서부터 재주와 지략이 있고 의지와 기개가 웅대하여 재물을 하찮게 여기고 선비들을 좋아하였는데, 左親侍가 되자 황제(隋 煬帝)가 그를 보고는 宇文述에게 "左仗(左翊衛) 아래에 낯빛이 검은 어린아이의 눈길이 이상하니 宿衛를 시키지 말라." 하였다. 우문술이 이에 이밀에게 넌지시 말하여 병을 핑계로 免職을 자청하게 하자, 이밀은 마침내 세상사에 담을 쌓고 오직 독서에만 전념하였다.

한번은 이밀이 황소를 탄 채 ≪漢書≫를 읽고 있으니 楊素가 우연히 보고는 기이하게 여겨 그와 말을 나누더니 매우 기뻐하면서 〈자기 아들〉 양현감 등에게 "너희는 〈식견과 도량이〉 그(이밀)만 못하다." 하였다. 이로 말미암아 양현감이 이밀과 깊이 교유하였으며, 어쩌다가 〈양현감이 이밀을〉 깔보기라도 하면 이밀은 "만약 두 진영 사이에서 적절한 기회에 알맞은 계책을 결정해서 怒氣를 품고 큰 소리로 꾸짖어 적군이 놀라 두려워하게 만드는 것은 제〔密〕가 공보다 못하지만, 천하의 현인과 준걸을 부려서 각자 자기의 계책을 펼칠 수 있게 하는 것은 공이 저보다 못할 것이니, 어찌 지위가 다소 높다 하여 천하의 사대부를 깔볼 수 있단 말입니까." 하니, 양현감이 웃으면서 승복하였다.

玄感이 驍勇便騎射하고 好讀書喜賓客하니 海內知名之士 多與之遊러라 蒲山公李密은 弼之曾孫也①라 少有才略하고 志氣雄遠하여 輕財好士러니 爲左親侍②한대 帝見之하고 謂宇文述曰 左仗下黑色小兒瞻視異常하니 勿令宿衛하라 述乃諷密使稱病自免한대 密이 遂屛人事하고 專務讀

가? 그러므로 '≪자치통감강목≫이 편수되자 亂臣賊子가 두려워하였다.' 하는 것이다.〔春秋之法 凡弑君之賊 討在四隣則責其國 討在夷狄則責中國 皆所以示急於討賊之義也 楊廣之逆 綱目旣正其罪於前 故凡群盜之反 皆以起兵書之 若夫楊玄感者 乃楊素之子 素首畫謀逆 預聞其故 則玄感是爲逆黨 今又擧兵向闕 綱目胡爲亦書起兵 嗚呼 於此可以見討賊之尤急矣 夫惟急於討賊 雖盜賊夷狄 皆予其討 至於親其逆黨 亦不暇顧 必志於得賊而後已 正猶今捕盜之法 或其徒中 自能告首 亦與免罪行賞 此類是也 立法若是 可謂嚴哉 雖然 玄感曷不書討 曰討 大矣 玄感初非眞能討賊者 使其能指楊廣弑父與君之罪 正名擧義 若漢王之討項籍 名其爲賊 則綱目亦必以討予之矣 然則討賊若此其急 爲賊者 豈有容足之地哉 故曰 綱目修而亂臣賊子懼〕" ≪發明≫

書하다 嘗乘黃牛하고 讀漢書하니 楊素遇而異之하여 與語大悅하여 謂玄感等曰 汝等이 不及也러라 由是玄感與爲深交하고 時或侮之면 密曰 若決機兩陳之間하여 喑嗚咄嗟하여 使敵人震慴은 密不如公③이어니와 驅策天下賢俊하여 各申其策은 公不如密이니 豈可以階級稍崇而輕天下士大夫邪(야)아하니 玄感이 笑而服之러라

① 李密은 蒲山郡公의 작위를 세습하였다.
密, 襲爵蒲山郡公.
② 隋나라 제도에 左翊衛府와 右翊衛府에서 親侍・勳侍・武侍의 三侍를 관할하였으며,[91] 左親侍는 좌익위에 속하였다. 李密은 아버지의 蔭德으로 좌친시가 되었다.
隋制, 左右翊衛府領親・勳・武三侍, 左親侍, 屬左翊衛. 密, 以父蔭爲左親侍.
③ '喑嗚'는 怒氣를 마음속에 품는 것이고, '咄嗟'는 노여워 소리를 지르는 것이다.
喑嗚, 懷怒氣也, 咄嗟, 發怒聲也.

【目】 양소가 자기의 공로를 믿고 교만하여 〈조정의 연회에서〉 간혹 신하의 예절을 실추하기도 하니 황제(隋 煬帝)가 아무 말 없이 마음속으로 벼르고 있었는데, 양소가 죽자 측근 신하에게 "만약 양소가 죽지 않았더라면 끝내는 滅族되었을 것이다." 하였다. 양현감이 그 사실을 알고서 내심 스스로 불안해하였고 게다가 조정의 정사가 나날이 문란해졌기 때문에 여러 아우와 난을 일으키려고 몰래 모의하였다. 황제가 그때 마침 막 〈고구려를〉 정벌하는 전쟁을 벌이니 양현감이 "대대로 국가의 은혜를 입었으니 장수가 되고 싶습니다." 하고 자발적으로 말하자, 황제가 기뻐하여 양현감에 대한 총애가 나날이 높아졌고 조정의 정사에도 많이 참여하였다.

素恃功驕倨하여 或失臣禮하니 帝心銜而不言이러니 及素卒에 謂近臣曰 使素不死면 終當族滅이러니라 玄感이 知之하여 內不自安하고 且以朝政日紊이라 乃與諸弟潛謀作亂하다 帝方事征伐하니 玄感이 自言世荷國恩하니 願爲將領이라한대 帝喜하여 寵遇日隆하고 頗預朝政이러라

【目】 이때(고구려 정벌에 나설 때)가 되자 황제(隋 煬帝)가 양현감에게 명령하여 黎陽에서 군수물자의 漕運을 감독하게 하니 마침내 虎賁郎將 王仲伯과 汲郡贊治 趙懷義 등과 모의하여 고의로 조운을 지체시켜서 여러 군대에 군량이 부족해지게 하려 하였다. 양현감

91) 隋나라……관할하였으며 : 大業 3년(607)에 左右翊衛에 소속되어 있던 三衛(親衛・勳衛・翊衛)를 三侍(親侍・勳侍・武侍)로 개칭하였다. 삼위는 귀족 고관의 자제들이 황제의 侍衛와 儀仗을 담당한 것이다.

의 아우 郎將 楊玄縱과 楊萬石이 모두 황제의 행차를 따라 遼東으로 갔기 때문에 양현감이 몰래 〈두 사람을〉 부르니 〈두 사람이〉 모두 도망쳐 돌아오다가 양만석은 高陽에 이르렀을 때 사람들에게 체포되어 涿郡에서 참수되었다.

이때 來護兒가 水軍을 거느리고 東萊에서 바다를 건너 平壤으로 진격하려 하였는데, 양현감이 동쪽에서 오는 使者로 위장시킨 家奴를 보내 내호아가 반란을 일으켰다고 사칭하게 하였다. 6월에 양현감이 여양으로 들어가 壯丁을 대대적으로 징발하고 주변 郡에 공문을 보내 내호아를 토벌한다는 명분으로 각 郡에서 군대를 징발해서 黎陽倉에 모이게 하였으며, 조회의를 衛州刺史에 임명하고, 元務本을 黎州刺史에 임명하고, 河內主薄 唐禕를 懷州刺史에 임명하였다.

御史 游元이 黎陽에 있으면서 군수물자의 조운을 감독하였는데, 양현감이 그에게 "獨夫(수 양제)가 포학한 짓을 자행하다가 제 몸을 먼 이역의 〈위험한 곳에〉 빠뜨렸으니 이는 하늘이 그를 망하게 하려는 때입니다. 내가 지금 義兵을 직접 인솔하여 무도한 자를 誅罰하려 하니 卿의 의향은 어떠하오?" 하였다. 유원이 정색하며 "尊公께서 국가의 은택을 입은 것은 近古에 비할 데가 없고 공의 형제가 모두 높은 관직에 올랐으니, 응당 정성과 충절을 다하여 위로 큰 은혜에 보답할 것을 생각해야 하는데 어찌하여 아버지 무덤의 흙도 마르기 전에 직접 반역을 도모할 생각을 한단 말입니까? 저는 죽음만 있을 뿐 감히 명을 따르지 않겠습니다." 하였다. 양현감이 분노하여 그를 가두고서 여러 차례 무기로 위협하였지만 굴복시킬 수 없어서 마침내 그를 살해하였다. 유원은 游明根의 玄孫이다.

양현감이 군량을 나르는 인부 가운데 젊고 건장한 자 5천여 명을 선발하고 숙달된 뱃사공 3천여 명을 선발하여 세 희생(소·양·돼지)을 잡아서 軍衆에게 〈군대를 일으킨 의의를 선포하여〉 맹세하고, 또 그들에게 "주상이 무도하여 백성은 염두에도 없으니 천하가 騷亂하고 遼東에서 죽은 자가 수만 명이다. 내가 지금 諸君과 군대를 일으켜 백성의 폐단을 구제하려 하니 어떻겠는가?" 하고 曉諭하니, 군중이 모두 뛸 듯이 기뻐하면서 萬歲를 불렀다. 마침내 군대를 정돈하여 배치하니 당의가 도망쳐 河內로 돌아갔다.

至是하여 命玄感於黎陽督運하니 遂與虎賁郎將王仲伯, 汲郡贊治趙懷義等謀하여 故爲逗遛하여 欲令諸軍乏食①하고 弟郎將玄縱·萬石이 竝從幸遼東이라 玄感이 潛召之하니 皆亡還이라가 萬石이 至高陽에 爲人所執하여 斬於涿郡하다 時에 來護兒 以舟師로 自東萊將入海하여 趣平壤이러니 玄感이 遣家奴僞爲使者하여 從東方來하여 詐稱護兒反하다 六月에 玄感이 入黎陽하여 大索男夫하고 移書

傍郡하여 以討護兒爲名하여 各令發兵하여 會於倉所②하고 以懷義爲衛州刺史하고 元務本爲黎州刺史하고 河內主薄唐禕爲懷州刺史③하다 御史游元督運在黎陽이어늘 玄感이 謂曰 獨夫肆虐이라가 陷身絶域하니 此天亡之時也④라 我今親帥(솔)義兵하여 以誅無道하노니 卿意如何오 元이 正色曰 尊公이 荷國寵靈은 近古無比하고 公之弟兄이 靑紫交映하니 當謂竭誠盡節하여 上答鴻恩이어늘 豈意墳土未乾에 親圖反噬리오 僕이 有死而已니 不敢聞命하노라 玄感이 怒而囚之하여 屢脅以兵호되 不能屈이라 乃殺之하다 元은 明根之孫也러라 玄感이 選運夫少壯者得五千餘人하고 篙梢三千餘人⑤하여 刑三牲誓衆하고 且諭之曰 主上이 無道하여 不以百姓爲念하니 天下騷擾하고 死遼東者以萬計라 今與君等起兵하여 以救兆民之弊하노니 何如오하니 衆皆踊躍稱萬歲하다 乃勒兵部分하니 唐禕逃歸河內하다

① 贊治는 관직 이름이다. 隋 文帝의 아버지 이름이 忠이므로, 治中을 贊治로 개칭하였다.[92]
贊治, 官名. 文帝父諱忠, 改治中爲贊治.

②〈'倉所'의〉 倉은 黎陽倉을 이른다.
倉, 謂黎陽倉.

③〈煬帝가 州를 郡으로, 刺史를 太守로 개칭하였는데, 양현감은〉 隋 文帝 開皇 때의 제도를 회복하여 郡을 州로, 太守를 刺史로 개칭한 것이다.
(後)〔復〕[93]開皇之制, 以郡爲州, 以太守爲刺史.

④ ≪書經≫ 〈周書 泰誓〉에 "獨夫인 受(殷 紂王)"라고 하였다.
書曰 "獨夫受."

⑤ '篙梢'는 배를 모는 데 숙달된 사람이다. 篙는 음이 高이니, 배를 밀어 나갈 때 쓰는 긴 막대이다.
篙梢, 習於用舟者. 篙, 音高, 進船竿也.

【目】 이보다 앞서 양현감이 은밀히 사람을 보내 이밀과 자기 아우 楊玄挺을 불렀다. 이밀이 도착하니 양현감이 매우 기뻐하여 계책을 묻자, 이밀이 "천자가 출정하여 멀리 遼水 밖에 있어서 幽州[94]에서도 여전히 거리가 천 리나 떨어져 있습니다. 공이 군사를 모아서 천자가 예상치 못하는 틈에 출병하여 앞으로 계속 내달려서 薊縣으로 들어가 요충지를 장악한다면, 고구려가 소문을 듣고 반드시 〈천자 군대의〉 배후를 추격할 것입니

92) 隋 文帝의……개칭하였다 : 隋 文帝의 아버지인 楊忠의 忠과 治中의 中은 글자는 다르지만 음이 같기 때문에 避諱한 것이다.
93) (後)〔復〕 : 저본에는 '後'로 되어 있으나, ≪資治通鑑≫ 胡三省 註에 의거하여 '復'으로 바로잡았다.
94) 幽州 : 전국시대 燕나라 땅이며, 현재의 河北省 북부와 遼寧省 일대로, 중국 전체로 볼 때 遼東에서 멀지 않은 지역이다.

다. 〈그렇게 되면 천자의 군대는〉 열흘도 못 되어 군량이 모두 바닥나서 그 軍衆이 항복하지 않으면 궤멸될 것이니, 싸우지 않고도 사로잡을 수 있습니다. 이것이 상책입니다." 하였다.

양현감이 "그다음 계책을 더 말해주시오." 하니, 이밀이 "關中은 사방으로 막혀 있고 天府之國(토지가 비옥하여 물산이 풍부한 지역)입니다. 비록 衛文昇이 그곳에 있다지만 개의치 않아도 됩니다. 지금 군대를 인솔하여 북을 치며 서쪽으로 진군해서 지나가는 곳의 城을 공격하지 말고 곧장 長安을 취하여 그곳의 호걸들을 수용하고 그곳의 백성을 위무하여 險地를 점거해서 지킨다면, 천자가 비록 돌아온다 하더라도 그 근본을 잃은 셈이니 서서히 도모할 수 있을 것입니다." 하였다.

양현감이 "그다음 계책을 더 말해주시오." 하니, 이밀이 "병사를 선발하여 평소보다 곱절로 빨리 진군해서 東都를 습격하여 취함으로써 사방에 호령하는 것입니다. 다만 〈하내로 도망친〉 당의가 〈동도에〉 보고하여 수비가 이미 견고할 염려가 있습니다. 만약 군대를 거느리고 공격하여 백 일 안에 함락시키지 못한다면 천하의 군대가 사방에서 몰려들 것이니 〈그 상황에 대한 계책은〉 제가 알 수 있는 바가 아닙니다." 하였다.

양현감이 "그렇지 않소. 지금 백관의 家屬이 모두 동도에 있으니 만약 먼저 그곳을 취한다면 그들의 마음을 동요시킬 것이고, 또한 지나가는 곳의 성을 함락시키지 않는다면 어떻게 위세를 드러낼 수 있겠소. 공이 말한 하책이야말로 바로 상책이오." 하였다.

先是에 玄感이 陰遣召李密及弟玄挺이러라 密至하니 玄感이 大喜問計한대 密曰 天子出征하여 遠在遼外하여 去幽州猶隔千里하니 公이 擁兵出其不意하여 長驅入薊하여 扼其咽喉하면 高麗聞之하고 必躡其後하리니 不過旬日에 資粮이 皆盡하여 其衆이 不降(항)則潰라 可不戰而擒이니 此上計也니라 玄感曰 更(갱)言其次하라 密曰 關中이 四塞하고 天府之國이라 雖有衛文昇이라도 不足爲意라 今帥(솔)衆鼓行而西하여 經城勿攻하고 直取長安하여 收其豪傑하며 撫其士民하여 據險而守之하면 天子雖還이나 失其根本이니 可徐圖也리라 玄感曰 更言其次하라 密曰 簡兵倍道하여 襲取東都하여 以號令四方이로되 但恐唐禕告之하여 先已固守라 若引兵攻之하여 百日不克이면 天下之兵이 四面而至하리니 非僕所知也로라 玄感曰 不然하다 今百官家口竝在東都하니 若先取之면 足以動其心이요 且經城不拔이면 何以示威리오 公之下計乃上策也로다

【目】 마침내 군대를 거느리고 낙양으로 향할 적에 양현정을 파견하여 군사 천 명을 거느리고 先鋒이 되어 먼저 하내를 취하게 하니, 당의가 성을 점거하여 굳게 수비하고 또한

사람을 보내 東都의 越王 楊侗 등에게 보고하여 군사를 정돈하여 대비하게 하였다. 양현감이 黃河를 건너니 따르는 자가 저잣거리에 모여 있는 사람처럼 많았는데, 양현감의 아우 楊積善은 군사 3천 명을 거느리고서 洛水를 따라 서쪽으로 진입하게 하고, 양현정은 邙山을 넘어 남쪽으로 진입하게 하였으며, 양현감 자신은 3천여 명을 거느리고서 그 뒤를 따랐는데, 그 군사들이 모두 칼 한 자루와 버드나무로 만든 방패를 들었고 활과 화살, 갑옷과 투구는 없었다.

동도에서는 河南令 達奚善意를 파견하여 정예병 5천 명을 거느리고서 양적선을 방어하게 하고, 將作監 裴弘策은 8천 명을 거느리고서 양현정을 방어하게 하였다. 달해선의의 군대는 궤멸되어 갑옷과 무기를 모두 양적선에게 빼앗겼다. 배홍책은 교전하다가 패하여 달아났는데 양현정이 추격하지 않았다. 배홍책이 퇴각해서 흩어진 병사를 수습하여 다시 陣을 치고 방비하였는데, 양현정이 천천히 와서는 오랫동안 앉아 쉬다가 갑자기 군대를 일으켜 공격하자 배홍책이 또 패배하였다. 이런 식으로 다섯 차례 교전하였다. 양현정이 곧바로 太陽門으로 진격하니 배홍책은 10여 기병을 거느리고서 궁성으로 말을 달려 들어가고 나머지는 모두 양현감에게 귀순하였다.

遂引兵向洛陽할새 遣玄挺將千人爲前鋒하여 先取河內하니 唐禕據城拒守하고 又使人告東都越王侗等하여 勒兵爲備러라 玄感이 渡河하니 從者如市어늘 使弟積善으로 將兵三千하여 緣洛水西入하고 玄挺은 逾邙山南入①하고 玄感은 將三千餘人하여 隨其後호되 其兵이 皆執單刀柳楯하고 無弓矢甲胄러라 東都遣河南令達奚善意하여 將精兵五千人하여 拒積善하고 將作監裴弘策은 將八千人하여 拒玄挺하다 善意兵潰하여 鎧仗을 皆爲積善所取하다 弘策이 戰敗走호되 玄挺이 不追하다 弘策이 退收散兵하여 復(부)結陳以待之러니 玄挺이 徐至하여 坐息良久라가 忽起擊之한대 弘策이 又敗라 如是五戰이러라 直抵太陽門②하니 弘策이 將十餘騎하여 馳入宮城하고 餘皆歸於玄感이러라

① 邙山은 洛陽城 북쪽에 있다.
邙山, 在洛城北.
② 太陽門은 궁성의 동쪽 문이다.
太陽門, 宮城東門.

【目】 양현감은 군중에게 〈군대를 일으킨 의의를 선포하여〉 맹세할 때마다 "내 자신은 上柱國이 되었고 집에는 수만 금이 쌓여 있으니 부귀에 대해서는 더는 구할 게 없다. 지금 내가 멸족당하는 화를 염려하지 않고 〈군대를 일으킨〉 것은 다만 천하 백성을 위하

여 거꾸로 매달린 것 같은 고통에서 구원해주려는 것일 뿐이다." 하니, 군중이 모두 기뻐하여 父老들은 앞다투어 소와 술을 바쳤고 子弟들은 軍門으로 날마다 수천 명씩 와서 목숨을 바치겠다고 자청하였다.

玄感이 每誓衆曰 我身爲上柱國하고 家累鉅萬金이니 至於富貴하여 無所求也라 今不顧族滅者는 但爲天下하여 解倒懸之急耳로라 衆皆悅하여 父老爭獻牛酒하고 子弟詣軍門하여 請自效者日以千數러라

【目】內史舍人 韋福嗣가 양현감에게 사로잡히니 그에게 文書를 관장하게 하였으며, 〈楊侗을 보좌하며 동도를 留守하던〉 樊子蓋에게 보내는 서신을 쓰게 하면서 황제의 죄악을 열거하고 이르기를 "혼탁한 군주를 폐하고 명철한 군주를 세우려 한다." 하였다. 번자개는 새로 지방관으로 있다가 들어와 京官이 되었기 때문에 동도의 옛 관료들이 대부분 그를 업신여겨서 심지어는 군사적으로 처리할 업무도 그다지 보고하지 않았다. 배홍책이 패배하였을 적에 〈번자개가 배홍책에게〉 다시 출전하게 하자 그가 가려 하지 않았는데 번자개가 그를 참수하여 조리돌리니, 이에 文武 관원이 두려움에 숙연해져 감히 쳐다보지도 못하였으며, 명령하면 실행하고 금하면 중지하였다.

양현감이 정예병을 모두 동원하여 성을 공격하자 번자개가 정세에 따라 굳게 수비하니 양현감이 이길 수 없었다. 그러나 모집에 응하여 從軍한 고관의 자제들은 배홍책이 죽었다는 소식을 듣고는 모두 감히 성으로 들어가지 못하여, 韓擒虎의 아들 韓世咢 등 40여 명이 모두 양현감에게 투항하였는데 양현감은 그들 모두에게 측근의 중요한 직임을 맡겼다. 양현감은 병사를 수습하여 5만여 명을 얻자, 한세악에게 〈3천 명을 거느리고 가서〉 滎陽을 포위하게 하였으며, 顧覺에게 〈5천 명을 거느리고 가서〉 虎牢를 취하게 하여 〈호뢰가 항복하니〉 그를 鄭州刺史에 임명하였다.

內史舍人韋福嗣 爲玄感所獲하니 使掌文翰하고 爲書遺樊子蓋하여 數帝罪惡云 欲廢昏立明[①]이라하다 子蓋新自外藩으로 入爲京官이라 東都舊官이 多慢之하여 至於部分軍事에 未甚承稟[②]이러라 裴弘策이 失利에 更(갱)使出戰한대 不肯行이어늘 子蓋斬以徇하니 於是에 將吏震肅하여 無敢仰視하고 令行禁止하더라 玄感이 盡銳攻城한대 子蓋隨方拒守하니 玄感이 不能克이러라 然達官子弟應募從軍者 聞弘策死하고 皆不敢入城[③]하여 韓擒虎子世咢等四十餘人이 皆降(항)於玄感[④]이어늘 玄感이 悉以親要重任으로 委之하다 收兵得五萬餘人한대 遣世咢圍滎陽하고 顧覺取虎牢하니 以爲鄭州刺史[⑤]하다

① 韋福嗣는 韋洸의 형의 아들이다.
福嗣, 洸之兄子也.
② 樊子蓋는 涿郡留守로 있다가 東都留守가 되었다.
子蓋, 自涿郡留守, 爲東都留守.
③ '達官'은 관직이 있어서 군주와 소통할 수 있는 자이다.
達官, 謂有官職得達於君者.
④ 〈世咢의〉 咢은 五各의 切이다.
咢, 五各切.
⑤ ≪隋書≫ 〈地理志〉에, 滎陽郡 汜水縣은 예전에 成皐라 하였는데, 이곳이 곧 虎牢이며, 開皇 18년(598)에 汜水라 개칭하고 隋 煬帝 大業 초기에 虎牢都尉府를 설치하였고 되어 있다.
隋志, 滎陽郡汜水縣, 舊曰成皐, 卽虎牢也, 開皇十八年 改曰汜水, 大業初, 置虎牢都尉府.

【目】 代王 楊侑[95]가 衛文昇에게 군대를 거느리고 가서 동도를 구원하게 하자, 〈위문승이 구원하러 가다가〉 華陰에 이르러 楊素의 무덤을 파헤쳐 그의 해골을 불태워서 사졸들에게 필사의 결의를 보이고는 곧바로 동도의 성 북쪽으로 진군하니, 양현감이 여러 차례 무찔렀다. 양현감은 몸소 사졸들에게 솔선하여 향하는 곳마다 적을 쳐부수었으며, 또 사졸들을 잘 다독이고 복종시켜서 그의 부하들이 모두 기꺼이 목숨을 바치려 하였다. 이 때문에 교전할 때마다 대부분 승리하였으며 군사가 10만 명에 이르렀다. 위문승은 衆寡不敵의 형세여서 군사들이 죽거나 다쳐 거의 전멸할 지경이 되니, 이에 다시 邙山의 남쪽으로 가서 주둔하며 양현감과 결전을 벌이려 하였는데, 마침 양현정이 날아온 화살에 맞아 죽으니 양현감의 군대가 이에 조금 퇴각하였다.

代王(隋)〔侑〕[96]使衛文昇으로 帥(솔)兵救東都한대 至華陰하여 掘楊素塚하여 焚其骸骨하여 示士卒以必死하고 直趨東都城北[①]하니 玄感이 屢破之하다 玄感이 身先士卒하여 所向摧陷하고 又善撫悅하여 其下皆樂爲致死하다 由是每戰多捷하고 衆至十萬이라 文昇이 衆寡不敵하여 死傷且盡하니 乃更進屯邙山之陽하여 與玄感決戰이러니 會楊玄挺이 中流矢死하니 玄感軍이 乃稍却하다

① ≪隋書≫ 〈地理志〉에, 華陰縣은 京兆郡에 속한다고 되어 있다. 楊素는 대대로 화음에 살았으며, 죽은 뒤 그곳에 장사 지냈다.
隋志, 華陰縣, 屬京兆郡. 楊素世居華陰, 死葬焉.

95) 代王 楊侑 : ≪資治通鑑≫ 胡三省 註에 "代王 楊侑는 당시 長安을 留守하고 있었다.〔代王侑時守長安〕" 하였다.
96) (隋)〔侑〕 : 저본에는 '隋'로 되어 있으나, ≪資治通鑑≫에 의거하여 '侑'로 바로잡았다.

【綱】 황제(隋 煬帝)는 군대를 인솔하여 돌아왔으며, 宇文述과 來護兒 등을 파견하여 楊玄感을 공격하게 하였다.

帝引軍還하고 遣宇文述·來護兒等하여 擊楊玄感하다

【目】 遼東城이 오랫동안 함락되지 않자, 황제는 포대 백만 개를 만들어 그 속에 흙을 채우게 하여 성과 같은 높이로 큰길[97]에 쌓아 戰士들이 여기에 올라가 성을 공격하게 하려 하였으며, 또 성보다 더 높은 八輪樓車를 만들어 성안을 내려다보며 활을 쏘게 하려 하였다.

그런데 마침 楊玄感이 반란을 일으켰다는 서신이 당도하니 황제는 매우 두려워하여 蘇威를 데려와 軍幕 안으로 들어오게 해서 그에게 "이 아이(양현감)는 총명하니 어찌 우환거리가 되지 않겠는가?" 하니, 소위가 "양현감은 치밀하지 못하니 염려할 필요가 없으나, 다만 이로 인해 점차 반란의 계제를 이루게 될까 염려스러울 뿐입니다." 하였다. 황제가 또 고관의 자제들이 모두 양현감 측에 있다는 소식을 듣고는 더욱 근심하였다. 兵部侍郎 斛斯政은 평소 양현감과 함께 모의하였기 때문에 내심 스스로 불안하여 고구려로 도망쳐 달아났다.

황제가 밤중에 여러 장수를 소집하여 군사를 인솔하여 돌아가게 하고 군수품과 무기는 내버리게 하니, 군사들에게 두려워하여 술렁거려 다시 부대를 정돈하지 못하였다. 고구려에서 그 사실을 알았으나 그것이 속임수일까 염려스러워 이틀이 지나서야 마침내 출병해서 추격하였으나 감히 가까이 접근하지는 못하였다.

황제는 虎賁郎將 陳稜을 파견하여 黎陽에서 元務本을 공격하게 하였으며, 또 宇文述과 屈突通을 파견하여 驛馬를 타고 가서 군대를 징발해 양현감을 토벌하게 하였다.

來護兒는 東萊에 도착해서 양현감이 東都를 포위하였다는 소식을 듣고 여러 장수를 소집해서 回軍하여 동도를 구원할 것을 논의하였더니, 여러 장수가 모두 칙령도 없이 독단적으로 회군해서는 안 된다고 하였다. 그러자 내호아가 큰소리로 "洛陽이 포위당한 것은 쉽게 고치기 어려운 질병이고, 고구려가 명령을 거역한 것은 옴 같은 작은 질병일 뿐이다. 국가에 〈이익이 되는〉 일은 알게 되면 무엇이든 해야 하니,[98] 독단적으로 결정

97) 큰길 : ≪資治通鑑≫에는 '魚梁大道'로 되어 있는데, 胡三省 註에 "魚梁 모양으로 길을 다져 만든 것이다.〔築道若魚梁然〕" 하였다.

98) 국가에……하니 : ≪春秋左氏傳≫ 僖公 9년에 "국가에 이익이 되는 일은 알게 되면 무엇이든 하는 것이 忠이다.〔公家之利 知無不爲 忠也〕" 하였다.

한 책임은 나에게 있고 여러분과는 상관이 없다. 〈회군하는〉 의논을 가로막는 자가 있다면 군법으로 처리하겠다." 하고는 그날로 회군하였으며, 아들 來弘과 來整에게 역마를 타고 달려가서 〈황제에게〉 보고하게 하였다. 황제는 당시 회군하여 涿郡에 도착해서 이미 내호아에게 칙령을 내려 동도를 구원하게 하였는데, 내홍과 내정을 보고는 매우 기뻐하였다.

이보다 앞서 右武候大將軍 李子雄이 사건에 연루되어 관원 명부에서 除名되어 있다가 종군하여 자기 충성을 바치려 하였는데, 황제는 그를 의심하여 이자웅을 쇠사슬로 묶어 行在所로 압송하라고 조서를 내렸다. 그러자 이자웅은 使者를 살해하고 양현감에게 도망쳤다.

遼東城이 久不拔이라 帝遣造布囊百萬貯土하여 欲積於大道호되 高與城齊하여 使戰士登而攻之하고 又作八輪樓車호되 高出於城하여 欲俯射城內[①]하다 會楊玄感反書至하니 帝大懼하여 引蘇威入帳中하여 謂曰 此兒聰明하니 得無爲患가 威曰 玄感이 麤疎하니 必無所慮어니와 但恐因此寖成亂階耳로이다 帝又聞達官子弟皆在玄感所하고 益憂之러라 兵部侍郎斛斯政이 素與玄感通謀라 內不自安하여 亡奔高麗하다 帝夜召諸將하여 使引軍還하고 資械委棄하니 衆心恟懼하여 無復(부)部分하다 高麗覺之하나 然疑其詐하여 經二日에 乃出兵追躡而不敢逼이러라 帝遣虎賁郎將陳稜하여 攻元務本於黎陽하고 又遣宇文述・屈突通하여 乘傳發兵하여 以討玄感하다 來護兒至東萊하여 聞玄感圍東都하고 召諸將하여 議旋軍救之하니 諸將이 咸以無勅으로 不宜擅還이라하여늘 護兒厲聲曰 洛陽被圍는 心腹之疾이요 高麗逆命은 猶疥癬耳[②]라 公家之事는 知無不爲니 專擅이 在吾요 不關諸人이라 有沮議者면 軍法從事하리라 卽日廻軍하고 令子弘・整으로 馳驛奏聞[③]하다 帝時還至涿郡하여 已勅護兒救東都러니 見弘・整하고 甚悅하더라 先是에 將軍李子雄이 坐事除名이라가 從軍自效[④]러니 帝疑之하여 詔鎖子雄하여 送行在所[⑤]한대 子雄이 殺使者하고 逃奔玄感하다

① 八輪樓車는 樓車 아래에 바퀴 여덟 개를 장착한 것이다.
八輪樓車, 樓車下, 施八輪.

② '疥癬'은 피부에 생긴 질병이다.
疥癬, 皮膚之疾.

③ 來弘과 來整은 來護兒의 두 아들이다.
弘・整, 護兒之二子.

④ 〈李子雄은〉 來護兒를 따라가 東萊에 있었다.
從來護兒, 在東萊.

⑤ ≪隋書≫ 〈李子雄傳〉을 살펴보면, 〈요동으로 출정할 때 양제가 이자웅에게 종군하여 충성

을 바치라고 명령하였다가〉 양현감의 반란으로 인해 이자웅을 의심하게 되었다.
按隋書子雄傳, 因玄感反而疑之.

【綱】가을 7월에 餘杭의 劉元進가 군대를 일으켰다.

秋七月에 **餘杭劉元進兵起**하다

【目】劉元進은 손의 길이가 한 자가 넘고 팔을 아래로 늘어뜨리면 그 손이 무릎 아래로 내려갔기 때문에 스스로 관상이 비상하다고 여겨 남몰래 배반할 마음을 품고 있었다. 마침 황제(隋 煬帝)가 재차 三吳[99]의 군사를 징발하여 고구려를 정벌하니 삼오의 군사들이 모두 서로 이르기를 "지난해 천하가 매우 융성했을 때 고구려 정벌에 나간 우리 부형들이 오히려 태반은 돌아오지 못하였는데, 지금은 〈출정하기도 전에〉 이미 피로하고 지쳤는데도 다시 이 정벌을 행하니, 우리 중에 살아남을 자가 없겠구나." 하였다. 이로 인해 도망친 자가 많았는데 郡縣의 관리들이 급하게 체포하니, 유원진이 군대를 일으켰다는 소식을 듣고는 도망친 자들이 〈유원진의 군대에〉 구름처럼 몰려들어 한 달 사이에 무리가 수만 명에 이르렀다.

元進이 **手長尺餘**요 **臂垂過膝**이라 **自以相表非常**이라하여 **陰有異志**①러니 **會帝再發三吳兵**하여 **征高麗**하니 **三吳兵**이 **皆相謂曰 往歲天下全盛**에도 **吾輩父兄征高麗者 猶太半不返**이러니 **今已罷**(피)**弊**어늘 **復**(부)**爲此行**하니 **吾屬**이 **無遺類矣**로다 **由是多亡命**이어늘 **郡縣**이 **捕之急**하니 **聞元進擧兵**하고 **亡命者雲集**하여 **旬月間**에 **衆至數萬**이러라

① '手長尺餘'는 손가락에서 손바닥과 팔목 사이에 가로로 난 손금까지의 길이를 말하고, '臂垂過膝'은 팔을 아래로 늘어뜨리면 그 손이 무릎을 지난다는 말이다.
手長尺餘, 言自指至掌腕横紋之長. 臂垂過膝, 言臂垂則其手過膝.

【綱】楊玄感이 군대를 인솔하여 潼關으로 갔는데, 8월에 宇文述 등이 추격하니 양현감이 패배하여 죽었다.

楊玄感이 **引兵趣潼關**이어늘 **八月**에 **宇文述等**이 **追之**하니 **玄感**이 **敗死**[100]하다

---

99) 三吳 : 晉나라 때는 吳興・吳郡・會稽, 唐나라 때는 吳興・吳郡・丹陽, 宋나라 때는 蘇州・常州・湖州를 가리키는데, 長江 하류 일대를 범칭한다. 劉元進이 군대를 일으킨 餘杭(지금의 杭州 일대)도 이 지역에 속한다.

【目】楊玄感은 韋福嗣를 얻은 뒤 그를 신임하여 중요한 임무를 맡기고 더는 李密만 전적으로 신임하지 않았다. 위복사는 계책을 낼 때마다 모두 양쪽을 관망하는 태도를 취하였는데, 이밀이 그의 속내를 간파하고는 양현감에게 "위복사는 본디 함께 맹세한 사람이 아니어서 실제로는 형세를 관망하려는 마음을 품고 있으니, 明公(양현감)께서 그의 계책을 따르면 틀림없이 잘못될 것입니다. 그러니 그를 참수하소서." 하였으나, 양현감이 따르지 않았다. 이밀은 물러나 측근에게 "楚公(양현감)이 모반을 좋아하면서 이기려 하지 않으니 우리는 이제 포로가 되게 생겼소." 하였다.

楊玄感이 得韋福嗣하여 委以心膂하고 不復(부)專任李密이러라 福嗣每畫(획)策에 皆持兩端이어늘 密이 揣知其意하고 謂玄感曰 福嗣元非同盟이라 實懷觀望하니 明公이 聽之면 必爲所誤리니 請斬之하라호되 玄感이 不聽하다 密이 退謂所親曰 楚公이 好反而不欲勝하니 吾屬이 今爲虜矣로다

【目】李子雄이 양현감에게 서둘러 尊號(황제의 칭호)를 칭하자고 권하자 양현감이 그것에 대해 이밀에게 물었더니, 이밀이 "군대를 일으킨 이래 비록 거듭해서 잇따른 승리를 거두기는 하였으나 郡縣의 경우 아직 우리를 따르는 자가 없으며, 東都의 수비가 여전히 강하고 천하의 구원병이 더 몰려오고 있으니 공은 분연히 몸을 일으켜 힘껏 싸워서 조속히 關中을 평정해야 하는데도 이에 성급히 스스로 존호를 칭하려 하니, 어찌하여 사람들에게 넓지 못한 아량을 드러내려 하십니까?" 하니, 양현감이 웃으면서 중지하였다.

李子雄이 勸玄感速稱尊號한대 玄感이 以問密하니 密曰 兵起以來로 雖復(부)頻捷이나 至於郡縣하여는 未有從者요 東都守禦尙彊하고 天下救兵이 益至하니 公當挺身力戰하여 早定關中이어늘

---

100) 楊玄感……敗死 : "≪資治通鑑綱目≫에서는 매우 엄정하게 筆法을 확립하여, 煬帝에게 이미 '弑'라고 썼기 때문에 도적 떼 및 모반한 자에 대해서 모두 '起兵'이라고 썼다. 그 사이에 또한 御史 游元, 將軍 獨孤盛, 給事 許善心처럼 충절을 지키다가 죽은 부류가 있음에도 모두 책에 쓰지 않았으니, 그것은 아마 弑逆을 저지른 사람(양제)에게 충절을 다하였기 때문에 인정해줄 것이 못 되었다. 이 부분의 경우, 앞에서는 '來護兒가 楊玄感을 공격하였다〔擊〕'고 쓰고 '토벌하였다〔討〕'고 쓰지 않았으며, 이곳에서는 '양현감이 패배하여 죽었다〔敗死〕'고 쓰고 '주살되었다〔伏誅〕'고 쓰지 않았으며, 아래에서는 '양현감의 黨與를 살해하였다〔殺〕'고 쓰고 이 경우에도 '주살하였다〔誅〕'고 쓰지 않았다. 書法이 이와 같으니 '≪春秋≫의 근엄한 뜻을 터득하였다.'고 할 만하다. 한 글자로 褒貶하는 것은 군자가 아니라면 누가 編修할 수 있겠는가.〔綱目立法甚嚴 煬旣書弑 故凡群盜及反者皆書起兵 其間亦有死節如御史游元將軍獨孤盛給事許善心之類 皆不得書於冊 蓋以其盡節於弑逆之人 故不足予之耳 至是 上書來護兒擊玄感 不以討書 此書玄感敗死 不書伏誅 下書殺玄感黨與 亦不書誅 書法若此 可謂得春秋謹嚴之旨矣 一字褒貶 非君子 孰能修之〕" ≪發明≫

獨孤盛은 大業 14년(618) 宇文化及 등이 煬帝를 시해하려 할 때 반군과 맞서 싸우다가 죽었으며, 許善心은 우문화급에게 굴복하지 않았다가 살해되었다.

乃亟欲自尊하니 何示人不廣也오하니 玄感이 笑而止하다

【目】 屈突通이 군대를 인솔하여 河陽에 주둔하고 宇文述이 그 뒤를 이었는데, 이자웅이 "굴돌통은 군대의 일에 정통하고 숙련되었으니 만약 黃河를 한번 건너기만 하면 승부를 결정짓기 어렵습니다. 군대를 나누어 그를 방어하는 것이 좋겠습니다. 굴돌통이 황하를 건너지 못한다면 樊子蓋와 衛文昇은 구원병을 잃게 될 것입니다." 하였다. 그러자 양현감이 그 계책을 옳게 여겨 굴돌통을 방어하려 하였는데, 번자개가 그 계책을 알아채고는 자주 그 진영을 공격하니 양현감이 진군할 수 없었다.[101)]

굴돌통이 황하를 건너 破陵에 주둔하니 양현감은 군대를 둘로 나누어서 서쪽으로는 위문승을 방어하고 동쪽으로는 굴돌통을 방어하였다. 번자개가 다시 출병해서 대대적으로 교전하여 양현감의 군대가 여러 차례 패배하니, 이자웅이 "원군이 더 몰려올 테니 이곳에서 오래 지체할 수 없습니다. 차라리 곧바로 관중으로 들어가 永豐倉을 개방해서 빈민을 구제하는 것만 못하니, 이렇게 하면 三輔(長安 부근 지역)는 손짓만 해도 평정할 수 있을 것입니다. 府庫를 점유하고서 동쪽으로 천하를 다투는 것 또한 霸王의 大業일 것입니다." 하였다.

마침 華陰의 여러 楊氏가 鄕導 노릇을 하겠다고 자청하니, 양현감이 〈東都의 포위를 풀고〉 군대를 인솔하여 서쪽의 潼關으로 갔는데, 우문술 등의 여러 군대가 추격하였다.

屈突通이 引軍屯河陽하고 宇文述이 繼之어늘 子雄曰 通이 曉習兵事하니 若一得渡河면 則勝負難決이라 不如分兵拒之니라 通不能濟면 則樊·衛失援①이리라 玄感이 然之하여 將拒通이러니 樊子蓋知其謀하고 數(삭)擊其營하니 玄感이 不得往하니라 通이 濟河하여 軍於破陵②하니 玄感이 分爲兩軍하여 西抗文昇하고 東拒通이러라 子蓋復出兵大戰하여 玄感軍이 屢敗하니 子雄曰 援軍이 益至하니 不可久留라 不如直入關中하여 開永豐倉하여 以賑貧乏하면 三輔를 可指麾而定이라 據有府庫하여 東面而爭天下도 亦霸王之業③也니라 會華陰諸楊이 請爲鄕導④하니 玄感이 引兵西趣潼關이어늘 宇文述等諸軍이 躡之⑤러라

① '樊衛'는 樊子蓋와 衛文昇을 이른다.
樊衛, 謂樊子蓋·衛文昇也.
② '破陵'은 응당 河陽의 남쪽 기슭과 洛陽城의 동북쪽에 있다.

---

101) 번자개가……없었다 : ≪資治通鑑≫ 胡三省 註에 "이 또한 적의 계책을 깨트리는 한 방법이다. 가령 구원병이 합류하지 않고 번자개가 도성을 견고하게 수비하였더라면 〈양현감의 군대가〉 어떻게 와해되었겠는가.〔斯亦伐謀之一也 使援兵不合 樊子蓋堅守都城 兵何由解〕" 하였다.

破陵, 當在河陽南岸・洛城東北.

③ ≪新唐書≫ 〈地理志〉에, 華陰縣에 永豐倉이 있다고 되어 있으니, 아마 隋나라 때 설치한 듯하다.

新唐志, 華陰縣, 有永豐倉, 蓋隋所置也.

④ 華陰의 여러 楊氏는 楊玄感의 宗黨이다. ≪資治通鑑≫에 "李密이 '弘化留守 元弘嗣가 강한 군대를 거느리고 隴右에 있으니, 그가 반란을 일으켜서 사자를 보내 공(양현감)을 맞이하려 한다고 떠벌리고 이 기회에 關中으로 들어간다면 군중을 속일 수 있을 것입니다.' 하였는데, 마침 화음의 여러 양씨가 鄕導 노릇을 하겠다고 자청하였다." 하였다.

華陰諸楊, 玄感之宗黨也. 通鑑 "李密曰 '弘化留守元弘嗣握彊兵在隴右, 可聲言其反, 遣使迎公, 因此入關, 可以紿衆.' 會華陰諸楊, 請爲鄕導."

⑤ 潼關은 華陰縣에 있다.

潼關, 在華陰縣.

【目】〈양현감의 군대가〉 弘農宮에 도착하니 그곳의 太守인 蔡王 楊智積이 "양현감은 대군이 몰려올 것이라는 소식을 듣고 서쪽으로 관중을 도모하려 하고 있으니, 만약 그의 계책이 성사되면 승리하기 어려울 것이다. 계책으로 그를 견제하여 진군하지 못하게 해야 하니, 그렇게 되면 열흘이 못 되어 사로잡을 수 있을 것이다." 하였다.

양현감의 군대가 성 아래 도착하였을 적에 양지적이 성가퀴에 올라가 양현감을 꾸짖자 양현감이 성을 내면서 진군을 멈추고 공격하려 하였는데, 이밀이 "공은 지금 군중을 속이고 서쪽으로 들어가고 있으니 군대의 일은 신속함을 중요시합니다. 더구나 곧 추격병이 몰려올 것이니 어찌 지체할 수 있겠습니까? 만약 앞으로 진군하여 동관을 점거하지 못해서 퇴각해도 지킬 곳이 없게 되어 대군이 한번 흩어지기라도 하면 어떻게 스스로를 보전할 수 있겠습니까?" 하고 간언하였다.

그러나 양현감은 그 말을 따르지 않고 마침내 성을 공격하다가 사흘이 되어도 함락시키지 못해 이에 군대를 인솔하여 서쪽으로 가서 閿鄕에 도착하였다. 宇文述・衛文昇・來護兒・屈突通 등의 군대가 추격하여 임박하자 양현감이 50리에 걸쳐 진을 치고는 한편으로는 교전하고 한편으로는 진군하면서 하루 동안 세 차례 패배하니, 이에 혼자서 10여 기병과 함께 上洛郡으로 달아났다가 화를 면할 수 없다는 사실을 스스로 헤아리고는 아우 楊積善에게 "나는 남에게 형벌을 받아 모욕을 당할 수 없으니 네가 나를 죽이는 게 좋겠다." 하니, 양적선이 칼을 뽑아 양현감을 베어 죽이고 이어서 자기를 찔렀으나 죽지 않았는데 추격병이 그를 체포하였다.

至弘農宮하니 太守蔡王智積曰 玄感이 聞大軍將至하고 欲西圖關中하니 若成其計면 則難克也라 當以計縻之하여 使不得進이니 不出一旬에 可以成擒①이리라 及玄感軍이 至城下에 智積이 登陴詈之②한대 玄感이 怒하여 留攻之어늘 李密이 諫曰 公今詐衆西入이라 軍事貴速이요 況乃追兵이 將至하니 安可稽留리오 若前不得據關하여 退無所守하여 大衆이 一散이면 何以自全③이리오 玄感이 不從하고 遂攻之라가 三日不拔하여 乃引而西하여 至閿鄕④하다 宇文述·衛文昇·來護兒·屈突通等軍이 追及之한대 玄感이 布陳亘五十里하고 且戰且行하여 一日三敗하니 乃獨與十餘騎로 奔上洛⑤이라가 自度(탁)不免하고 謂積善曰 我不能受人戮辱하니 汝可殺我어다 積善이 抽刀斫殺之하고 因自刺不死어늘 追兵이 執之하다

① ≪隋書≫ 〈地理志〉에 의하면, 河南郡 陝縣에 北魏 때 陝州 恒農郡을 설치하였는데, 開皇 초기에 항농군을 없애고, 大業 초기에 섬주를 없애고는 弘農宮을 설치하였다.
隋志, 河南郡陝縣, 後魏置陝州恒農郡, 開皇初廢郡, 大業初廢州, 置弘農宮.

② 陴는 성 위의 성가퀴이다.
陴, 城上女垣也.

③ '據關'은 潼關을 점거하는 것을 이른다.
據關, 謂據潼關也.

④ 〈閿鄕의〉 閿은 음이 旻이다. ≪隋書≫ 〈地理志〉에 의하면, 閿鄕縣은 河南郡에 속하며, 본래 湖城이었는데, 隋 文帝 開皇 16년에 〈민향으로〉 개칭하였다.
閿, 音旻. 隋志, 閿鄕縣, 屬河南郡, 本湖城, 開皇十六年, 改焉.

⑤ 煬帝가 商州를 上洛郡으로 개칭하였다.
帝改商州, 爲上洛郡.

李淵(唐 高祖)

【綱】 唐公102) 李淵(唐 高祖)을 弘化留守에 임명하였다.

以唐公李淵으로 爲弘化留守하다

【目】 황제(隋 煬帝)는 弘化留守 元弘嗣가 斛斯政의 親屬이라 하여, 衛尉少卿 李淵을 파견하여 말을 타

102) 唐公 : 唐나라를 건국한 李淵은 北周 시기에 부친 李昞이 죽은 뒤 唐國公의 작위를 세습하였다.

고 달려가서 원홍사를 체포하게 하고 이어서 원홍사 대신 이연을 홍화유수에 임명하였다. 이연은 부하들을 너그럽고 소탈하게 통솔하였으므로 그를 따르는 사람이 많았다. 황제는 이연의 관상이 기이한 데다가 이름도 圖讖에 부응한다고 여겨[103] 그를 기피하였다.

얼마 후 황제가 이연을 불러 行在所로 오게 하였으나, 이연은 병에 걸려 알현하지 못하였다. 이연의 조카 王氏[104]가 후궁으로 있어서 황제가 왕씨에게 "그대의 외숙부는 오는 게 어찌 이리 더딘가?" 하고 물었다. 왕씨가 병 때문이라고 대답하자, 황제는 "죽겠는가? 죽지 않겠는가?" 하고 물었다. 이연은 그 소식을 듣고 두려워졌기 때문에 질탕하게 술을 마시고 뇌물을 받아 이로써 자기를 은폐하였다.

帝以弘化留守元弘嗣 斛斯政之親也①라하여 遣衛尉少卿李淵하여 馳往執之하고 因代爲留守하다 淵이 御衆寬簡이라 人多附之러라 帝以淵相表奇異하고 又名應圖讖이라하여 忌之러라 未幾에 徵詣行在所호되 淵이 遇疾未謁이러라 其甥王氏在後宮이라 帝問曰 汝舅來何遲오 王氏以疾對한대 帝曰 可得死否아 淵聞之懼하여 因縱酒納賂以自晦하더라

① 煬帝가 慶州를 弘化郡으로 개칭하였으니, 그 지역은 隴右에 속한다.
帝改慶州爲弘化郡, 其地屬隴右.

【綱】 吳郡 사람 朱燮과 晉陵 사람 管崇이 군대를 일으켰다.

吳郡朱燮晉陵管崇兵起①하다

① ≪隋書≫ 〈地理志〉에, 吳郡에 陳나라 때 吳州를 설치하였는데 陳나라를 평정한 뒤 蘇州로 개칭하였다가 大業 초기에 다시 오주라 하였고 얼마 후 오군으로 개칭하였으며, 毗陵郡에 陳나라를 평정한 뒤 常州를 설치하였다가 양제가 晉陵郡으로 개칭하였다고 되어 있다.
隋志, 吳郡, 陳置吳州, 平陳, 改曰蘇州, 大業初, 復(부)曰吳州, 尋改爲吳郡, 毗陵郡, 平陳, 置常州, 帝改爲晉陵郡.

---

103) 이름도……여겨 : ≪舊唐書≫ 〈五行志〉에 "隋나라 말기의 가요에 '桃李子여! 洪水가 楊山을 에워싸네.'라고 하였는데, 煬帝는 李氏가 천명을 받을 조짐이 있다고 의심하였기 때문에 李金才를 주살하였다. 뒤에 李密이 洛口倉을 점거함으로써 그 圖讖에 부응하였다.〔隋末有謠云 桃李子 洪水繞楊山 煬帝疑李氏有受命之符 故誅李金才 後李密 據洛口倉 以應其讖〕" 하였다. 桃李子의 李가 李氏를 가리킨다고 보았던 것이다. 그리고 ≪全唐詩≫에도 이 시가 실려 있는데, 그 注에 "唐 高祖의 이름 淵은 洪水를 뜻한다.〔高祖諱淵 洪水也〕" 하였으니 洪水는 당 고조 李淵을, 楊山의 楊은 수나라 왕실의 성을 비유한 것이다.

104) 이연의……王氏 : 현재 전하는 기록으로 볼 때, 李淵의 누이와 혼인한 王氏는 王裕뿐이므로, 이곳의 왕씨는 왕유와 이연의 누이 同安公主의 딸로 추정된다.

【目】朱燮은 經史의 전적을 섭렵하고 兵法을 잘 알았는데, 崑山縣博士로 있으면서 수십 명의 학생들과 함께 군대를 일으키니 부역에 고통받던 백성들이 마치 〈나그네가 집으로〉 돌아가듯이 그에게 귀의하였다. 管崇은 남다른 의지와 기개를 가지고 常熟縣에 은거하고 있었는데, 도적 떼가 함께 그를 떠받들었다.

당시 황제(隋 煬帝)는 涿郡에 있으면서 虎牙郎將 趙六兒에게 명령을 내려 군사 만 명을 거느리고 楊子에 주둔하면서 〈劉元進과 주섭・관숭 등의〉 南賊을 방비하게 하였는데, 관숭이 자기 장수 陸顗를 파견하여 조육아의 진영을 습격해서 무찌르고 무기와 군수물자를 수습하였더니, 〈관숭의〉 무리가 〈갈수록 많아져서〉 10만 명에 이르렀다.

燮이 **涉獵經史**하고 **頗知兵法**이러니 **爲崑山縣博士**하여 **與數十學生**으로 **起兵**하니 **民苦役者 赴之如歸**①러라 **崇**이 **志氣倜**(척)**儻**하고 **隱居常熟**이러니 **群盜相與奉之**②라 **時**에 **帝在涿郡**하여 **命虎牙郎將趙六兒**하여 **將兵萬人**하고 **屯楊子**하여 **以備南賊**③이러니 **崇**이 **遣將陸顗**하여 **襲破其營**하고 **收其器械軍資**하니 **衆至十萬**이러라

① 劉昫의 ≪舊唐書≫ 〈地理志〉에 "崑山은 본래 漢나라 때 婁縣 지역으로, 梁나라 때 누현을 나누어 信義縣을 설치하였고, 또 신의현을 나누어 崑山縣을 설치하였으니, 〈곤산현이란 이름은〉 縣의 경계에 있는 산의 이름에서 취한 것이다." 하였는데, 〈곤산현은〉 隋나라 때 吳郡에 속하였다. 수나라 제도에 縣博士는 ≪隋書≫ 〈百官志〉에 보이지 않는데, 아마 曹佐나 市令[105] 아래에 있었을 것이다.
劉昫曰 "崑山, 本漢婁縣地, 梁分婁縣, 置信義縣, 又分信義, 置崑山縣, 取縣界山名." 時屬吳郡. 隋制, 縣博士, 不見于志, 蓋在曹佐市令之下.

② 常熟은 吳나라와 晉나라 때 南沙縣 지역으로 본래 吳縣에 속하였는데, 晉나라 때 오현을 나누어 海虞縣을 설치하였고, 梁나라 때 常熟縣을 설치하였다.
常熟, 吳晉南沙之地, 本屬吳縣, 晉分吳縣, 置海虞縣, 梁置常熟縣.

③ 楊子는 지명으로, 당시 江都縣에 속하였다. 南賊은 劉元進과 朱燮・管崇 등을 이른다.
楊子, 地名, 時屬江都縣. 南賊, 謂劉元進及崇燮等.

【綱】楊玄感의 黨與 3만여 명을 살해하였다.

殺楊玄感黨與三萬餘人하다

---

105) 曹佐나 市令 : 隋나라 때 縣에 소속된 관직 이름이다. ≪隋書≫ 〈百官志〉에 "縣에는 令, 丞, 尉, 正, 光初功曹, 光初主簿, 功曹, 主簿, 西曹, 金曹佐, 戶曹佐, 兵曹佐, 法曹佐, 士曹佐와 市令 등의 관원을 설치한다." 하였다.

【目】 황제(隋 煬帝)가 大理卿 鄭善果, 御史大夫 裴蘊, 刑部侍郎 骨儀, 留守 樊子蓋에게 楊玄感의 黨與를 推考하게 하고는, "양현감이 한번 소리쳐 부르자 추종자가 10만 명이었으니, 천하에 사람이 많아지기를 바라지 말아야 함을 더욱 알게 되었다. 사람이 많으면 서로 모여 도적이 될 뿐이다. 〈양현감의 당여를〉 모조리 誅殺하지 않는다면 후세 사람을 징계할 수 없을 것이다." 하였다. 이로 인해 살해된 3만여 명 가운데 억울하게 죽은 자가 태반이었다. 양현감이 東都를 포위하였을 적에 창고의 곡식을 풀어 백성을 구제해 주었는데, 이 米穀을 받은 자를 모두 도성 남쪽에 생매장하였다.

양현감과 우호적으로 지내던 文士 王冑는 연좌되어 변방으로 유배되었다가 도망쳤는데, 그를 체포하여 주살하였다. 황제는 글 짓는 솜씨가 좋아 남들의 글솜씨가 자기보다 뛰어난 것을 원치 않았다. 薛道衡이 죽었을 적에 황제가 "다시 '빈 들보에서 제비집 진흙 떨어지네.〔空梁落燕泥〕'라는 詩句를 지을 수 있겠는가." 하였고, 왕주가 죽었을 적에 왕주의 정채로운 시구를 암송하면서 "'뜰 풀이 사람 없어 마음껏 푸르다네.〔庭草無人隨意綠〕'라는 이 詩語를 다시 지을 수 있겠는가." 하였다.[106)]

황제는 재주와 학식을 자부하여 매번 천하의 선비들을 경시하면서, 늘 시종신에게 "천하 사람들은 모두 朕이 遺業을 계승하여 四海를 소유하게 되었다고 말하지만, 설령 짐이 사대부들과 수준 높은 선발시험을 치른다고 하더라도 응당 천자가 되었을 것이다." 하였다.

황제가 祕書郎 虞世南에게 "나는 성품이 남들의 諫言을 달가워하지 않는다. 지위가 높고 명성이 크면서도 간언하여 명예를 더 구하려는 자에 대해서는 더욱 容忍할 수 없거니와, 빈천한 선비의 경우에는 비록 다소 관용을 베풀기는 하겠지만 끝내는 이 세상에 살려두지 않을 것이다. 너는 그 사실을 알아두거라." 하였다. 우세남은 虞世基의 아우이다.

帝使大理卿鄭善果, 御史大夫裴蘊, 刑部侍郎骨儀, 與留守樊子蓋로 推[107)]玄感黨與①하고

106) 薛道衡이……하였다 : 劉餗(唐)의 ≪隋唐嘉話≫에 "양제는 글 짓는 솜씨가 좋아 남들의 글솜씨가 자기보다 우월한 것을 원치 않았다. 司隷 薛道衡은 이 때문에 죄를 얻어 뒷날 양제가 어떤 사건으로 그를 주살하고는, '다시 「빈 들보에서 제비집 진흙 떨어지네.〔空梁落燕泥〕」라는 詩句를 지을 수 있겠는가.' 하였다. 양제가 〈燕歌行〉을 지으니 文士들이 모두 좋다고 호응하였으나 著作郎 王冑만 유독 양제에게 자신을 낮추지 않자 양제가 매번 그에게 앙심을 품었다. 왕주가 마침내 이에 연좌되어 살해당하자 양제는 왕주의 警句를 암송하면서 '「뜰 풀이 사람 없어 마음껏 푸르다네.〔庭草無人隨意綠〕」라는 이 詩語를 다시 지을 수 있을까?' 하였다.〔煬帝善屬文 而不欲人出其右 司隷薛道衡 由是得罪 後因事誅之 曰 更能作空梁落燕泥否 煬帝爲燕歌行 文士皆和 著作郎王冑 獨不下帝 帝每銜之 冑竟坐此見害 而誦其警句曰 庭草無人隨意綠 復能作此語耶〕"는 내용이 보인다. '空梁落燕泥'는 설도형이 지은 〈昔昔鹽〉 시의 한 구절이다.

謂曰 玄感一呼而從者十萬하니 益知天下에 人不欲多라 多卽相聚爲盜耳니라 不盡加誅면 無以懲後리라 由是所殺三萬餘人에 枉死者太半이러라 玄感之圍東都也에 開倉賑給百姓이어늘 凡受米者를 皆阬之於都城之南하다 玄感所善文士王胄 坐徙邊亡命이러니 捕得誅之하다 帝善屬(촉)文하여 不欲人出其右라 薛道衡死에 帝曰 更(갱)能作空梁落燕泥否아하고 胄死에 帝誦其佳句曰 庭草無人隨意綠을 復(부)能作此語邪(야)아하더라 帝自負才學하여 每驕天下之士하여 常謂侍臣曰 天下皆謂朕承藉緖餘而有四海라하나 設令朕與士大夫高選이라도 亦當爲天子②리라 謂祕書郎虞世南曰 我性不喜人諫호라 若位望通顯而諫以求名者는 彌所不耐어니와 至於卑賤之士하여는 雖少寬假나 然卒不置之地上하리라 汝其知之하라 世南은 世基之弟也러라

① 鄭善果는 鄭譯의 형의 아들이다. 骨儀는 성과 이름이니, 본래 天竺의 胡人이다.
善果, 譯之兄子也. 骨儀, 姓名, 本天竺胡人也.

② 〈'承藉緖餘'의〉 緖는 '남아 있다'는 뜻이니, '承藉緖餘'는 다른 사람의 남아 있는 基業을 계승하는 것을 이른다.
緖, 殘也. 承藉緖餘, 謂承藉他人殘餘之業也.

【綱】 겨울 10월에 左屯衛大將軍 吐萬緖를 파견하여 劉元進을 공격하게 하였다.

冬十月에 遣將軍吐萬緖하여 擊劉元進하다

【目】 劉元進이 長江을 건너려고 할 적에 마침 楊玄感이 패배하자 朱燮과 管崇이 함께 유원진을 영접해서 주군으로 추대하였다. 유원진은 吳郡을 점거하여 천자로 자칭하고 백관을 임명하였다. 毘陵郡·東陽郡·會稽郡·建安郡의 호걸들이 대부분 郡縣의 관리들을 붙잡아서 유원진에게 호응하였는데, 황제(隋 煬帝)가 左屯衛大將軍 吐萬緖와 光祿大夫 魚俱羅를 파견하여 군대를 거느리고 그들을 토벌하게 하였다.

劉元進이 將渡江할새 會楊玄感敗한대 朱燮管崇이 共迎元進하여 推以爲主하다 據吳郡稱天子하고 署置百官하다 毘陵東陽會稽建安豪傑이 多執長吏以應之①어늘 帝遣左屯衛大將軍吐萬緖, 光祿大夫魚俱羅하여 將兵討之②하다

① 煬帝가 婺州를 東陽郡으로 개칭하였다. 大業 초기에 泉州를 閩州로 개칭하였다가, 얼마 후 建安郡으로 개칭하였다.

107) 推 : 《資治通鑑》 胡三省 註에 "推는 尋(찾다, 수색하다)의 뜻이면서 拷訊한다는 뜻이다.〔推 尋也 考鞫也〕" 하였다.

帝改婺州爲東陽郡. 大業初, 改泉州爲閩州, 尋改爲建安郡.

② 吐萬은 鮮卑族의 複姓이고, 緖는 그의 이름이다.

吐萬, 鮮卑複姓, 緖, 其名.

【綱】 11월에 右候衛將軍 馮孝慈가 張金稱을 공격하다가 패배하여 죽었다.

十一月에 將軍馮孝慈 擊張金稱이라가 敗死하다

【綱】 12월에 內史舍人 韋福嗣 등이 誅殺되었다.

◑ 十二月에 內史舍人韋福嗣等이 伏誅[108]하다

【目】 楊玄感이 서쪽으로 갔을 적에 韋福嗣가 도망쳐 東都로 가서 자수하였는데,[109] 樊子蓋가 〈양현감의 문서를 수습하다가 양현감의 지시로〉 위복사가 起草하여 〈번자개에게 보냈던〉 서신을 발견하고는 밀봉하여 황제(隋 煬帝)에게 바치니, 황제가 위복사를 체포하여 行在所로 압송하라고 명령하였다. 李密은 도망쳤다가 사람들에게 붙잡혀서 동도로 압송되었다.

번자개가 위복사·이밀·楊積善·王仲伯 등 10여 명을 쇠사슬로 묶어서 압송하여 高陽으로 가자, 이밀과 왕중백 등이 몰래 도망칠 모의를 하면서 모두에게 가지고 있는 황

108) 內史舍人韋福嗣等 伏誅 : "楊玄感의 黨與에 대해 모두 '殺'이라고 쓴 것은 楊廣을 미워하였기 때문이다. 韋福嗣도 양현감의 당여였는데 유독 그에 대해 '伏誅'라고 쓴 것은 〈양광의〉 포학함을 방조해서 그런 게 아니겠는가. 위복사는 反覆無常하고 義를 분명히 보지 못하였다. 양광의 열 가지 죄목을 열거할 적에는 〈의로운〉 듯하였으나, 얼마 후 도망쳐 자수하였다가 그 역시 쇠사슬에 묶여 압송되었는데 李密이 불러서 함께 도망치자고 하자 이에 자기는 죄가 없다고 말하며 오히려 구차한 목숨을 보전하기를 바랐으니, ≪資治通鑑綱目≫에서 유독 그에 대해 '伏誅'라고 쓴 것은 의병을 일으킨 자들과 구별하기 위해서이다.〔玄感黨 皆書殺 惡廣也 福嗣 亦其黨 獨書伏誅 毋乃助之虐乎 福嗣反覆 見義不明 數廣十罪 似也 未幾而亡歸自首矣 亦旣鎖送 李密呼與俱去 乃自謂無罪 猶冀苟全 綱目獨書伏誅 所以別於起義者也〕" ≪書法≫

"위복사도 양현감의 당여였는데 어찌하여 유독 그에 대해 '伏誅'라고 썼는가? 위복사가 양현감을 추종하고 나서 양현감이 그를 신임하여 중요한 임무를 맡겼는데 그는 도리어 쥐가 머리를 내밀고 이럴까 저럴까 망설이듯 〈형세를 관망하다가〉 양현감을 패배하여 죽는 지경에 빠뜨렸으며, 이제 또 東都로 도망가서 자수하였으니, 그렇다면 그는 이랬다 저랬다 하여 배반하는 사람일 뿐이다. 그러므로 특별히 '誅'라고 써서 그에게 죄를 물은 것이지, 어찌 煬帝가 죄 있는 자를 토벌하였다고 인정한 것이겠는가?〔韋福嗣 亦玄感之黨 何以獨書伏誅 福嗣 旣從玄感 玄感委以心膂 反乃首鼠兩端 陷玄感於敗死 今又亡詣東都自首 則是反覆背叛之人耳 故特書誅以罪之 夫豈予煬之討有罪哉〕" ≪發明≫

109) 韋福嗣는……자수하였는데 : ≪資治通鑑≫에 의하면, 그 당시 韋福嗣와 같은 사례는 모두 죄를 묻지 않았다고 한다. 그래서 위복사는 자기가 처벌받지 않으리라 여기고 자수한 것이다.

금을 내게 해서 그 황금을 使者에게 보여주며 "우리가 죽는 날에 이 황금을 모두 公에게 남겨줄 터이니 그것으로 우리를 매장해주길 바랍니다. 쓰고 난 나머지 금으로는 곧 모두 공의 은덕에 보답하겠습니다." 하였다. 사자는 〈그 요청을〉 승락하고 방비와 경계를 점점 해이하게 하였다. 이밀이 함께 술과 밥을 사서 먹기를 청하여 술자리를 열어서 술을 마실 때마다 밤새도록 떠들썩하였는데도 사자는 개의치 않았다.

가다가 魏郡의 石梁驛에 이르러 방비하여 지키던 자들에게 술을 먹여서 모두 취하게 하고는 담을 뚫고 달아났다. 이밀이 위복사를 불러서 〈함께 도망치자고 하니〉 위복사는 "나는 죄가 없기 때문에 천자가 면전에서 한 차례 나를 질책하는 데 불과할 것이다." 하였다.

위복사가 고양에 도착하니 황제가 위복사가 기초한 서신을 그에게 보여주고 大理寺(대리시)에 회부하자, 宇文述이 엄중한 형법으로 다스려 뒷사람을 경계하기를 청하였다. 12월에 야외로 나가 형벌 받을 자들을 나무 막대기 위에 결박하고 9품 이상의 관리에게 무기를 잡고서 베거나 쏘게 하여 그들의 사지와 신체가 가루처럼 부스러졌으며, 양적선과 위복사는 이어서 車裂刑에 처하였다.

楊玄感之西也에 韋福嗣亡詣東都하여 歸首어늘 樊子蓋得其書草하고 封以呈帝①하니 帝命執送行在하다 李密이 亡命이라가 爲人所獲하여 送東都하다 子蓋鎖送福嗣・密及楊積善・王仲伯等十餘人하여 詣高陽한대 密與仲伯等이 竊謀亡去하여 悉使出其所齎金하여 以示使者曰 吾等死日에 此金을 竝留付公하리니 幸用相瘞하라 其餘는 卽皆報德하노라 使者許諾하고 防禁漸弛하다 密이 請通市酒食(사)하여 每宴飮에 諠譁竟夕호되 使者不以爲意②러라 行至魏郡石梁驛하여 飮防守者하여 皆醉하고 穿墻而逸③이라 密이 呼福嗣하니 福嗣曰 我無罪라 天子不過一面責我耳리라 至高陽하니 帝以書草示福嗣하고 收付大理한대 宇文述이 請爲重法하여 以肅將來하다 十二月에 就野外하여 縛諸應刑者於格上하고 使九品以上으로 持兵斫射하여 支體糜碎하고 積善・福嗣는 仍加車裂④하다

① '書草'는 곧 〈楊玄感의 지시로〉 韋福嗣가 기초하여 樊子蓋에게 보냈던 서신이다.
書草, 卽福嗣所草遺子蓋之書.

② 〈'通市'의〉 通은 共(함께)과 같다. 〈'酒食'의〉 食(밥)는 음이 嗣이다.
通, 猶共也. 食, 音嗣.

③ 煬帝가 相州를 魏郡으로 개칭하였다. 〈'飮防守者'의〉 飮(마시게 하다)은 於禁의 切이다.
帝改相州爲魏郡. 飮, 於禁切.

④ 〈'格上'의〉 格은 나무로 만든다. ≪周禮≫ 〈地官 牛人〉에 "祭祀 共其牛牲之互(제사에 희생으로 쓰는 소를 매다는 互를 바친다.)"라 하였는데, 鄭玄 注에 "互는 지금 도살장에서 고기를 매달아두

는 시렁과 같다." 하였다. 左思의 〈吳都賦〉에 "峭格周施(높은 그물 말뚝을 두루 설치하였다.)"라 하였는데, 呂向 注에 "格은 그물을 걸어두는 나무이다." 하였다. ≪淮南子≫ 〈覽冥訓〉에 "身枕格而死(몸이 형틀에 누워 죽었다.)"라 하였는데, 許愼 注에 "格은 매질하는 형틀이다." 하였다.
格, 以木爲之. 周禮牛人"祭祀, 共其牛牲之互." 鄭玄曰"互, 若今屠家之懸肉格." 左思吳都賦曰"峭格周施." 呂向曰"格, 懸網木也."110) 淮南子云"身枕格而死." 許愼曰"格, 搒牀也."

【綱】 唐縣과 扶風郡의 요술을 부리는 사람이 난을 일으켰는데 그들을 토벌하여 평정하였다.

唐縣扶風妖人이 **作亂**이어늘 **討平之**①하다

① ≪隋書≫ 〈地理志〉에, 唐縣은 博陵郡에 속한다고 되어 있다. ≪資治通鑑≫에 "당현 사람 宋子賢이 幻術을 잘 부려 부처 형상으로 변신하여 자칭 '세상에 나온 彌勒'이라고 하니 원근의 사람들이 믿고 현혹되었다. 마침내 無遮大會111)가 열리는 틈에 군대를 일으켜 乘輿(황제)를 습격하려고 모의하였으나 일이 누설되어 誅殺되었으며, 아울러 그의 黨與 천여 家도 주살되었다. 扶風郡의 승려 向海明 또한 자칭 '세상에 나온 미륵'이라고 하였으며 성심으로 그에게 귀부하는 사람이 있으면 번번이 吉夢을 꾸었다. 이로 인해 三輔 지역 사람들이 일제히 그를 떠받들었다. 이를 틈타 군대를 일으켜 반란하였는데 군중이 수만 명에 이르렀다. 〈大業 9년(613) 12월〉 丁亥日에 상해명이 皇帝로 자칭하고 白烏로 改元하니 煬帝가 太僕卿 楊義臣에게 조서를 내려서 그를 공격하여 무찌르게 하였다." 하였다.
隋志, 唐縣, 屬博陵郡. 通鑑"唐縣人宋子賢, 善幻術, 能變佛形, 自稱彌勒出世, 遠近信惑, 遂謀因無遮大會, 擧兵襲乘輿, 事泄, 伏誅, 幷誅黨與千餘家. 扶風桑門向(상)海明, 亦自稱彌勒出世, 人有歸心者, 輒獲吉夢. 由是三輔人, 翕然奉之. 因擧兵反, 衆至數萬. 丁亥, 海明, 自稱皇帝, 改元白烏, 詔太僕卿楊義臣, 擊破之."

【綱】 吐萬緖가 劉元進을 공격하여 무찌르니 管崇이 패배하여 죽었는데, 조서를 내려서 토만서를 召還하고 王世充을 파견하여 토만서 대신 군대를 거느리게 하니, 유원진과 朱燮이 모두 패배하여 죽었다.

◑**吐萬緖 擊劉元進破之**하니 **管崇**이 **敗死**어늘 **詔徵緖還**하고 **遣王世充代將**하니 **元進朱燮**이 **皆敗死**하다

---

110) 格 懸網木也 : 呂向의 이 注는 ≪六臣注文選≫에 실려 있는데, ≪육신주문선≫에는 '懸網木也'가 '張網之木也(그물을 펼쳐두는 말뚝이다.)'로 되어 있다.

111) 無遮大會 : 불교에서 貴賤·僧俗·智愚·善惡 등 모든 사람을 가리지 않고 평등하게 공양과 보시를 하는 법회이다.

王世充

【目】劉元進이 丹楊을 공격하였는데 吐萬緒가 長江을 건너가서 공격하여 무찔렀다. 유원진은 木柵을 엮어 토만서에게 항거하면서 백여 일 동안 서로 버텼다. 유원진은 군대가 궤멸되자 밤중에 달아나 보루를 지키면서 朱燮·管崇 등과 함께 백여 리에 걸쳐 진영을 쳤는데, 토만서가 승세를 타고 진격하여 다시 그들을 무찌르고 관숭을 참수하였다. 그런데 반란자를 추종하는 백성들이 시장으로 몰려가는 것처럼 많아서 도적이 패배하였음에도 다시 모여들어 그들의 기세가 더욱 왕성하였다.

토만서가 군사들이 피로하여 지쳤다는 이유로 전투를 중지하고 내년 봄까지 기다리자고 요청하자 황제(隋 煬帝)가 달가워하지 않았다. 魚俱羅 역시 도적은 짧은 시간에 평정할 수 없다고 여겨 몰래 아들들을 洛陽에서 맞이해오니 황제가 성을 내었다. 담당 관리가 황제의 뜻에 영합하여 "토만서는 비겁하고 나약하며, 어구라는 패배하여 위축되어 있습니다." 하고 아뢰니, 어구라는 죄를 물어 참수하고 토만서는 행재소로 오라고 소환하였는데 토만서가 울분에 차서 가는 도중에 죽었다.

황제가 다시 江都丞 王世充을 파견하여 淮南의 군사 수만 명을 징발해서 유원진을 토벌하게 하니, 왕세충이 장강을 건너가 여러 차례 교전하여 모두 이겼다. 유원진과 주섭은 패배하여 죽었고 나머지 군중은 항복하거나 흩어졌는데, 왕세충이 항복한 자들을 불러다가 通玄寺의 佛像 앞에서 향을 사르고 맹세하면서 항복한 자는 죽이지 않겠다고 약속하였다. 그러자 흩어진 자들이 그 소식을 듣고 거의 다 자수하였는데 왕세충이 그들을 모두 생매장하니 죽은 자가 3만여 명이었다. 이로 인해 남은 무리가 다시 모여 도적이 되니 官軍이 토벌할 수 없어서 隋나라가 망하는 지경에 이르렀다. 황제는 왕세충에게 장수의 재질이 있다고 여겨서 그를 더욱 총애하고 신임하였다.

황제가 또 조서를 내려 도적이 된 자는 모두 그 집안을 籍沒하라고 하였더니, 당시 도적 떼가 도처에 모두 가득하였기 때문에 郡縣의 관리들이 그로 인해 저마다 상벌을 독단하여 살리고 죽이는 것을 제멋대로 하였다.

劉元進이 攻丹楊이어늘 吐萬緖 濟江擊破之①하다 元進이 結柵拒緖하여 相持百餘日하다 元進이 兵潰하여 夜遁保壘[112)]하여 與朱燮・管崇等으로 連營百餘里어늘 緖乘勝進擊하여 復(부)破之하고 斬崇이라 然百姓從亂者如歸市하니 賊敗而復聚하여 其勢益盛이라 緖以士卒疲弊로 請息甲待來春한대 帝不悅하다 魚俱羅 亦以賊非歲月可平이라하여 潛迎諸子於洛하니 帝怒하다 有司希旨하여 奏緖怯懦하고 俱羅敗衄이라하니 俱羅坐斬하고 徵緖詣行在러니 緖憂憤道卒②하다 帝更(갱)遣江都丞王世充하여 發淮南兵數萬人하여 討元進③하니 世充이 渡江하여 頻戰皆捷이라 元進燮이 敗死하고 餘衆이 降(항)散이어늘 世充이 召降者하여 於通玄寺瑞像前에 焚香爲誓하여 約降者不殺이라한대 散者聞之하고 歸首略盡이어늘 世充이 悉阬之하니 死者三萬餘人이라 由是餘黨이 復相聚爲盜하니 官軍이 不能討하여 以至隋亡하니라 帝以世充이 有將帥才라하여 益加寵任하다 又詔凡爲盜者를 籍沒其家하라하니 時에 群盜所在皆滿이라 郡縣官이 因之各專威福하여 生殺任情矣러라

① ≪隋書≫ 〈吐萬緖傳〉에 "당시 劉元進이 군대를 거느리고 潤州를 공격하였다." 하였다. ≪新唐書≫ 〈地理志〉를 살펴보면, 武德 3년(620)에 비로소 延陵縣 지역에 윤주를 설치하였고, 윤주 관할의 丹楊縣은 본래 曲阿縣으로 되어 있으니, 또한 당나라 때 이름을 고친 것이다. 유원진이 공격한 곳은 아마 이 단양현을 말하는 것이지, ≪隋書≫ 〈地理志〉의 丹楊郡이 아닐 것이다. 隋나라의 단양군은 治所가 石頭城이다. ≪수서≫는 무덕 연간 이후에 완성되었으므로 '潤州'라 쓰고 '丹楊'이라 쓴 것은 모두 唐나라 州縣을 근거로 쓴 것이다.
隋書吐萬緖傳云"時元進, 以兵攻潤州." 按唐志, 武德三年, 始以延陵縣地, 置潤州, 而潤州管下丹楊縣, 本曲阿, 亦唐改名. 元進所攻, 蓋此丹楊, 非隋志之丹楊郡. 隋之丹楊郡, 治石頭城. 隋書成於武德之後, 書潤州, 書丹楊, 皆以唐州縣書之也.

② 〈'敗衄'의〉 衄은 女와 六의 切이며, 挫(꺾이다)의 뜻이고 또 '패배'의 뜻이다.
衄, 女六切, 挫也, 亦敗北(배)也.

③ 煬帝가 또 郡의 贊治를 丞으로 개칭하였다.[113)]
帝又改郡贊治爲丞.

【綱】 杜伏威가 군대를 일으켜 江淮 지방을 약탈하였다.

杜伏威 起兵掠江淮하다

---

112) 保壘 : '保壘'가 ≪資治通鑑≫에 '保其壘'로 되어 있으므로, '堡壘'로 번역하지 않고 '보루를 지키다'로 번역하였다.

113) 煬帝가……개칭하였다 : 贊治는 지방 장관을 행정적으로 보좌하는 관직이다. 開皇 3년에 治中을 司馬로 개칭하고 煬帝 때에 司馬와 長史를 통합하여 贊治 1인을 두었다가 얼마 후 丞으로 개칭하였다.(≪通典≫ 〈職官15〉)

【目】 章丘縣 사람 杜伏威가 臨濟縣 사람 輔公祏과 刎頸之交를 맺었는데 함께 도망쳐서 도적 떼가 되었다. 두복위는 열여섯 살이었는데도 出戰할 때마다 맨 앞에 서고 들어올 때는 맨 뒤에 섰다. 이로 인해 그의 무리들이 그를 추대하여 장수로 삼았다.

下邳郡 사람 苗海潮 역시 무리를 모아 도적이 되었는데, 두복위가 보공석으로 하여금 묘해조에게 "나와 그대는 함께 隋나라의 폭정을 고통스럽게 여겨 각자 大義로 擧兵하였으니, 힘이 분산되면 세력이 약해져서 늘 사로잡힐까 염려스럽다. 만약 〈우리 둘이〉 하나로 합세하면 수나라에 대적할 수 있을 것이다. 그대가 주군이 될 수 있다면 나는 응당 공경스럽게 따를 것이며, 그대 스스로 헤아려보아 〈주군이 되는 것을〉 감당할 수 없겠으면 의당 여기로 와서 나의 명을 따르라. 그렇지 않으면 一戰을 벌여 雌雄을 가리자." 하고 말하게 하였다. 묘해조는 두려워서 곧바로 군중을 거느리고 두복위에게 투항하였다.

두복위가 淮南 지방을 옮겨 다니며 약탈하니 江都留守가 校尉 宋顥를 파견하여 두복위를 토벌하게 하였는데, 두복위는 그와 교전하다가 거짓으로 패한 척하면서 송호의 군사들을 유인하여 갈대숲으로 끌어들이고는 기회를 틈타 바람 부는 쪽으로 불을 놓으니 송호의 군사들이 모두 불에 타서 죽었다.

章丘杜伏威 與臨濟輔公祏으로 爲刎頸交러니 俱亡命爲群盜①하다 伏威年十六이로되 每出則居前하고 入則殿後라 由是其徒推以爲帥러라 下邳苗海潮 亦聚衆爲盜②러니 伏威使公祏謂之曰 我與君同苦隋政하여 各擧大義하니 力分勢弱하여 常恐被擒이라 若合而爲一이면 則可以敵隋矣리라 君能爲主면 吾當敬從이요 自揆不堪이어든 宜來聽命하라 不(부)則一戰하여 以決雌雄③하리라 海潮懼하여 卽帥(솔)其衆降(항)之하다 伏威轉掠淮南하니 江都留守遣校尉宋顥討之어늘 伏威與戰陽敗하여 引顥衆入葭葦中하고 因從上風縱火하니 顥衆이 皆燒死하다

① 章丘縣과 臨濟縣은 ≪隋書≫ 〈地理志〉에, 모두 齊郡에 속한다고 되어 있다. 〈輔公祏의〉 輔는 姓이다.
章丘·臨濟二縣, 隋志, 皆屬齊郡. 輔, 姓也.

② ≪隋書≫ 〈地理志〉에, 下邳郡에 北魏 때 南徐州를 설치하였는데, 梁나라 때는 東徐州로 개칭하였고, 東魏 때는 東楚州로 개칭하였고, 陳나라 때는 安州로 개칭하였고, 北周 때는 泗州로 개칭하였으며, 煬帝가 하비군으로 개칭하였다고 되어 있다.
隋志, 下邳郡, 後魏置南徐州, 梁改爲東徐州, 東魏改爲東楚州, 陳改爲安州, 後周改爲泗州, 帝改爲下邳郡.

③ '不則'의 不는 否로 읽는다.
不則之不, 讀曰否.

附錄

〔附 錄〕

1. ≪思政殿訓義 資治通鑑綱目23≫ 年表

年度	在位年	역문쪽수	주요 사건
591 辛亥年	隋 文帝 開皇 11	11	• 吐谷渾 可汗 慕容夸呂가 사망하자 아들 慕容世伏이 즉위함.
		12	• 隋 文帝가 滕穆王 楊瓚을 죽임.
592 壬子年	隋 文帝 開皇 12	12	• 尙書右僕射 蘇威가 國子博士 何妥와 다투어 집으로 물러나고, 禮部尙書 盧愷가 제명됨.
		15	• 각 州의 사형에 대한 사건을 모두 大理寺로 이관하여 황제의 裁決을 받게 함.
			• 韓擒虎 사망.
		16	• 楊素를 尙書右僕射로 삼고 高熲과 조정의 정사를 관장하게 함. 領軍大將軍 賀若弼이 제명됨.
		17	• 나라의 창고에 곡식이 가득 차서 左藏院을 설치하여 곡식을 거두어들이고, 올해 河北과 河東의 田租를 3분의 1을 감면하고, 군인은 功役의 절반을 감면하고, 調는 전부 면제함.
		18	• 京畿와 三河 지역의 땅이 적은데 인구가 많아서 衣食이 부족하니, 사자를 보내 천하의 田地를 균등히 하였는데, 땅이 부족한 狹鄕은 丁마다 20畝를 분배받음.
593 癸丑年	隋 文帝 開皇 13	18	• 楊素에게 詔令을 내려 仁壽宮을 짓게 하니, 宇文愷와 封德彝를 土木監으로 삼음.
			• 圖讖과 緯書를 보관을 금지함.
		19	• 禮部尙書 牛弘 등에게 明堂 제도를 논의하게 하였는데, 결정되지는 못함.
			• 突厥의 大義公主가 都藍可汗을 부추겨 변경에 소요를 일으키니, 隋 文帝가 長孫晟을 보내어 대의공주를 폐위시킴. 突利可汗(阿史那染干)이 수나라에 혼인을 청하자 裴矩를 통해 대의공주를 죽이도록 사주하니, 돌리가한이 도람가한에게 대의공주를 죽이게 하고 수나라에 다시 혼인을 청함. 장손성의 책략을 따라 돌리가한에게 혼인을 허락함.

年度	在位年	역문쪽수	주요 사건
594 甲寅年	隋 文帝 開皇 14	22 25 26 27 28 29 31	• 牛弘 등이 만든 새 雅樂을 시행함. • 중앙의 臺, 省, 府, 寺와 각 州에 公廨錢을 두어 이자를 거두어서 필요한 물자를 공급하였는데, 이를 폐지하고 公卿 이하의 관원에게 職田을 지급함. • 蘇威를 納言으로 삼음. • 張賓의 曆法에 대해 비판한 劉孝孫과 劉焯이 劉暉과 장빈에 의해 쫓겨났는데, 이후에 유효손을 直太史으로 삼아 張冑玄과 함께 장빈의 曆法을 교정하게 함. 유효손이 유휘를 비판했다가 파직되고 얼마 후 사망. • 관중의 가뭄으로 백성들이 굶주리니, 隋 文帝가 백성들을 거느리고 洛陽에 가서 식량을 구함. • 南朝의 齊나라, 梁나라, 陳나라의 종묘 제사가 끊어지자, 高仁英, 蕭琮, 陳叔寶에게 제사를 지내게 함. • 齊州刺史 盧賁이 除名됨. • 散騎侍郎 王劭가 歌謠와 讖緯, 佛書를 모아서 만든 ≪皇隋靈感志≫을 올림.
595 乙卯年	隋 文帝 開皇 15	32 34 35	• 隋 文帝가 巡狩하여 泰山에서 하늘에 제사를 지냄. • 천하의 兵器를 거두어들임. • 仁壽宮 완성하자 封德彝를 內史舍人으로 삼음. • 底柱山을 굴착함. • 韋世康을 荊州總管으로 삼음. • 변경의 양식 1升 이상을 훔친 자는 모두 참형에 처함. • 文武 관원은 4차례 考課를 하여 관직을 옮기게 함.
596 丙辰年	隋 文帝 開皇 16	37	• 工人과 商人은 벼슬을 하지 못하게 함. • 사형에 해당하는 죄는 세 번 아뢴 다음에 형을 집행하게 함. • 光化公主를 吐谷渾에게 시집보냄.
597 丁巳年	隋 文帝 開皇 17	37 39 40	• 太平公 史萬歲를 보내 南寧의 羌族을 토벌하여 평정함. 사만세가 爨翫에게 뇌물을 받고 그를 풀어줌. • 桂州 俚族인 李光仕가 난을 일으키자 周法尙을 보내 토벌하고, 令狐熙를 桂州總管으로 삼아 承制하여 사후처리를 하게 함. 또 俚族이 두려워 현지에 부임하지 못하고 있던 刺史와 縣令들을 각 州·縣으로 보내고 城邑을 짓고 학교를 개설하게 함. • 屬官이 그 상관을 공경하지 않기 때문에 일이 거행되지 않는다고 여겨 각 관사가 屬官의 죄를 論定할 때에

年度	在位年	역문쪽수	주요 사건
597 丁巳年	隋 文帝 開皇 17		律文 밖에서 杖刑을 집행하게 함. 도적이 매우 많다고 하여 1錢 이상을 훔친 자를 모두 棄市에 처하였는데, 민심이 나빠지자 이를 중지함. 隋 文帝가 사람을 자주 杖殺하자, 大理寺 少卿 趙綽이 굳게 諫爭함. 조작은 大理寺卿 薛胄과 함께 공평하고 관대하다는 명성을 떨침. 親衛大都督 屈突通이 隴西의 牧場들의 비리를 발견하여 右武候將軍으로 승진함.
		45	• 楊素와 牛弘 등이 張胄玄의 曆術을 추천함. 장주현을 太史令에 제수하여 새 역술을 제정하게 함. 이때 완성되어 반포함. 반면에 劉暉 등은 除名됨.
		46	• 桂州에서 李世賢이 반란이 일으키자, 장군 虞慶則을 보내서 토벌하여 평정함.
		47	• 幷州總管인 秦王이 楊俊이 사치하고 첩을 좋아하자 그 妃가 독을 먹여 양준이 병에 드니, 수 문제가 그를 불러들이고 면직시키고 妃를 賜死함.
		48	• 隋나라가 突利可汗(阿史那染干)과 都藍可汗의 사이를 갈라놓고자 安義公主를 돌리가한에게 시집보내고, 돌리가한에 대한 예우를 후하게 하고, 長孫晟에게 돌리가한을 설득시켜 그 무리를 거느리고 남쪽으로 옮겨오게 함.
		49	• 嶺南의 欽州刺史 寧長眞이 입조함. • 趙什住가 반란죄로 虞慶則을 참소하니, 우경칙을 죽임.
		50	• 高句麗 平原王이 사망하니, 아들 高元(嬰陽王)이 즉위함. 수 문제가 사신을 보내 영양왕을 上開府儀同三司를 제수하고 遼東王으로 봉함. • 吐谷渾이 어지러워지자 그 國人들이 慕容世伏을 죽이고 그 아우 慕容伏允을 세우고 隋나라에 사신을 보내어 수나라 공주를 아내로 맞기를 청하였는데, 隋나라가 그대로 따르니 토욕혼이 해마다 朝貢함.
598 戊午年	隋 文帝 開皇 18	51	• 高句麗 嬰陽王이 靺鞨을 거느리고 遼西를 침략하니, 營州總管 韋沖이 패주시킴. 이에 隋 文帝가 노하여 漢王 楊諒과 王世績에게 水軍과 陸軍 30만을 거느리고서 고구려를 정벌하게 하고 高熲을 양량의 長史로 삼음.
		52	• 獨孤皇后와 楊素의 妻가 병에 걸림. 이에 황후의 아우인 獨孤陁가 猫鬼로 해쳤다고 하여 수 문제가 猫鬼, 蠱毒, 厭魅 등의 左道를 행하는 것을 금지하고, 독고타를 귀향 보냄.

年度	在位年	역문쪽수	주요 사건
598 戊午年	隋 文帝 開皇 18	54 54 55	• 楊諒의 군대가 홍수를 만나 군량이 끊기고 軍中에 기근과 역병이 일어나고, 總管 周羅睺의 수군은 東萊에서 平壤城을 향하다가 풍랑으로 많은 배를 잃음. 이에 회군함. 高句麗 嬰陽王이 隋나라에 사신을 보내 사죄하니 군대를 해산함. • 京師에서 仁壽宮에 이르는 길에 行宮 12곳을 설치함. • 南寧의 夷族 爨翫이 반란을 일으키자 蜀王 楊秀가 史萬歲가 뇌물을 받고 찬완을 풀어주었다고 上奏하자, 사만세가 제명됨.
599 己未年	隋 文帝 開皇 19	55 58 59 63	• 突厥의 突利可汗이 都藍可汗이 大同城을 공격한다고 隋나라에 알리자, 수나라가 漢王 楊諒, 高熲, 楊素에게 도람가한을 공격하게 하였는데, 양량이 가지 않음. 이에 도람가한이 達頭可汗과 동맹을 맺고 돌리가한을 습격하여 패배시킴. 이에 長孫晟이 돌리가한을 데리고 入朝하니, 수나라가 장손성을 左勳衛 驃騎將軍으로 삼음. 高熲이 돌궐을 크게 격파함. • 皇甫孝諧가 涼州總管 王世積을 참소하자 왕세적을 죽이고 황보효례를 上大將軍으로 삼음. • 수 문제가 尉遲迥의 손녀를 총애하자, 獨孤皇后가 그녀를 죽이니, 수 문제가 격노함. 高熲이 간언을 하여 황제를 진정시키자 독고황후가 고경에게 앙심을 품음. 수 문제가 태자 楊勇을 폐하고자 하자 고경이 이에 반대함. 이에 독고황후가 고경을 참소함. 이에 고경이 면직되고 제명됨. • 牛弘을 吏部尙書로 삼음. • 隋나라가 突利可汗을 啓民可汗으로 삼음. 朔州에 大利城을 쌓고서 그곳에 계민가한과 그의 무리를 살게 함. 계민가한의 부인인 安義公主가 이미 죽었기 때문에 계민가한에게 義成公主를 시집보냄. 장손성의 上奏로 계민가한을 五原 지방에 이주시켜 황하를 방벽으로 삼음. 또 趙仲卿의 屯兵 2만으로 계민가한을 위해 달두가한을 막게 함. • 돌궐의 都藍可汗이 부하에게 시해되고 達頭可汗이 자립하여 步迦可汗이 됨.
600 庚申年	隋 文帝 開皇 20	66 67	• 突厥의 達頭可汗이 변경을 침범하자 晉王 楊廣, 楊素, 漢王 楊諒, 史萬歲에게 공격하게 함. • 秦王 楊俊이 죽자 封國을 없앰.

年度	在位年	역문쪽수	주요 사건
600 庚申年	隋 文帝 開皇 20	68	• 태자 楊勇의 妃인 元氏가 총애를 받지 못하고 죽자 獨孤皇后가 양용을 깊이 책망함. 楊廣이 隋 文帝와 독고황후에게 양용을 참소하니, 수 문제가 양용을 폐위시키고 元旻, 唐令則, 鄒文騰 등을 주벌함. 洗馬 李綱이 태자의 폐립에 대해 간언하자 수 문제가 이강을 尙書右丞으로 삼음.
		82	• 史萬歲가 突厥을 정벌하고 돌아오자 楊素가 참소하니, 수 문제가 사만세를 죽임.
			• 晉王 楊廣을 태자로 세움.
		84	• 수 문제가 만년에 불교, 도교, 귀신을 믿어 佛像, 天尊像, 神像을 훼손하는 것을 금지시킴.
		84	• 수 문제가 조카인 同州刺史 蔡王 楊智積을 徵召하여 入朝하게 함.
		85	• 齊州行參軍 王伽를 雍縣 縣令으로 삼음.
601 辛酉年	隋 文帝 仁壽 1	87	• 해의 그림자가 길어진 것으로 연호를 仁壽로 바꿈.
		88	• 蘇威를 僕射로 삼음.
		89	• 16명의 使者를 파견하여 각지의 풍속을 살피게 함.
		89	• 천하에 학교와 생도들이 많으나 학업이 정밀하지 않다고 하여 國子學의 학생 70명만 남겨두고 太學과 四門學 및 州縣의 학교를 모두 없애게 함. 얼마 후 국자학을 태학으로 고침.
		90	• 山獠가 난을 일으키자 資州刺史 衛文昇이 이들을 설득하니, 隋 文帝가 위문승을 遂州摠管으로 삼음.
		91	• 潮州와 成州 등의 獠族이 반란을 일으키자 高州의 추장인 馮盎이 長安으로 달려가 이들을 토벌해줄 것을 요청함. 이에 풍앙에게 江南과 嶺南의 군사를 징발하여 공격하게 함. 반란이 평정된 후에 풍앙을 漢陽太守로 삼음.
602 壬戌年	隋 文帝 仁壽 2	92	• 突厥의 思力俟斤 등이 황하를 건너서 啓民可汗의 부락을 크게 약탈하자, 楊素가 이들을 공격하여 크게 격파함.
		92	• 兵部尙書 柳述이 蘭陵公主에게 장가들어 황제의 총애를 믿고 행동함. 이에 대해 符璽直長 韋雲起가 隋 文帝에게 간언을 하니, 그를 通事舍人에 제수함.
		93	• 大將軍 劉噲가 西爨을 토벌할 때에 隋 文帝가 楊武通에게 뒤를 이어 진군하게 하였는데, 益州總管 蜀王 楊秀가 萬智光을 양무통의 行軍司馬로 삼으니, 수 문제가 이를 견책함. 태자 楊廣이 양수가 후환이 될까 염려

年度	在位年	역문쪽수	주요 사건
602 壬戌年	隋 文帝 仁壽 2	 95 96 97 98 102 105	하여 楊素를 통해 양수를 참소하니, 수 문제가 그를 소환하였으나, 양수가 가지 않음. 이에 조정에서 獨孤楷를 보내서 益州總管을 대신하게 함. 독고해의 설득으로 양수가 京師로 감. • 獨孤皇后 사망. • 楊達을 納言으로 삼음. • 楊素와 蘇威에게 牛弘 등과 함께 五禮를 수정하게 함. • 隋 文帝가 上儀同三司 蕭吉에게 獨孤皇后의 葬地를 정하게 하고 장례를 치름. • 蜀王 楊秀가 京師에 도착하자 隋 文帝가 그를 견책하고 法吏에게 넘김. 楊素에게 그의 죄상을 조사하게 하였는데, 태자 楊廣이 모함할 내용을 만들어 아룀. 이때 양소가 治書侍御史 柳彧이 양수와 왕래했다고 상주하니, 유욱이 제명됨. 貝州長史인 裴肅이 상소하여 高熲·楊勇·楊秀의 죄를 용서해줄 것을 청하였으나, 이루어지 못함. • 楊素와 그 가문의 권세가 강성해지자 이를 상대할 수 있는 사람은 柳彧, 尙書右丞 李綱, 大理卿 梁毗뿐임. 양소가 전횡하자 양비가 이에 대해 상소하여 이후로 隋 文帝가 양소를 멀리하고 양소에게 尙書省을 관장하는 권한을 빼앗음. 또한 양소의 동생인 楊約을 내보내어 伊州刺史로 삼음. 吏部尙書 柳述이 기밀사무를 관장함. • 交州의 俚族인 李佛子가 난을 일으키자 瓜州刺史 劉方을 交州道行軍摠管으로 삼아 출정하게 함. 유방이 격파하고 이불자를 설득시켜 항복시킴.
603 癸亥年	隋 文帝 仁壽 3	106 107 110	• 幽州摠管 燕榮이 엄혹하여 幽州長史 元弘嗣에게 장형을 가하고 감옥에 가둠. 이에 隋 文帝가 연영을 죽임. • 義倉에 常平官을 설치함. • 龍門의 王通이 〈太平十二策〉을 올렸는데, 수 문제가 그 계책을 쓰지 못하자, 왕통이 河水와 汾水 사이로 가서 사람을 가르침. 大業 말년에 그가 죽자 문인들이 文仲子라 시호함. • 돌궐 步迦可汗의 부락이 혼란해져서 鐵勒과 僕骨 등 10여 部가 배반하여 啓民可汗에게 항복하니, 보가가한이 吐谷渾으로 달아남. 계민가한을 積口에 있으면서 보가가한의 무리를 모두 소유함.

年度	在位年	역문쪽수	주요 사건
604 甲子年	隋 文帝 仁壽 4	111	• 隋 文帝가 병환이 심해져 大寶殿에서 사망함. 당시에 태자 楊廣이 수 문제가 총애하는 宣華夫人을 겁탈하려 하였는데, 이것을 알게 된 수 문제가 兵部尙書 柳述, 黃門侍郞 元巖에게 폐태자 楊勇을 부르게 하니, 楊素가 이를 알아차리고 柳述과 원암을 가둠. 수 문제가 죽자 태자 양광이 황제의 자리에 오르고 楊約을 보내 양용을 죽임. 유술과 원암은 제명되고 嶺南에 유배됨.
		118	• 袁充이 백관들에게 隋 煬帝가 즉위한 것을 축하는 표문을 올리게 하고자 하였는데, 禮部侍郞 許善心이 이를 반대함. 평소 허선심을 싫어하던 宇文述이 御史에게 탄해하게 하여 허선심이 給事郞으로 좌천되고 관품도 강등됨.
		119	• 幷州摠管 漢王 楊諒은 楊勇과 楊秀가 죄를 받은 것을 보고 불안해하였는데, 마침 돌궐과의 싸움에서 져서 그의 장수들이 嶺南으로 유배 가니, 이들을 남게 해줄 것을 부탁하였으나 隋 文帝에게 오히려 견책을 받음. 이에 양량은 諮議參軍 王頍와 蕭摩訶 등과 반란을 꾀함. 수 문제가 죽고 隋 煬帝가 양량을 불렀는데, 양량이 반란을 일으킴. 양량이 裴文安을 보내 蒲州를 차지하였지만 長安으로 진격하지는 않음. 代州總管 李景이 양량의 군대를 막자 양량이 喬鍾葵를 보내어 이경을 공격하게 함. 楊素는 포주성을 습격하여 함락시키자, 수 양제가 양소를 幷州道行軍摠管으로 삼아 양량을 토벌하게 함. 漢王府의 主簿인 豆盧毓이 양량을 배반하였다가 죽임을 당함. 史祥이 양량의 장수인 余公理와 綦良을 물리침. 한편 李子雄과 長孫晟이 幽州總管 竇抗을 사로잡고 양량을 공격함. 朔州刺史 楊義臣이 교종규에게 포위된 이경의 군대를 구원함. 양소가 양량의 장군인 趙子開를 격파하고 다시 양량의 본진을 대파하고 소마가를 사로잡음. 수 양제는 양량을 除名하고 庶人으로 삼음. 이후 양량은 유폐되어 죽음.
		132	• 수 문제를 太陵에 장례함. • 婦人, 奴婢, 部曲의 課稅를 면제하고, 남자는 22세에 成丁이 되게 함.
		133	• 章仇太翼의 건의로 수 양제가 洛陽으로 행차하고, 晉王 楊昭를 남겨 長安을 지키게 함.
		134	• 隋나라가 丁男을 동원하여 洛陽 주변에 참호를 파고 關防을 설치함.

年度	在位年	역문쪽수	주요 사건
			• 長城縣公 陳叔寶 사망.
		135	• 洛陽을 東京으로 삼음.
605 乙丑年	隋 煬帝 大業 1	134	• 皇后 蕭氏를 세움.
			• 여러 州의 摠管府를 없앰.
			• 晉王 楊昭를 太子로 삼음.
			• 劉方을 驩州道行軍摠管으로 삼아 林邑을 공격하게 함.
		136	• 楊諒의 반란을 토벌하는 데 공로를 세운 楊素를 尙書令으로 삼음.
			• 천하 사람들에게 상복을 벗도록 함.
		137	• 楊素에게 東京(洛陽)의 宮室을 짓게 하고, 洛州의 백성들과 여러 州의 부유한 상인들을 옮겨서 동경을 채움. 將作大匠 宇文愷와 內史舍人 封德彝 등에게 顯仁宮을 짓게 함. 長江과 五嶺 사이의 기이한 재목과 돌을 징발하여 洛陽으로 수송하게 하고, 海內의 아름다운 나무와 특이한 풀과 진기한 새와 짐승을 구하여 苑囿을 채움.
			• 隋 煬帝가 淮水와 해안 지역을 순시하고자 尙書右丞 皇甫議에게 백만 명을 징발하여 通濟渠를 개착하게 하고, 西苑에서 穀水와 洛水의 물을 끌어들여 黃河에 도달하게 하고, 板渚에서 황하의 물을 끌어들여 汴水로 유입하고, 변수의 물을 끌어들여 泗水로 유입하여 회수에 도달하게 함. 邗溝를 개착하여 〈회수의 물을〉 長江에 유입함. 운하의 옆에는 御道를 수축하여 버드나무를 심음. 長安에서 江都까지 離宮을 40여 곳에 설치함. 黃門侍郎 王弘 등을 파견하여 江南으로 가서 龍舟 등을 건조하게 함.(大運河의 건설)
		139	• 劉方이 林邑을 정벌할 적에 임읍왕 梵志가 군대를 동원하여 유방과 싸웠으나 패하여 海島로 도망감. 유방이 임읍의 도성으로 들어가서 그 종묘의 神主를 얻고 비석을 세운 후 돌아감. 유방은 도중에 병으로 사망함. 楊素는 尙書右丞 李綱을 유방의 行軍司馬로 삼았는데, 군대가 돌아오자 蘇威가 이강을 南海로 보내어 임읍을 상대하게 하고 오랫동안 중앙으로 부르지 않았음. 이에 이강이 임지를 떠나 돌아오니, 탄핵되어 벼슬에서 물러나 은거함.
		141	• 西苑을 축조함. 서원 안에는 인공 바다와 산을 만듦. 또 龍鱗渠를 설치하고 그 주위에 16개의 院을 만듦.
		143	• 滕王 楊綸과 衛王 楊集을 除名하고 변방으로 귀양 보냄.

年度	在位年	역문쪽수	주요 사건
605 乙丑年	隋 煬帝 大業 1	 145 147	• 隋 煬帝가 江都에 행차할 때 龍舟, 翔螭舟, 浮景船 등을 타고 감. • 契丹이 營州를 침략하자 通事謁者 韋雲起에게 돌궐의 군사를 이끌고 토벌하게 함. 啓民可汗이 기병 2만을 징발하여 그 지휘를 받음. 위운기가 돌궐이 고구려와 교역한다고 속여서 거란 영내로 들어가 습격하여 많은 노획물을 얻음. 이에 위운기를 治書侍御史로 삼음. • 이전에 西突厥 阿波可汗이 葉護可汗(莫何可汗)에게 포로가 되자 아파가한의 國人들이 泥利可汗을 세웠고 그 아들이 處羅可汗이 됨. 처라가한은 烏孫의 옛 땅에 머물러 國人들을 통제하지 못하여 대부분 배반하고 鐵勒에게 곤욕을 당함. 이때 처라가한이 철륵의 여러 부족을 공격하여 세금을 무겁게 매기고 薛延陀의 추장들을 죽임. 이에 철륵의 부족들이 배반하여 契苾歌楞을 莫何可汗으로 삼고, 薛延陀의 俟斤인 字也咥을 小可汗으로 삼음. 막하가한이 伊吾·高昌·焉耆를 복속시킴.
606 丙寅年	隋 煬帝 大業 2	148 149 150 152 153 155	• 州縣을 합병하여 줄임. • 牛弘 등에게 수레, 의복, 儀衛의 제도를 정하게 하고, 何稠를 太府少卿으로 삼아서 이를 제작하여 江都로 운송하게 함. 하조가 州縣에 새의 깃털과 짐승의 털을 보내오게 하니, 백성들이 새와 짐승을 잡는 데 동원됨. • 隋 煬帝가 화려하게 꾸민 수레와 기병을 갖추고 東京으로 돌아옴. 制書를 내려 문무의 관리들의 복식을 매우 화려하게 함. • 楊素를 司徒로 삼음. • 백관은 고과를 상고해서 승급할 수 없게 하고 반드시 덕행, 功과 재능이 분명히 드러난 사람을 발탁하여 승진하게 함. 이는 隋 煬帝가 관직을 주는 것을 아까워하여 임시로 관직을 겸임하거나 대리하게 한 것임. 吏部尙書 牛弘이 관리의 선발을 전적하지 못하고, 蘇威·宇文述·張瑾·虞世基·裴蘊·裴矩가 관리의 선발에 참여함. 그러나 그 실권은 우세기가 독점함. • 太子 楊昭 사망. • 進士科를 설치함. • 楊素가 병으로 사망. • 수 양제가 楊昭의 아들인 楊倓을 燕王에 봉하고, 楊侗을 越王에 봉하고 楊侑를 代王에 봉함.

年度	在位年	역문쪽수	주요 사건
		155	• 洛陽 근처에 洛口倉과 回洛倉을 설치함. • 散樂하는 樂人을 불러 모음.
607 丁卯年	隋 煬帝 大業 3	157	• 突厥 啓民可汗이 入朝하여 冠帶를 입기를 청함. • 宇文述과 雲定興의 참소로 長寧王 楊儼과 그 동생 일곱 명을 죽임.
		159	• 牛弘과 劉炫 등이 기존 율령을 수정하여 제정한 ≪大業律≫ 18편을 반포하여 시행하였는데, 隋 文帝 말기에 형법이 가혹하여 관대하게 한 것임. 후에 征役이 많이 일어나 율령이 쓰이지 않음.
		161	• 州를 郡으로 고침. • 官制를 개정함. 散官의 수정하여 光祿大夫(從1品)·左光祿大夫(左正2品)·右光祿大夫(右從2品)·金紫光祿大夫(正3品)·銀青光祿大夫(종3품)·正議大夫(정4품)·通議大夫(종4품)·朝請大夫(정5품)·朝散大夫(종5품) 등 9大夫가 되고, 殿內省을 설치하여 尙書省·門下省·內史省·秘書省과 함께 5省이 되고, 謁者臺·司隸臺를 증설하여 御史臺와 함께 3臺가 되고, 太府寺를 나누어 少府監을 설치하여 長秋監·國子監·將作監·都水監과 함께 5監이 되고, 또 左翊衛·右翊衛 등을 증설하여 16府가 되고, 伯爵·子爵·男爵을 없앰.
		163	• 隋 煬帝가 高祖(隋 文帝)를 위해 別廟를 세우게 하였는데, 이후 순행을 하느라 끝내 세우지 못함.
		164	• 수 양제가 북쪽으로 순행하여 太行山을 開鑿하여 幷州까지 馳道를 개통하고 楡林郡에 이르러 突厥의 경내를 들어갈 때에 우선 長孫晟을 보내어 啓民可汗에게 牙帳 안의 풀을 뽑게 함. 또 楡林의 북쪽 경계를 출발하여 동쪽으로 薊까지 御道를 개통함. 계민가한과 義成公主가 수 양제의 行宮에 와서 조회하고, 吐谷渾과 高昌이 사신을 보내 들어와 공물을 바침. 宇文愷에게 수천 명을 수용할 수 있는 큰 장막을 만들게 하고 연회를 베풀고 散樂을 연주함. 계민가한에게 路車·乘馬·鼓吹(樂隊)·幡旗를 하사하고 贊禮가 그 이름을 부르지 않게 하여 지위가 제후왕의 위에 있게 함.
		167	• 백만 명을 동원하여 長城을 쌓게 하되, 서쪽으로 楡林에서부터 동쪽으로 紫河에 이름. • 수 양제가 散樂에 종사하는 樂工들을 불러 모을 적에 太常卿 高熲이 간언하였으나 듣지 않음. 고경과 宇文

年度	在位年	역문쪽수	주요 사건
607 丁卯年	隋 煬帝 大業 3		弢, 賀若弼이 수 양제가 매우 사치하고 啓民可汗을 지나치게 예우함을 비판하자, 수 양제가 이들을 죽임.
		168	• 賀若弼이 죽은 뒤에 그와 친분이 있던 內史令 蕭琮을 면직시킴. 僕射 蘇威가 長城을 쌓는 것을 간했기 때문에 면직시킴.
		169	• 宇文愷 등에게 行殿(이동용 궁전)과 行城(이동용 성)을 만들게 함. 수 양제가 金河에 도착하여 啓民可汗의 廬帳에 행차함.
		170	• 수 양제가 돌아와 太原에 이르러서 晉陽宮을 營繕함.
		171	• 수 양제가 太行山에 올라가서 直道 90리를 개통하고, 濟源에 도착하여 총신인 張衡의 저택에 행차하여 연회를 베풂.
		171	• 수 양제가 東都에 돌아감. • 楊文思를 納言으로 삼음.
		172	• 西域 胡人들이 張掖에 와서 교역하자 수 양제가 吏部侍郎 裵矩를 보내서 관리하게 함. 배구는 이들의 지리와 풍속을 탐문하여 ≪西域圖記≫ 3권을 지어 수 양제에게 바침. 배구는 수 양제를 설득시켜 西域과 교통하게 하니, 배구를 黃門侍郎으로 삼아 장액에 보내어 胡人들을 불러 入朝하게 함. 西域 여러 胡人들이 끊임없이 왕래하여 연로의 郡縣들이 많은 비용을 소모함.
608 戊辰年	隋 煬帝 大業 4	175	• 永濟渠를 개통함. 沁水를 끌어들여 남쪽으로는 黃河까지 도달시키고 북쪽으로는 涿郡까지 연결시킴. • 元壽를 內史令에 임명함.
		176	• 裵矩가 西突厥의 處羅可汗이 장안에 있는 모친 向氏(상씨)를 그리워한다는 소식을 듣고 그에게 사신을 파견하자고 주청함. 司朝謁者 崔君肅을 파견하니, 처라가한이 조서를 받고 사자를 보내어 汗血馬를 바침.
		177	• 倭國이 朝貢을 바치고 倭王이 수 양제에게 '해 뜨는 곳의 천자가 해 지는 곳의 천자에게 안부를 묻는다.'는 서신을 보냄.
		178	• 수 양제가 五原에 가서 長城을 순시하였는데, 이때에 行宮에 六合城을 설치함.
		180	• 汾陽宮을 건설함. • 元德太子 楊昭가 죽었을 적에 齊王 楊暕이 태자가 될 예정이었기 때문에 柳謇之를 그의 長史로 임명함. 양간이 수 양제의 노여움을 사니, 수 양제가 양간의 측근

年度	在位年	역문쪽수	주요 사건
			들을 참수하고 王府의 신료들을 유배 보내고 유건지를 연좌시켜 제명함. 이후 양간은 총애를 잃어 정사에 참여하지 못함.
		183	• 萬壽戍에 성을 만들어 突厥의 啓民可汗이 거처하게 함.
			• 20만 명을 징발하여 楡谷에서 동쪽으로 長城을 쌓음.
			• 裴矩가 鐵勒의 군사를 이용하여 吐谷渾을 공격해서 크게 격파함.
		184	• 천하의 鷹師를 불러 모음.
			• 수 양제가 赤土에 사신을 보내니, 적토의 왕이 아들을 보내 조공을 바치게 함.
		185	• 將軍 薛世雄을 파견하여 伊吾를 공격해서 항복시킴.
609 己巳年	隋 煬帝 大業 5	185	• 東京(洛陽)을 東都로 개칭함.
			• 均田의 시행을 재차 천명함.
		186	• 민간에서 武器의 사용을 금지함.
			• 隋 煬帝가 河右(河西)를 巡狩하여 臨津關을 나가 吐谷渾을 공격하려 함. 浩亹川에 도착하니 토욕혼의 可汗 慕容伏允이 覆袁川을 지킴. 수 양제가 內史 元壽 등에게 포위하게 하자 모용복윤이 도주함. 大將軍 張定和와 光祿大夫 梁默 등이 추격하였으나 모두 모용복윤의 군대에 살해되었고, 衛尉卿 劉權만 伊吾에서 출발하여 靑海에 도착해서 토욕혼의 사람 천여 명을 포로로 잡고 伏俟城까지 도주하는 적병을 추격하였다가 돌아옴. 수 양제가 燕支山에 도착하니 裴矩가 朝見하게 한 高昌王 麴伯雅·伊吾의 吐屯設 등과 서역의 27국이 와서 길가에서 알현함. 토둔설이 수천 리의 땅을 바치니 西海郡·河源郡·鄯善郡·且末郡 등을 설치하여 천하의 죄인을 유배 보내 戍卒로 충당함. 유권에게 하원군의 積石鎭을 지키면서 屯田하며 토욕혼을 막아서 서역을 왕래하는 길을 개통함. 배구를 銀靑光祿大夫에 임명함. 당시 수나라는 190郡과 1,255縣과 890여만 戶가 있었으며, 영토는 동서로 9,300리에 남북으로 14,815리가 됨. 隋나라는 이때 가장 강성함. 예전에 토욕혼 모용복윤의 아들 慕容順이 來朝하게 하였는데, 수 양제가 그를 억류함. 이때 양제가 모용순을 가한으로 세워 돌려보냈으나 토욕혼으로 들어가지 못함.
		189	• 수 양제가 東都로 돌아올 적에 많은 병사들이 凍死함.
			• 民部侍郎 裴蘊이 戶籍에 누락된 戶口와 늙은이·어린

年度	在位年	역문쪽수	주요 사건
			이를 허위로 기재한 것이 많다고 여겨 외모를 살펴서 정남 24만 명과 호구 64만 명을 더하니, 배온을 御史大夫로 승진시켜 裴矩·虞世基와 함께 機務를 관장하는 데 참여하게 함. 이후 獄事의 판결을 배온에게 맡김.
		190	• 突厥의 啓民可汗이 죽자 그의 아들 阿史那咄吉을 始畢可汗으로 삼음. 시필가한이 表文을 올려 義成公主와 결혼함.
		191	• 薛道衡이 재주와 학식으로 명성이 높았는데, 潘州刺史로 있다가 召還될 적에 〈高祖頌〉을 올리니, 수 양제가 불쾌하게 여겨 어떤 사람의 참소로 설도형을 죽임.
610 庚午年	隋 煬帝 大業 6	192	• 흰 冠에 흰 옷 차림의 사람들이 彌勒佛을 칭하고 東都의 建國門으로 침입하였으나 齊王 楊暕이 진압함. 이 사건으로 천여 家가 연좌되어 처벌됨.
			• 여러 蕃國이 來朝하니 皇城의 端門 밖에서 百戲를 공연함. 또한 번국들이 東都의 동쪽 시장인 豐都市에 들어가 교역하게 해달라고 요청하자 이를 허락함.
		195	• 隋 煬帝가 流求에 虎賁郎將 陳稜을 보내어 공격하게 하니, 진릉이 유구 왕 渴剌兜를 참수하고 유구의 백성을 포로로 잡아서 돌아옴.
			• 공훈이 있는 자가 아니면 封爵을 내리지 말게 함.
		196	• 散樂에 종사하는 樂工을 太常寺에 배치하고 博士와 弟子를 두어 전수하게 하니 악공이 3만여 명에 이름.
			• 수 양제가 江都로 감.
			• 榆林太守 張衡을 江都宮을 짓는 工役을 감독하게 하였는데, 참소를 받아 除名되고 王世充에게 江都宮監을 겸임하게 함. 이때에 왕세충이 수 양제의 총애를 받음.
		198	• 文安侯 牛弘 사망.
		198	• 京口에서 餘杭까지 운하를 뚫었는데, 이 江南河는 會稽를 巡狩하고자 뚫은 것임.
		198	• 수 양제는 백관이 御駕를 따를 적에 戎衣를 입게 함.
		199	• 예전에 수 양제가 啓民可汗의 牙帳에 행차하였을 때에 계민가한과 高句麗 사신이 같이 있었는데, 고구려 사신을 통해 高句麗 왕에게 수나라에 입조하도록 함. 고구려 嬰陽王이 이때까지 입조하지 않자, 隋나라는 戰馬를 징발하고 병장기를 점검하게 함.
		200	• 隋 煬帝가 龍舟를 타고 黃河를 건너 永濟渠로 들어가고, 選部·門下·內史·御史에서 관리를 선발하여 3천

年度	在位年	역문쪽수	주요 사건
611 辛未年	隋 煬帝 大業 7	 202 203 204	여 명이 따라오게 하였는데, 중도에 죽은 사람이 많음. 수 양제가 臨朔宮에 이르러 천하의 병사를 징집하여 涿郡에 집결시키고 조서를 내려 고구려를 정벌하게 함. 幽州總管 元弘嗣에게 東萊郡의 海口로 가서 3백 척의 배를 建造하게 하였는데, 이때 역부들이 많이 죽음. 河南・淮南・江南에 戰車 5만 대를 만들게 하고 갑옷과 軍幕을 실어 高陽縣으로 운송하게 함. 河南과 河北의 民夫를 징발하여 군수품을 공급하게 하고, 長江과 淮河 이남의 民夫와 배는 黎陽倉과 洛口倉 등에 쌀을 운송하게 하니, 도로에서 죽은 자들이 많음. 이에 천하가 크게 소요함. • 山東과 河南에 홍수가 남. • 예전에 수 양제가 서쪽으로 巡狩하였을 적에 西突厥의 處羅可汗을 불렀는데 오지 않음. 이때에 射匱可汗이 사신을 보내 隋나라에 혼인을 청하자, 裴矩가 사궤가한에게 처라가한을 공격하게 함. 사궤가한이 군대를 일으켜 처라가한을 습격하니 처라가한이 高昌으로 달아나자, 수나라가 배구와 처라가한의 모친인 向氏를 보내 처라가한을 조회하게 함. • 高句麗 원정을 위해 山東에 말을 길러 제공하게 하고, 民夫를 징발하여 미곡을 운반하게 하였는데, 이때 많은 사람이 죽고 곡식 값이 급등함. 징발된 인부들이 도망하여 도적 떼가 됨. 王薄이 長白山에서 봉기하니, '知世郎'이라 하고, 劉霸道가 豆子䴚에서 봉기하니 阿舅賊'이라 하고, 고구려 정벌의 병사로 징발된 孫安祖가 高雞泊에서 봉기하고, 張金稱이 河曲에서 봉기하고, 高士達이 淸河郡에서 봉기함. 竇建德이 도적들과 내통했다는 의심을 받아 가족들이 죽임을 당하자, 고사달에게 도망함. 얼마 후 손안조가 장금칭에게 살해당하자 손안조의 무리가 두건덕에게 귀부함. 이때부터 각지에 도적 떼가 봉기함.
612 壬申年	隋 煬帝 大業 8	209	• 귀부한 西突厥의 무리를 3部로 나누어 處羅可汗의 아우 闕達度設을 會寧에 두고, 特勒 大柰는 樓煩에 두고 처라가한은 기병 500명을 거느리고 隋 煬帝의 순행을 따르게 함. 처라가한에게 曷娑那可汗의 칭호를 내림. • 道士 潘誕이 金丹을 제조하기 위해 石膽과 石髓를 구하다 실패하고서 隋 煬帝에게 童男童女의 담낭과 골수

年度	在位年	역문쪽수	주요 사건
612 壬申年	隋 煬帝 大業 8		를 요구하다가 죽임을 당함.
		210	• 隋나라의 좌익 12軍은 鏤方과 樂浪 등으로 출병하고 우익 12군은 黏蟬(염제)와 襄平 등으로 출병하여 平壤에서 총집결하게 함. 군사가 113만이고 수송하는 사람이 그 갑절이나 됨.
		212	• 內史令 元壽 사망. • 左候衛大將軍 段文振이 고구려 원정 중에 사망.
		214	• 高句麗가 遼水를 지켰는데, 左屯衛大將軍 麥鐵杖 등이 진격하였으나 전사함. 수나라 군대가 부교를 설치하여 진격하여 고구려 군대를 패배시키고 遼東城을 포위함. 수 양제가 직접 요수를 건너 요동성으로 나아가서 曷薩那可汗(曷娑那可汗)과 高昌王 麴伯雅를 대동하고 전투를 지켜봄.
		215	• 納言 楊達 사망. • 隋나라 군대가 오랫동안 요동성을 포위하였으나 함락시키지 못함.
		216	• 右翊衛大將軍 來護兒가 水軍을 거느리고 浿水로 진입하여 平壤 근교에서 高句麗 군대를 크게 무찌르고 평양성으로 진격했다가 패배하고 퇴각함. • 左翊衛大將軍 宇文述·于仲文·辛世雄·衛文昇 등 9軍이 鴨綠水를 넘어 진격하였는데, 高句麗의 乙支文德이 거짓으로 항복하였다가 돌아감. 이에 우문술 등이 을지문덕을 추격하여 평양 근교까지 이르렀으나 군량이 부족하여 군대를 돌렸는데, 을지문덕이 薩水에서 수나라 군대를 공격하여 크게 격파함.(薩水大捷) 이번 원정에서 隋나라는 오직 요수 서쪽의 武厲邏를 함락시켜 遼東郡과 通定鎭을 설치함.
		219	• 수 양제가 東都로 돌아옴. 宇文述과 于仲文 등이 除名됨. 다만 거짓으로 항복했던 乙支文德을 놓아준 慰撫使 劉士龍은 誅殺됨. 장군들이 우중문에게 책임을 패전의 책임을 돌리니 우중문을 구금시키니, 얼마 후 우중문이 병사함.
		220	• 山東에 큰 가뭄이 듦. • 張衡이 추방된 후에 수 양제를 원망하였다고 하여 죽임을 당함.
		221	• 천하의 군사를 징발하여 涿郡에 집결시키고, 처음으로 백성을 驍果로 모집함.

年度	在位年	역문쪽수	주요 사건
613 癸酉年	隋 煬帝 大業 9	 222 223 225 226 235 237 241 242 243	• 白瑜娑가 牧馬를 강탈하고 突厥과 연합하니, 隴右(隴西) 지방이 큰 피해를 당하여 그들을 奴賊이라 함. • 代王 楊侑에게 西京을 留守하라고 명하고 刑部尙書 衛文昇에게 楊侑를 보좌하게 함. • 宇文述의 官爵을 회복시키고 開府儀同三司를 더해줌. • 孟海公이 봉기하여 周橋를 점거함. • 隋 煬帝가 다시 高句麗를 親征함. 越王 楊侗이 東都를 留守하고 民部尙書 樊子蓋가 보좌함. • 齊郡의 王薄과 孟讓, 北海의 郭方預, 淸河의 張金稱, 平原의 郝孝德, 河間의 格謙, 勃海의 孫宣雅가 봉기하여 山東 지방이 혼란에 빠짐. 齊郡丞 張須陀가 왕박 등을 크게 물리침. • 수 양제가 遼水를 건너서 宇文述과 楊義臣을 파견하여 平壤으로 진격하게 하고 王仁恭은 新城으로 진군하게 함. 수 양제가 요동성을 공격하였으나 함락시키지 못함. • 楊玄感이 黎陽에서 군수물자의 운송을 감독하였는데, 거짓으로 來護兒의 水軍이 반란을 일으켰다고 하고 내호아를 토벌한다는 명분으로 군대를 징발함. 양현감은 御史 游元을 죽이고, 李密을 불러들이고 東都를 공격함. 그러나 동도의 수비가 굳건하여 함락시키지 못함. 長安에 있던 代王 楊侑가 衛文昇에게 군대를 주어 동도를 구원하게 함. 위문승이 양현감의 동생 楊玄挺을 죽임.(楊玄感의 반란) • 수 양제는 遼東城을 오랫동안 포위하였으나 함락시키지 못하였는데, 楊玄感의 반란을 듣고 후퇴함. 虎賁郎將 陳稜을 파견하여 黎陽의 元務本을 공격하고 宇文述과 屈突通을 파견하여 양현감을 토벌하게 함. 來護兒는 東萊에서 회군하여 양현감을 공격함. • 餘杭에서 劉元進이 봉기함. • 楊玄感이 屈突通, 樊子蓋, 衛文昇의 군대와 싸워서 패하여 潼關으로 갔는데, 宇文述 등의 추격을 받고 싸우다 패하여 죽음. • 隋 煬帝가 衛尉少卿 李淵을 파견하여 弘化留守 元弘嗣를 체포하게 하고 이어 이연을 홍화유수로 삼음. • 吳郡의 朱燮과 晉陵의 管崇이 봉기함. • 隋 煬帝가 楊玄感의 黨與를 수색하여 3만 명을 죽임. 또한 양현감이 창고를 열어 백성을 구제했을 때 미곡을 받은 자를 도성 남쪽에 생매장함.

年度	在位年	역문쪽수	주요 사건
613 癸酉年	隋 煬帝 大業 9	245	• 朱燮과 管崇이 劉元進을 추대하니, 유원진이 吳郡을 점거하고 천자를 자칭함. 수 양제가 左屯衛大將軍 吐萬緖와 光祿大夫 魚俱羅를 파견하여 그들을 토벌하게 함.
		246	• 右候衛將軍 馮孝慈가 張金稱에게 패하여 죽음. • 韋福嗣, 李密, 楊積善, 王仲伯이 잡힘. 이밀과 왕중백 등은 도망치고 위복사와 양적선 등은 압송되어 죽임을 당함.
		248	• 唐縣의 불교도인 宋子賢과 扶風郡의 승려 向海明이 환술을 이용해 봉기하였다가 토벌됨. • 吐萬緖가 劉元進을 공격하여 무찌르고 管崇을 죽임. 토만서와 魚俱羅 등이 叛賊들을 단시간에 평정할 수 없다고 하자, 수 양제가 江都丞 王世充 파견하여 유원진을 토벌하니, 유원진과 朱燮이 죽음.
		250	• 杜伏威가 봉기하여 淮南 지방을 약탈하니, 江都留守가 校尉 宋顥를 파견하여 토벌하였는데, 두복위가 송호의 군사를 격파함.

2. ≪思政殿訓義 資治通鑑綱目 23≫ 地圖

1) 仁壽 2년(602) 楊諒의 반란

2) 大業 원년(605) 대운하

3) 大業 원년(605) 東京

4) 大業 원년(605) 鐵勒 제부족의 분포

5) 大業 3년(607) 隋 煬帝 北巡

6) 大業 8년(612) 高句麗 원정

7) 大業 9년(613) 楊玄感의 반란

※ 이 지도는 ≪柏楊白話版 資治通鑑≫(北岳文藝出版社, 2006)을 참조하여 本書를 이해하는 데 도움이 되도록 수정 편집하였다.

1) 仁壽 2년(602) 楊諒의 반란

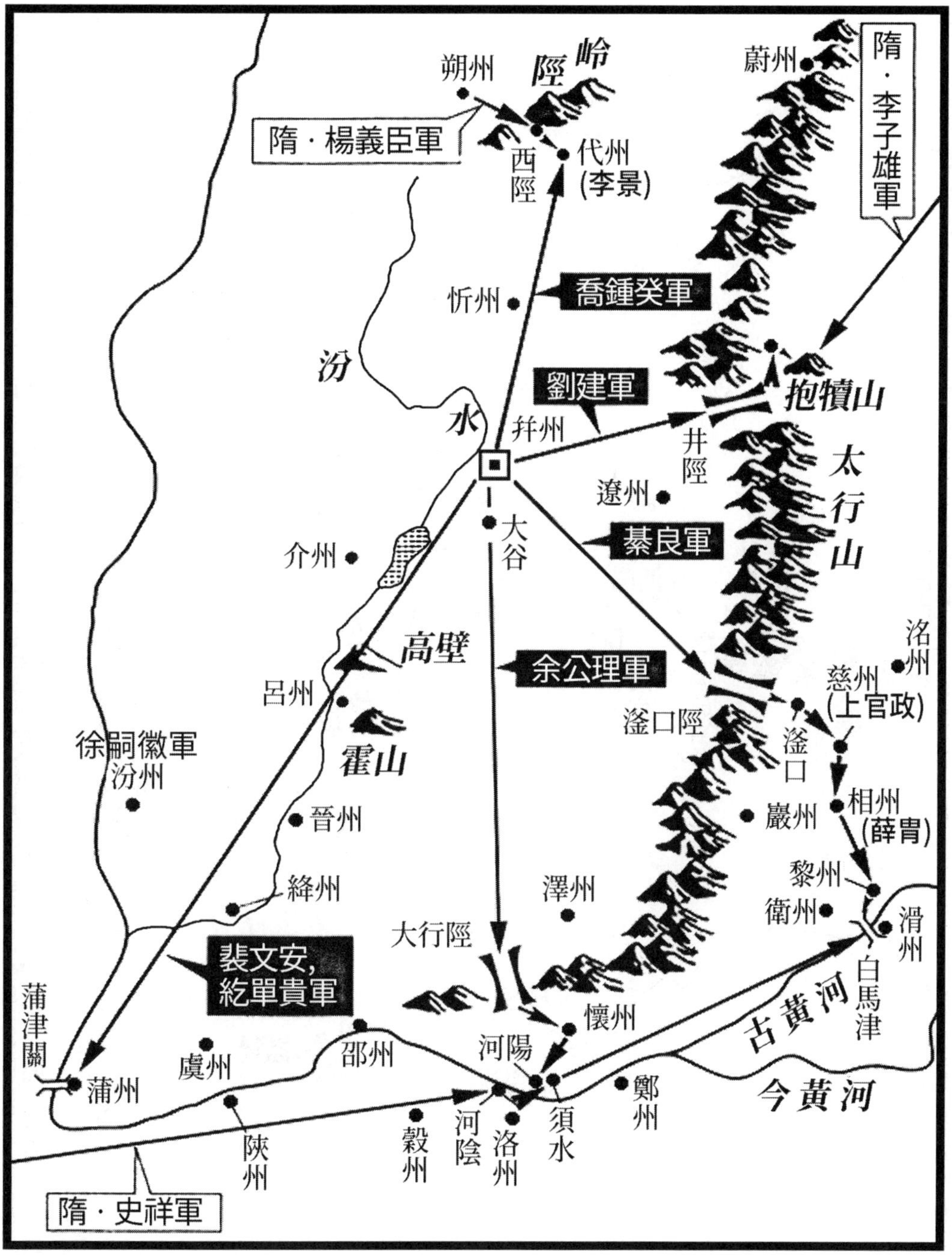

2) 大業 원년(605) 대운하

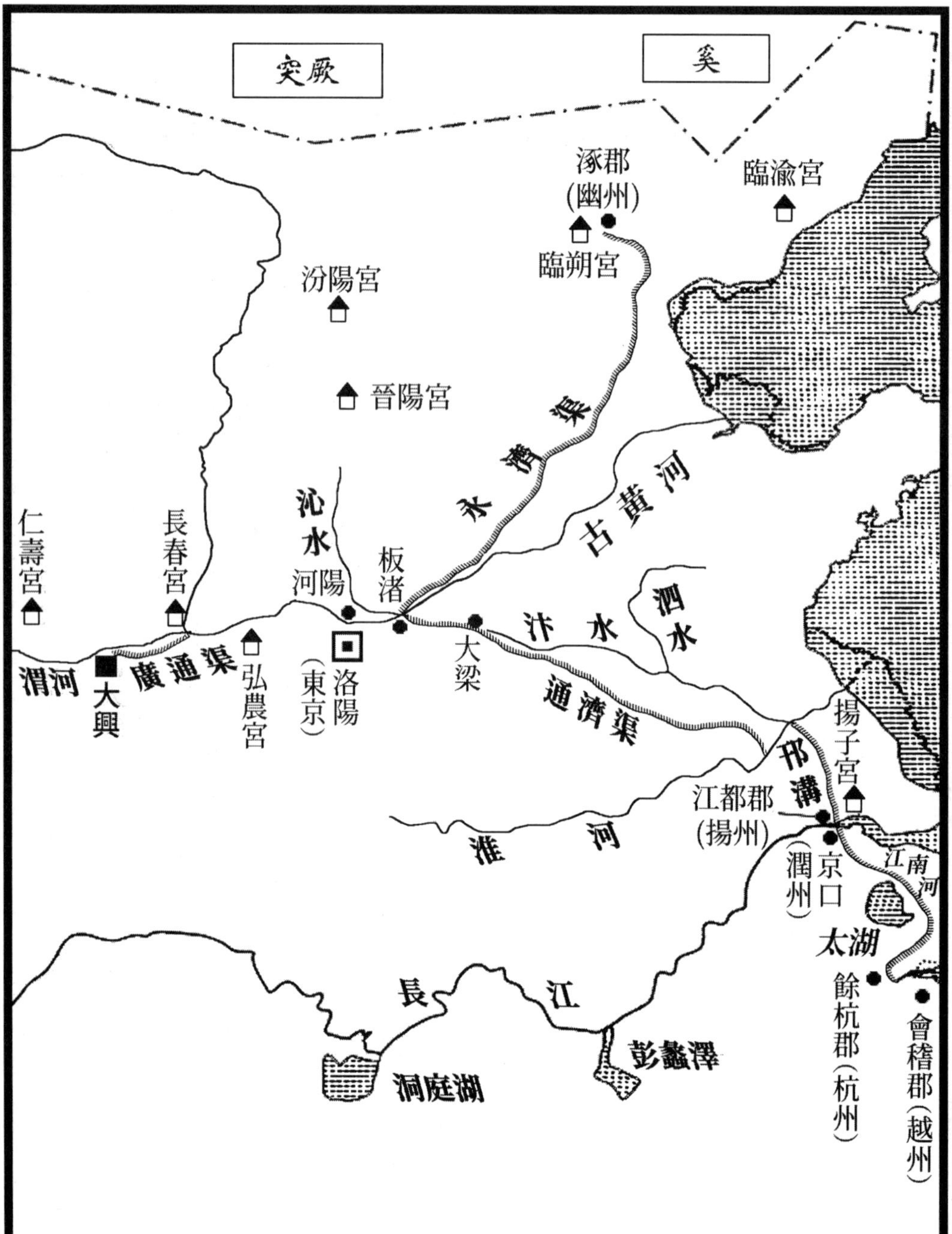

3) 大業 원년(605) 東京

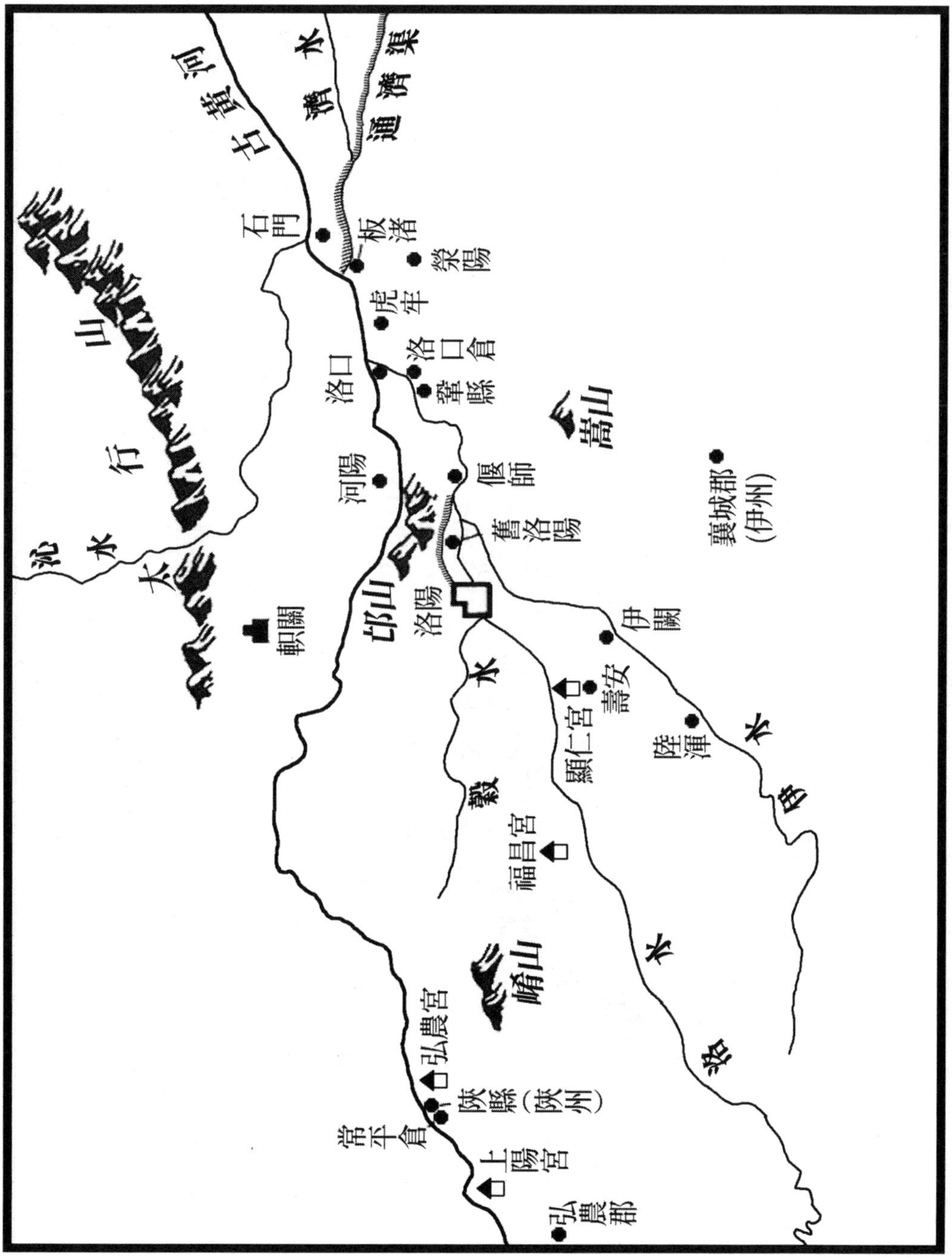
古黃河
濟水
通濟渠
石門
板渚
滎陽
虎牢
洛口倉
洛口
鞏縣
嵩山
太行山
沁水
河陽
偃師
舊洛陽
襄城郡(伊州)
邙山
洛陽
軹關
伊闕
壽安
顯仁宮
陸渾
伊水
穀水
福昌宮
崤山
洛水
弘農宮
陝縣(陝州)
常平倉
上陽宮
弘農郡

4) 大業 1년(605) 鐵勒 제부족의 분포

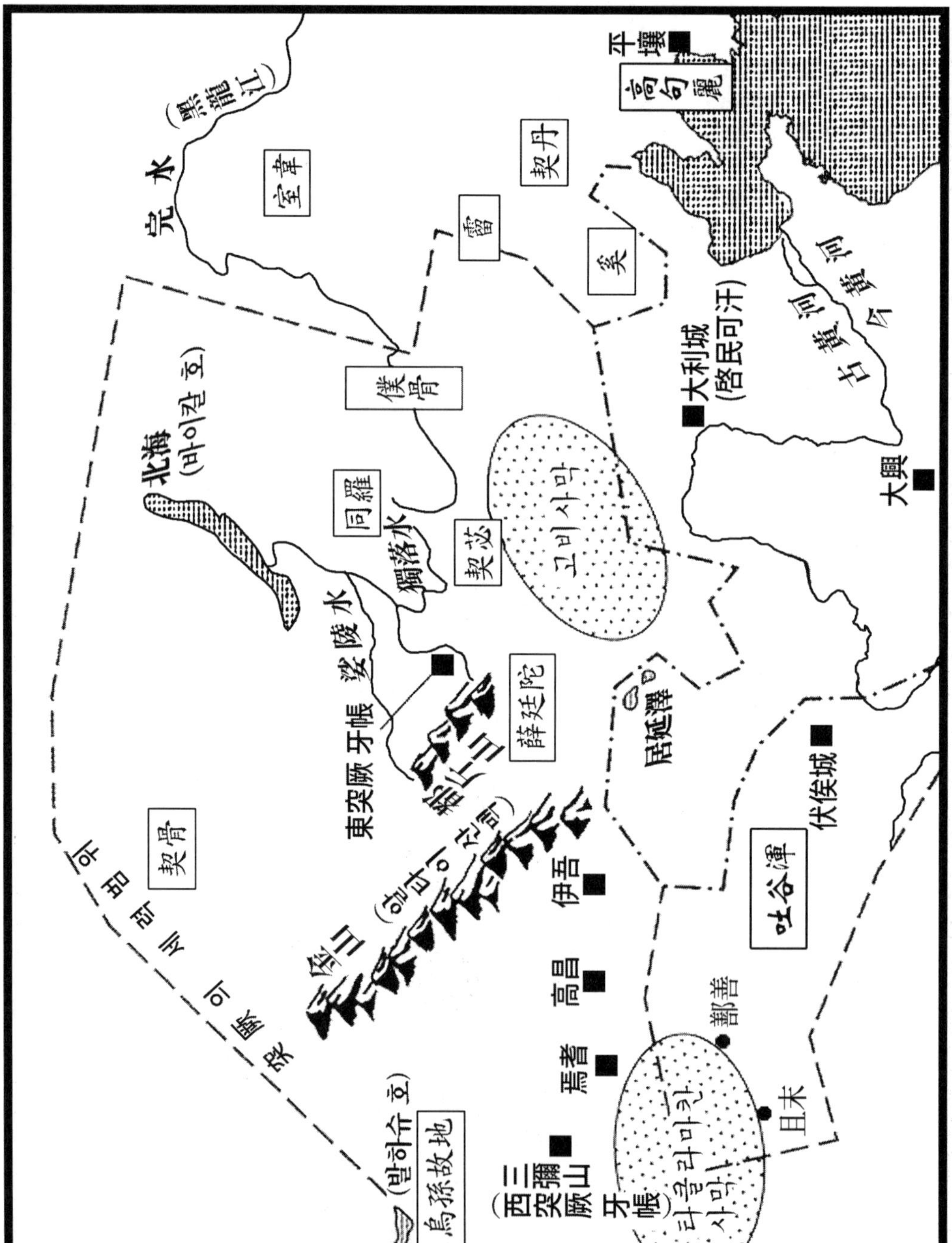

5) 大業 3년(607) 隋 煬帝 北巡

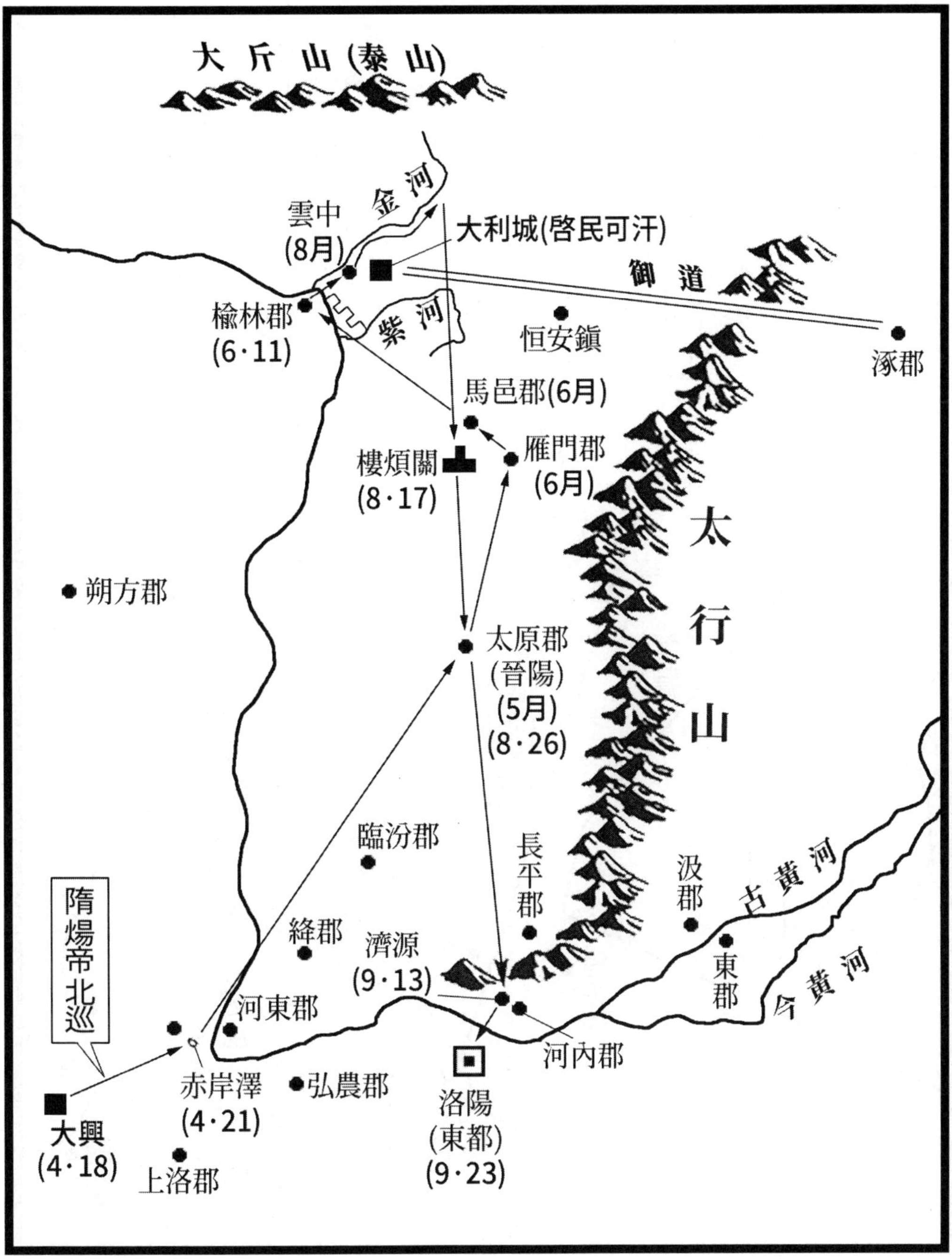

6) 大業 8년(612) 高句麗 원정

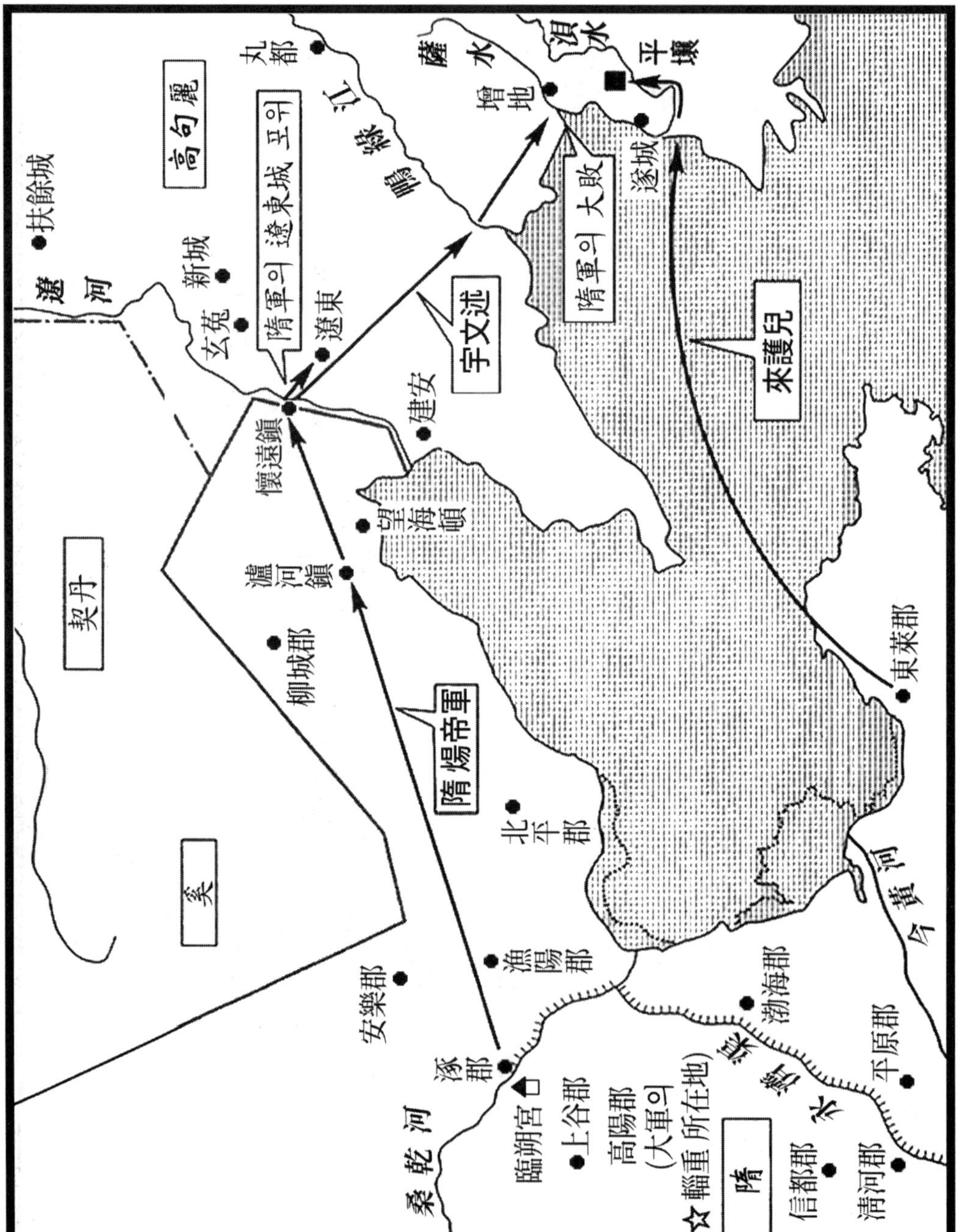

7) 大業 9년(613) 楊玄感의 반란

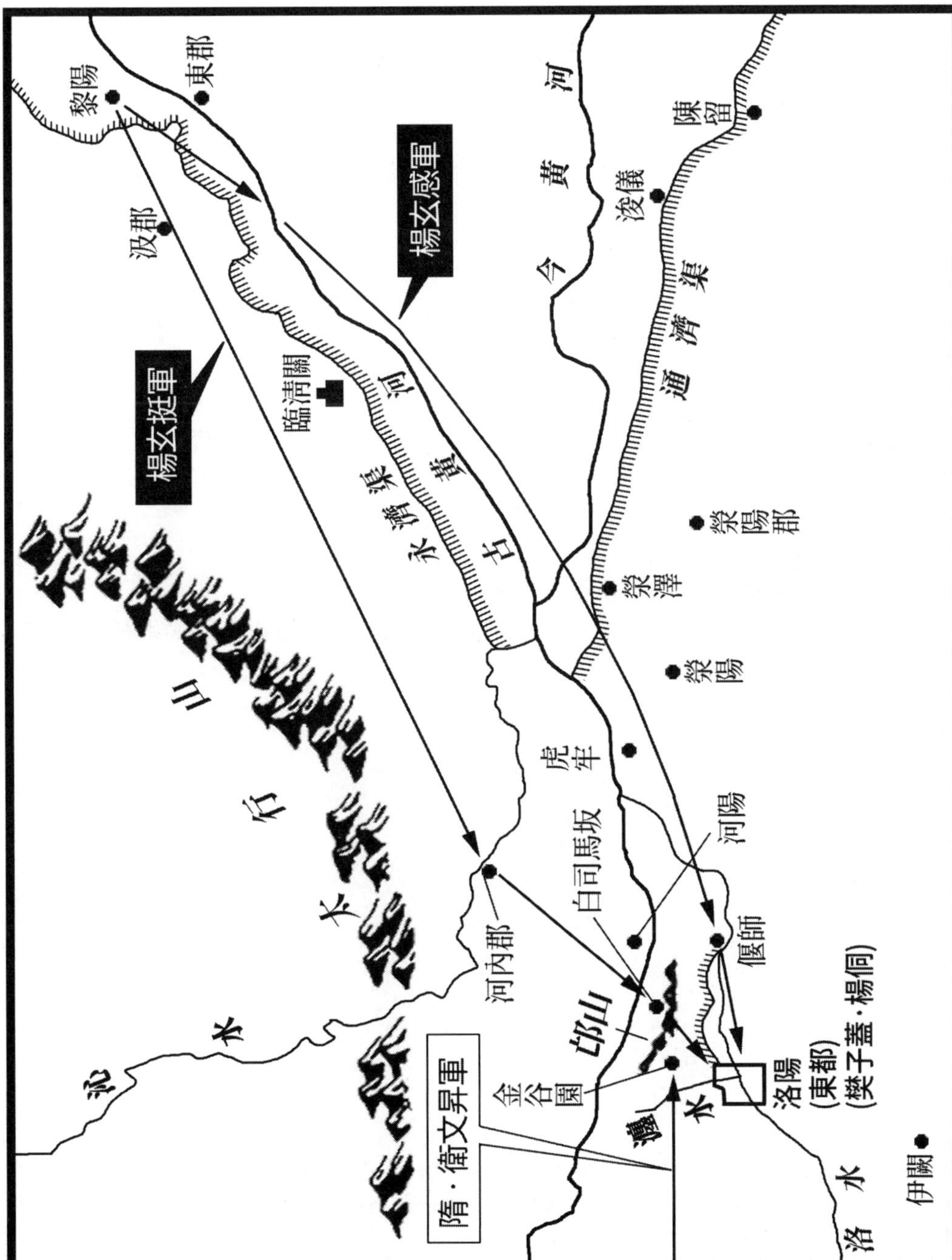

3. 隋나라 世系表

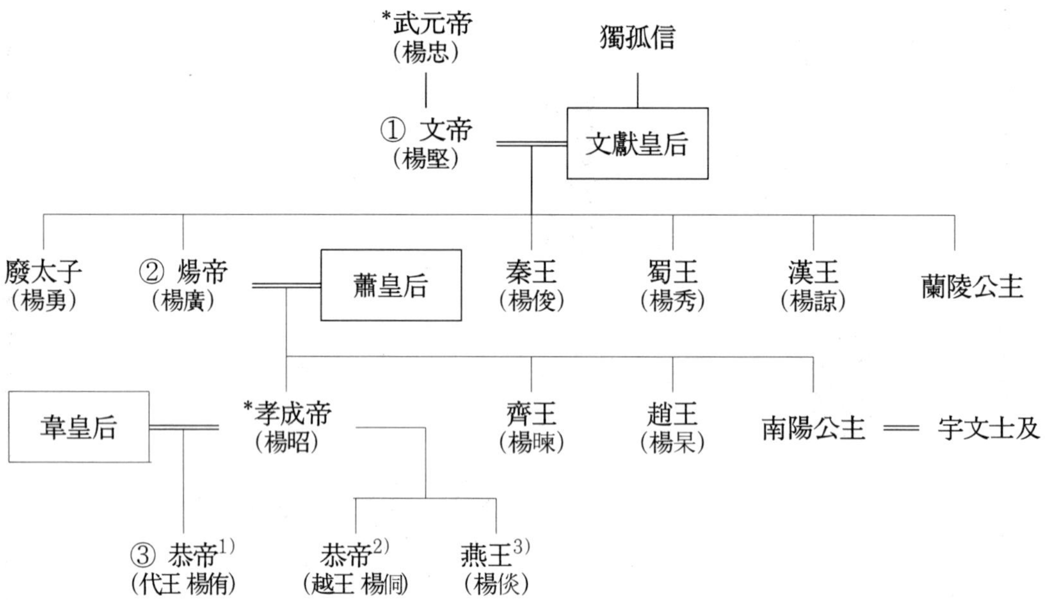

○ 帝位 순서　— 親屬關係 ═婚姻關係　* 追尊

1) 代王 楊侑는 長安에서 李淵에 의해 황제에 올랐다. 시호는 恭帝이다.

2) 越王 楊侗의 모친은 楊昭의 첩인 小良娣 劉氏이다. 양동은 洛陽에서 왕세충에 의해 황제로 올랐다. 시호는 恭帝이고 哀帝라 불리기도 하였다.

3) 燕王 楊倓의 모친은 楊昭의 첩인 大良娣 劉氏이다.

4. ≪思政殿訓義 資治通鑑綱目 23≫ 參考書目

◇ 底本

- ≪資治通鑑綱目≫, 朱熹(宋) 撰, 思政殿 訓義, 규장각 소장본.(奎7500)

◇ 底本 관련자료

- ≪資治通鑑綱目≫, 朱熹(宋) 撰, 思政殿 訓義, 규장각 소장본.(奎7512)
- ≪資治通鑑綱目≫, 朱熹(宋) 撰, 思政殿 訓義, 국립중앙도서관 소장본.(한古朝50-5)
- ≪資治通鑑綱目≫(≪朱子全書≫ 8~11), 朱熹(宋) 撰, 嚴文儒·顧宏義 校點, 上海古籍出版社·安徽教育出版社, 2002.
- ≪御批資治通鑑綱目≫, 朱熹(宋) 撰, 聖祖(淸) 批, 文淵閣四庫全書 제689~692책 史部 447~450, 臺灣商務印書館, 1983~1986.
- ≪資治通鑑≫, 司馬光(北宋) 撰, 思政殿 訓義, 국립중앙도서관 소장본.(일산古221-43)
- ≪資治通鑑≫, 司馬光(北宋) 撰, 胡三省(元) 音註, 中華書局, 1992.(제5판)

◇ 原典 및 字典類

〔經部〕

- ≪康熙字典≫, 張玉書(淸) 等 撰, 文淵閣四庫全書 제229~231책, 臺灣商務印書館, 1983~1986.
- ≪論語集註大全≫, 朱熹(宋) 集註, 胡廣(明) 等 編, 朝鮮 內閣本, 影印本, 學民文化社.
- ≪東萊博議≫, 呂祖謙(宋) 撰, 文淵閣四庫全書 제152책, 臺灣商務印書館, 1983~1986.
- ≪孟子集註大全≫, 朱熹(宋) 集註, 胡廣(明) 等 編, 朝鮮 內閣本, 影印本, 學民文化社.
- ≪尙書正義≫, 十三經注疏整理委員會 整理, 北京大學出版社, 2000.
- ≪書傳大全≫, 蔡沈(宋) 集傳, 胡廣(明) 等 編, 朝鮮 內閣本, 影印本, 學民文化社.
- ≪詩傳大全≫, 朱熹(宋) 集傳, 胡廣(明) 等 編, 朝鮮 內閣本, 影印本, 學民文化社.
- ≪禮記正義≫, 十三經注疏整理委員會 整理, 北京大學出版社, 2000.
- ≪字彙補≫, 吳任臣(淸) 撰, 續修四庫全書 제233책, 上海古籍出版社, 2002.
- ≪全韻玉篇≫, 未詳, 세종대왕기념사업회, 2003.
- ≪周禮注疏≫, 鄭玄(後漢) 注, 賈公彦(唐) 疏, 阮元(淸) 校刻, 十三經注疏(淸 嘉慶刊本),

中華書局, 1980.
- ≪集韻≫, 丁度(宋) 等 撰, 文淵閣四庫全書 제235책, 臺灣商務印書館, 1983~1986.
- ≪春秋經傳集解≫, 左丘明(周) 傳, 杜預(晉) 註, 林堯叟(宋)・朱申(宋・元) 附註, 朝鮮 金屬活字本(戊申字), 影印本, 保景文化社.

〔史部〕
- ≪舊唐書≫, 劉昫(後晉) 撰, 中華書局, 1975.
- ≪唐六典≫, 唐 玄宗 撰, 李林甫(唐) 等奉敕注, 陳仲夫 點校, 中華書局, 1992.
- ≪洛陽伽藍記≫, 楊衒之(北魏) 撰, 文淵閣四庫全書 제587책, 臺灣商務印書館, 1983~1986.
- ≪北史≫, 李延壽(唐) 撰, 中華書局, 1974.
- ≪史記≫, 司馬遷(漢) 撰, 點校本二十四史修訂本, 中華書局, 2013.
- ≪三國史記≫, 金富軾(高麗), 國立中央圖書館 소장본.
- ≪水經注≫, 酈道元(北魏) 撰, 文淵閣四庫全書 제573책, 臺灣商務印書館, 1983~1986.
- ≪新唐書≫, 歐陽脩(北宋)・宋祁(北宋) 等 撰, 中華書局, 1975.
- ≪隋書≫, 魏徵(唐) 等 撰, 點校本二十四史修訂本, 中華書局, 2018.
- ≪御批歷代通鑑輯覽≫, 傅恆(淸) 撰, 文淵閣四庫全書 제335~339책, 臺灣商務印書館, 1983~1986.
- ≪通典≫, 杜佑(唐) 撰, 文淵閣四庫全書 제603~605책 臺灣商務印書館, 1983~1986.
- ≪漢書≫, 班固(後漢) 撰, 中華書局, 2002.
- ≪後漢書≫, 范曄(南朝 宋) 撰, 中華書局, 1965.

〔子部〕
- ≪大業雜記≫, 杜寶(唐) 撰, 叢書集成初編, 中華書局, 1991.
- ≪山海經≫, 郭璞(晉) 撰, 文淵閣四庫全書 제1042책, 臺灣商務印書館, 1983~1986.
- ≪小學諸家集註≫, 朱熹(宋) 撰, 李珥(朝鮮) 編, 學民文化社, 2000.
- ≪顔氏家訓≫, 顔之推(北齊) 撰, 文淵閣四庫全書 제848책, 臺灣商務印書館, 1983~1986.
- ≪御定子史精華≫, 吳士玉(淸)・吳襄(淸) 撰, 文淵閣四庫全書 제1008~1010책, 臺灣商務印書館, 1983~1986.
- ≪太平御覽≫, 李昉(宋) 等 撰, 文淵閣四庫全書 제893~900책 臺灣商務印書館, 1983~1986.
- ≪淮南子≫, 劉安(漢) 撰, 文淵閣四庫全書 제848책, 臺灣商務印書館, 1983~1986.

〔集部〕

- ≪詳說古文眞寶大全≫, 編者 未詳, 丁酉字本, 影印本, 學民文化社.
- ≪隋唐嘉話≫, 劉餗(唐) 撰, 唐宋史料筆記叢刊, 中華書局, 1979.
- ≪龍飛御天歌≫, 權踶(朝鮮) 等受命撰, 奎章閣 소장본.
- ≪六臣注文選≫, 蕭統(梁) 撰, 李善(唐) 等 註, 文淵閣四庫全書 제1330~1331책, 臺灣商務印書館, 1983~1986.
- ≪全唐詩≫, 曹寅(淸)· 彭定求(淸) 編修, 文淵閣四庫全書 제1423~1431책, 臺灣商務印書館, 1983~1986.
- ≪中原音韻≫, 周德淸(元) 撰, 文淵閣四庫全書 제1491~1493책, 臺灣商務印書館, 1983~1986.

〔字典類〕

- 戴逸 主編, ≪二十六史大辭典≫, 吉林人民出版社, 1993.
- 山腰敏寬, ≪中國歷史公文書讀解辭典≫, 汲古書院, 2004.
- 施丁·沈志華 共譯, ≪資治通鑑大辭典≫ 上·下, 吉林人民出版社, 1994.
- 呂宗力 主編, ≪中國歷代官制大辭典≫, 北京出版社, 1994.
- 日中民族科學研究所 編, ≪中國歷代職官辭典≫, 國書刊行會, 1980.
- 中國大百科全書總編輯委員會 編, ≪中國大百科全書≫, 中國大百科全書出版社, 2009.
- 中國歷史大辭典編纂委員會 編, ≪中國歷史大辭典≫, 上海辭書出版社, 2000.
- 陳振江, ≪二十六史典故辭典≫ 上·下, 天津人民出版社, 1994.
- 倉修良 主編, ≪史記辭典≫, 山東教育出版社, 1991.
- ──────, ≪漢書辭典≫, 山東教育出版社, 1996.
- 貝塚茂樹 等 編, ≪アジア歷史事典≫, 平凡社, 1952~1962.

◇ 研究論著 및 飜譯書

〔韓國〕

- 權重達, ≪資治通鑑≫ 1~32, 삼화, 2007~2010.
- ───, 〈≪資治通鑑≫의 사학사적 의미〉, 한국사학사학보 21, 2010.
- 김용천·박례경 역주, ≪譯註 周禮註疏 1≫, 전통문화연구회, 2020.
- 김택민 주편, ≪당률소의 역주≫ 1~4, 경인문화사, 2021.
- 김택민 등 역, ≪譯註 唐六典≫ 1~3, 신서원, 2003~2009.
- 노요한, 〈조선전기 관찬 역사서의 주해 방식에 대하여 : ≪資治通鑑綱目思政殿訓義≫를 중심으로〉, ≪규장각≫ 50, 규장각한국학연구원, 2017.

- ———, 〈조선전기 관찬 역사서의 주해 방식에 대하여 : ≪資治通鑑綱目思政殿訓義≫를 중심으로(2)〉, ≪진단학보≫ 129, 진단학회, 2017.
- 동북아역사재단 편, ≪舊唐書 外國傳 譯註≫, 동북아역사재단, 2009.
- ——————, ≪史記 外國傳 譯註≫, 동북아역사재단, 2009.
- ——————, ≪新唐書 外國傳 譯註≫, 동북아역사재단, 2009.
- ——————, ≪周書 ·隋書 外國傳 譯註≫, 동북아역사재단, 2009.
- 成百曉 譯註, ≪譯註 通鑑節要≫ 1~9, 傳統文化硏究會, 2005~2011.
- 오항녕, 〈朝鮮 世宗代 ≪資治通鑑思政殿訓義≫와 ≪資治通鑑綱目思政殿訓義≫의 編纂〉, ≪태동고전연구≫ 15, 태동고전연구소, 1998.
- 정구복 외, ≪역주 삼국사기3≫, 한국학중앙연구원, 2012.
- 정동민, 〈613 · 614년 高句麗-隋 전쟁에 보이는 遼西 상황과 隋軍의 전략〉, ≪서강인문논총 55≫, 2019.
- 池松旭, ≪詳密註釋 通鑑諺解≫, 學民文化社, 1992.

〔日本〕

- 加藤繁 · 公田連太, ≪國譯 資治通鑑≫, 景仁文化社, 1996.
- 氣賀澤保規, ≪中國の歷史 6 : 絢爛たる世界帝國(隋唐時代)≫, 講談社, 2005.
- 松丸道雄 等 編, ≪中國史 2 -三國~唐-≫, 山川出版社, 1996.
- 川勝義雄, ≪中國の歷史3 -魏晉南北朝-≫, 講談社, 1974.
- 川本芳昭, ≪中國の歷史 5 : 中華の崩壞と擴大(魏晉南北朝)≫, 講談社, 2005.

〔中國 · 臺灣〕

- 馬建石 主編, ≪文白對照 資治通鑑輯覽≫ 1~36, 國際文化出版公司, 2002.
- 柏楊 編譯, ≪柏楊白話版 資治通鑑≫, 北岳文藝出版社, 2006.
- 孫通海 · 李巨泰 主編, ≪文白對照 資治通鑑綱目≫ 1~5, 長征出版社, 1996.
- 李國祥 等, ≪資治通鑑全譯≫, 貴州人民出版社, 1994.
- 李宗侗 · 夏德儀 等 校註, ≪資治通鑑今註≫ 1~15, 臺灣商務印書館, 1985.
- 資治通鑑新注編纂委員會 編, ≪資治通鑑新注≫ 1~10, 陝西人民出版社, 1998.
- 張宏儒 · 沈志華 主編, ≪文白對照全譯 資治通鑑≫ 1~3, 改革出版社, 1991.
- 張大可 · 韓兆琦 注譯, ≪新譯 資治通鑑≫ 1~40, 三民書局, 2017.
- 朱永嘉, 蕭木 譯註, ≪新譯 唐六典≫, 三民書局, 2002.
- 許嘉璐 主編, ≪二十四史全譯≫, 漢語大詞典出版社, 2004.
- 黃惠賢, ≪中國政治制度通史4 魏晉南北朝≫, 人民出版社, 1996.

〔英美〕

- Yap, Joseph, *Wars With The Xiongnu, A Translation from Zizhi tongjian*, AuthorHouse, 2009.
- ──────, *Zizhi tongjian: Warring States and Qin*, CreateSpace, 2016.

◇ 데이터베이스(DB) 자료

- 한국고전종합DB(http://db.itkc.or.kr)
- 동양고전종합DB(http://db.cyberseodang.or.kr)
- 상우천고(http://www.s-sangwoo.kr)
- 電子版 文淵閣四庫全書, 上海古籍出版社.

◇ 年表 관련 자료

- 氣賀澤保規, ≪中國の歷史 6：絢爛たる世界帝國(隋唐時代)≫, 講談社, 2005.
- 柏楊, ≪中國歷史年表 上・下≫, 南海出版社, 2006.
- 松丸道雄 等 編, ≪中國史 2 -三國～唐-≫, 山川出版社, 1996.
- 沈起煒, ≪中國歷史大事年表≫, 上海辭書出版社, 2001.
- 川本芳昭, ≪中國の歷史 5：中華の崩壞と擴大(魏晉南北朝)≫, 講談社, 2005.

5. ≪思政殿訓義 資治通鑑綱目23≫ 參考圖版 目錄

6. ≪思政殿訓義 資治通鑑綱目≫ 總目次

總目次

※ 總目次는 QR코드를 통해 스마트 기기로만 이용 가능

7. ≪思政殿訓義 資治通鑑綱目≫ 解題

解題

※ 解題는 QR코드를 통해 스마트 기기로만 이용 가능

責任飜譯者 略歷

吳圭根

江原 平昌 大化 出生
南山 鄭鑽 先生, 祖父 鳳西 先生, 家親 硏靑 先生에게 受學
民族文化推進會 國譯硏修院 卒業
　　　　　　　　國譯硏修院 講師 歷任
傳統文化硏究會 古典硏修院 講師 歷任
　　　　　　　　理事(現)

譯書 및 校勘標點

譯書　朝鮮王朝實錄 ≪宣祖實錄≫, ≪光海君日記≫, ≪中宗實錄≫
　　≪白湖全書≫, ≪順菴集≫, ≪承政院日記≫(高宗祖) 등
校勘標點 ≪韓國文集叢刊≫

共同飜譯者 略歷

南賢熙

成均館大學校 漢文學科 卒業
成均館大學校 大學院 漢文學科 碩士, 博士
傳統文化硏究會 飜譯硏究管理室長(現)

論文 및 譯著書

論文 〈高麗後期 山水遊記 연구〉, 〈服齋 奇遵의 〈六十銘〉 창작의도와 구성〉, 〈服齋 奇遵의 〈六十銘〉에 대한 연구〉
譯著書 ≪일득록≫, ≪조선 선비, 일상의 사물들에게 말을 걸다≫, ≪우리말·한자 사전≫(공저)

李承俊

延世大學校 史學科 卒業
延世大學校 大學院 史學科 碩士
浙江大學(中) 大學院 歷史系 博士科程 修了
韓國古典飜譯院 古典飜譯教育院 研究課程 修了
韓國古典飜譯院 歷史文獻飜譯委員(現)
傳統文化研究會 研究員(現)

論文 및 譯書

論文 〈濮議(1065-1066)와 臺諫 세력의 대두〉
共譯 ≪承政院日記(英祖代)≫, ≪世宗實錄≫, ≪端宗實錄≫, ≪世祖實錄≫, ≪成宗實錄≫, ≪譯註 思政殿訓義 資治通鑑綱目 22≫

李孝宰

東國大學校 史學科 卒業
東國大學校 大學院 東洋史學 碩士, 博士 修了
民族文化推進會 國譯研修院 研修部 修了
傳統文化研究會 研究員(現)

論文 및 譯書

論文 〈唐太宗期 西北遊牧君長의 宿衛와 對外遠征 從軍〉, 〈7세기 東突厥系 蕃將과 蕃兵의 활동 - 麗唐戰爭 시기 활동을 중심으로〉
共譯 ≪은대조례 참고자료집 1, 2≫ ≪譯註 思政殿訓義 資治通鑑綱目 22≫

譯註 思政殿訓義 資治通鑑綱目 23　28,000원

2023년 12월 20일 초판 인쇄
2023년 12월 30일 초판 발행

企劃編輯　東洋古典飜譯編輯委員會
飜譯研究管理　南賢熙
編　　著　朱　熹
訓　　義　思政殿(朝鮮 世宗)
責任飜譯　吳圭根
共同飜譯　南賢熙 李承俊 李孝宰
潤　　文　朴勝珠
校　　訂　李孝宰 南賢熙
出　　版　白俊哲
裝　　幀　김진디자인

發 行 人　郭成文
發 行 處　社團法人 傳統文化研究會
서울시 종로구 삼일대로 428 낙원빌딩 411호
전화 : (02)762-8401　전송 : (02)747-0083
전자우편 : juntong@juntong.or.kr
홈페이지 : juntong.or.kr
사이버書堂 : cyberseodang.or.kr
온라인서점 : book.cyberseodang.or.kr
등록 : 1989. 7. 3. 제1-936호

인쇄처 : 한국법령정보주식회사(02-462-3860)
총　판 : 한국출판협동조합(070-7119-1750)

ISBN 979-11-5794-567-2 94910
979-11-5794-061-5(세트)

※ 이 책은 2023년도 교육부 고전문헌 국역지원사업 지원비에 의해 출판되었음.

전통문화연구회 도서목록

新編 基礎漢文敎材·漢文讀解捷徑

新編 四字小學·推句 고전교육연구실 編譯 11,000원
新編 啓蒙篇·童蒙先習 고전교육연구실 編譯 11,000원
新編 明心寶鑑 李祉坤·元周用 譯註 15,000원
新編 擊蒙要訣 咸賢贊 譯註 12,000원
新編 註解千字文 李忠九 譯註 13,000원
新編 原文으로 읽는 故事成語 元周用 編譯 15,000원
新編 唐音註解選 權卿相 譯註 22,000원
漢文독해 기본패턴 고전교육연구실 著 15,000원
四書독해첩경 고전교육연구실 著 20,000원
한문독해첩경 文學篇 朴相水 李和春 李祉坤 元周用 著 15,000원
한문독해첩경 史學篇 朴相水 李和春 李祉坤 元周用 著 15,000원
한문독해첩경 哲學篇 朴相水 李和春 李祉坤 元周用 著 15,000원

東洋古典國譯叢書

大學·中庸集註 - 개정증보판 成百曉 譯註 10,000원
論語集註 - 개정증보판 成百曉 譯註 27,000원
孟子集註 - 개정증보판 成百曉 譯註 30,000원
詩經集傳 上·下 成百曉 譯註 各 35,000원
書經集傳 上·下 成百曉 譯註 各 35,000원
周易傳義 上·下 成百曉 譯註 各 40,000원
小學集註 成百曉 譯註 30,000원
古文眞寶 後集 成百曉 譯註 32,000원

五書五經讀本

論語集註 上·下 鄭太鉉 譯註 各 25,000원
孟子集註 上·下 田炳秀·金東柱 譯註 各 30,000원
大學·中庸集註 李光虎·田炳秀 譯註 15,000원
小學集註 上·下 李忠九 外 譯註 各 25,000원
詩經集傳 上·中·下 朴小東 譯註 各 30,000원
書經集傳 上·中·下 金東柱 譯註 各 30,000원
周易傳義 元·亨·利·貞 崔英辰 外 譯註 各 30,000원
詳說古文眞寶大全後集 上·下 李相夏 外 譯註 各 32,000원
春秋左氏傳 上·中·下 許鎬九 外 譯註 各 36,000원~38,000원
禮記 上·中·下 成百曉 外 譯註 各 30,000원

東洋古典譯註叢書

〈經部〉

十三經注疏
周易正義 1~4 成百曉·申相厚 譯註 各 30,000원~40,000원
尙書正義 1~7 金東柱 譯註 各 25,000원~36,000원
毛詩正義 1~8 朴小東 外 譯註 各 32,000원~37,000원
禮記正義 1~3, 中庸·大學 李光虎 外 譯註 各 20,000원~30,000원
論語注疏 1~3 鄭太鉉·李聖敏 譯註 各 25,000원~40,000원
孟子注疏 1~4 崔彩基·梁基正 譯註 各 29,000원~30,000원
孝經注疏 鄭太鉉·姜珉廷 譯註 35,000원
周禮注疏 1~4 金容天·朴禮慶 譯註 各 27,000원~34,000원
春秋左傳正義 1~2 許鎬九 外 譯註 各 27,000원~32,000원
春秋公羊傳注疏 1 宋基采 外 譯註 37,000원
春秋左氏傳 1~8 鄭太鉉 譯註 各 18,000원~35,000원
禮記集說大全 1~6 辛承云 外 譯註 各 25,000원~40,000원
東萊博議 1~5 鄭太鉉·金炳愛 譯註 各 25,000원~35,000원
韓詩外傳 1~2 許敬震 外 譯註 各 29,000원~33,000원
說文解字注 1~5 李忠九 外 譯註 各 32,000원~38,000원

〈史部〉

思政殿訓義 資治通鑑綱目 1~23 辛承云 外 譯註 各 18,000원~35,000원
通鑑節要 1~9 成百曉 譯註 各 18,000원~40,000원
唐陸宣公奏議 1~2 沈慶昊·金愚政 譯註 各 35,000원~45,000원
貞觀政要集論 1~4 李忠九 外 譯註 各 25,000원~32,000원
列女傳補注 1~2 崔秉準·孔勤植 譯註 各 30,000원~38,000원
歷代君鑑 1~4 洪起殷·全百燦 譯註 各 32,000원~35,000원

〈子部〉

孔子家語 1~2 許敬震 外 譯註 各 35,000원/36,000원
管子 1~4 李錫明·金帝蘭 譯註 各 30,000원~32,000원
近思錄集解 1~3 成百曉 譯註 各 25,000원/35,000원
老子道德經注 金是天 譯註 30,000원
大學衍義 1~5 辛承云 外 譯註 各 26,000원~30,000원
墨子閒詁 1~6 李相夏 外 譯註 各 32,000원~38,000원
說苑 1~2 許鎬九 譯註 各 25,000원
世說新語補 1~5 金鎭玉 外 譯註 各 29,000원~40,000원
荀子集解 1~7 宋基采 譯註 各 25,000원~38,000원
心經附註 成百曉 譯註 35,000원
顔氏家訓 1~2 鄭在書·盧瞡熙 譯註 各 22,000원/25,000원
揚子法言 1 朴勝珠 譯註 24,000원
列子鬳齋口義 崔秉準·孔勤植·權憲俊 共譯 34,000원
二程全書 1~6 崔錫起·姜導顯 譯註 各 30,000원~38,000원
莊子 1~4 安炳周·田好根 共譯 各 25,000원~30,000원
政經·牧民心鑑 洪起殷·全百燦 譯註 27,000원
韓非子集解 1~5 許鎬九 外 譯註 各 32,000원~38,000원
武經七書直解
孫武子直解·吳子直解 成百曉·李蘭洙 譯註 35,000원
六韜直解·三略直解 成百曉·李鍾德 譯註 26,000원
尉繚子直解·李衛公問對直解 成百曉·李蘭洙 譯註 26,000원
司馬法直解 成百曉·李蘭洙 譯註 26,000원

〈集部〉

古文眞寶 前集 成百曉 譯註 30,000원
唐詩三百首 1~3 宋載卲 外 譯註 各 25,000원~36,000원
唐宋八大家文抄 韓愈 1~3 鄭太鉉 譯註 各 22,000원/28,000원
〃 歐陽脩 1~7 李相夏 譯註 各 25,000원~35,000원
〃 王安石 1~2 申用浩·許鎬九 共譯 各 20,000원/25,000원
〃 蘇洵 李章佑 外 譯註 25,000원
〃 蘇軾 1~5 成百曉 譯註 各 22,000원
〃 蘇轍 1~3 金東柱 譯註 各 20,000원~22,000원
〃 曾鞏 宋基采 譯註 25,000원
〃 柳宗元 1~2 宋基采 譯註 各 22,000원
明淸八大家文鈔 1 歸有光·方苞 李相夏 外 譯註 35,000원
〃 2 劉大櫆·姚鼐 李相夏 外 譯註 35,000원
〃 3 梅曾亮·曾國藩 李相夏 外 譯註 38,000원
〃 4 張裕釗·吳汝綸 李相夏 外 譯註 근간

東洋古典新譯

당시선 송재소·최경렬·김영죽 편역 22,000원
손자병법 성백효 역주 14,000원
장자 안병주·전호근·김형석 역주 13,000원
고문진보 후집 신용호 번역 28,000원
노자도덕경 김시천 역주 15,000원
고문진보 전집 上·下 신용호 번역 각 22,000원
신식 비문척독 박상수 번역 25,000원
안씨가훈 김창진 번역 근간

동양문화총서

동양사상 해설과 원전 정규훈 外 저 22,000원
화합의 길 《중용》 읽기 금장태 저 20,000원
호설과 시장 신용호 저 20,000원
어느 노학자의 젊은 시절 -《고문진보》選譯 심재기 저 22,000원

문화문고

경전으로 본 세계종교 그리스도교 이정배 편저 10,000원
〃 도교 이강수 편역 10,000원
〃 천도교 윤석산·홍성엽 편저 10,000원
〃 힌두교 길희성 편역 10,000원
〃 유교 이기동 편저 10,000원
〃 불교 김용표 편저 10,000원
〃 이슬람 김영경 편역 10,000원
논어·대학·중용 / 맹자 조수익·박승주 공역 각 10,000원
소학 박승주·조수익 공역 10,000원
십구사략 1~2 정광호 저 각 12,000원
무경칠서 손자병법·오자병법 성백효 역 10,000원
〃 육도·삼략 성백효 역 10,000원
〃 사마법·울료자·이위공문대 성백효 역 10,000원
당시선 송재소·최경렬·김영죽 편역 10,000원
한문문법 이상진 저 10,000원
한자한문전통교재 조수익·이성민 공역 10,000원
士小節 선비 집안의 작은 예절 이동희 편역 12,000원
儒學이란 무엇인가 이동희 저 10,000원
동아시아의 유교와 전통문화 이동희 저 13,000원
현대인, 동양고전에서 길을 찾다 이동희 저 10,000원
100자에 담긴 한자문화 이야기 김경수 저 12,000원
우리 설화 1~2 김동주 편역 각 10,000원
대한민국 국무총리 이재원 저 10,000원
백운거사 이규보의 문학인생 신용호 저 14,000원